中国式现代化的区域协同

现代化都市圈

刘西忠 著

Regional Coordination of Chinese Modernization:
Modern Metropolitan Area

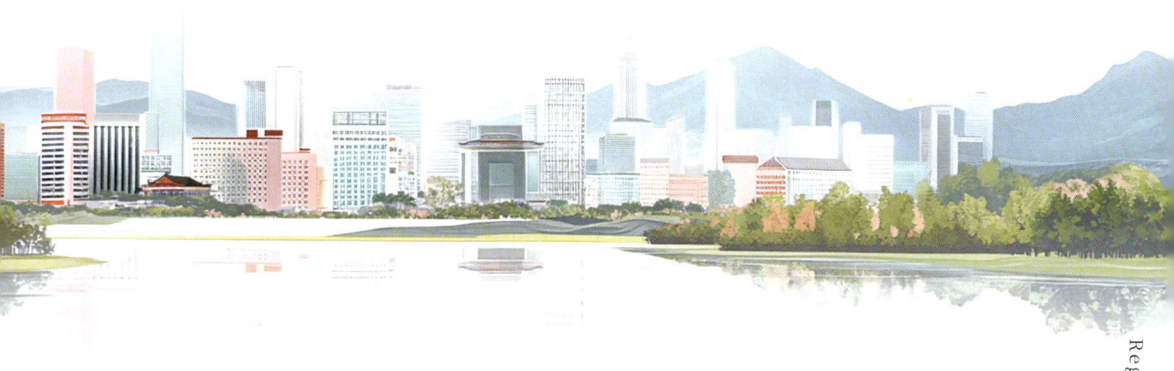

中国社会科学出版社

图书在版编目（CIP）数据

中国式现代化的区域协同：现代化都市圈 / 刘西忠著. -- 北京：中国社会科学出版社，2024.6. -- ISBN 978-7-5227-4220-5

Ⅰ. F299.21

中国国家版本馆 CIP 数据核字第 20242NZ602 号

出 版 人	赵剑英	
责任编辑	张　潜	
责任校对	王丽媛	
责任印制	张雪娇	
出　版	中国社会科学出版社	
社　址	北京鼓楼西大街甲 158 号	
邮　编	100720	
网　址	http://www.csspw.cn	
发 行 部	010-84083685	
门 市 部	010-84029450	
经　销	新华书店及其他书店	
印　刷	北京明恒达印务有限公司	
装　订	廊坊市广阳区广增装订厂	
版　次	2024 年 6 月第 1 版	
印　次	2024 年 6 月第 1 次印刷	
开　本	710×1000　1/16	
印　张	26.75	
插　页	2	
字　数	423 千字	
定　价	118.00 元	

凡购买中国社会科学出版社图书，如有质量问题请与本社营销中心联系调换
电话：010-84083683
版权所有　侵权必究

目 录

导论　中国式现代化进程中的区域协调发展战略 ·················（1）

第一章　区域协调发展的思想理论基础 ·····················（12）
　　第一节　区域协调发展相关理论研究综述 ·················（12）
　　第二节　中国特色区域协调发展思想理论创新 ·············（30）
　　第三节　中国式现代化区域协同的关键聚点 ···············（47）

第二章　现代化进程中的国家区域协调战略 ·················（59）
　　第一节　区域协调发展战略：区块平衡 ···················（59）
　　第二节　区域重大战略：轴极引领 ·······················（71）
　　第三节　主体功能区战略：绿红指引 ·····················（83）
　　第四节　新型城镇化战略：城乡融合 ·····················（97）

第三章　城市群：新型城镇化的主体形态 ···················（101）
　　第一节　我国城市群战略的实施与发展 ···················（101）
　　第二节　城市群协同发展的体制机制创新 ·················（111）
　　第三节　长江中下游城市群的比较分析 ···················（116）

第四章　现代化都市圈的生成机理分析 ·····················（125）
　　第一节　现代化都市圈的"C位"出道 ····················（125）
　　第二节　现代化都市圈的生成培育 ·······················（143）
　　第三节　现代化都市圈的空间格局 ·······················（156）

第五章　现代化都市圈的丰富意蕴 (164)
  第一节　现代化都市圈是高效率交通圈 (164)
  第二节　现代化都市圈是高能级创新圈 (170)
  第三节　现代化都市圈是高颜值生态圈 (177)
  第四节　现代化都市圈是高黏性文化圈 (182)
  第五节　现代化都市圈是高品质生活圈 (187)

第六章　长三角一体化中的都市圈和区域协同 (193)
  第一节　长三角现代化都市圈的格局演化 (194)
  第二节　上海大都市圈空间协同规划引领 (204)
  第三节　长江经济带和宁杭带生态经济带协同 (213)
  第四节　昆山：长三角区域协同的县域样本 (224)

第七章　跨区域协同视角下省域都市圈化 (252)
  第一节　广东：以五个都市圈连通全省域 (252)
  第二节　浙江：以四大都市区撬动都市圈 (263)
  第三节　山东：在三大经济圈中培育都市圈 (271)
  第四节　湖北：实施三大都市圈建设行动 (279)
  第五节　省域一体化发展模式比较分析 (283)

第八章　跨区域协同视角下的江苏省域一体化 (289)
  第一节　江苏区域协同发展历程回顾 (289)
  第二节　江苏现代化都市圈格局演化 (301)
  第三节　江苏推进南北沿江协同发展 (312)
  第四节　江苏扬州泰州毗邻地区协同发展 (320)
  第五节　从发展轴带带动到现代化都市圈引领 (333)

第九章　国家区域重大战略协同视角下生态创新湖区建设 (346)
  第一节　现代城市和创新活动的亲水特征 (347)
  第二节　打造环太湖世界级生态创新湖区 (364)
  第三节　推动沿江沿海沿河沿湖协调发展 (374)

第十章 现代化都市圈协同治理的体制机制创新 …………… (388)
 第一节 现代化都市圈协同治理机制的现实检视 ………… (388)
 第二节 现代化都市圈协同治理机制的思路创新 ………… (397)
 第三节 现代化都市圈协同治理的路径探索 ……………… (402)

参考文献 ……………………………………………………… (409)

附 作者近年来发表的相关研究成果 ………………………… (415)

后记 与时代同步伐 发时代之先声 ………………………… (418)

导　论

中国式现代化进程中的区域协调发展战略[①]

战略问题是一个政党、一个国家的根本性问题。习近平总书记指出，"战略上判断得准确，战略上谋划得科学，战略上赢得主动，党和人民事业就大有希望"。[②] 党的十八大以来，以习近平同志为核心的党中央坚持全国一盘棋战略思想，围绕促进区域协调发展提出了一系列新理念新思想新战略，推动我国区域协调发展呈现新气象、新格局。党的二十大报告鲜明提出，从现在起，中国共产党的中心任务就是团结带领全国各族人民全面建成社会主义现代化强国、实现第二个百年奋斗目标，以中国式现代化全面推进中华民族伟大复兴。报告强调，高质量发展是全面建设社会主义现代化国家的首要任务，必须完整、准确、全面贯彻新发展理念，深入实施区域协调发展战略、区域重大战略、主体功能区战略、新型城镇化战略，优化重大生产力布局，构建优势互补、高质量发展的区域经济布局和国土空间体系。

一　部署实施国家重大发展战略，是推进中国式现代化进程的关键举措

随着我国经济已由高速增长阶段转向高质量发展阶段，经济发展的空间结构正在发生深刻变化，对区域协调发展提出新要求。习近平总书记高瞻远瞩、深谋远虑，强调"我们必须适应新形势，谋划区域协调发

[①]　参见笔者《中国式现代化区域协同的空间战略红利》，《中国国情国力》2023 年第 5 期。
[②]　习近平：《更好把握和运用党的百年奋斗历史经验》，《求是》2022 年第 13 期。

展新思路","要面向第二个百年目标,作些战略性考虑"。① 党的二十大报告,围绕以中国式现代化全面推进中华民族伟大复兴的中心任务,对全国建设社会主义现代化国家的重点任务、重大发展战略进行全面部署。

(一) 中国式现代化,是彰显协调发展理念的现代化

坚持新发展理念,是我国经济发展的指导原则,是关系我国发展全局的一场深刻变革。在新发展理念中,创新发展注重解决发展动力问题,协调注重解决发展不平衡的问题,绿色发展注重解决人与自然和谐共生问题,开放发展注重解决内外联动问题,共享发展注重解决社会公平正义问题。协调既是发展手段又是发展目标,同时还是评价发展的标准和尺度,协调发展的目标是基本公共服务均等化、基础设施通达程度比较均衡、人民基本生活保障水平大体相当。党的二十大报告指出,中国式现代化是中国共产党领导的社会主义现代化,既有各国现代化的共同特征,更有基于自己国情的中国特色,主要表现为人口规模巨大、全体人民共同富裕、物质文明和精神文明相协调、人与自然和谐共生、走和平发展道路的现代化。分析中国式现代化这五个方面的特征,除了物质文明和精神文明直接强调"协调",人与自然和谐共生本质上就是人与自然的协调,其他三个方面分别涉及人口规模、共同富裕、和平发展,都具有非常鲜明的内在或外在协调指向,协调是中国式现代化的重要特质。

(二) 中国式现代化,是"五个文明"相协调的现代化

习近平总书记在庆祝中国共产党成立100周年大会上的讲话中指出:"我们坚持和发展中国特色社会主义,推动物质文明、政治文明、精神文明、社会文明、生态文明协调发展,创造了中国式现代化新道路,创造了人类文明新形态。"其中,"五个文明"协调发展是中国式现代化道路一个非常鲜明的特点。坚持协调发展,牢牢把握中国特色社会主义事业总体布局,"在坚持以经济建设为中心的同时,全面推进经济建设、政治建设、文化建设、社会建设、生态文明建设,促进现代化建设各个环节、各个方面协调发展,不能长的很长、短的很短"。② 发展不平衡,主要是各区域各领域各方面存在失衡现象,制约了整体发展水平提升;发展不

---

① 习近平:《推动形成优势互补高质量发展的区域经济布局》,《求是》2019年第24期。
② 《习近平谈治国理政》(第二卷),外文出版社2017年版。

充分，主要是我国全面实现社会主义现代化还有相当长的路要走，发展任务仍然很重。从当前我国发展中不平衡、不协调、不可持续的突出问题出发，着力推动区域协调发展、城乡协调发展、物质文明和精神文明协调发展等问题，是中国式现代化的必然要求；区域协调发展，是解决社会主义初级阶段主要矛盾、促进"五个文明"相协调的现代化的必由之路。

（三）中国式现代化，是"四化同步"的并联式现代化

习近平总书记指出："我国现代化同西方发达国家有很大不同。西方发达国家是一个'串联式'的发展过程，工业化、城镇化、农业现代化、信息化顺序发展，发展到目前水平用了二百多年时间。我们要后来居上，把'失去的二百年'找回来，决定了我国发展必然是一个'并联式'的过程，工业化、信息化、城镇化、农业现代化是叠加发展的。"① 中国式现代化，积极吸收和借鉴人类现代化发展的一系列成功经验和文明成果，推动工业化、信息化、城镇化、农业现代化在时空交错中叠加发展，在时序上打破了西方现代化串联式发展的单一模式和线性逻辑，体现了全方位、均衡式、并联式、跨越式发展的鲜明特征。改革开放初期，时间就是金钱，更多的是鼓励区域之间的竞争，追求发展速度和时间红利，更多的是解决工业化的问题；进入现代化新征程，空间就是价值，更多的是鼓励区域之间的合作协同，追求发展质量和空间红利，通过空间重组释放新时代发展的新动能，更多的是解决城镇化的问题。其中既涉及每个"化"内部的协调，也涉及各个"化"之间的协调，充分考虑信息化的时代特征，充分认识农业现代化的短板，兼容工业化和城镇化的优势，既需要区域布局上的协调，还需要政策规制上的协调，把中国式现代化作为一个多方协调联动的巨大系统工程来集成。

（四）区域协调发展战略，是推进中国式现代化的战略基点

我国幅员辽阔、人口众多，长江、黄河横贯东西，秦岭、淮河分异南北，各地区基础条件差别之大在世界上是少有的。下好全国一盘棋，协调发展是制胜要诀，统筹区域发展是"国之大者"。习近平总书记指出，我们要学会运用辩证法，善于"弹钢琴"，处理好局部和全局、当前

---

① 习近平：《论科技自立自强》，中央文献出版社2023年版，第33—34页。

和长远、重点和非重点的关系,在权衡利弊中趋利避害、作出最为有利的战略抉择。党的十九届六中全会通过的《中共中央关于党的百年奋斗重大成就和历史经验的决议》,从13个方面总结了新时代取得的历史性成就、发生的历史性变革,在经济建设上,坚持实施创新驱动发展战略、区域协调发展战略、乡村振兴战略;在生态文明建设上,组织实施主体功能区战略。党的二十大报告,在总结过去五年的工作和新时代十年的伟大变革时指出,党中央统筹中华民族伟大复兴战略全局和世界百年未有之大变局,不断提高战略思维、历史思维、辩证思维、系统思维、创新思维、法治思维、底线思维能力,增强战略定力,对新时代党和国家事业发展作出科学完整的战略部署,采取一系列战略性举措,制定一系列具有全局意义的区域重大战略,我国经济实力实现历史性跃升。在部署新时代新征程中国共产党的使命任务时,强调发挥国家发展规划的战略导向作用,把实施扩大内需战略同深化供给侧结构性改革有机结合起来,深入实施区域协调发展战略、区域重大战略、主体功能区战略、新型城镇化战略,深入实施科教兴国战略、人才强国战略、创新驱动发展战略等。

二 深入实施推进城乡融合和区域协调发展战略,构建优势互补、高质量发展的区域经济布局和国土空间体系

习近平总书记指出,"按照客观经济规律调整完善区域政策体系,发挥各地区比较优势,促进各类要素合理流动和高效集聚,增强创新发展动力,加快构建高质量发展的动力系统,增强中心城市和城市群等经济发展优势区域的经济和人口承载能力,增强其他地区在保障粮食安全、生态安全、边疆安全等方面的功能,形成优势互补、高质量发展的区域经济布局"。[①] 党的二十大报告指出,高质量发展是全面建设社会主义现代化国家的首要任务,要深入实施区域协调发展战略、区域重大战略、主体功能区战略、新型城镇化战略,构建优势互补、高质量发展的区域经济布局和国土空间体系。报告提出的四大战略,虽然侧重点有所不同,但都有着鲜明的协调指向,彼此联系、相互贯通,共同围绕"区域协调"

---

① 习近平:《推动形成优势互补高质量发展的区域经济布局》,《求是》2019年第24期。

四个字做文章，共同构成中国式现代化区域协调战略体系，筑牢高质量发展区域布局和中国式现代化的板块基础、战略高地、生态底色和空间形态。

（一）深入实施区域协调发展战略，筑牢高质量发展区域经济布局、推进中国式现代化区域协同的板块基础

作为新时代国家重大战略之一，区域协调发展战略是贯彻新发展理念、建设现代化经济体系的重要组成部分，是推进共同富裕的内在要求和构建新发展格局的重要途径，在区域协调发展四大战略中具有基础性支撑性作用。习近平总书记指出，"不能简单要求各地区在经济发展上达到同一水平，而是要根据各地区的条件，走合理分工、优化发展的路子"，"不平衡是普遍的，要在发展中促进相对平衡。这是区域协调发展的辩证法"，①为新形势下促进区域协调发展指明方向。构建高质量发展区域经济布局，推进中国式现代化的区域协同，要分类施策，对于不同的板块区域赋予差别化的政策，推动西部大开发形成新格局，推动东北全面振兴取得新突破，促进中部地区加快崛起，鼓励东部地区加快推进现代化；着力解决区域发展不平衡不充分的问题，不断完善东西部协作、对口支援、社会帮扶等制度，加大东部地区对中西部地区的支援力度，通过改革创新打破地区封锁和利益藩篱，全面提高资源配置效率，推动区域协调发展、协同发展、共同发展；支持革命老区、民族地区加快发展，加强边疆地区建设，推进兴边富民、稳边固边坚持陆海统筹，大力发展现代海洋经济，保护海洋生态环境，加快建设海洋强国。

（二）深入实施区域重大战略，打造高质量发展区域经济布局、推进中国式现代化区域协同的战略高地

党的十八大以来，习近平总书记高瞻远瞩、统揽全局，与时俱进、科学施策，系统谋划了京津冀协同发展、长江经济带发展、粤港澳大湾区建设、长江三角洲区域一体化发展、黄河流域生态保护和高质量发展等区域重大战略，不断丰富完善区域协调发展的新理念新思想新战略。党的二十大报告，在五个区域重大战略的基础上，进一步强调"高标准、高质量建设雄安新区，推动成渝地区双城经济圈建设"。如果说，区域协

---

① 习近平：《推动形成优势互补高质量发展的区域经济布局》，《求是》2019年第24期。

调发展战略的东中西和东北的划分，采取的是纵向切块方式，更多考虑的是区位和经济发展水平的相近，是分类发展、因类施策，注重大区域之间的协调的话，那么长江经济带和黄河流域生态保护与高质量发展战略，采取的则是横向切块的方式，是主要按照大江大河的流域划分的，把我国东中西部地区串联贯通起来，互动合作、协调发展，打通了东中西部经济社会联系的"任督二脉"。这两个区域重大战略，强调共抓大保护、不搞大开发，强调长江经济带发展、黄河流域生态保护和高质量发展，为国家的"江河战略"确立了生态优先、绿色发展的鲜明定位。其他三个区域重大战略，强调尊重客观规律，产业和人口向优势区域集中，推进京津冀协同发展、长三角一体化发展、粤港澳大湾区建设，形成以京津冀、长三角、珠三角等城市群为主要形态的高质量发展动力源，与成渝双城经济圈和长江中游城市群共同构成中国黄金发展区域的"钻石模型"，打造世界级创新平台和增长极。具体而言，京津冀协同发展，要紧紧抓住疏解北京非首都功能建设的"牛鼻子"，高质量推动北京城市副中心规划建设，高标准、高质量建设雄安新区，促进基本公共服务共建共享，缩小京津与冀之间的发展落差。粤港澳大湾区建设，要在"一国两制"方针和基本法的框架内，发挥三地综合优势，推动经济运行规则衔接、机制对接，促进人员、货物等各类要素高效便捷流动，提升市场一体化水平。长三角一体化发展，要紧扣一体化和高质量两个关键词，打破行政壁垒，提高政策协同，让要素在更大范围内流动，协力打造世界级城市群。

（三）深入实施主体功能区战略，凸显高质量发展区域经济布局和推进中国式现代化区域协同的生态底色

国土是生态文明建设的空间载体，建设主体功能区是我国经济发展和生态环境保护的大战略。实施主体功能区战略，要坚持宜水则水、宜山则山，宜粮则粮、宜农则农，宜工则工、宜商则商，构建科学合理的城镇化推进格局、农业发展格局、生态安全格局，实现国家空间治理现代化。既要按产业领域分类纵向治理，也要按不同的空间单元确定政策，形成符合自然规律、经济规律，主体功能明显、优势互补、高质量发展的国土空间开发保护新格局。根据国家主体功能区规划，着力构建"两横三纵"为主体的城市化战略格局、"七区二十三带"为主体的农业战略

格局、"两屏三带"为主体的生态安全战略格局。根据主体功能区定位，健全主体功能区制度，优化国土空间发展格局，着力塑造要素有序自由流动、主体功能约束有效、基本公共服务均等、资源环境可承载的区域协调发展新格局。经济发展条件好的地区要承载更多产业和人口，发挥价值创造作用。生态功能强的地区要得到有效保护，创造更多生态产品。考虑国家安全因素，增强边疆地区发展能力，使之有一定的人口和经济支撑，以促进民族团结和边疆稳定。

（四）深入实施新型城镇化战略，优化高质量发展区域经济布局和推进中国式现代化区域协同的空间形态

城镇化既是经济发展的结果，又是经济发展的动力，既是推动区域协调发展的有力支撑，又是中国式现代化进程的必由之路。推进城镇化，是解决农业农村农民问题的重要途径，是推动区域协调发展的有力支撑，是扩大内需和促进产业升级的重要抓手，是现代化建设的重要引擎。走中国特色的城镇化道路，既要见物，促进城市乡村"地"的繁荣，呈现与现代化要求相适应的物质形态，更要见人，促进城市乡村"人"的发展，孕育出与现代化要求相适应的精神文化内核。从城乡发展一体化思想出发，持续推进以人为核心的新型城镇化，加快农业转移人口市民化，为数以亿计的中国人从农村走向城市、走向更高水平的生活创造新空间。新型城镇化，要以城市群、都市圈为依托构建大中小城市协调发展格局，推进以县城为重要载体的城镇化建设。坚持人民城市人民建、人民城市为人民，提高城市规划、建设、治理水平，加快转变超大特大城市发展方式，实施城市更新行动，加强城市基础设施建设，打造宜居、韧性、智慧城市。与此同时，全面建设社会主义现代化国家，实现中华民族的伟大复兴，最艰巨最繁重的任务仍然在农村，最广泛最深厚的基础依然在农村。习近平总书记在2020年底召开的中央农村工作会议上指出："脱贫攻坚取得胜利后，要全面推进乡村振兴，这是'三农'工作重点的历史性转移。"因此，全面推进乡村振兴，补齐高质量发展区域经济布局的弱项短板，逐步实现农业农村现代化，是构建高质量发展区域经济布局的应有之义。要按照党的二十大报告提出的要求，坚持农业农村优先发展，扎实推动乡村产业、人才、文化、生态、组织振兴，加快建设农业强国。

（五）深刻把握区域协调战略的有机联系，构建高质量发展区域经济布局和推进中国式现代化区域协同的战略体系

党的十九大报告指出，全面建成小康社会，要紧扣我国社会主要矛盾变化，统筹推进五位一体总体布局，坚定实施科教兴国、人才强国等七大战略，其中区域协调发展战略包含了区域重大战略和新型城镇化方面的内容，主体功能区相关内容则出现在生态文明建设部分。党的二十大报告，在全面建设社会主义现代化国家的新征程上，首次将区域协调发展战略、区域重大战略、主体功能区战略、新型城镇化战略四大战略并列，彼此相辅相成、浑然一体，充分体现了协调发展对于现代化建设的重要性，充分体现了习近平经济思想的创新发展和与时俱进。在四大战略中，区域协调战略更加侧重于总体部署的大写意，区域重大战略更类似于重点区域的工笔画，主体功能区更多突出中国区域发展生态底色的风景画，以人为本的新型城镇化和乡村振兴更多的是人物画，更加突出中国式现代化进程中的以人为本。党的二十大报告围绕区域和区域协调作出一系列重要部署，比如：优化区域开放布局，优化区域教育资源配置，统筹推进国际科技创新中心、区域科技创新中心建设，促进人才区域合理布局和协调发展，促进优质医疗资源扩容和区域均衡布局，加强国家区域应急力量建设，等等。通过一系列区域重大战略的实施，发展经济带、布局经济区、规划城市群、建设都市圈、培育增长极、推动城乡一体和乡村振兴，建立重大区域—城市群—都市圈—中心城市——般城市—县城区域—城镇乡村等现代化区域发展体系，以点带面、以强带弱、以城带乡，打通全国区域经济发展经络，加速形成高质量发展的动力系统，形成全方位、多层次、多形式的区域联动格局，构建优势互补、高质量发展的区域经济布局和国土空间体系。

三 加快构建区域协调发展新机制，以国家重大发展战略实施和区域协同推进中国式现代化行稳致远

千钧将一羽，轻重在平衡。新时代新征程促进区域协调发展，要加快构建区域协调发展新机制，形成东西互动、南北协同，纵横联动、优势互补的高质量发展区域经济布局，推动经济实现质的有效提升和量的合理增长。特别是需要着眼于增强大中小城市协同效应、增强城市群都

市圈整体竞争优势，加快建立一体化发展体制机制，推动中心城市由外延扩张向内涵提升转变，培育壮大周边中小城市和县城，构建中心城市带动都市圈、都市圈引领城市群、城市群支撑区域协调发展的空间动力机制[①]，以国家重大发展战略实施和区域协同推进中国式现代化行稳致远。

（一）必须坚持和加强党的全面领导，坚定不移贯彻落实党的二十大确立的区域发展战略，强化政治保证和组织保障

统筹中华民族伟大复兴战略全局和世界百年未有之大变局，深刻理解和把握中国式现代化的协调指向，增强推动区域协调发展的战略主动和战略定力。推动区域协调发展，既要实现中央部署与地方行动、上级战略与下级方案的协调，也要实现重大区域内部、城市群内部、现代化都市圈内部和之间的协调，推动单一的行政治理向区域之间的联合治理转变。各个区域要打破自家"一亩三分地"的思维定式，牢固树立全国一盘棋的意识，积极主动且自觉地在全国区域协调发展大局中找准定位、发挥优势，在推动自身发展中实现与周边地区的良性互动，以与周边地区的良性互动促进自身更好地发展。

（二）必须进一步强化协同理念，推动由区域协作到区域协调、区域协同转变，释放区域协同发展的巨大潜能

在20世纪八九十年代，国家推动区域之间的协作，建立若干大的经济协作区域，主要是集中力量解决某一个地方解决不了的问题，相关方面就共同的目标采取相应的行动，更多地体现在经济领域；进入21世纪以来，国家更加强调区域发展的协调性，区域协作成为发展的一种状态，通过一系列的政策设计和举措推动区域协作，协作协调的领域也由经济领域拓展到生态、社会、文化等领域，向着区域一体化的方向迈进；党的十八大以来，随着新发展理念的提出，协调既是目的又是手段，更加强调区域发展之间的协同性，是实现区域现代化的一种机制。区域协同相对于区域协作和协调最大的区别在于，区域协同需要有共同的目标和愿景，激励各个成员向着共同的目标和愿景努力。在这里，个体利益与集体利益、个体目标与区域目标实现有机统一，是区域协调发展的最高

---

① 杨荫凯：《推进以人为核心的新型城镇化》，《习近平经济思想研究》2023年第4期。

境界。

（三）必须坚持尊重客观规律，注重发挥各地区的比较优势，统筹发展和安全，走新型城镇化道路

从全局谋划区域，以区域服务全局，是新型城镇化道路的必然选择。通过产业和人口向优势区域集中，形成以城市群为主要形态的增长动力源，进而带动经济总体效率提升，这是经济规律。我国各地情况千差万别，要因地制宜推进城市空间布局形态多元化。东部等人口密集地区，要优化城市群内部空间结构，合理控制大城市规模，不能盲目"摊大饼"；要推动城市组团式发展，形成多中心、多层级、多节点的网络型城市群结构；城市之间既要加强互联互通，也要有必要的生态和安全屏障。中西部有条件的省区市，要有意识地培育多个中心城市，避免"一市独大"的弊端；要破除资源流动障碍，推动形成全国统一开放、竞争有序的商品和要素市场，使市场在资源配置中发挥决定性作用，促进各类生产要素自由流动并向优势地区集中，提高资源配置效率，实现中国区域整体发展的帕累托最优。增强经济发展优势区域经济和人口承载能力，增强其他地区在保障粮食安全、生态安全、边疆安全等方面的功能，形成优势互补、高质量发展的区域经济布局。

（四）必须坚持以人民为中心，让现代化建设成果更多更公平惠及全体人民，提高人民生活品质

现代化建设不仅取决于中心城区高端要素的集聚能力，更体现在各个区块的协调发展水平；不仅取决于城市的兴旺发达，更体现在乡村的全面振兴；不仅取决于经济发展的繁荣度，更体现在历史文化的厚重度和生态环境的优美度。补齐发展短板、缩小区域差距，是"协调"二字题中应有之义。要坚持以人民为中心的发展思想，坚持从社会全面进步和人的全面发展出发，在生态文明思想和总体国家安全观指导下制定城市发展规划，打造宜居城市、韧性城市、智能城市，构建高质量的城市生态系统和安全系统，丰富群众的精神文化生活，不断提高人民的生活品质。

（五）必须坚持改革创新与时俱进，加强政策制度法规设计，建立更加有效的战略推进体系

以完善产权制度和要素市场化配置为重点，改革土地管理制度，完善能源消费双控制度，全面建立生态补偿制度，完善财政转移支付制度，

持续破除地区间的利益藩篱和政策壁垒，促进人口、土地、资金、技术等各类要素合理流动和高效集聚，把制度优势更好地转化为发展效能。坚持发展规划、政策制度、法律法规、文化认同等各个层面共同推动，自上而下的推动与自下而上的探索相结合，形成推动区域协调战略落地的强大合力。加强统计监测，建立与跨区域协调发展要求相适应的统计监测体系。通过区域协调战略的实施和区域协调机制的建立，下好中国区域协调发展这盘棋，展现新时代区域协调发展的恢宏画卷，奏响新征程上中国式现代化区域协同的雄伟乐章。

第一章

区域协调发展的思想理论基础

统筹区域发展，是党的十六届三中全会提出的"五个统筹"之一。党的十七大报告提出，继续实施区域发展总体战略，走中国特色城镇化道路，促进大中小城市和小城镇协调发展，形成辐射作用大的城市群。党的十八大报告提出，继续实施区域发展总体战略，科学规划城市群规模和布局，增强中小城市和小城镇产业发展、公共服务、吸纳就业、人口集聚功能。党的十九大报告提出，实施区域协调发展战略，以城市群为主体构建大中小城市和小城镇协调发展的城镇格局，建立更加有效的区域协调发展新机制。党的二十大报告强调，深入实施区域协调发展战略、区域重大战略、主体功能区战略、新型城镇化战略，优化重大生产力布局，构建优势互补、高质量发展的区域经济布局和国土空间体系；同时强调以城市群、都市圈为依托构建大中小城市协调发展格局，推进以县城为重要载体的城镇化建设。

第一节　区域协调发展相关理论研究综述

本节主要对区域协调发展的相关理论进行梳理。与一般的文献综述不同，本节主要从区域协调发展、城市群和都市圈等层面，选取若干问题和具有代表性的著作进行较为详细的介绍，以便追踪和梳理相关领域的理论研究前沿。

一 关于新区域主义与都市圈的研究综述[①]

区域化,是指一定区域范围内社会和经济整合的自发成长与社会经济间自主互动作用的过程。区域主义作为一种理论产生于20世纪50年代和60年代,一方面指向民族国家层面,另一方面指向城市群各政府间的合作。第二次世界大战以后,欧美发达国家陆续进入后工业社会阶段,城市化趋于成熟。城市化的模式,先后经历了向心城市化、郊区化、逆城市化、再城市化等发展阶段,形成由若干大、中、小城市在一定空间聚集的城市群或城市带(又称大都市区或大都市带)。这一时期的美国,在一个大都市区或大都市带内的区域政府,通过协商各自让渡一定权力出来,组建"大都市区政府"。在这些大都市区或大都市带,往往形成"双层政府"架构:大都市区政府与各区域(城市)政府并存。大都市区政府管理城市集群体的城市规划、环境事务、公共交通运输等公共性事务,城市集群体内各区域(城市)的日常公共事务仍由各区域政府自己管理。实践证明,"大都市区政府"取得了一定的成效,但也产生不少问题。批评者认为,"大都市区政府"的组建,缺乏公众的认同基础,并且改革后的政府规模过大、更官僚化,更容易导致低效率,公共选择理论认为现行的多中心体制更有利于大都市区的服务供给。[②]

20世纪80年代以来,西方一批学者致力于研究欧洲一体化的新理论。到1990年以后,随着萨维奇(Savitch)《新区域主义之路》以及威勒尔(Wheeler)《新区域主义:新兴运动的主要特征》的发表,新区域主义研究走向成熟。新区域主义是指为了更好地解决区域公共问题,由区域内地方政府、非营利组织和市场主体所构成的治理主体及其组织形态,包括这些主体在治理区域公共事务过程中所共同遵守的治理理念和相关制度设计。新区域主义将城市群治理看作多种政策相关主体之间谈判的过程,而不是通过科层制或竞争。[③] 新区域主义的要点之一,是

[①] 参见笔者《跨区域城市发展的协调与治理机制》,《南京社会科学》2014年第9期。
[②] 袁政:《新区域主义及其对我国的启示》,《政治学研究》2011年第2期。
[③] 张紧跟:《新区域主义:美国大都市区治理的新思路》,《中山大学学报(社会科学版)》2010年第1期。

"'国家—市场—社会'构成的多元行为主体,各种类型的国家、市场和公民社会在内的各种行为主体之间互动推动一个有独立权力的区域角色的形成"①。"新区域主义"的组织实施有两种流行的模式,分别以北美和欧洲的实践为代表。在北美,研究区域发展的学者、规划师及政治学家吸取早期失败的教训,转而探索一种依靠现有行政机构,各种单一功能的区域组织、委员会等社会团体,通过协商、投资控制、制度激励等方式,循序渐进地形成区域协调新模式。在欧洲,政府和学者们仍然倾向于建立区域协调的政治实体,但已开始重视与现有政府机构权力的互补与协调,并采用更富有弹性的管理体制。②

新区域主义,与巨人政府论最根本的区别在于:过去的区域治理依赖大都市区政府的正式结构来执行,而新区域主义强调的是政府与非政府组织及其他利益相关者的协作机制,强调区域治理是通过政策的相关行动者间的稳定网络关系来达成的,因为政府和非政府组织单独都没有足够的能力去解决区域性问题。因此,新区域主义视野下的区域治理,不仅包括政府之间的协作,还包括与非政府组织之间的合作。③

目前国际上对于都市圈还没有统一的界定标准。日本学者木内信藏(1951)基于城市人口增减的断面变化与地域结构的关系研究提出了著名的"三地带"学说,其成为日后"都市圈"理念的思想来源。国内学者在20世纪90年代开始使用都市圈概念。周起业、刘再兴(1989)、杨建荣(1995)等较早提出了都市圈的战略。王建(1997)根据都市圈的地学含义,利用1994年数据将我国国土空间划分出"九大都市圈"。高汝熹、高明义(1998),张京祥、邹军(2001)等强调都市圈的圈层式结构。2019年2月,国家发展改革委印发《关于培育发展现代化都市圈的指导意见》,提出都市圈是城市群内部以超大特大城市或辐射带动功能强的大城市为中心、以1小时通勤圈为基本范围的城镇化空间形态。

---

① 郑先武:《新区域主义理论:渊源、发展与综合化趋势》,《欧洲研究》2006年第1期。
② 吴超、魏清泉:《"新区域主义"与我国的区域协调发展》,《经济地理》2004年第1期。
③ 刘焕章、张紧跟:《试论新区域主义视野下的区域合作:以珠江三角洲为例》,《珠江经济》2008年第12期。

国内关于都市圈的研究目前主要集中在内容、机理和路径等方面。张颢瀚、张超（2006）提出，大都市圈成长的动力机制主要包括：区域竞争的压力与动力，规模性、差异性和互补性的区域空间引力，政策与规划的推动力等。王兴平、朱凯（2015）认为在区域一体化逐渐强化的背景下，发达地区的都市圈已经成为区域创新协同的重要单元。冯奎（2019）认为，中国城镇化应推动大都市治理走向都市圈治理。顾强（2019）认为，都市圈发展关键在制度创新，高质量的都市圈应当具有空间体系结构合理、基础设施有机耦合、公共服务匀质均、产业逆序梯度分布、治理机制开放包容等特征。关于大都市圈和都市圈的专题研究报告，主要有张学良等（2018）的《加快发展大都市圈的战略与政策研究报告》，清华大学中国新型城镇化研究院等（2019）的《中国都市圈发展报告2018》。

已有关于长三角都市圈与一体化的研究，主要集中于研究长三角单一都市圈和某一都市圈服务长三角一体化路径等。如单一都市圈一体化研究方面，有南京都市圈（杨柳青、季菲菲、陈雯，2019；王晋、朱英明、张惠娜，2018；李剑锋，2017）、上海都市圈（王晓静，2019；周翔，2018；郁鸿胜，2016）、杭州都市圈（陈小利、周杲尧、刘云，2018；罗成书、程玉申，2017）、合肥都市圈（郭浩、宋文艳，2019；舒军，2018；徐涛松，2015）等一体化的研究。都市圈服务长三角一体化发展方面，张安驰、范从来（2019）通过空间自相关性研究提出，上海的经济能量辐射，应依托长江以南路径与通泰扬构成的长江以北新路径，打造长三角西部增长极。刘青（2016），郁鸿胜（2018），李万、周小玲、胡曙虹、张仁开（2018）提出了上海大都市圈服务或融入长三角一体化的路径。陈雯、孙伟（2019）提出培育提升长三角都市圈，要发挥超大城市和特大城市的带动辐射作用，加快建设南京都市圈、上海都市圈、杭州都市圈和合肥都市圈。

二 关于区域协调发展研究成果主要观点梳理

陆大道等认为，信息与服务是城市群的核心联系。在全球化和新信息技术支撑下，世界经济的"地点空间"正在被"流的空间"所代替，世界经济体系的空间结构逐步建立在"流"、连接、网络和节点的逻辑基础之上。从而催生了一个重要结果,就是塑造了对于世界经济发展至关重要的"门户城市",即各种"流"的汇集地。连接区域和世界经济体系的节点即为控制中心。当今世界,处于世界性"流"的节点上,并以高端服务业为主题的"门户城市",对于国家乃至世界经济发展的意义和地位至关重要。现代通信技术降低了空间距离的摩擦力,以至时空压缩与客体集聚。信息因素正在改变社会经济客体内部与结构域外部的关系,提高了空间组织的效能与各种类型区域的竞争力。大城市群的核心城市是以信息业为基础的服务业经济,而不是以资源加工及以商品为基础的制造业经济。大城市群的核心城市是国家和大区域的金融中心、交通通信枢纽、人才聚集地,是资金流、信息流、物流、技术流、人才流的交汇点。土地需求强度较高的制造业和仓储等行业,扩散到周边,形成一些城市庞大的经济区。[1]

樊杰等认为,在中国经济增长过程中,过去40余年经济地理格局发生了显著变化。城市化水平从17.92%提高到58.52%,经济发展水平的区域分布格局在东南方向上发生旋转,东北—西南向的经济发展水平差异演变成沿海—内陆向,进而演变为目前东南—西北向的经济发展水平差异。其在分析经济地理格局变化所表现的成就和基本特征的基础上,提出了该阶段经济地理格局变化存在的突出问题:区域发展不平衡问题更为凸显,区域差距和城乡差距依然很大;区域城市化和工业化过程付出的资源环境代价大,由于人口集聚和经济增长带来的环境容量超载成为中国区域发展不可持续的主导因素;空间治理能力现代化水平相对滞后于区域经济发展的现代化水平。作者建立了未来中国经济地理格局演变探讨的基本框架,应认知信息化支撑的流动空间、资源环境承载力的基础条件,不同人群对人居环境需求等的变化及其对经济地理格局变化的影响作用,提出新时代促进区域协调发展应把区域功能定位和区域公平性作为前提条件,把引导人口继续向东南半壁适度集聚,以及着手大西北合理开发作为缩小大尺度区域差距的新战略,把形成各具特色但满足人的居住生活和事业发展的综合价值是相等的城乡空间格局作为协调

---

[1] 陆大道、叶嘉安、薛德升、李国平、曾刚:《城市群:高质量发展的增长极和动力源》,《科技导报》2021年第39卷第16期。

城乡关系的新途径。①

张军扩认为，区域政策是政府为实现一定的经济和社会目标、针对特定区域或区域类型而制定和实施的对资源的空间配置和区域发展格局具有重要影响的各种政策的总和。作为区域政策所追求的目标，区域协调发展是指不同区域之间比较良性的分工和互动关系，以及由此形成的比较理想的发展格局。区域发展需要同时满足提高效率、平衡发展和环境友好三个方面的要求，才称得上协调发展。改革开放以来区域政策的演变，以 2000 年为界，2000 年之前主要是鼓励东部沿海地区率先发展，实现了总体经济快速增长，区域差距持续扩大，经济重心快速南移；2000 年之后，党的十八大之前，区域协调发展政策的框架形成，党的十八大之后，对区域协调发展战略完善、拓展、加强与深化，总体经济继续快速增长，区域差距有所缩小，经济重心移向西南。面向未来促进区域协调发展需要深入思考和正确把握趋势规律，明确区域政策的改进方向：要继续加强全国统一市场建设，促进要素流动；进一步促进区域间基本公共服务均等化；进一步加大对中西部地区基础设施尤其是交通、水利等基础设施的投资支持力度；进一步突出和加大对各类问题区域的支持。②

侯永志等认为，协同是区域系统中各子系统之间的一种关系状态。从区域经济社会发展的大系统看，具有空间、关系、功能和社会再生产等多维性，在经济社会发展的初级阶段，各个子系统之间更多的是信息、资源的简单交换，随着经济复杂程度的提高，子系统之间的关系逐渐向协同、一体化转变。协同，是区域经济系统向更稳定、更健康状态演化进程中的目标状态，是实现区域协调发展总体战略目标的新路径，既强调不同类型地区发展路径的多元化、差异化，更强调不同地区之间的动态平衡和深度合作。区域协同发展，是一种更加系统性、整体性的思维，更强调以整体协同效应的新思路来实现区域协调发展，实质上是对区域自身发展路径的优化，以及区域和区域之间关系的重塑，是基于区域协

---

① 樊杰、王亚飞：《40 年来中国经济地理格局变化及新时代区域协调发展》，《经济地理》2019 年第 39 卷第 1 期。

② 张军扩：《中国区域政策回顾与展望》，《管理世界》2022 年第 38 卷第 11 期。

调发展总体战略目标之下的一种发展路径创新。①

曾刚等基于复合生态系统、区域创新系统、关系经济地理理论，构建了长江经济带城市协同发展能力评价指标体系，并借助空间相关、Zipf 规模位序等定量方法，对长江经济带城市协同发展能力进行计算分析。研究发现，长江经济带城市协同发展格局总体呈东高西低橄榄型分布，且城市等级差异明显；经济发展、科技创新、交流服务与生态支撑四个分领域相辅相成，存在正相关关系；三大城市群对长江经济带城市协同发展的战略引领和支撑作用明显。在此基础上，曾刚等提出提升长江经济带城市协同发展能力的思路建议：五措并举，打赢生态环境保护修复攻坚战；圈群耦合，促进大中小城市协同发展；链链不舍，推动四链（创新、产业、资本、供应）融合发展；网点交融，提升区域创新体系综合效能；带路融合，培育全方位开放新优势。②

赵祥等认为，长期以来不管是区域经济均衡增长理论还是非均衡增长理论，均将缩小不同区域之间经济水平差距视为区域协调发展的目标，而加快落后地区工业化、城市化进程是促进"地的繁荣"的收敛的基本途径。然而，从全球范围来看，"地的繁荣"的分化，即经济活动在空间上不均衡分布是一个普遍的规律。世界上大部分生产活动都存在向少数大城市与领先地区集中的倾向，围绕中心大城市所形成的都市区，更是技术创新、产业与人口集聚的中心，往往拥有更为繁荣的经济表现以及明显高于其他地区的人均收入。这种地区发展优势既源自先天的地理区位、资源禀赋等"第一性因素"，也在很大程度上是后天发展所形成的外部经济、集聚经济等"循环累积性因素"作用的结果。既然要素资源具有向优势地区集中的趋势，经济活动倾向于在空间上不均衡分布，那么如果一味地坚持上述传统区域协调发展目标就有可能因为违背了市场规律而达不到预期的效果，既难以实现加快欠发达地区经济增长的目标，也可能导致各地区比较优势难以得到充分发挥，从而降低区域整体的发

---

① 侯永志、张永生、刘培林等：《区域协同发展：机制与政策》，中国发展出版社2016年版，第1—5页。

② 曾刚、曹贤忠、朱贻文：《长江经济带城市协同发展格局与前景》，《长江流域资源与环境》2022年第31卷第8期。

展效率。鉴于此，新时代我国亟须重新审视区域协调发展的目标，并在此基础上构建促进区域协调发展的新机制。正是在上述理论与实践的背景下，党的十八大以来，习近平总书记从马克思主义理论出发，将"以人民为中心"的发展思想与我国区域协调发展有机结合起来，在不同场合对我国区域协调发展问题发表了一系列重要论述。在习近平总书记重要论述精神的指引下，新时代我国区域协调发展目标已从以往注重"地的繁荣"的收敛向追求"人的幸福"的趋同转变，这种转变集中体现在党中央提出的"基本公共服务均等化""基础设施通达程度比较均衡"与"人民基本生活保障水平大体相当"的区域协调发展新目标中。[①]

魏后凯等认为，尽管中国区域协调发展成效显著，但也面临南北经济增长不平衡、区域创新能力差距较大、基本公共服务均等化任重道远、蓝海经济发展缓慢等问题。统筹推进区域协调发展与区域高质量发展，构建更高质量、更有效率、更加公平、更可持续的区域高质量协调发展新格局，是当前中国区域发展的核心任务。从寻求区域协调发展到追求区域高质量协调发展，不仅体现了区域发展理念的变革，也契合了当今中国区域发展转型的需要。为促进区域高质量协调发展，"十四五"期间，中国应继续以四大板块战略为基础，以重点带区战略为骨架，统筹各大板块和带区发展，深化完善"4+X"区域发展总体战略，推动形成点线面结合的国家区域发展战略体系；以构建横跨东中西、连接南北方的"三横三纵"国土空间开发主架构，建立以城市群和都市圈为主要载体的增长极网络，以制定实施国土空间开发负面清单制度为重点，进一步完善国土空间治理体系；加快"C"形沿边开放经济带建设，进一步加大内陆开放力度，全力培育三大海洋经济区，推动形成陆海统筹以及沿海、沿边和内陆三线协调的全域开放格局。在此基础上，还应积极帮助东北地区实现脱困振兴，大力培育中西部地区先进制造业基地，制定实施相对贫困地区扶持政策，加快推进现代基础设施一体化。[②]

[①] 赵祥、李方：《从注重"地的繁荣"转向追求"人的幸福"——新时代区域协调发展新目标与新趋势研究》，《当代经济研究》2022年第7期。

[②] 魏后凯、年猛、李玏：《"十四五"时期中国区域发展战略与政策》，《中国工业经济》2020年第5期。

范恒山提出，要正确认识我国南北经济发展差距。近年来区域经济发展出现了一些新情况，在东西区域发展差距缩小势头有所回转时，南北区域发展的差距逐渐加大。他认为，转型转换是北方经济增长放缓的主要原因。一个与"转"有关，涉及产业结构转变、经济动能转换和城市动能转型等；另一个与"限"有关，即推行绿色发展带来的限制。这在本质上也是一种转型，可称之为绿色转型。范恒山认为，北方经济增长放缓不等于"南强北弱""南盛北衰"。北方经济发展的增长速度虽然放缓了，但发展基础得到了优化，产业、动能结构也得到了优化，生态环境得到了优化。北方经济增长速度虽然整体上低于南方，但并不等于资源要素的配置都存在问题。北方经济在转型中积蓄着发展能量，眼前的差距并不意味着长期的衰退。推动北方经济加快发展，需要进一步优化操作思路，科学推动转型转换，做强做大比较优势，在转型中实现跨越；需要进一步优化举措，强化上下协同、内外联动，以提高资源要素的集聚水平和生产经营者创新创造能力为指向，全面优化发展环境，以增强产品和服务的市场适应性及竞争力为指向，优化提升产业结构，以强化引领作用和形成实际效能为指向，部署和实施好国家战略。[①]

陈耀认为，提升区域发展平衡性协调性是实现共同富裕的重要途径。共同富裕是区域城乡普遍的繁荣。所谓共同富裕，就是全体人民都要富裕起来，而全体人民居住在国家的各个区域、城市和乡村。因此，共同富裕不仅表现为居民收入差距的缩小，也表现为地区之间和城乡之间发展差距的缩小，共同富裕是区域的普遍繁荣，而不是个别地区或少数地区的局部繁荣，也不是只有城市的繁荣。20世纪四五十年代，国外学术界曾提出一个很有意义的命题，即区域政策究竟是要追求区域繁荣（Regional Prosperity）抑或人的繁荣（People's Prosperity）？如果是前者，不管这个区域的条件多差，都要加大投入让其发展起来，一些学者批评这种追求区域繁荣的政策为地理僵化；而如果是后者，就可以把人口从条件差的区域迁移出来，鼓励失业者向就业机会多的地方流动，改善低收入家庭的福利。今天来看这场讨论仍有积极的一面，也就是政策要更多地聚焦到"人"上，但是不能否认区域繁荣对人类福祉的基础作用，特别

---

① 范恒山：《正确认识我国南北经济发展差距》，《全球化》2021年第3期。

是作为一个幅员辽阔、地区差异巨大的大国，除极少数不适宜生存的地区可以实施"生态移民"外，大部分人口居住的地区都需要通过经济发展和再分配机制来提高居民福祉，不能任其衰落。①

三 关于城市群和都市圈研究的主要成果梳理

刘世锦提出了"1+3+2"结构性潜能框架。"1"指以都市圈、城市群发展为龙头，通过更高的集聚效应为下一步的中速高质量发展打开空间，今后5—10年，中国经济百分之七八十的新增长动能将处在这个范围之内。"3"指实体经济方面，补足我国经济循环过程中基础产业效率不高、中等收入群体规模不大、基础研发能力不强新的三大短板。"2"指数字经济和绿色发展，这是全球性的且中国具备一定优势的新增长潜能。简单而言，"1+3+2"结构性潜能就是一个龙头引领、补足三大短板、两个翅膀赋能。在以上结构性潜能框架中，都市圈、城市群的发展尤为重要。都市圈发展通过疏解核心城市的结构性矛盾扩展城市化空间，小分散、大集中，实现大城市、超大城市的转型升级。都市圈的发展，重点是"圈"的发展，通过"圈"与核心城区的结构调整和再平衡，提升城市发展的空间、质量、效率和可持续性。②

李程骅等基于我国以人为核心的新型城镇化战略，在建设长三角城市群的空间格局中，以江苏省域扬子江城市群的建设谋划与推进行动为主脉，系统论证了践行新发展理念、通过城市群和都市圈的高质量发展构建大中小城市和小城镇协调发展的新格局，是实现区域发展能级提升的内在逻辑和必然选择，并据此提出江苏"十三五"期间实施扬子江城市群带动的全域功能区战略，为服务国家长三角一体化战略展现了"江苏使命"，为"中国情景"现代化城市群建设注入了高质量发展、高水平治理新内涵的论断。李程骅等围绕当代中国城市群发展的阶段特征与动能再造的新要求，从理论与实践双向结合入手，对长三角空间大格局中扬子江城市群的整体构建策略、从"生产空间"到"空间生产"的范式

---

① 刘应杰、陈耀、李曦辉、王智勇、邓仲良、田惠敏：《共同富裕与区域协调发展》，《区域经济评论》2022年第2期。

② 刘世锦：《提升城市发展的空间和可持续性》，《中国经济报告》2021年第4期。

转变、城市间协同治理与创新联动，以及对"强富美高"新江苏建设的空间重塑等方面，进行了多视角、分层次的梳理论证，验证了建设现代化经济体系、促进大中小城市和小城镇协调联动和一体化发展，是走好中国特色新型城镇化道路、培育造就高水平区域创新高地和核心竞争优势的科学路径与战略选择。①

《都市圈解构与中国都市圈发展趋势》一书以"得都市圈者得未来"为引言，提出中国已进入都市圈经济时代，城市大型化、中心化发展趋势明显，空间格局已呈现都市圈化新特征，都市圈在城镇化进程中的引领作用逐步凸现。都市圈，是以一个特大城市为核心，以与这有较强的通勤联系的中心城市（镇）为基本范围，大中小城市协同发展形成的高度融合的网络型城镇体系。都市圈包含核心圈、城市圈、辐射圈三个圈层，都市圈的特征包括强大的核、延展的轴、辐射的圈、关键的点、紧密的网，并在此基础上对识别出的国内 31 个主要都市圈进行分类分析。通过对地理学、经济学两个学科群及其交叉学科相关理论的梳理，构建都市圈研究的理论基础，为都市圈发展提供系统指导、规律揭示和路径参考。结合国内都市圈发展现状和国际都市圈演化过程，从空间、人口、产业、房地产、公共资源配置五个重要维度，梳理总结都市圈演化规律。同时，基于都市圈一体化发展中的主要问题，提出完善配套政策体系、培育发展现代化都市圈的政策思考，并对都市圈未来发展趋势进行展望。②

《中国都市圈发展报告 2021》一书分为上、下篇共十章。上篇系统梳理了国家与地方层面公开发布的都市圈相关政策，全国主要都市圈发展格局和六大关键领域的实践进展，提出新冠疫情下的都市圈发展思考，以及三新视角下的都市圈发展建议；下篇对首都都市圈、成都都市圈、福州都市圈、武汉都市圈和西安都市圈五个重点都市圈进行深度剖析，立足各都市圈的战略地位和自身特色，总结同城化发展的成效与经验，

---

① 李程骅：《扬子江城市群与区域一体化战略研究》，中国社会科学出版社 2021 年版，第 1—16 页。

② 华夏幸福产业研究院：《都市圈解构与中国都市圈发展趋势》，清华大学出版社 2019 年版，第 23—32 页。

并在优势研判和问题识别的基础上提出重点建设方向。报告显示，从 2021 年都市圈综合发展质量评价得分来看，我国都市圈发展水平的三个层级依然分明，分为成熟型、发展型、培育型。其中成熟型都市圈有 6 个，包括广州都市圈、上海都市圈、杭州都市圈、深圳都市圈、北京都市圈、宁波都市圈，各项得分较为均衡，总体得分与其他类型都市圈有明显断层。报告分析，成熟型都市圈经济总量大，发展质量高，总体发展水平领先于其他都市圈。跨区域合作经验丰富，同城化水平较高，都市圈内人流、资金流、物流等基本形成网络化结构，都市圈内城市间相互联系紧密，表明了都市圈整体发展质量更好，已从单中心的辐射带动发展模式转向都市圈内协同发展模式。发展型都市圈包括 17 个，分别为天津都市圈、厦门都市圈、南京都市圈、福州都市圈、济南都市圈、青岛都市圈、合肥都市圈、成都都市圈、太原都市圈、长沙都市圈、武汉都市圈、西安都市圈、郑州都市圈、重庆都市圈、昆明都市圈、长春都市圈、沈阳都市圈。培育型都市圈 11 个，包括呼和浩特都市圈、银川都市圈、石家庄都市圈、大连都市圈、南京都市圈、贵阳都市圈、乌鲁木齐都市圈、西宁都市圈、哈尔滨都市圈、兰州都市圈、南宁都市圈。[①]

《新发展格局与都市圈战略》由 1 个主题报告《以中心城市和城市群引领我国城镇化高质量发展》和 10 个专题报告构成。主题报告在总结我国中心城市和城市群发展现状及治理体系建设情况、国际城镇化空间演变基本规律及治理体系建设经验的基础上，通过对比研究，发现我国城镇化空间治理中存在的主要问题：一是城镇化空间布局亟待调整优化，中心城市中心城区的"大城市病"突出，节点城市和微中心发展严重不足，TOD、SOD、IOD、AOD 等先进发展模式尚未真正作为新城发展的基本原则；二是传统治理体系面临严峻挑战，基于行政区的治理模式仍占绝对优势，但其缺乏多层级的城市群治理体系；治理的临时性色彩较强，稳定的治理机制没有形成，协同治理能力仍然薄弱；市场力量培育不足，市场主体参与公共资源配置的渠道、途径和机制欠缺。报告认为，中心城市与城市群是实现经济高质量发展的压舱石，在国家发展战略中发挥

---

① 清华大学中国新型城镇化研究院：《中国都市圈发展报告 2021》，清华大学出版社 2021 年版，第 14—15 页。

着重要支撑作用。中心城市是中国城镇化的重要主体，是推动城镇化高质量发展的经济支柱、创新引擎和交通枢纽，其已成为支撑区域发展的重要骨架。以中心城市引领都市圈、城市群的模式将会是中国城镇化的主要模式。现阶段，都市圈是中心城市和城市群有序衔接的重要环节，都市圈治理是推动城市群高质量协同发展的关键抓手。建议以都市圈区域为重点，以都市圈治理为抓手，构建高质量的发展动力系统和高效集约的城镇网络体系，这将是推动我国城市群走向高质量协同发展的重要环节。在"优势互补"的区域经济布局新导向下，预计未来中国将形成以"都市连绵区—都市圈—区域性中心城市—中小城市"为主体形态的多层级、广域化的城镇化空间格局。报告建议，以高效治理体系推动中心城市和城市群高质量发展。现阶段应加强顶层设计，着重完善都市圈治理体系主体架构，以高效治理体系激发中心城市潜在动能和辐射能力。都市圈内，应以节点城市和微中心为重点，完善区域一体化的规划和政策体系，为城市群内城市间的有机链接和协同发展奠定良好基础。应加强区域战略协同和政策联动，以中心城市为核心、以都市圈为抓手、以城市群为愿景，引领新一轮区域治理体制机制改革创新。应推动构建协整高效、立体联动的都市圈和城市群应急管理体制机制，以其作为现代化公共治理体系安全线和防火墙。[①]

汪光焘等对现有都市圈概念及相关法律和政策文件进行了梳理，认为都市圈是一种跨行政区的、两个或者多个行政主体之间的经济社会协同发展区域，其能够更好发挥辐射功能的中心城市在发展中的主导作用、实现跨区域的资源合理配置，是顺应城镇化发展规律、跨行政区的城市空间形态，即中心城市建成区与周边中小城市建成区之间互动的城市空间形态。作者运用大数据系统定量分析，得出向心通勤率不适合作为我国都市圈界定标准的结论，认为交通、产业集群、公共服务、生态协同规划应被纳入标准；提出了以市域城镇体系为依托，以一级腹地和二级腹地界定都市圈范围的方法；强调了都市圈建设应坚持整体思维、城乡统筹等五项原则。作者提出培育现代化都市圈的四大关键点：超越地理空间行政边界的都市圈格局、坚持以人民为中心的服务要素配置、坚持

---

① 冯奎、顾强等：《新发展格局与都市圈战略》，经济管理出版社2021年版，第8—13页。

基于资源禀赋差异互补的产业空间重构和坚持发挥市场配置资源的决定性作用，为国家发展规划落地实施提供保障。作为当今城市发展极具竞争力的空间组织形式，全球城市区域无论是在空间形态还是在功能联系上都极为复杂，它们大多具备形态多中心性或功能多中心性空间结构，经历了职能多元化、功能多核化、内向提升与外向扩张的空间组织演进过程。从通勤圈、交通圈、产业集群、公共服务、生态协同、行政区划六个角度对都市圈概念和识别界定展开分析。针对都市圈交通层次不清、功能定位不明、与城市空间发展脱节等问题，探讨都市圈交通与空间组织的协同发展对策。研究提出：基于都市圈首位中心城市的辐射能力和区域一体化发展的客观规律与实际需要，完善市域（郊）铁路系统，强化枢纽与功能中心的耦合，明确各层次交通设施与空间组织的要求，构建高效、绿色、覆盖城乡的都市圈多层级、网络化客货交通运输体系，助力建设同城化程度高的现代化都市圈。[1]

陆军认为，都市圈已经成为中国区域社会转型和实现经济高质量发展的重要空间组织基础，培育应急管理能力也成为我国都市圈综合发展能力的核心内容。通过理论文献和实践研究，探索建立中国都市圈综合发展能力的分析框架，以量化评价的科学指标体系，从区域综合承载力、资源优化配置能力、社会福利保障能力和突发事件的风险防范能力四个维度，对中国都市圈的综合发展能力进行总体测度和专项测度，并就评价结果综合排名进行对比分析。[2]

杨开忠认为，应把发展中小都市圈纳入国家都市圈建设任务。我国已经进入都市圈化时代。在这个时代，政府、企业、家庭和个人，城镇、乡村、区域发展，都要树立都市圈思维，走都市圈化之路。正是基于这样的认识，作者认为，乡村振兴要以都市圈为主要依托。中小城市发展都市圈化，就是要立足都市圈规划建设运营管理中小城市，主要包括两个方面的内容：一是重点发展超大、特大、大都市圈内的中小城市。可以预见，融入超大都市圈、特大都市圈、大都市圈，重点发展超大、特

---

[1] 汪光焘等：《新发展阶段的城镇化新格局研究——现代化都市圈概念与识别界定标准》，《城市发展规划》2021 年第 2 期。

[2] 陆军：《中国都市圈综合发展能力评价》，北京大学出版社 2021 年版，第 18—19 页。

大和大都市圈内的中小城市,将成为我国中小城市发展的重要方向和趋势。二是要培育发展现代化中小都市圈。随着交通和信息化发展,城乡职住一体化已经成为城乡融合发展的一个普遍趋势,也就是,这个趋势不仅存在于超大城市、特大城市、大城市与周边地区之间,而且存在于城市人口 100 万以下的中小城市与周边地区之间,有些中小城市与周边地区的职住一体化即都市圈化甚至更加深入、突出。这种趋势不仅有利于发挥中小城市沟通城市体系和乡村体系的桥梁枢纽作用,还有利于新型城镇化和区域协调发展,更有利于带动乡村振兴。因此,中小城市要在尽可能融入超大、特大城市和大都市圈的同时,与周边地区一起建设发展自身支撑引领的中小都市圈。①

申明锐等从地域功能、空间结构和政策工具等角度分析了都市圈规划在中国的空间形式和内在逻辑实质,认为中国语境下的都市圈超越了美国、日本"日常通勤圈"的功能内涵,垂直分工的产业经济联系才是中心城市与周边地区的功能联系核心;我国都市圈是强中心带动下的 1 小时城镇星系,都市圈对应的空间尺度以利用城际铁路、高速铁路等方式"1 小时站到站"可达为基准;都市圈是人本理念下超越行政区划刚性治理尺度、落实中央战略需求与地方发展诉求的崭新空间治理单元,其关注的是区域内部人的活动的缝合。②

张京祥等立足新变局环境,对都市圈发展使命与价值的再认知,认为都市圈是实现国家空间战略、推进新型城镇化的重要载体,其定位与发展必须超越地方、超越区域,更多地承载国家战略的使命;都市圈是支撑双循环发展格局、建设统一大市场的关键突破;都市圈是促进产业链与供应链重组、推动协同创新的优势单元;都市圈是构筑韧性发展格局、实现区域共同成长的治理联盟,发育完善的都市圈具有超越行政边界的统筹调控能力,有助于建立协同治理、生息与共的"区域发展命运共同体"③。

---

① 杨开忠:《把发展中小都市圈纳入国家都市圈建设任务》,《广西城镇建设》2019 年第 3 期。

② 申明锐、王紫晴、崔功豪:《都市圈在中国:理论源流与规划实践》,《城市规划学刊》2023 年第 2 期。

③ 张京祥、胡航军:《新发展环境下的都市圈发展、规划与治理创新》,《经济地理》2023 年第 1 期。

彭翀等通过构建"政策阶段—政策工具—政策目标"三维分析框架，选取了 2000 年 11 月至 2022 年 3 月国家及各省区市针对都市圈发展颁布的各类政策文件共 237 份，对我国都市圈政策演进脉络与特征进行梳理和总结，得出我国都市圈不同政策目标在各个阶段中对应政策工具的使用情况。作者认为，在科学探索阶段（2000—2014 年），都市圈政策更多地在机制体制上运用环境型政策工具进行试点探索，但对于生态共保共治目标的关注及需求型政策工具的使用偏弱；在改革重塑阶段（2014—2019 年），机制体制目标下的环境型政策工具使用占比降低，供给型政策工具使用频率明显提升，但供给型政策对公共服务共建共享目标存在一定的忽视；深化推进阶段（2019 年至今），需求型政策工具使用频率明显提升，生态共保共治目标的重要性逐渐提升。整体来看，都市圈政策目标逐渐由单一的健全体制机制转向统一开放市场、基础设施一体化、生态共保共治以及健全机制体制复合均衡。针对目前我国都市圈相关政策制定存在的问题，作者建议均衡优化政策类型结构增强环境型政策工具的影响力，提升供给型政策工具的推动力，采用需求型政策工具强化试点示范都市圈的带动引领作用，加大力度推进跨区域的公共服务设施建设。[①]

尹稚等认为，现代都市圈建设是实现中国式现代化的重要子领域，是我国构建城镇化总体格局承上启下的关键环节。现代都市圈规划理论框架体系包括全系统协作的组织体系、利益协调与治理机制、发展监测评估与动态调整框架。全系统协作的组织体系构建是都市圈规划的核心形式和基本路径，都市圈可以被看成一个集成各类要素契约的系统在空间上的投影。利益协调与治理机制是实现都市圈建设的重要途径，都市圈的区域协同发展机制需要与现有的行政管理体制配套相衔接。其中，清晰明确的建设主体是都市圈制度框架的"管理后台"，科学完善的协调机制是制度框架的"核心中台"，多方参与的项目抓手是制度框架的"项目前台"。发展监测评估与动态调整框架则是都市圈持续建设的重要抓手，探索建立符合我国现代都市圈发展要求的、以都市圈为单元的统计

[①] 彭翀、伍岳、张梦洁、黄亚平、秦尊文：《我国都市圈政策演进与多维耦合特征研究——基于 2000—2022 年政策文本计量分析》，《规划师》2023 年第 4 期。

制度，建立针对都市圈组织体系关键要素的评估指标体系，以"定性＋定量"、传统统计数据与大数据相结合的评估方法开展评估。"三位一体"的理论框架体系能够有效促进都市圈形成良性循环关系，实现规划合理性、利益持续性与经济效率性的统一。①

张艺帅等认为，我国区域治理模式，经历了以行政区划调整为主的刚性治理阶段和以联席会议、区域规划等为主的柔性治理阶段。过去占主导地位的刚性治理措施主要有以下三类：市域内行政区划调整、跨地市行政区划调整和设立行政管理区（各类新区、新城、开发区等），均涉及行政区划的尺度调整。近年来，柔性治理措施成为各地区在都市圈层面进行跨域治理的主要路径，主要包含两类措施：一是设立非正式合作组织，如市长联席会议、城市发展联盟、规划研究组织等，以政府间会议为主要实施形式；二是以发布各类规划政策为治理手段，包括各类邻域地区的同城化、一体化规划和政策，以及相应的都市圈乃至城市群尺度的空间规划、发展规划、空间协同规划等。基于"尺度重组"与"元治理"都市圈跨域治理的理论视角，结合对大都市圈治理的国际经验梳理，提出我国都市圈的"元治理"模式建构思路。作者指出都市圈发展的"尺度重组"过程涉及行政事权、社会联系、空间组织等多维领域，"元治理"则是在政府主导下有效实现"尺度重组"的重要手段。作者建议进一步明确政府作为都市圈"元治理者"的角色定位，构建"一主多元"的都市圈"元治理"体系，并完善都市圈"元治理"的组织平台架构。②

朱雷洲等主张都市圈范围划定应以 1 小时交通圈作为基础依据，将通勤率作为圈内监测指标；范围划定应参考地区特色和资源禀赋特征，空间范围不宜过大。当前存在将都市圈理解为西方的都市区、将通勤率作为划定基本依据以及将空间范围视为固定的政策区域等误区。都市圈范围内不必都是通勤联系，城市之间也可以具备更多的商务联系等。中

---

① 尹稚、尚嫣然、崔音、龙茂乾：《现代都市圈规划理论框架体系与实践研究》，《规划师》2023 年第 4 期。

② 张艺帅、黄建中、王启轩、石佳宁、王靖馨：《"尺度重组"与"元治理"视角下我国都市圈治理模式的建构思路研究》，《规划师》2023 年第 4 期。

国的都市圈应该是拥有紧密的经济活动、日常生活等联系的城市区域，既是经济圈，也是生活圈、社会圈。都市圈范围划定应以1小时交通圈作为基础依据，同时将通勤率作为圈内监测指标。根据目前速度最快的高速铁路运力，基本可以覆盖半径200千米左右的区域，考虑到交通系统并未完全覆盖，其辐射面积大致在3万平方千米左右。1小时站到站的交通圈可以满足正常的商务、办公、公服、休闲等日常高频功能，符合当前国内发展现代化都市圈的实际意义。都市圈范围划定应参考地区特色和资源禀赋特征，将历史文化资源作为重要的参考要素，空间范围不宜过大。[①]

张艺帅等认为，都市圈是市场"自组织"与制度"他组织"共同作用下产生的地理空间现象，是"场所空间"与"流空间"共同作用下的现代化"全球城市—区域"。我国现代化都市圈可以定义为：由一个或多个具有区域带动力的核心/中心城市及其都市区作为功能空间主体，以及周边与其存在紧密的经济、社会及交通等网络联系的城乡一体化地区所共同组成的功能地域，一般为1小时（超大城市为1.5小时）紧密交流范围。围绕高等级城市的多个都市圈，则可协同构建形成大都市圈网络。作者首先遴选出主要的中心城市，然后从与"流空间"对应的网络关联视角和与"场所空间"对应的"地域临近"视角进行都市圈空间范围界定，识别出我国有40个主要都市圈及3个大都市圈。40个主要都市圈的国土面积中位数约2.1万平方千米，其面积和占全国总面积8.9%，集聚了全国44.5%的常住人口，贡献了全国约60%的GDP。在全部534个都市圈腹地单元中，潜在联系圈层及紧密交通圈增补腹地数量的占比之和约为45%，实际功能腹地占比仍然较低；在与中心城市直接产生关联的一级腹地中，一般联系圈层腹地占比超过中等及紧密联系圈层腹地之和。由此可见，除三大城市群地区相对成熟的都市圈外，我国多数都市圈仍处于培育阶段，功能网络联系普遍较松散。3个大都市圈分别位于三大城市群地区，分别是上海大都市圈、珠三角地区、首都大都市圈，共以1.85%的国土面积集聚了全国15.8%的常住人口，贡献了全国1/4以上

---

① 朱雷洲、黄亚平、丁乙宸、郑加伟、谢来荣：《"通勤圈"还是"交通圈"：新时期都市圈内涵及范围划定再认知》，《城市发展研究》2022年第10期。

的 GDP。①

陈丹阳等认为，都市圈的空间演进可以划分为 3 个阶段：中心聚能阶段——以集聚效应为主导驱动力，中心城市规模和能级不断提升；"圈层扩散"阶段——扩散效应开始逐步成为主导驱动力，形成分工明确、联系紧密的功能体系；"圈际耦合"阶段——不同都市圈扩散后相互交织，处于或邻近交织范围的地区接纳不同都市圈中心城市的生产要素，成为新的区域增长极核，最终在都市圈圈际之间形成更高层级的区域要素对流廊道。作为全国距离最近的两大都市圈，目前穗莞惠（广州、东莞、惠州）跨界地区已成为两大都市圈圈域交织与邻近地带，由于地理阻碍、产业壁垒、辐射衰减和制度缺位，穗莞惠跨界协同的不足使其成为发展"洼地"。建议将地理阻碍转变为"生态牵引"，以边界生态价值转化提升要素吸引力；创新并链，依托优势产业协同谋划合作新赛道；节点培育，以新范式打造跨界合作战略性节点；制度支撑，多维度、多形式谋划协同制度化建设。②

第二节　中国特色区域协调发展思想理论创新

协调是新发展理念之一。区域协调，是习近平经济思想重要组成部分。党的十八大以来，围绕区域协调发展，习近平总书记发表了一系列重要讲话和论述，实现了区域协调发展理论的重大突破和创新，为区域协调实践提供了重要的指示和遵循。

一　习近平总书记关于区域协调发展的重要论述

党的十八大以来，习近平总书记高度重视区域协调发展，主持召开了中央城镇化工作会议、中央城市工作会议、国家重点区域战略座谈会

---

① 张艺帅、赵民：《我国都市圈的空间界定、特征解析分类探讨》，《城市规划学刊》2023 年第 2 期。
② 陈丹阳、霍子文、刘松龄、吕峰、李洋：《从都市圈的"圈层扩散"到"圈际耦合"：穗莞惠跨界协同策略研究》，《规划师》2023 年第 4 期。

等一系列重要会议，发表了一系列重要讲话，为推动新时代区域协调发展提供了根本遵循。

(一) 区域协调发展的新理念

习近平总书记关于新发展理念的系统论述，主要体现在两次重要讲话中，分别是2016年1月18日省部级主要领导干部学习贯彻党的十八届五中全会精神专题研讨班，2021年1月28日十九届中央政治局第二十七次集体学习。讲话的主要内容分别以《深入理解新发展理念》《全党必须完整、准确、全面贯彻新发展理念》为题，发表在《求是》2019年第10期和2022年第16期。

关于协调发展的新特点。习近平总书记指出，新形势下，协调发展具有一些新特点。比如，协调既是发展手段又是发展目标，还是评价发展的标准和尺度。再比如，协调是发展两点论和重点论的统一，一个国家、一个地区乃至一个行业在其特定发展时期既有发展优势也存在制约因素，在发展思路上既要着力破解难题、补齐短板，又要考虑巩固和厚植原有优势，两方面相辅相成、相得益彰，才能实现高水平发展。又比如，协调是发展平衡和不平衡的统一，由平衡到不平衡再到新的平衡是事物发展的基本规律。平衡是相对的，不平衡是绝对的。强调协调发展不是搞平均主义，而是注重发展机会公平、资源配置均衡。还比如，协调是发展短板和潜力的统一，我国正处于由中等收入国家向高收入国家迈进的阶段，国际经验表明，这个阶段是各种矛盾集中爆发的时期，发展不协调、存在诸多短板是难免的。协调发展，就要找出短板，在补齐短板上多用力，通过补齐短板挖掘发展潜力、增强发展后劲。①

关于区域协调、统筹城乡关系。习近平总书记指出，要发挥各地区比较优势，促进生产力布局优化，重点实施"一带一路"建设、京津冀协同发展、长江经济带发展三大战略，支持革命老区、民族地区、边疆地区、贫困地区加快发展，构建连接东中西、贯通南北方的多中心、网络化、开放式的区域开发格局，不断缩小地区发展差距。要坚持工业反哺农业、城市支持农村和"多予、少取、放活"的方针，促进城乡公共资源均衡配置，加快形成以工促农、以城带乡、工农互惠、城乡一体的

---

① 习近平：《深入理解新发展理念》，《求是》2019年第10期。

工农城乡关系，不断缩小城乡发展差距。① 要建设彰显优势、协调联动的城乡区域发展体系，实现区域良性互动、城乡融合发展、陆海统筹整体优化，培育和发挥区域比较优势，加强区域优势互补，塑造区域协调发展新格局。②

关于新发展理念的全局性、变革性。党的十八届五中全会明确了创新、协调、绿色、开放、共享的新发展理念。习近平总书记指出，新发展理念是一个系统的理论体系，回答了关于发展的目的、动力、方式、路径等一系列理论和实践问题，阐明了我们党关于发展的政治立场、价值导向、发展模式、发展道路等重大政治问题。创新是引领发展的第一动力，协调是持续健康发展的内在要求，绿色是永续发展的必要条件和人民对美好生活追求的重要体现，开放是国家繁荣发展的必由之路，共享是中国特色社会主义的本质要求，坚持创新发展、协调发展、绿色发展、开放发展、共享发展是关系我国发展全局的一场深刻变革。③

关于区域差距和共同富裕。习近平总书记指出，共同富裕本身就是社会主义现代化的一个重要目标。我们不能等实现了现代化再来解决共同富裕问题，而是要始终把满足人民对美好生活的新期待作为发展的出发点和落脚点，在实现现代化过程中不断地、逐步地解决好这个问题。要自觉主动解决地区差距、城乡差距、收入差距等问题，坚持在发展中保障和改善民生，统筹做好就业、收入分配、教育、社保、医疗、住房、养老、扶幼等各方面工作，更加注重向农村、基层、欠发达地区倾斜，向困难群众倾斜，促进社会公平正义，让发展成果更多更公平惠及全体人民。④

关于以人为本的新型城镇化。习近平总书记指出，城镇化是现代化的必由之路，是推动区域协调发展的有力支撑。新型城镇化的核心是以人为本，大力推进以人为核心的新型城镇化。持续进行的新型城镇化，将为数以亿计的中国人从农村走向城市、走向更高水平的生活

---

① 习近平：《深入理解新发展理念》，《求是》2019年第10期。
② 习近平：《加快建设现代化经济体系》，《习近平谈治国理政》（第三卷）。
③ 习近平：《全党必须完整、准确、全面贯彻新发展理念》，《求是》2022年第16期。
④ 习近平：《全党必须完整、准确、全面贯彻新发展理念》，《求是》2022年第16期。

创造新空间。① 推进城镇化，要更加注重以人为核心，回归到推动更多人口融入城镇这个本源上来，促进有能力在城镇稳定就业和生活的农业转移人口举家进城落户，这既可以增加和稳定劳动供给、减轻人工成本上涨压力，又可以扩大房地产等消费。这也是缩小城乡差距、改变城乡二元结构、推进农业现代化的根本之策。② 全面建设社会主义现代化国家是一个长期过程，农民在城里没有彻底扎根之前，不要急着断了他们在农村的后路，让农民在城乡间可进可退。这就是中国城镇化道路的特色，也是我们应对风险挑战的回旋余地和特殊优势。③

（二）构建区域协调发展的战略体系

习近平总书记关于这方面的重要论述，主要出现在2013年的中央城镇化工作会议、2015年的中央城市工作会议和2020年中央财经委员会第七次会议中。

2013年12月，在中央城镇化工作会议上，习近平总书记指出，城镇化是现代化的必由之路。在我们这样一个拥有13亿多人口的发展中大国实现城镇化，在人类发展史上没有先例。针对我国城镇化快速发展中积累的不少突出矛盾和问题，习近平总书记指出，如果城镇化目标正确、方向对头，能走出一条新路；如果城镇化路子走偏了，存在的问题得不到及时化解，则可能积重难返，带来巨大风险。正确的方向就是新型城镇化，要把握住指导思想。城镇化既然是自然历史过程和经济社会发展过程，我们就必须从我国社会主义初级阶段基本国情出发，遵循规律，因势利导，使之成为一个顺势而为、水到渠成的发展过程。把握住发展质量。党的十八大把城镇化质量明显提高作为全面建成小康社会的重要要求，要摆在突出位置来落实。要紧紧围绕提高城镇化质量，有针对性地解决已经积累的突出矛盾和问题。要把握住基本原则，主要是以下四条。一是以人为本。推进以人为核心的城镇化，提高城镇人口素质和居

---

① 习近平：《深化改革开放　共创美好亚太——在亚太经合组织工商领导人峰会上的演讲》2013年10月7日。

② 习近平：《论把握新发展阶段、贯彻新发展理念、构建新发展格局》，中央文献出版社2021年版，第71页。

③ 习近平：《坚持把解决好"三农"问题作为全党工作重中之重，举全党全社会之力推动乡村振兴》，《求是》2022年第7期。

民生活质量,把促进有能力在城镇稳定就业和生活的常住人口有序实现市民化作为首要任务。二是优化布局。根据资源环境承载能力构建科学合理的城镇化宏观布局,把城市群作为主体形态,促进大中小城市和小城镇合理分工、功能互补、协同发展。三是生态文明。着力推进绿色发展、循环发展、低碳发展,尽可能减少对自然的干扰和损害,节约集约利用土地、水、能源等资源。四是传承文化。发展有历史记忆、地域特色、民族特点的美丽城镇,不能千城一面、万楼一貌。推进城镇化,还要注意市场和政府、中央和地方两对关系。

2015年12月,中央城市工作会议指出,城市工作是一个系统工程。做好城市工作,要顺应城市工作新形势、改革发展新要求、人民群众新期待,坚持以人民为中心的发展思想,坚持人民城市为人民。这是我们做好城市工作的出发点和落脚点。同时,要坚持集约发展,框定总量、限定容量、盘活存量、做优增量、提高质量,立足国情,尊重自然、顺应自然、保护自然,改善城市生态环境,在统筹上下功夫,在重点上求突破,着力提高城市发展持续性、宜居性。主要包括一个尊重五个统筹:第一,尊重城市发展规律。城市和经济发展两者相辅相成、相互促进。城市发展是农村人口向城市集聚、农业用地按相应规模转化为城市建设用地的过程,人口和用地要匹配,城市规模要同资源环境承载能力相适应。第二,统筹空间、规模、产业三大结构,提高城市工作全局性。第三,统筹规划、建设、管理三大环节,提高城市工作的系统性。第四,统筹改革、科技、文化三大动力,提高城市发展持续性。第五,统筹生产、生活、生态三大布局,提高城市发展的宜居性。第六,统筹政府、社会、市民三大主体,提高各方推动城市发展的积极性。

2020年4月10日,在中央财经委员会第七次会议上,习近平总书记强调,要完善城市化战略。我国发展城市化道路,关键是要把人民生命安全和身体健康作为城市发展的基础目标。要更好推进以人为核心的城镇化,使城市更健康、更安全、更宜居,成为人民群众高品质生活的空间。第一,要把生态和安全放在更加突出的位置。增强中心城市和城市群等经济发展优势区域的经济和人口承载能力,这是符合客观规律的。同时,城市发展不能只考虑规模经济效益,必须把生态和安全放在更加突出的位置，统筹城市布局的经济需要、生活需要、生态需要、安全需要。要坚持以人民为中心的发展思想，坚持从社会全面进步和人的全面发展出发，在生态文明思想和总体国家安全观指导下制定城市发展规划，打造宜居城市、韧性城市、智能城市，建立高质量的城市生态系统和安全系统。第二，要根据实际合理控制城市人口密度。产业和人口向优势区域集中是客观经济规律，但城市单体规模不能无限扩张。目前，我国超大城市（城区常住人口1000万人以上）和特大城市（城区常住人口500万人以上）人口密度总体偏高，北京、上海主城区密度已超过东京和纽约。长期来看，全国城市都要根据实际合理控制人口密度，大城市人口平均密度要有控制标准。要建设一批产城融合、职住平衡、生态宜居、交通便利的郊区新城，推动多中心、郊区化发展。有序推动数字城市建设，提高智能管理能力，逐步解决中心城区人口和功能过密问题。第三，要因地制宜推进城市空间布局形态多元化。东部等人口密集地区，要优化城市群内部空间结构，合理控制大城市规模，不能盲目"摊大饼"。要推动城市组团式发展，形成多中心、多层级、多节点的网络型城市群结构。城市之间既要加强互联互通，也要有必要的生态和安全屏障。中西部有条件的省区，要有意识地培育多个中心城市，避免"一市独大"的弊端。要选择一批条件好的县城重点发展，加强政策引导，使之成为扩大内需的重要支撑点。[①]

（三）明确区域协调发展的思路举措

针对区域经济发展分化态势明显、发展动力极化现象日益突出和部分区域发展面临较大困难等问题，2019年8月26日，在中央财经委员会第五次会议上，习近平总书记提出新形势下促进区域协调发展总的思路：按照客观经济规律调整完善区域政策体系，发挥各地区比较优势，促进各类要素合理流动和高效集聚，增强创新发展动力，加快构建高质量发展的动力系统，增强中心城市和城市群等经济发展优势区域的经济和人口承载能力，增强其他地区在保障粮食安全、生态安全、边疆安全等方面的功能，形成优势互补、高质量发展的区域经济布局。[②]

[①] 习近平：《国家中长期经济社会发展战略若干重大问题》，《求是》2020年第21期。
[②] 习近平：《推动形成优势互补高质量发展的区域经济布局》，《求是》2019年第24期。

习近平总书记进一步指出这一总体思路四个方面的内涵。

第一，尊重客观规律。产业和人口向优势区域集中，形成以城市群为主要形态的增长动力源，进而带动经济总体效率提升，这是经济规律。要破除资源流动障碍，使市场在资源配置中起决定性作用，促进各类生产要素自由流动并向优势地区集中，提高资源配置效率。

第二，发挥比较优势。我国经济由高速增长阶段转向高质量发展阶段，对区域协调发展提出了新的要求。不能简单要求各地区在经济发展上达到同一水平，而是要根据各地区的条件，走合理分工、优化发展的路子。经济发展条件好的地区要承载更多产业和人口，发挥价值创造作用。形成几个能够带动全国高质量发展的新动力源，特别是京津冀、长三角、珠三角三大地区，以及一些重要城市群。生态功能强的地区要得到有效保护，创造更多生态产品。要考虑国家安全因素，增强边疆地区发展能力，使之有一定的人口和经济支撑，以促进民族团结和边疆稳定。

第三，完善空间治理。要完善和落实主体功能区战略，细化主体功能区划分，按照主体功能定位划分政策单元，对重点开发地区、生态脆弱地区、能源资源地区等制定差异化政策，分类精准施策，推动形成主体功能约束有效、国土开发有序的空间发展格局。

第四，保障民生底线。区域协调发展的基本要求是实现基本公共服务均等化，基础设施通达程度比较均衡。要完善土地、户籍、转移支付等配套政策，提高城市群承载能力，促进迁移人口稳定落户。要确保承担安全、生态等战略功能的区域基本公共服务均等化。

关于促进区域协调发展的主要举措，习近平总书记在讲话中强调，要从多方面健全区域协调发展新机制，抓紧实施有关政策措施。第一，形成全国统一开放、竞争有序的商品和要素市场。健全市场一体化发展机制，深化区域合作机制，加强区域间基础设施、环保、产业等方面的合作。第二，尽快实现养老保险全国统筹。加快养老保险全国统筹进度，在全国范围内实现制度统一和区域间互助共济。第三，改革土地管理制度。要加快改革土地管理制度，建设用地资源向中心城市和重点城市群倾斜，使优势地区有更大发展空间。第四，完善能源消费双控制度。对于能耗强度达标而发展较快的地区，能源消费总量控制要有适当弹性。第五，全面建立生态补偿制度。要健全区际利益补偿机制、纵向生态补偿机制，建立健全市场化、多元化生态补偿机制。第六，完善财政转移支付制度。要完善财政体制，合理确定中央支出占整个支出的比重。要对重点生态功能区、农产品主产区、困难地区提供有效转移支付。

（四）把握促进区域协调发展的方法论

习近平总书记指出，不平衡是普遍的，要在发展中促进相对平衡。这是区域协调发展的辩证法。深刻认识社会主要矛盾变化，增强解决发展不平衡不充分问题的系统性。发展不平衡，主要是各区域各领域各方面存在失衡现象，制约了整体发展水平提升；发展不充分，主要是我国全面实现社会主义现代化还有相当长的路要走，发展任务仍然很重。推动解决这些问题，要坚持辩证唯物主义和历史唯物主义的世界观、方法论，解决起来必须既积极有为又持之以恒努力。[1]

打破"一亩三分地"的意识。各部门既要按照自身职责抓好新发展理念涉及本部门的重点工作，也要综合考虑本部门工作对全党全国贯彻新发展理念的作用和影响，不能单打一，只管自己的"一亩三分地"。各地区要根据自身条件和可能，既全面贯彻新发展理念，又抓住短板弱项来重点推进，不能脱离实际蛮干，更不要为了出政绩不顾条件什么都想干，最后什么也干不成。比如，创新发展大家都要抓，但具体到各种关键核心技术，不是家家都能干的，要看条件和可能，同时要看全国科技创新发展布局，从自己的优势领域着力，不能盲目上项目；协调发展、开放发展家家都要抓，同时东部和西部、发达地区和欠发达地区、沿海地区和内地条件各有不同，要从实际出发来抓；绿色发展、共享发展家家都要抓，没有选择余地，同时要聚焦本地区主要问题，突出本地区重点领域，不能脱离本地区承受能力，更不能只顾经济发展而忽略了绿色、共享这两头。[2]

把握下好全国一盘棋的制胜要诀。下好"十三五"时期发展的全国一盘棋，协调发展是制胜要诀。我们要学会运用辩证法，善于"弹钢

---

[1] 习近平：《新发展阶段贯彻新发展理念必然要求构建新发展格局》，《求是》2022年第17期。

[2] 习近平：《全党必须完整、准确、全面贯彻新发展理念》，《求是》2022年第16期。

琴",处理好局部和全局、当前和长远、重点和非重点的关系,在权衡利弊中趋利避害、作出最为有利的战略抉择。从当前我国发展中不平衡、不协调、不可持续的突出问题出发,我们要着力推动区域协调发展、城乡协调发展、物质文明和精神文明协调发展,推动经济建设和国防建设融合发展。① 2018 年 4 月,在深入推动长江经济带发展座谈会上,习近平总书记指出:"推动好一个庞大集合体的发展,一定要处理好自身发展和协同发展的关系,首先要解决思想认识问题,然后再从体制机制和政策举措方面下功夫,做好区域协调发展'一盘棋'这篇大文章。""要深刻理解实施区域协调发展战略的要义,各地区要根据主体功能区定位,按照政策精准化、措施精细化、协调机制化的要求,完整准确落实区域协调发展战略,推动实现基本公共服务均等化,基础设施通达程度比较均衡,人民生活水平有较大提高。"习近平总书记同时强调,要推动长江经济带发展领导小组更好发挥统领作用;要完善省际协商合作机制,协调解决跨区域基础设施互联互通、流域管理统筹协调的重大问题;要简政放权,清理阻碍要素合理流动的地方性政策法规,清除市场壁垒,推动劳动力、资本、技术等要素跨区域自由流动和优化配置,探索一些财税体制创新安排,引入政府间协商议价机制,处理好本地利益和区域利益的关系。

坚持两点论和重点论的统一。要增强区域发展的平衡性,实施区域重大战略和区域协调发展战略,加大对欠发达地区的支持力度。一方面,在有条件的地方率先构建新发展格局。各地区要找准自己在国内大循环和国内国际双循环中的位置和比较优势,把构建新发展格局同实施区域重大战略、区域协调发展战略、主体功能区战略、建设自由贸易试验区等有机衔接起来,打造改革开放新高地,不能搞"小而全",更不能以"内循环"的名义搞地区封锁。有条件的地区可以率先探索有利于促进全国构建新发展格局的有效路径,发挥引领和带动作用。② 另一方面,增强欠发达区域高质量发展动能。一体化的一个重要目的是解决区域发展不

---

① 习近平:《深入理解新发展理念》,《求是》2019 年第 10 期。
② 习近平:《构建新发展格局、重塑新竞争优势》,《习近平谈治国理政》第四卷,外文出版社 2022 年版,第 156—157 页。

平衡问题。发展落差往往是发展空间。有关部门要针对欠发达地区出台实施更精准的举措，推动这些地区跟上长三角一体化高质量发展步伐。海纳百川，有容乃大。不同地区的经济条件、自然条件不均衡是客观存在的，如城市和乡村、平原和山区、产业发展区和生态保护区之间的差异，不能简单、机械地理解均衡性。解决发展不平衡问题，要符合经济规律、自然规律，因地制宜、分类指导，承认客观差异，不能搞一刀切。

坚持地区协调与城乡协调相统一。习近平总书记强调，发展要城乡协调、地区协调。区域协调发展是统筹发展的重要内容，与城乡协调发展紧密相关。区域发展不平衡有经济规律作用的因素，但区域差距过大也是需要重视的政治问题。区域协调发展不是平均发展、同构发展，而是优势互补的差别化协调发展。要采取有力措施促进区域协调发展、城乡协调发展，加快欠发达地区发展，积极推进城乡发展一体化和城乡基本公共服务均等化。城乡一体化要协调好，城乡一体的人员流动、布局、社会发展等问题都要规划好。振兴乡村，不能就乡村论乡村，还是要强化以工补农、以城带乡，加快形成工农互促、城乡互补、协调发展、共同繁荣的新型工农城乡关系。[①]

习近平总书记指出，重大区域发展战略是符合我国新时代高质量发展需要的，是推进中国式现代化建设的有效途径。根据新华社客户端消息，2023年，习近平总书记先后到广东、河北、山西、江苏、四川、黑龙江等地，高频度、大跨度考察调研，聚焦的一条主线就是以高质量发展推进中国式现代化，其中，区域协调发展被摆在重要位置。在调研过程中，习近平总书记多次强调，围绕高质量发展这个首要任务和构建新发展格局这个战略任务，主动融入和服务构建新发展格局，"当初行政区划的'分'、现在区域协同的'合'，目的是一致的，都是为了促进发展"。[②]

二 党的代表大会、全会和五年规划对区域协调发展战略部署

本部分围绕党的代表大会和国家五年规划两条线索，梳理区域协调

[①] 习近平：《坚持把解决好"三农"问题作为全党工作重中之重，举全党全社会之力推动乡村振兴》，《求是》2022年第7期。

[②] 新华社客户端：《总书记今年国内考察有条主线》，2023年9月9日。

发展的战略演变历程和趋势。

(一) 党的历次代表大会和有关全会对区域协调发展的相关部署

党的十四大强调，积极促进合理交换和联合协作，形成地区之间互惠互利的经济循环新格局。要根据自然地理特点和经济的内在联系，充分发挥中心城市作用，努力发展各具特色的区域经济。党的十五大提出，要促进地区经济合理布局和协调发展，发挥中心城市的作用，进一步引导形成跨地区的经济区域和重点产业带。党的十六大提出，要逐步提高城镇化水平，坚持大中小城市和小城镇协调发展，走中国特色的城镇化道路。统筹区域发展，是党的十六届三中全会提出的"五个统筹"之一。党的十七大报告提出，继续实施区域发展总体战略，形成辐射作用大的城市群，城乡、区域协调互动发展机制和主体功能区布局基本形成。党的十八大报告强调继续实施区域发展总体战略，科学规划城市群规模和布局，增强中小城市和小城镇产业发展、公共服务、吸纳就业、人口集聚功能。党的十九大报告提出，实施区域协调发展战略，以城市群为主体构建大中小城市和小城镇协调发展的城镇格局，建立更加有效的区域协调发展新机制。党的二十大报告提出，深入实施区域协调发展战略、区域重大战略、主体功能区战略、新型城镇化战略，强调以城市群、都市圈为依托构建大中小城市协调发展格局，推进以县城为重要载体的城镇化建设。现将党的历次代表大会和重要全会关于区域协调发展的主要内容梳理如下。

1. 党的十四大：充分发挥各地优势，加快地区经济发展，促进全国经济布局合理化

我国地域广阔，各地条件差异很大，经济发展不平衡。应当在国家统一规划指导下，按照因地制宜、合理分工、各展所长、优势互补、共同发展的原则，促进地区经济合理布局和健康发展。东部沿海地区要大力发展外向型经济，重点发展附加值高、创汇高、技术含量高、能源和原材料消耗低的产业和产品，多利用一些国外资金、资源，求得经济发展的更高速度和更好效益。中部和西部地区资源丰富，沿边地区还有对外开放的地缘优势，发展潜力很大，国家要在统筹规划下给予支持。这些地方应当根据市场经济的要求，加快对内对外开放的步伐，加强基础设施建设，促进资源的开发和利用，努力发展优势产业和产品，有条件

的也要积极发展外向型经济,以带动整个区域经济发展。各地都要从国家整体利益出发,树立全局观念,不应追求自成体系,竭力避免不合理的重复建设和重复引进。积极促进合理交换和联合协作,形成地区之间互惠互利的经济循环新格局。要根据自然地理特点和经济的内在联系,充分发挥中心城市作用,努力发展各具特色的区域经济。同时,要加快少数民族地区经济发展。

2. 党的十五大:促进地区经济合理布局和协调发展

东部地区要充分利用有利条件,在推进改革开放中实现更高水平的发展,有条件的地方要率先基本实现现代化。中西部地区要加快改革开放和开发,发挥资源优势,发展优势产业。国家要加大对中西部地区的支持力度,优先安排基础设施和资源开发项目,逐步实行规范的财政转移支付制度,鼓励国内外投资者到中西部投资。进一步发展东部地区同中西部地区多种形式的联合与合作。更加重视和积极帮助民族地区发展经济。从多方面努力,逐步缩小地区发展差距。各地要从实际出发,发展各具特色的经济,加快老工业基地的改造,发挥中心城市的作用,进一步引导形成跨地区的经济区域和重点产业带。

3. 党的十六大:实施科教兴国和可持续发展战略,实现速度和结构、质量、效益相统一,经济发展和人口、资源、环境相协调

要逐步提高城镇化水平,坚持大中小城市和小城镇协调发展,走中国特色的城镇化道路。积极推进西部大开发,促进区域经济协调发展。实施西部大开发战略,争取十年内取得突破性进展。中部地区要加大结构调整力度,东部地区要加快产业结构升级,支持东北地区等老工业基地加快调整和改造,支持以资源开采为主的城市和地区发展接续产业,支持革命老区和民族地区加快发展。加强东、中、西部经济交流与合作,实现优势互补和共同发展,形成若干各具特色的经济区和经济带。

4. 党的十六届三中全会:统筹区域发展

积极推进西部大开发,振兴东北地区等老工业基地,促进中部地区崛起,鼓励东部地区率先发展,继续发挥各个地区的优势和积极性,通过健全市场机制、合作机制、互助机制、扶持机制,逐步扭转区域发展差距拉大的趋势,形成东中西相互促进、优势互补、共同发展的新格局。

5. 党的十七大：推动区域协调发展，优化国土开发格局

缩小区域发展差距，必须注重实现基本公共服务均等化，引导生产要素跨区域合理流动。要继续实施区域发展总体战略，深入推进西部大开发，全面振兴东北地区等老工业基地，大力促进中部地区崛起，积极支持东部地区率先发展。加强国土规划，按照形成主体功能区的要求，完善区域政策，调整经济布局。遵循市场经济规律，突破行政区划界限，形成若干带动力强、联系紧密的经济圈和经济带。重大项目布局要充分考虑支持中西部发展，鼓励东部地区带动和帮助中西部地区发展。加大对革命老区、民族地区、边疆地区、贫困地区发展扶持力度。帮助资源枯竭地区实现经济转型。更好发挥经济特区、上海浦东新区、天津滨海新区在改革开放和自主创新中的重要作用。走中国特色城镇化道路，按照统筹城乡、布局合理、节约土地、功能完善、以大带小的原则，促进大中小城市和小城镇协调发展。以增强综合承载能力为重点，以特大城市为依托，形成辐射作用大的城市群，培育新的经济增长极。

6. 党的十八大：加快完善社会主义市场经济体制和加快转变经济发展方式

坚持走中国特色新型工业化、信息化、城镇化、农业现代化道路，推动信息化和工业化深度融合、工业化和城镇化良性互动、城镇化和农业现代化相互协调，促进工业化、信息化、城镇化、农业现代化同步发展。以改善需求结构、优化产业结构、促进区域协调发展、推进城镇化为重点，着力解决制约经济持续健康发展的重大结构性问题。

继续实施区域发展总体战略，充分发挥各地区比较优势，优先推进西部大开发，全面振兴东北地区等老工业基地，大力促进中部地区崛起，积极支持东部地区率先发展。采取对口支援等多种形式，加大对革命老区、民族地区、边疆地区、贫困地区扶持力度。科学规划城市群规模和布局，增强中小城市和小城镇产业发展、公共服务、吸纳就业、人口集聚功能。加快改革户籍制度，有序推进农业转移人口市民化，努力实现城镇基本公共服务常住人口全覆盖。

7. 党的十九大：实施区域协调发展战略

加大力度支持革命老区、民族地区、边疆地区、贫困地区加快发展，强化举措推进西部大开发形成新格局，深化改革，加快东北等老工业基地振兴，发挥优势，推动中部地区崛起，创新引领，率先实现东部地区优化发展，建立更加有效的区域协调发展新机制。以城市群为主体构建大中小城市和小城镇协调发展的城镇格局，加快农业转移人口市民化。以疏解北京非首都功能为"牛鼻子"推动京津冀协同发展，高起点规划、高标准建设雄安新区。以共抓大保护、不搞大开发为导向推动长江经济带发展。支持资源型地区经济转型发展。加快边疆发展，确保边疆巩固、边境安全。坚持陆海统筹，加快建设海洋强国。

8. 党的二十大：深入实施区域协调发展等四大战略

深入实施区域协调发展战略、区域重大战略、主体功能区战略、新型城镇化战略，优化重大生产力布局，构建优势互补、高质量发展的区域经济布局和国土空间体系。推动西部大开发形成新格局，推动东北全面振兴取得新突破，促进中部地区加快崛起，鼓励东部地区加快推进现代化。……推进京津冀协同发展、长江经济带发展、长三角一体化发展，推动黄河流域生态保护和高质量发展。高标准、高质量建设雄安新区，推动成渝地区双城经济圈建设。健全主体功能区制度，优化国土空间发展格局。推进以人为核心的新型城镇化，加快农业转移人口市民化。以城市群、都市圈为依托构建大中小城市协调发展格局，推进以县城为重要载体的城镇化建设。

(二) 国家五年规划对区域协调发展的要求部署

从20世纪90年代开始，国家在制定国家经济和社会发展五年计划和规划时，均把区域协调发展作为重要内容。现将"八五"计划以来，有关区域协调部分的特征和内容进行列表梳理如下（见表1.1）。

表1.1　　国家五年规划（计划）对区域协调发展的相关表述

时间	特征	主要内容
"八五"计划	持续、稳定、协调发展的方针	贯彻执行国民经济持续、稳定、协调发展的方针。按照统筹规划、合理分工、优势互补、协调发展、利益兼顾、共同富裕的原则，逐步实现生产力的合理布局。促进地区经济的合理分工和协调发展，正确处理发挥地区优势与全国统筹规划、资源富集地区与加工工业集中地区、经济发达地区与经济较不发达地区的关系

续表

时间	特征	主要内容
"九五"计划和2010年远景目标纲要	强调经济区和产业带，协调发展主要集中在经济层面	重要方针：坚持区域经济协调发展，逐步缩小地区发展差距。从"九五"开始，要更加重视支持内地的发展，实施有利于缓解差距扩大趋势的政策，并逐步加大工作力度，积极朝着缩小差距的方向努力。2010远景目标：区域经济协调发展，基本形成若干各具特色的跨省区市的经济区和重点产业带，地区发展差距逐步缩小。城乡建设有很大发展，初步建立规模结构和布局合理的城镇体系
"十五"计划	西部大开发战略和城镇化战略，强调经济带、经济区等	实施西部大开发战略，加快中西部地区发展，合理调整地区经济布局，促进地区经济协调发展。依托亚欧大陆桥、长江水道、西南出海通道等交通干线及中心城市，以线串点，以点带面，实行重点开发，促进西陇海兰新线经济带、长江上游经济带和南（宁）贵（阳）昆（明）经济区的形成，提高城镇化水平。进一步发挥环渤海、长江三角洲、闽东南地区、珠江三角洲等经济区域在全国经济增长中的带动作用。东部地区要加强与中西部地区全方位的经济技术合作。要打破行政分割，重塑市场经济条件下的新型地区经济关系。 实施城镇化战略：大中小城市和小城镇协调发展的多样化城镇化道路，有重点地发展小城镇，消除城镇化的体制和政策障碍
"十一五"规划	把城市群作为推进城镇化的主体形态，城市群的概念出现了10次	把城市群作为推进城镇化的主体形态，逐步形成以沿海及京广京哈线为纵轴，长江及陇海线为横轴，若干城市群为主体，其他城市和小城镇点状分布，永久耕地和生态功能区相间隔，高效协调可持续的城镇化空间格局。 已形成城市群发展格局的京津冀、长江三角洲和珠江三角洲等区域，要继续发挥带动和辐射作用，加强城市群内各城市的分工协作和优势互补，增强城市群的整体竞争力。具备城市群发展条件的区域，要加强统筹规划，以特大城市和大城市为龙头，发挥中心城市作用，形成若干用地少、就业多、要素集聚能力强、人口分布合理的新城市群。 人口分散、资源条件较差、不具备城市群发展条件的区域，要重点发展现有城市、县城及有条件的建制镇，成为本地区集聚经济、人口和提供公共服务的中心

续表

时间	特征	主要内容
"十二五"规划	城市群概念出现14次	积极稳妥推进城镇化，重点强调优化城市化布局和形态、构建城市化战略格局。遵循城市发展客观规律，以大城市为依托，以中小城市为重点，逐步形成辐射作用大的城市群，促进大中小城市和小城镇协调发展。在东部地区逐步打造更具国际竞争力的城市群，在中西部有条件的地区培育壮大若干城市群
"十三五"规划	提出新型城镇化，城市群概念出现14次。都市圈概念出现2次	新型城镇化要坚持以人的城镇化为核心、以城市群为主体形态、以城市综合承载能力为支撑、以体制机制创新为保障，加快城市群建设发展，建立健全城市群发展协调机制。优化城镇化布局和形态，加快城市群建设发展、增强中心城市辐射带动功能，加快发展中小城市和特色镇。规划首次提出全国城市群的布局，即规划建设19个城市群。 超大城市和特大城市要加快提高国际化水平，适当疏解中心城区非核心功能，强化与周边城镇高效通勤和一体发展，促进形成都市圈。培育壮大沿江沿线城市群和都市圈增长极
"十四五"规划和2035年远景目标纲要	城市群概念出现16次，都市圈概念出现9次，中心城市出现6次	完善城镇化空间布局，发展壮大城市群和都市圈，分类引导大中小城市发展方向和建设重点，形成疏密有致、分工协作、功能完善的城镇化空间格局。 推动城市群一体化发展、建设现代化都市圈、优化提升超大特大城市中心城区功能、完善大中小城市宜居宜业功能、推进以县为重要载体的城镇化建设。 坚持走中国特色新型城镇化道路，深入推进以人为核心的新型城镇化战略，以城市群、都市圈为依托促进大中小城市和小城镇协调联动、特色化发展

三 国家发改委《"十四五"新型城镇化实施方案》中城市群与都市圈相关内容

2022年6月，国务院批复同意、国家发改委印发《"十四五"新型城镇化实施方案》，提出要提升城市群一体化发展和都市圈同城化发展水平，促进大中小城市和小城镇协调发展，形成疏密有致、分工协作、功能完善的城镇化空间格局。有关城市群和都市圈发展的主要内容如下。

(一) 分类推动城市群发展

增强城市群人口经济承载能力，建立健全多层次常态化协调推进机制，打造高质量发展的动力源和增长极。深入实施京津冀协同发展、长三角一体化发展、粤港澳大湾区建设等区域重大战略，加快打造世界一流城市群。积极推进成渝地区双城经济圈建设，显著提升经济实力和国际影响力。实施长江中游、北部湾等城市群发展"十四五"实施方案，推动山东半岛、粤闽浙沿海、中原、关中平原等城市群发展。引导哈长、辽中南、山西中部、黔中、滇中、呼包鄂榆、兰州—西宁、宁夏沿黄、天山北坡等城市群稳步发展。构筑城市间生态和安全屏障，构建布局合理、功能完备的城镇体系，形成多中心、多层级、多节点的网络型城市群结构。加强城市群对周边欠发达地区、革命老区、边境地区、生态退化地区、资源型地区、老工业城市等特殊类型地区发展的辐射带动。

(二) 有序培育现代化都市圈

依托超大特大城市及辐射带动能力强的Ⅰ型大城市，以促进中心城市与周边城市（镇）同城化发展为导向，以1小时通勤圈为基本范围，培育发展都市圈。编制实施都市圈发展规划及重点领域专项规划，建立健全省级统筹、中心城市牵头、周边城市协同的同城化推进机制。提高都市圈交通运输连通性便利性，统筹利用既有线与新线因地制宜发展城际铁路和市域（郊）铁路，有序发展城市轨道交通，构建高速公路环线系统，打通各类未贯通公路和"瓶颈路"，推动市内市外交通有效衔接和轨道交通"四网融合"，有序推进城际道路客运公交化运营。引导都市圈产业从中心至外围梯次分布、合理分工、链式配套，推动产业园区和创新基地合作共建。鼓励都市圈社保和落户积分互认，统筹布局新建大型公共服务设施，促进教育医疗资源共享。

(三) 健全城市群和都市圈协同发展机制

在城市群和都市圈内探索经济管理权限与行政区范围适度分离，建立跨行政区利益共享和成本共担机制。鼓励机场港口等运营企业以资本为纽带，采取共同出资、互相持股等市场化方式，提高资源利用效率和管理服务水平。支持在跨行政区合作园区联合成立管委会、整合平台公司，协作开展开发建设运营，允许合作园区内企业自由选择注册地。建立市场监管协调机制，统一监管标准，推动执法协作及信息共享。建立完善横向生态保护补偿机制，推动大气、水等污染联防联治。探索跨行政区开展能源、通讯、应急救援等服务，建立健全自然灾害、公共卫生等重大突发事件和重要输电通道安全风险联防联控机制。探索经济统计分算方式。率先在都市圈推动规划统一编制实施，探索土地、人口等统一管理。

第三节 中国式现代化区域协同的关键聚点

党的十九大报告提出，"以城市群为主体构建大中小城市和小城镇协调发展的城镇格局"；党的二十大报告提出，"以城市群、都市圈为依托构建大中小城市协调发展格局，推进以县城为重要载体的城镇化建设"。从党的十九大到党的二十大，城镇格局发生了重要变化：第一，"以城市群为主体"变成了"以城市群、都市圈为依托"，将城市群和都市圈并列，凸显了都市圈在协调发展格局中的重要地位和作用。第二，从"大中小城市和小城镇协调发展的城镇格局"到"大中小城市协调发展格局，推进以县城为重要载体的城镇化建设"，将城市化和城镇化分开，进一步强调县城在城镇化建设中的重要载体作用。中国式现代化背景下的城镇化格局，在原有的城市群、大中小城市和小城镇三个层级的基础上，增加了都市圈和县城两个重要层级，层次更加分明，着力点和抓手更加突出和具体。

一 现代化都市圈完善区域的协同治理层级

《国家新型城镇化规划（2014—2020年）》提出，特大城市要适当疏散经济功能和其他功能，推进劳动密集型加工业向外转移，加强与周边城镇基础设施连接和公共服务共享，推进中心城区功能向1小时交通圈地区扩散，培育形成通勤高效、一体发展的都市圈。2018年9月，习近平总书记在东北三省考察并主持召开深入推进东北振兴座谈会，就深入推进东北振兴提出六个方面的要求，其中第三个方面是"科学统筹精准施策，构建协调发展新格局。要培育发展现代化都市圈，加强重点区域和重点领域合作，形成东北地区协同开放合力。要以东北地区与东部地区对口合作为依托，深入推进东北振兴与京津冀协同发展、长江经济带发展、粤港澳大湾区建设等国家重大战略的对接和交流合作，使南北互动起来"①。2019年2月，国家发改委出台《关于培育发展现代化都市圈的指导意见》（以下简称《指导意见》），明确现代化都市圈的基本概念，即城市群内部以超大、特大城市或辐射带动功能强的大城市为中心、以1小时通勤圈为基本范围的城镇化空间形态，明确现代化都市圈建设的指导思想、基本原则、主要目标和重点领域。《指导意见》在推进基础设施一体化、强化城市间产业分工协作、加快建设统一开放市场、推进公共服务共建共享、强化生态环境共保共治、率先实现城乡融合发展、构建都市圈一体化发展机制等七个方面作出具体部署。此后，国家发改委每年发布新型城镇化和城乡融合工作要点，其中都涉及现代化都市圈建设的内容。《"十四五"新型城镇化实施方案》提出，依托超大特大城市及辐射带动能力强的Ⅰ型大城市，以促进中心城市与周边城市（镇）同城化发展为导向，以1小时通勤圈为基本范围，培育发展都市圈。2021年至2023年，国家发改委先后批复南京、福州、成都、长株潭、西安、重庆、武汉、沈阳等13个都市圈发展规划。2022年9月，上海市会同江苏省、浙江省发布《上海大都市圈空间协同规划》。

经济发展水平的不同，区域间合作的方式也有所不同。从经济协作到发展协调再到发展和机制协同，从小康的区域协调到现代化的区域协同，是一个循序渐进、螺旋上升的过程。协作，是区域合作的初始阶段。从20世纪80年代开始，全国设立若干个经济协作区，主要是推动板块内不同行政区域之间的经济协作。协调，是区域合作的中级阶段。区域内的协调，区域之间的协调，更多地体现在城市群层面。协同，是区域合作的高级阶段。区域协同是跨区域协调发展单元的精细化，区域协调政策的精准化，既带有一定的过程性质，又带有一定的结果取向。现代化

---

① 《习近平在东北三省考察并主持召开深入推进东北振兴座谈会时强调：解放思想锐意进取深化改革破解矛盾 以新气象新担当新作为推进东北振兴》，《人民日报》2018年9月29日第1版。

都市圈的协同,是区域协调发展的新阶段和区域协调发展的新形态。经济区经济,重点是经济合作,更多考虑的是经济和经济增长,是以增长和速度为导向的;现代化都市圈,以同城化和一体化为方向,由经济合作拓展到全方位的合作,是以发展和质量为导向的,更加注重区域、城市和城乡的协调发展。

从我国区域发展的历程看,在板块经济方面,国家分别实施沿海开放战略、西部大开发、中部崛起战略和东北振兴战略等。在轴带经济方面,国家重点布局长江经济带高质量发展和黄河流域生态保护与高质量发展两大战略。由长江、黄河贯穿起来的两个经济带、流域带,是中国高质量发展和现代化建设的两条命脉线,既是经济社会发展命脉线,也是文化、生态命脉线。在城市群方面,京津冀、长三角、珠三角是国家在东部布局的三个主发动机,同时,在长江经济带重点布局建设长江中游城市群和长渝双城经济圈,五个区域通过交通轴线相连,形成中国区域协同发展的钻石模型。

中国式现代化,是新发展理念主导的、具有鲜明的协调特征的现代化。城市群,从目前的发展状况和阶段看,某种意义上带有一定的"大锅饭"性质。除中心城市和直接相邻的城市外,同一个城市群内的不同城市,经济社会联系的程度不够紧密,彼此之间的共同语言少,更多的还是围绕一个或者几个中心城市来活动。要想把一个大群建设好,先形成若干个具有活力的小群尤其重要,从组建班级群到组建小组,从松散联盟、兄弟城市轮流坐庄到紧密合作、中心城市主导,是区域协同发展的趋势和规律。因此,城市群是现代化即将实现阶段的城市的主要形态,现代化都市圈,是现代化实现过程中先发地区的主要形态。因此,可以说,城市群是现代化成熟时期的产物,都市圈既是现代化进程中的产物。由现代化城市到现代化都市圈到现代化城市群,再到区域现代化,从而实现全国的现代化。现代化都市圈在现代化进程中具有重要牵引和引领作用,这是区域现代化发展和演变的规律。

研究中国式现代化的区域协调,现代化都市圈是最佳的突破口和最现实的着力点。现代化都市圈,是随着全面建成小康社会目标即将实现的时机提出的,在进入现代化新征程后开始全面"爆发"。从小康阶段到现代化阶段,现代化都市圈是区域现代化探索的最佳尺度,是带动更大范围现代化的最强内核，是由较小区域现代化到更大区域现代化的必由之路。

现代化都市圈，实现了区域协调发展尺度宏观与微观的聚焦。从较大规模的城市群阶段的"散装"到相对较小规模的现代化都市圈阶段的"整装"，整体效能得到更好的发挥。区域协调发展动力，既有中央层面的顶层设计，又有地方层面的自主探索。如果说，城市群更多的是在区域现有联系的基础上"规划"出来的，先有规划再有行动，通过"规划"引领行动，那么，都市圈大都是长期以来自发形成的，拥有合作协同的历史文化、交通产业和体制机制基础，通过制定"规划"进一步增强行动的协同性。相较于城市群，现代化都市圈进一步缩小了协同发展的尺度和范围，使区域协同发展政策更具有针对性和精准性。从都市圈的规模来看，一个大的城市群往往由几个都市圈构成。根据齐夫法则，城市人口呈现级差分布，一个国家最大的都市圈的人口，等于第二大都市圈人口的两倍，等于第三大都市圈人口的三倍。在现代化都市圈内，中心城市与周边城市的优势互补、强强联合，不是城市之间的简单相加引起的物理变化，而是城市之间的关系重构和深度合作引起的化学变化，其所产生的不仅仅是简单的加法效应，更重要的是形成乘数和指数效应，同样的发展要素通过不同的排列组合可以引发无限的发展潜能，形成区域协同的核聚变效应。

目前的都市圈，存在着国家层面批复的都市圈和地方自发建设的都市圈两种情况。地方发展现代化都市圈，具有规模感性冲动，基本上是以设区市为单位，都市圈的规模普遍较大；国家层面发展现代化都市圈，具有规模理性，对都市圈的范围进行了限制。现代化都市圈实行规模总量调控，不少地方都在努力调适，促使城市群不断地瘦身，以适应国家发改委的有关要求。目前国家发改委批复的都市圈，在地域范围上与上一轮城市群规划中提出以设区市组成的都市圈明显不同。现代化都市圈以中心城市为中心向外辐射，周边设区市一般不是整体加入而是只有部分县级单位加入，根据与中心城市经济社会联系的"远近亲疏"决定是否加入现代化都市圈，形成现代化都市圈管理推进机构管理层级的势能落差，把发展落差变成发展空间，把行政落差转化为发展动力。

二 现代化都市圈是"三新一高"背景下区域协调的必然选择

习近平总书记指出,"协调既是发展手段又是发展目标,同时还是评价发展的标准和尺度,是发展两点论和重点论的统一,是发展平衡和不平衡的统一,是发展短板和潜力的统一"①。习近平总书记明确提出区域协调发展的三大目标:基本公共服务均等化,基础设施通达程度比较均衡,人民生活水平大体相当。现代化都市圈,是区域协调发展的高级阶段,是城镇化与现代化的复合型态,是适应新发展阶段、贯彻新发展理念、构建新发展格局的必然要求,是推动高质量发展和中国式现代化区域协同的必然选择。

(一)从时间红利到空间红利:新发展阶段结构性潜能的巨大释放

解决社会主义初级阶段主要矛盾,需要确立鲜明的空间指向。我国社会主要矛盾已经由人民日益增长的物质文化需要同落后的社会生产之间的矛盾,转化为人民日益增长的美好生活需要和不平衡不充分的发展之间的矛盾。如果说不充分更多的是一个时间概念,从不充分到充分,需要一个时间推移的发展过程;不平衡更多的是一个空间概念,从不平衡到平衡,当然也需要一定的时间,但更多的是一个空间调整的过程。这个空间可能是不同空间之间的调整,也可能是一个空间内不同构成要素发展优先顺序的调整。推动形成高质量发展区域经济布局,需要进行要素的空间调整。高质量发展,既需要继续争取时间红利,紧紧抓住发展的战略机遇期,更需要争取空间红利,通过空间的重组释放新时代发展的新动能,实现从速度型增长到速度型、质量型发展的转换,推动经济实现质的有效提升和量的合理增长。如果说,长期以来"长"三角地区改革开放起步较早,敢于探索、善于争先,能够先人一步、快人一筹,赢得了改革开放发展的时间红利的话,那么,新时代高质量发展,不但需要时间上的抢先、速度上的率先,更需要空间上的重塑、质量上的提升,释放更多的空间治理红利,形成区域高质量一体化发展的新动能。建设培育现代化都市圈,从速度取向的时间红利到质量取向的空间红利,从城市内部的局部更新到城市之间布局的更新,从区域经济结构的调整

---

① 《习近平总书记重要讲话文章选编》,党建读物出版社、中央文献出版社2016年版。

到更高层面的协同，通过城市间关系的重塑来释放巨大的结构性潜能，这既是发展理念的跃升，更是发展新动能的集中释放，有利于实现生产、生态、生活三生空间的高效协同。

（二）从区域竞争到区域协同：新发展理念的集中呈现

协调是五大新发展理念之一，区域协调是协调发展的重要的一个方面。2019年，国家发改委《指导意见》在指导思想中提出七个坚持，"坚持和加强党的全面领导，坚持以人民为中心的发展思想，坚持稳中求进工作总基调，坚持新发展理念，坚持推动高质量发展，坚持以供给侧结构性改革为主线，坚持市场化改革、扩大高水平开放"，其中坚持新发展理念是贯穿其中的一个重要的方面。五大发展理念在现代化都市圈均能够得到比较充分的体现。创新是现代化都市圈发展的第一动力，协调是现代化都市圈发展的内在要求，绿色是现代化都市圈发展的鲜明底色，开放是现代化都市圈发展的强劲动能，共享是现代化都市圈发展的价值追求。从国家发改委《指导意见》看，在创新方面，强调以创新体制机制为抓手，以强化制度、政策和模式创新为引领，坚决破除制约各类资源要素自由流动和高效配置的体制机制障碍，科学构建都市圈协同发展机制，加快推进都市圈发展。在协调方面，加快构建都市圈协商合作、规划协调、政策协同、社会参与等机制；建立城市间多层次合作协商机制，有条件的地方可以探索设立都市圈发展及重点领域协调推进机制，负责推动落实都市圈一体化发展重大事项。在绿色方面，以推动都市圈生态环境协同共治、源头防治为重点，强化生态网络共建和环境联防联治，在一体化发展中实现生态环境质量同步提升，共建美丽都市圈。在开放方面，强调以打破地域分割和行业垄断、清除市场壁垒为重点，加快清理、废除妨碍统一市场和公平竞争的各种规定和做法，营造规则统一开放、标准互认、要素自由流动的市场环境。在共享方面，强调统筹都市圈整体利益和各城市比较优势，强化城市间专业化分工协作，促进城市功能互补、产业错位布局、基础设施和公共服务共建共享，在深化合作中实现互利共赢。

（三）从内生发展到外生发展：新发展格局在优势区域率先构建

2020年9月，在中央深改委第十五次会议上，习近平总书记强调指出，把构建新发展格局同实施国家区域协调发展战略、建设自由贸易试验区等衔接起来，在有条件的区域率先探索形成新发展格局，打造改革开放新高地。2023年1月，在二十届中央政治局第二次集体学习时，习近平总书记强调，全面推进城乡、区域协调发展，提高国内大循环的覆盖面。推动区域协调发展战略、区域重大战略、主体功能区战略等深度融合，优化重大生产力布局，促进各类要素合理流动和高效集聚，畅通国内大循环。① 构建新发展格局具有鲜明的空间指向，区域发展的协调度，与新发展格局形成程度具有正相关性。"双循环"新发展格局形成有赖于区域经济高质量发展支撑，而都市圈作为城镇化发展到较高阶段的产物，有利于集聚效应的发挥与经济韧性的强化，现已成为区域经济高质量发展的空间载体，对构建新发展格局具有重要战略意义。都市圈在"双循环"系统中发挥支点、载体、门户、节点与平台作用，有助于区域问题的解决、区域经济循环的畅通，进而有利于"双循环"新发展格局的构建，是国内国际大循环的重要抓手和空间基础。我国都市圈仍处于市场自发阶段，需要进一步加强政策引导和支持，加快推进都市圈建设，以使其能够在挖掘内需、激发创新、促进开放上更好发挥作用，在畅通区域经济循环的基础上促进"双循环"新发展格局的形成。②

现代化都市圈，是扩大内需的重要空间载体。中共中央国务院印发《扩大内需战略规划纲要（2022—2035年）》，明确支持重点城市群率先建成城际铁路网，推进重点都市圈市域（郊）铁路和城市轨道交通发展，并与干线铁路融合发展。推进成渝地区双城经济圈等城市群建设，完善城市群一体化发展体制机制，统筹推进基础设施协调布局、产业分工协作、公共服务共享、生态共建环境共治。依托辐射带动能力较强的中心城市，提高通勤圈协同发展水平，培育发展同城化程度高的现代化都市圈。推进超大特大城市瘦身健体，有序疏解中心城区一般性制造业、区域性物流基地、专业市场等功能和设施，以及过度集中的公共服务资源，严控中心城市规模无序扩张。完善大中城市宜居宜业功能，支持培育新

---

① 习近平：《加快构建新发展格局 把握未来发展主动权》，《求是》2023年第9期。
② 孙久文、宋准：《双循环背景下都市圈建设的理论与实践探索》，《中山大学学报（社会科学版）》2021年第3期。

生中小城市。健全城镇体系，依法依规加强城市生态修复和功能完善，合理确定城市规模、人口密度、空间结构。

（四）从个体速度到整体质量：高质量发展的系统集成与硬核驱动

在党的二十大报告中，高质量发展出现13次，强调高质量发展是全面建设社会主义现代化国家的首要任务，要坚持以推动高质量发展为主题。现代化都市圈，是从个体赛升级到团体赛，旨在推动高速度的城镇化向高质量的城镇化转变，引领带动更大范围、更大区域高质量发展。改革开放初期，发达地区的发展模式主要是外向型经济背景下内生性发展。区域内城市之间各自对外，资源禀赋和产业结构相同或相近地区，更多是竞争大于合作，城市更多的是依靠内生发展。相邻城市之间有一定的区域合作，但处在低水平阶段。新发展格局和双循环背景下，特别是随着产业链和创新链的重构，发达城市和都市圈地区主要是新发展格局背景下的共生性发展模式。城市之间的发展，由与全球市场并联转变为先区域串联，然后与全球市场并联。内循环更多的是要拆除城市之间的壁垒，形成城市之间的共生效应。以外向型经济为主的内生型发展，更多的是独善其身，争先进位；以内循环为主体的外生型发展，更多的是优势互借，能量互赋，抱团发展。

高质量发展，是跨区域协调发展的重要内涵，协调是高质量发展的内生特点。高质量发展，是能够很好地满足人民日益增长的美好生活需要的发展，是体现新发展理念的发展，是创新成为第一动力、协调成为内生特点、绿色成为普遍形态、开放成为必由之路、共享成为根本目的的发展。2019年8月26日，在中央财经委员会第五次会议上，习近平总书记强调，新形势下促进区域协调发展，总的思路是：按照客观经济规律调整完善区域政策体系，发挥各地区比较优势，促进各类要素合理流动和高效集聚，增强创新发展动力，加快构建高质量发展的动力系统，增强中心城市和城市群等经济发展优势区域的经济和人口承载能力，增强其他地区在保障粮食安全、生态安全、边疆安全等方面的功能，形成优势互补、高质量发展的区域经济布局。因此，从某种意义上说，走向高质量发展的过程，就是一个促进不同区域明确分工、加强协作、增强协同的过程。

三 现代化都市圈率先探索现代化的协同发展方式

实现更高质量的城镇化和比小康更发达的现代化,需要寻找一个适度空间。从东部、西部、中部和东北四大区域,到全国规划建设跨省域19个城市群,再到现代化都市圈,发展单元更加精细,区域政策更加精准。从跨省域的城市群,到以省域内为主,适当跨省域的都市圈,实现高质量发展的动力重塑。现代化都市圈建设,超越了单个城市的范畴,为探索在不突破行政隶属关系的前提下打破行政壁垒提供了新路径。广东、江苏、浙江、山东等东部地区发达省份,按照三至五分法,对省域内的城市进行重新组合,建设若干个都市圈,以增强省域内发展的协调性,推进省域一体化。

推动国家区域协调发展战略实施,需要选择适宜的空间单元。通过大拆小调动发展的积极性,通过小合大增强发展的整体性。从政府的角度看,在改革开放初期,发展单元需要细化,通过"分"调动各自的积极性,在改革开放进入深水区时,在推进区域大协同的时候,发展单元需要"合",通过行政力量在更大范围内统合发展资源,实现资源的更优配置。这个"合"有时候是行政区域的硬合并,但更多的是在不打破行政隶属关系前提下的软合作。从市场的角度看,在发展的初级阶段,分工的效率更高。在发展到一定阶段之后,分工的边际效应会递减。只有合作,才能产生更高的效率。市场经济发展到一定阶段,特别是跨越中等收入阶段迈向高收入阶段的时候,需要通过更好的集约以实现规模和集约效应。从农村单干到适度的规模经营,从工厂遍布到工业园区,从产业分散到产业集群,从单干城市到股份制合作城市,通过产业分工、产业链分工、城市分工、都市圈分工、城市群分工等,打造不同层次的工业集群、产业集群、城市集群,从而在更大的层面更好地参与国际经济大循环。从经济一体化到城市一体化,城市分工协作理论促进了现代化都市圈的形成。

新型城镇化发展战略的演变,从全面建成小康社会到开启现代化新征程,现代化都市圈面临着新的时代使命,现代化都市圈协同是通往现代化新征程的必由之路,现代化新征程迫切需要现代化都市圈赋能。探索国家治理体系和治理能力现代化,需要寻找理想的空间载体。区域之间的合作，从小尺度、毗邻城市、城区之间的合作，到大尺度、区域城市之间的合作；从毗邻城市之间合作，到通过发展飞地经济、建设特别合作区进行合作，比如深圳与汕尾特别合作区，南京与淮安特别合作区。特别是随着中心城市的能量积聚，其对于周边城市的辐射带动和影响力明显增强，都市圈的范围明显扩大。原来的都市圈合作更多的是同质化的合作，现在更多的是强调区域之间异质化的优势互补。

推进区域协调发展，是国家治理体系和治理能力现代化的重要组成部分，需要调整中央与地方、上级与下级之间的关系，加强纵向政府之间的合作。现代化都市圈，在强调纵向政府之间的合作的同时，更多的是强调政府之间的横向合作，都市圈的发展模式，也由上级政府推动模式，过渡到中心城市引领带动模式，把主要由上级政策推动的具有非常明显层级的科层制的推动方式，演变为相对扁平化的合作型推动方式，更加侧重于"联合政府"治理。从治理手段和工具上，主要包括规划为主的治理、以协议为主的治理、以立法为主的治理，更多的是多种治理手段的综合运用。

现代化都市圈协同治理，是国家治理体系和治理能力现代化的试点、示范、引领。如果说，城市群是新型城镇化的主体形态，那么现代化都市圈就是新型城镇化的硬核区域。区域协调发展，实现了从中央战略推动到地方自主创新，从纵向的上级行政主导到横向的中心城市带动的转变。

传统的区域协作，更多的是强调协调发展，是以发展为导向和前提的协同。现代化的区域协同，是以保护为前提和基础，注重经济功能与经济功能生态功能并重。比如，长江经济带和黄河流域都强调高质量发展，突出以保护和修复为导向的协同，是对此前过度开发模式的一次矫正。现代化都市圈建设，更多强调协同发展，既包括政府市场社会力量的协调协同，也包括生产生活生态等方面的协同。经济区考虑更多的是经济合作，城市群考虑更多的是城市的发展，都市圈考虑更多的是都市功能的重塑和重组，包括中心城市的功能疏解、中心城市与周边城市功能的再分工。

从城市发展的单干户到城市发展的合作制，到规模经营、股份合作、协同治理，再到中心城市控股的股份制治理，现代化都市圈建设，突出中心城市的作用，是以单中心为主的多中心治理。中国式现代化的现实面貌将首先在现代化都市圈呈现。现代化都市圈的培育和建设，从局部现代化到整体现代化，具有比较明显的区域涟漪效应，以区位、交通等为基础的自然地理涟漪与以行政圈层为基础的行动权力涟漪有机结合。现代化都市圈包括中心城市核心区、中心城市的新城、周边城市城区、周边城市城镇、周边乡村，分别形成现代化都市圈的内圈、现代化都市圈的外圈。在这个过程中，需要通过规划对接、交通衔接、产业链接、制度链接等途径，打破行政壁垒，让资源要素能够更好地流动。

现代化都市圈的圈层结构。第一圈层是中心圈层，主要是中心城市；第二圈层，主要包括中心城市和周边的县级单位，是以中心城市为主导的现代化都市圈，带有中心城市控股性质的城市共同体；第三圈层，是中心城市和周边城市共同组成、协同发展的都市圈，是具有股份合作意义的城市共同体。或者说，考虑到经济发展水平和中心城市的能级，目前国家发改委在现代化都市圈的范围界定上相对"保守"，界定的区域是将来发展成熟的现代化都市圈的中心区域，随着交通条件的进一步改善和中心城市能级的进一步增强，现代化都市圈的区域动态地向周边拓展，形成以设区市为单位来推进现代化都市圈建设，打造更大范围的跨区域协同发展共同体，从而逐步实现由现代化都市圈向更大范围城市群的拓展。现代化都市圈协同的重点，表面上看上是政府协同，需要都市圈内城市的协同行动，从更深层次、更本质意义上讲，是区域统一大市场的构建。构建都市圈的过程，就是去边界化的过程，让生产要素得到更优配置的过程。

总之，传统的中国都市圈理论，一方面具有较强的西方色彩；另一方面，具有较强局限性，特别是城市群与都市圈的概念不清，边界不明，理论研究不够深透。不够成熟的都市圈理论反映到实践层面，导致城市群与都市圈的边界不分，都市圈的大小和范围各异，政策和制度层面不够细化。现代化都市圈理论虽然借鉴吸收了西方的相关理论，但根植于中国实践，是生长在中国土壤上的理论，相较于传统都市圈理论和西方都市圈理论，具有重大的突破创新。都市圈理论需要创新突破，都市实践需要理论引领和指导、现代化理论与区域协调发展理论的融合创新。现代化都市圈是"现代化 + 都市圈"理论的双重叠加过程，首先具有都市圈理论属性，同时具有现代化的理论属性；是"现代化+都市圈"实践的双实践进程，是进入新时代以现代化为指向的都市圈发展，是现代化进程与都市圈进程的双重演进。现代化都市圈是中国式现代化进程的必然产物，既是中心城市发展的需要，也是周边城市发展的需要，更是建设更大范围的城市群不可逾越的阶段，是实现更大范围的区域协调和现代化必须跨过的台阶。

第 二 章

现代化进程中的国家区域协调战略

党的十八大以来，习近平总书记高瞻远瞩、统揽全局，把握国内外大势，不断丰富完善区域协调发展的新理念新思想新战略，亲自谋划、亲自部署、亲自推动了京津冀协同发展、长江经济带发展、粤港澳大湾区建设、长江三角洲区域一体化发展、黄河流域生态保护和高质量发展等区域重大战略，进一步完善支持西部大开发、东北振兴、中部崛起、东部率先发展的政策体系，坚决打赢打好脱贫攻坚战，确立了基本公共服务均等化、基础设施通达程度比较均衡、人民基本生活保障水平大体相当的区域协调发展目标，建立健全区域协调发展体制机制，推动形成优势互补高质量发展的区域经济布局，引领我国区域协调发展取得历史性成就、发生历史性变革。[①] 党的二十大报告指出："实施区域协调发展战略、区域重大战略、主体功能区战略、新型城镇化战略，优化重大生产力布局，构建优势互补、高质量发展的区域经济布局和国土空间体系。"本章主要围绕区域协调发展、区域重大战略、主体功能区战略和新型城镇化战略，在政策和理论层面做一些梳理。

第一节 区域协调发展战略：区块平衡

围绕国家区域发展的战略演进，范恒山（2017）认为，"九五"计划

---

① 《国家发展改革委新闻发布会介绍区域协调发展有关工作情况》，2020年9月20日，中华人民共和国国家发展和改革委员会（https://www.ndrc.gov.cn/xwdt/wszb/jsqyxtfzyggzqk/?code = &state = 123）。

以来国家区域发展战略和政策演进大体走过了把缩小地区差距摆放到中央重要议事日程、区域发展总体战略的形成、"四大板块"战略深化细化和实化、党的十八大以后区域政策的新发展四个阶段。成长春、杨凤华（2016）认为，我国区域发展存在着"低水平均衡—非均衡—协调性均衡"的动态演进过程。孙久文（2018）认为，新时代的区域协调发展战略，最大的特点就是增强了区域发展的综合性，以区域协调发展战略引领四大板块之间、经济带之间、城乡之间、类型区之间的关系，将区域发展与国民经济发展更加紧密地结合起来。李程骅（2018）认为，新时代区域协调发展战略，确定了以城市群为主体来构建大中小城市和小城镇协调发展的城镇格局的新方略和实施路径，对推进区域一体化发展起到价值引领作用。

改革开放40多年来，我国区域经济发展经历了三次大的战略演变：改革开放之初，国家推行东部沿海地区率先发展的非均衡发展战略；20世纪90年代末，为缩小不断扩大的东西差距，国家开始实施"四大板块"区域协调发展战略；党的十八大以来，国家在"四大板块"的基础上实施"一带一路"建设、京津冀协同发展、长江经济带建设，我国区域协调发展进入新时代。40多年来，国家区域发展波澜壮阔，取得了举世瞩目的历史性成就，"也丰富和完善了中国特色社会主义区域发展理论体系"[①]。

根据国务院关于区域协调发展情况的报告和国家发改委新闻发布会的相关内容，区域协调发展的成效明显，其中有六个方面涉及区域差距和公共服务等方面：一是区域发展相对差距持续缩小。中西部地区经济增速连续多年高于东部地区。2022年，中部和西部地区生产总值分别达到26.7万亿元、25.7万亿元，占全国的比重由2012年的21.3%、19.6%提高到2022年的22.1%、21.4%。特别是人均地区生产总值，东部与中部、西部地区之比分别从2012年的1.69、1.87缩小至2022年的1.50、1.64，区域发展的协调性逐步增强。二是特殊类型地区实现振兴发展。绝对贫困问题得到历史性解决，我国现行标准下近1亿农村贫困

---

① 尹虹潘：《国家级战略平台布局视野的中国区域发展战略演变》，《改革》2018年第8期。

人口全部脱贫，832个贫困县和12.8万个贫困村全部摘帽。革命老区经济快速发展，20个革命老区重点城市人均生产总值超过6万元。资源型地区转型发展深入推进，资源型城市资源产出率累计提高超过36%。边境地区繁荣稳定发展水平不断提高，边疆稳固和边境安全得到有力保障。三是基本公共服务均等化水平不断提高。各地义务教育资源基本均衡，东、中、西部地区义务教育生师比基本持平，生均用房面积差距明显缩小。基本医疗保障实现全覆盖，中西部地区每千人口医疗卫生机构床位数超过东部地区。参加城乡居民基本养老保险人数超过5.4亿人，参加基本医疗保险人数超过13.6亿人。四是基础设施通达程度更加均衡。目前，中西部地区铁路营业总里程达到9万千米，占全国比重近60%，交通可达性与东部地区差距明显缩小。西部地区在建高速公路、国（省）干线公路规模超过东中部地区总和，有的省份已实现县县通高速。航空运输服务已覆盖全国92%的地级行政单元、88%的人口。最后一批无电人口用电问题得到有效解决，西部农村边远地区信息网络覆盖水平进一步提高。五是动力源地区引擎带动作用得到加强。2022年，京津冀、长三角、粤港澳大湾区内地九市地区生产总值合计达到49.5万亿元，超过全国的40%，东部经济大省发挥了"挑大梁"作用。三大动力源规模经济效益、创新要素集聚、人才高地建设、对外开放开发等走在前列，成为我国高质量发展的强大引擎。六是人民基本生活保障水平逐步接近。东部、东北、中部与西部地区居民人均可支配收入比分别从2013年的1.7、1.29、1.1下降至2021年的1.63、1.11、1.07。中西部地区人均社会消费品零售总额增速快于东部地区，东部地区产业持续向中西部地区转移，中西部地区就业机会和吸引力不断增加，农民工跨省迁移数量明显减少。[①][②]

为科学反映我国不同区域的社会经济发展状况，增强区域发展政策的针对性和精准性，根据《中共中央、国务院关于促进中部地区崛起的若干意见》《国务院发布关于西部大开发若干政策措施的实施意见》，以

---

① 2023年6月26日，国家发展和改革委员会副主任赵辰昕在第十四届全国人民代表大会常务委员会第三次会议上，作《国务院关于区域协调发展情况的报告》。

② 国家发展改革委新闻发布会，介绍区域协调发展有关工作情况，https://www.ndrc.gov.cn/xwdt/wszb/jsqyxtfzyggzqk/?code=&state=123。

及党的十六大报告的精神,我国的经济区域划分为东部、中部、西部和东北四大地区(见表2.1)。

表2.1　　　　　　　　四大板块区域基本情况比较一览表

区域	包含的省区市	2021年总人口(万人),占比,相较于2010年变化	GDP(万亿)和占比
东北	黑龙江、吉林、辽宁	9729,6.9%,降1.28个百分点	5.57,4.9%
东部	北京、天津、上海、河北、山东、江苏、浙江、福建、广东、海南、(台湾、香港、澳门)	56605,40.1%,升2.35个百分点	59.2,52%
中部	山西、河南、湖北、安徽、湖南、江西	36445.4,25.9%,降0.72个百分点	25,22%
西部	内蒙古、新疆、宁夏、陕西、甘肃、青海、重庆、四川、西藏、广西、贵州、云南	38281,27.1%,升0.2个百分点	24,21.1%

数据来源:《中国统计摘要2022》。

(一)东部沿海地区率先发展的非均衡发展阶段

我国区域协调发展的战略思想,发端是毛泽东1956年在"论十大关系"中提出的"沿海工业和内地工业的关系"的战略思想。毛泽东指出,"我国全部轻工业和重工业,都有约百分之七十在沿海,只有百分之三十在内地。这是历史上形成的一种不合理的状况。沿海的工业基地必须充分利用,但是,为了平衡工业发展的布局,内地工业必须大力发展"。"好好地利用和发展沿海的工业老底子,可以使我们更有力量来发展和支持内地工业"。[①] 从新中国成立之后至改革开放前,国家总体上实行的是向内陆倾斜的区域发展战略。党的十一届三中全会后,邓小平同志多次提出"让一部分地区、一部分人先富起来,先富带动后富,最终实现共同富裕"的发展思想。邓小平同志提出"两个大局"和"两步走"的战略思想:"沿海地区要加快对外开放,使这个拥有两亿人口的广大地带较

---

① 《毛泽东选集》第五卷,人民出版社1977年版,第270页。

快地发展起来,从而带动内地更好地发展,这是一个事关大局的问题。内地要顾全这个大局。反过来,发展到一定时候,又要求沿海拿出更多力量来帮助内地发展,这也是个大局。那时沿海也要服从这个大局"①。"让一部分地区先富起来"和"两个大局"战略构想成为指导我国东部沿海地区率先发展起来的重要思想。同年10月5日邓小平会见肯尼亚领导人时指出:"我们的发展规划,第一步,让沿海地区先发展;第二步,沿海地区帮助内地发展,达到共同富裕。共同富裕是社会主义制度不能动摇的原则。"②"两步走"是改革开放战略的具体实施,加快了中国经济的起飞。

1980年,国家在深圳、珠海、汕头、厦门设立四个经济特区,1988年又设立海南省并建立经济特区。1984年,国务院批准大连、秦皇岛等14个沿海城市为全国第一批对外开放城市。1985年,国家把长江三角洲、珠江三角洲和闽南金三角开辟为沿海经济开放区。1988年,国家把辽东半岛、山东半岛、环渤海地区的一些市、县和沿海开放城市的所辖县列为沿海经济开放区。1991年开放满洲里、丹东、绥芬河、珲春四个北部口岸③。在一系列国家战略平台的助推下,东部沿海地区迅速发展起来,成为带动我国经济发展的核心区和增长极。

(二)国家布局四大板块的区域协调发展阶段

东部率先发展带来了国家总体经济效益的迅速提高④,但也使地区差距拉大,对区域发展战略进行调整的呼声逐渐增加。⑤ 20世纪90年代末,国家对中西部后发地区的发展问题愈加重视,在国民经济"九五"计划中提出了区域协调发展的战略思想。为贯彻邓小平同志"两个大局"战略构想中的第二个"大局",国家相继实施了西部大开发、振兴东北、中部崛起等战略。1999年11月,中央经济工作会议提出将西部大开发列为今后几年经济工作的重点之一。2003年,中共中央、国务院印发《关于实施东北地区等老工业基地振兴战略的若干意见》,主要解决老工业基地

---

① 《邓小平文选》第三卷,人民出版社1994年版,第278页。
② 《邓小平年谱(1975—1997)》,中央文献出版社2004年版,第1253页。
③ 崔万田、徐艳:《改革开放四十年的区域经济政策创新》,《辽宁大学学报(哲学社会科学版)》2018年第5期。
④ 蒋海青:《中国区域经济政策模式的转变与重新选择》,《经济科学》1991年第5期。
⑤ 权衡:《中国区域经济发展战略理论研究述评》,《中国社会科学》1997年第6期。

受计划经济体制束缚、国有企业比重过高、产业结构不合理、企业包袱重、下岗职工多等的"东北现象"[①]。2004年3月，国务院提出实施中部崛起战略，2006年4月，《中共中央、国务院关于促进中部地区崛起的若干意见》正式出台，中国区域发展四大板块并重格局初步形成。2010年提出推进主体功能区，同时加大对特殊类型地区的扶持力度，更加重视贫困地区的发展问题。2011年，《中共中央关于制定国民经济和社会发展第十二个五年规划的建议》中提出，实施区域发展总体战略，首次将"西部开发、中部崛起、东北振兴、东部率先"同时纳入国家区域发展的总体框架，形成了四大板块的区域发展格局。在四大板块战略布局的带动下，国家区域发展的协调性不断增强。"'十一五'以来，东部地区'一马当先'的增长格局逐渐被打破。2007年，西部地区经济增速首次超过东部地区。2008—2011年，中部、西部和东北地区经济增速连续4年超过东部地区，区域增长格局发生重大而可喜的变化。"[②]

从上面的分析可以看出，中部崛起战略是我国四大板块区域战略的最后一块版图。历史经验告诉我们，一个区域的中部地区如果不能成为发展能级高、辐射范围广的"中核"区域，就很有可能成为发展边缘化的"塌陷"区域。就全国省份而言，在21世纪初，中部六省出现经济塌陷现象。面对东部的繁荣和西部大开发的夹击，出现了"不东不西，不是东西"的特别现象。论发展水平，中部比不上东部；论发展速度，中部比不上西部。在江苏，由于国家和省级的重大战略大都集中在三沿（沿江、沿海、沿东陇海），其中沿江主要围绕南沿江的苏南地区来布局，同样出现了一定程度上的中部塌陷现象。究其原因，从外因看，先发地区有着强大的发展惯性，享受着改革的政策红利，后发地区由于落后能够得到上级党委政府给予的特殊扶持政策，导致中部地区发展的被关注度和被支持力度不够。从内因看，中部地区比上不足、比下有余，往往有小成即满、小富即安的心态，发展的内生动力不是非常强。

从国家层面讲，四大板块并重战略，在促进我国各大区域的全面发

---

① 崔万田：《东北老工业基地振兴与区域经济创新》，经济管理出版社2008年版，第35—43页。

② 杜鹰：《区域协调发展的基本思路与重点任务》，《求是》2012年第4期。

展方面发挥重要作用的同时，其局限性日益明显，真正实现区域协调发展任重道远。一是行政壁垒突出。在板块式的区域发展格局中，经济政策带有浓厚的行政区划色彩，板块内部和板块之间竞争大于合作，纷纷开展锦标赛，竞相追逐"政策洼地""投资热土"，致使区域行政壁垒突出，对生产要素跨区域合理流动形成了人为阻隔。二是产业结构趋同。受政绩观的影响，不少地方将区域发展简单等同于区域 GDP 或人均 GDP 增长，热衷于发展有利于 GDP 增长的重化工业项目，导致产业结构趋同，形成恶性竞争，加剧环境污染和产能过剩。三是区域间的差距呈现扩大之势。区域间人均 GDP 的差异不仅与主要发达国家相比仍偏大，而且超过了一些发展中国家。以经济—人口分布的 GPR 来评估，与 16 个发达国家的 323 个省级区域相比，我国畸高和畸低的区域比例分布导致区域发展呈现典型的"哑铃型"特征。区域间的基本公共服务水平差距非但没有明显缩小，义务教育、医疗卫生、社会保障等基本公共服务水平方面差距仍然很大。[①] 四是板块内部与板块之间协调发展的动力开始减弱，发展水平呈现分化，内部张力开始加大，削弱了实施统一政策的地域基础。同时，由于板块包括的行政区域过多过大，经过多年来的发展，内部分化现象也比较严重，难以适用同一个政策，需要细分更多的政策单位以便精准施策，构建更具活力的发展格局。

（三）"四大板块 + 三大支撑带"的区域协调发展阶段

党的十八大之后，习近平总书记多次强调，要继续实施区域发展总体战略，促进区域协调发展，是今后相当长一段时间内区域发展的基本战略思想。[②] 在以人民为中心的发展思想、新发展理念等新思想、新理念指引下，我国区域发展战略进入新的阶段。中央在积极推进以西部大开发、振兴东北等老工业基地、中部崛起和东部率先发展战略为核心的四大板块发展的基础上，相继提出"一带一路"、京津冀协同发展与长江经济带等，形成"三大支撑带"战略。将以往的四大板块与"三大支撑带"相结合，从以往的单独区域支撑发展到区块与支撑带连接的共同支撑，

[①] 宋晓梧：《中国区域发展战略：回顾与展望》，中国经济体制改革研究会第十三届中国改革论坛演讲文集，2015 年 12 月。

[②] 孙久文：《论新时代区域协调发展战略的发展与创新》，《国家行政学院学报》2018 年第 4 期。

构建我国区域发展空间新格局,意味着经济地理的重塑。具体而言,2013 年,习近平总书记提出共建丝绸之路经济带和 21 世纪海上丝绸之路的重大倡议。2014 年,京津冀协同发展和长江经济带国家战略开启。2014 年的中央经济工作会议指出:要完善区域政策,促进各地区协调发展、协同发展、共同发展,重点实施"一带一路"、京津冀协同发展、长江经济带三大战略。[①] 至此,我国区域经济发展形成了"四大板块 + 三大支撑带"的格局。2016 年《长江三角洲城市群发展规划》出台,覆盖上海全境和江苏、浙江、安徽三省大部分区域,提出促进沪宁合杭甬、沿江、沿海、沪杭金四条发展带,促进五个城市圈同城化发展,形成"1 + 3 + 4 + 5"的发展格局。党的十九大宣示"中国特色社会主义进入了新时代",提出"我国经济已由高速增长阶段转向高质量发展阶段","我国社会主要矛盾已经转化为人民日益增长的美好生活需要和不平衡不充分的发展之间的矛盾"等一系列重要论断,为我国区域发展提供了新的时代坐标。党的十九大后,"一带一路"倡议写进党章,京津冀地区被定位为全国协同发展机制体制改革先行区,长江经济带则被确定为推动区域协同发展的示范带。[②]

世纪之交,党中央作出实施西部大开发战略的重大决策。20 多年来,党中央、国务院先后印发实施《关于实施西部大开发若干政策措施的通知》(国发〔2000〕33 号)、《国务院关于进一步推进西部大开发的若干意见》(国发〔2004〕6 号)、《中共中央 国务院关于深入实施西部大开发战略的若干意见》(中发〔2010〕11 号)等文件和一系列相关政策,为西部大开发提供了重要指导和支持。2020 年 5 月,中共中央国务院发布《关于新时代推进西部大开发形成新格局的指导意见》,强调拓展区际互动合作。积极对接京津冀协同发展、长江经济带发展、粤港澳大湾区建设等重大战略。支持青海、甘肃等加快建设长江上游生态屏障,探索协同推进生态优先、绿色发展新路径。依托陆桥综合运输通道,加强西北省份与江苏、山东、河南等东中部省份互惠合作。加快珠江—西江经

[①] 白永秀、王颂吉:《丝绸之路经济带的纵深背景与地缘战略》,《改革》2014 年第 3 期。
[②] 李曦辉、李松花:《十九大后我国区域发展新格局展望》,《区域经济评论》2018 年第 2 期。

济带和北部湾经济区建设，鼓励广西积极参与粤港澳大湾区建设和海南全面深化改革开放。推动东西部自由贸易试验区交流合作，加强协同开放。支持跨区域共建产业园区，鼓励探索"飞地经济"等模式。加强西北地区与西南地区合作互动，促进成渝、关中平原城市群协同发展，打造引领西部地区开放开发的核心引擎。推动北部湾、兰州—西宁、呼包鄂榆、宁夏沿黄、黔中、滇中、天山北坡等城市群互动发展。支持南疆地区开放发展。支持陕甘宁、川陕、左右江等革命老区和川渝、川滇黔、渝黔等跨省（自治区、直辖市）毗邻地区建立健全协同开放发展机制。加快推进重点区域一体化进程。

从 2014 年《关于近期支持东北振兴若干重大政策举措的意见》，到 2016 年《关于全面振兴东北地区等老工业基地的若干意见》，再到 2021 年《东北全面振兴"十四五"实施方案》，全面振兴东北的工作持续推进。《实施方案》提出，到 2025 年，优势互补、高质量发展的区域经济布局初步建立，城市群和都市圈的辐射带动作用进一步增强，发挥区域比较优势，推动产业和人口向城市群集中，建设现代化都市圈，增强优势区域综合承载力和辐射带动力，打造引领东北经济发展的区域动力源。

2021 年 4 月，中共中央、国务院发布的《关于新时代推动中部地区高质量发展的意见》，在指导思想上，着力增强城乡区域发展协调性，在发展目标上，到 2025 年，常住人口城镇化率年均提高 1 个百分点以上，分工合理、优势互补、各具特色的协调发展格局基本形成，城乡区域发展协调性进一步增强；在产业转移部分，强调创新跨区域制造业转移利益分享机制，建立跨区域经济统计分成制度。正文部分按照五大发展理念展开，关于坚持协调发展，增强城乡区域发展协同性的内容包括：一是主动融入区域重大战略。加强与京津冀协同发展、长江经济带发展、粤港澳大湾区建设、长三角一体化发展、黄河流域生态保护和高质量发展等区域重大战略互促共进，促进区域间融合互动、融通补充。二是促进城乡融合发展。以基础设施互联互通、公共服务共建共享为重点，加强长江中游城市群、中原城市群内城市间合作。支持武汉、长株潭、郑州、合肥等都市圈及山西中部城市群建设，培育发展南昌都市圈。加快武汉、郑州国家中心城市建设，增强长沙、合肥、南昌、太原等区域中心城市辐射带动能力，促进洛阳、襄阳、阜阳、赣州、衡阳、大同等区域重点城市经济发展和人口集聚。推进以县城为重要载体的城镇化建设，以县域为单元统筹城乡发展。发展一批特色小镇，补齐县城和小城镇基础设施与公共服务短板。三是推动省际协作和交界地区协同发展。围绕对话交流、重大事项协商、规划衔接，建立健全中部地区省际合作机制。加快落实支持赣南等原中央苏区、大别山等革命老区振兴发展的政策措施。推动中部六省省际交界地区以及与东部、西部其他省份交界地区合作，务实推进晋陕豫黄河金三角区域合作，深化大别山、武陵山等区域旅游与经济协作。加强流域上下游产业园区合作共建，充分发挥长江流域园区合作联盟作用，建立淮河、汉江流域园区合作联盟，促进产业协同创新、有序转移、优化升级。加快重要流域上下游、左右岸地区融合发展，推动长株潭跨湘江、南昌跨赣江、太原跨汾河、荆州和芜湖等跨长江发展。

2016年12月，中办国办印发《关于进一步加强东西部扶贫协作工作的指导意见》，明确东部9个省（直辖市）结对帮扶西部14个省（自治区、直辖市），东部13个城市结对帮扶西部20个市（州）。2021年3月，中办、国办印发《关于坚持和完善东西部协作机制的意见》，提出东西部协作是推动区域协调发展、协同发展、共同发展，缩小发展差距、实现共同富裕的重要举措，是加快构建以国内大循环为主体、国内国际双循环相互促进的新发展格局的重要平台等。坚持和完善东西部协作机制，有利于解决帮扶资源重叠、分散等问题，进一步集中帮扶优势，整合帮扶资源，提升协作效率；有利于着眼全局，深化全方位合作，推动东西部协作双方在更高层次实现协调发展，为构建新发展格局提供支持。《关于坚持和完善东西部协作机制的意见》对结对关系进行调整优化，东部地区省际结对关系保持总体稳定，城市帮扶在省际结对帮扶框架下统筹安排。河北省、吉林省、湖北省、湖南省以省内结对帮扶为主，不再实施省际结对帮扶。部分东部省帮扶能力强，在"一对一"基础上要承担更多帮扶任务。调整后的东西部协作结对关系为：北京市帮扶内蒙古自治区，天津市帮扶甘肃省（不含定西市、陇南市、临夏回族自治州），上海市帮扶云南省，江苏省帮扶陕西省、青海省，浙江省帮扶四川省，福建省帮扶宁夏回族自治区，山东省帮扶重庆市和甘肃省定西市、陇南市、临夏回族自治州，广东省帮扶广西壮族自治区和贵州省。

2021年12月，国家发展改革委印发《沪苏浙城市结对合作帮扶皖北城市实施方案》。综合考虑资源禀赋、产业特色、发展水平、合作基础等因素，帮扶城市包括上海市3个区、江苏省3个市、浙江省2个市，受帮扶城市包括安徽省淮北市、亳州市、宿州市、蚌埠市、阜阳市、淮南市、滁州市、六安市共8个市。结对合作帮扶工作期限为2021年至2030年。

具体结对安排如下：

上海市闵行区——安徽省淮南市。

上海市松江区——安徽省六安市。

上海市奉贤区——安徽省亳州市。

江苏省南京市——安徽省滁州市。

江苏省苏州市——安徽省阜阳市。

江苏省徐州市——安徽省淮北市。

浙江省杭州市——安徽省宿州市。

浙江省宁波市——安徽省蚌埠市。

在国家层面推进四大区域协同发展的同时，地方政府进一步出台省域内区域协调发展规划举措。2022年4月，云南省发布《云南省"十四五"区域协调发展规划》（云政办发〔2022〕25号）。查询发现，这应当是全国首个以区域协调发展命名的省级规划。上述《规划》根据经济规模与自然资源承载相匹配、人口规模与经济规模相匹配、公共服务与人口规模相匹配，明确"滇中崛起、沿边开放、滇东北开发、滇西一体化"总体布局，提出四个板块空间范围、发展重点、发展目标（见表2.2）。

表2.2　　　　云南省区域协调空间范围及发展重点、目标

区域	空间范围	发展重点	发展目标
滇中崛起	昆明市、曲靖市、玉溪市、楚雄州4个州市及红河州北部的蒙自、个旧、开远、建水、石屏、弥勒、泸西7个县市	重点推进昆明区域性国际中心城市建设，高品质打造昆明都市圈，加快构建滇中城市群"一主四副、通道对接、点轴联动"空间格局，促进资金、技术、人才等各类生产要素向优势区域集中，提升滇中城市群资源配置、产业发展和对外开放能力，提高人口和经济密度	建设成为面向南亚东南亚辐射中心的核心区、通达南亚东南亚和环印度洋地区的大通道枢纽、云南实现高质量跨越式发展的核心引擎

续表

区域	空间范围	发展重点	发展目标
沿边开放	保山市、红河州、文山州、普洱市、西双版纳州、德宏州、怒江州、临沧市8个沿边州市	实施强边固防首要工程、沿边城镇带建设、与周边国家互联互通建设、沿边开放平台建设等重大工程项目,提升沿边地区开发开放水平,建设推进沿边开放示范区、兴边富民示范区	建设成为我国"一带一路"建设、面向南亚东南亚开放合作的核心纽带和前沿窗口
滇东北开发	昭通市	坚持"共抓大保护、不搞大开发",要全面筑牢长江上游生态安全屏障,持续巩固拓展脱贫攻坚成果,加大人力资源开发利用,发展特色优势产业	建设滇川黔省际中心城市,推动昭通成为云南融入长江经济带发展和对接成渝地区双城经济圈的重要支撑
滇西一体化	保山市、大理州、德宏州、丽江市、怒江州、迪庆州6个州市	推进大滇西旅游环线建设,按世界的"香格里拉"标准推动涉藏州县高质量发展,加强滇西生态安全屏障建设	大滇西旅游环线核心区、世界顶尖的旅游胜地、生态文明建设样板
特殊类型地区振兴		通过加大精准帮扶力度,构建特殊类型地区振兴发展的政策体系和长效机制,推进以脱贫地区为重点的欠发达地区和革命老区、边境地区、生态退化地区、资源型地区、老工业城市振兴发展,着力解决地区差距、城乡差距、收入差距	建设成为维护国家安全、边疆稳定、能源资源安全和各族群众共同富裕的保障区

习近平总书记指出,"协调既是发展手段又是发展目标,同时还是评价发展的标准和尺度,是发展两点论和重点论的统一,是发展平衡和不平衡的统一,是发展短板和潜力的统一"[①]。党的十八大以来我国的区域协调发展,呈现许多新特点:第一,开放性、多层次。国家层面所主导的区域合作,既包括对国内的合作,也包括对国外的合作;既包括对周

---

① 《习近平总书记重要讲话文章选编》,党建读物出版社、中央文献出版社2016年版。

边国家的开放，也包括对东盟等区域合作组织的开放，是一个多层次的区域开放合作机制。从国际视野看，有"一带一路"倡议；从国内看，有长江经济带和京津冀的协同发展等。第二，除贫困、补短板。关于区域协调发展，习近平总书记较多地谈了农村地区的问题、贫困地区的问题。他先后几次到河北、山西、贵州的贫困地区考察，强调"全面建成小康社会，最艰巨最繁重的任务在农村，特别是在贫困地区"，"消除贫困、改善民生、实现共同富裕，是社会主义的本质要求"，等等。促进区域协调发展，必须重视中西部落后地区。只有中西部落后地区发展起来了，贫困地区发展起来了，各个区域才能实现协调发展，我们才能够全面建成小康社会。第三，重创新、求精准。习近平总书记提出，区域政策和区域规划要完善、创新，缩小政策单元，重视跨区域、次区域规划，提高区域政策精准性，按照市场经济一般规律制定政策。有分析认为，我国统筹实施的"四大板块+三个支撑带"战略组合的核心是拓展我国经济活动空间，重塑国内经济地理和国外经济地理，前者指的是要实现我国东部和中西部协调发展和一体化发展，后者指的是构建新的产业分工和产业转移模式，加强与沿线国家经济发展战略的无缝对接，加强对外直接投资和促使中国企业走出去（安虎森、肖欢，2015）。

值得思考的是，国家重大区域之间发展的差异，主要是区位的因素，还是文化的因素？相较于东西差距，近年来，越来越多的学者开始关注南北经济发展不平衡的问题。大多数研究者认为，东西差距更多的是地理决定论，改革开放使不同的区域面临着梯次的发展机遇；南北差距更多的是思想观念特别是市场观念、地域文化决定论。数字经济时代，经济地理格局重塑使得差异影响因素变得更加多元。所有这些问题，都需要我们进一步思考和研究。

第二节 区域重大战略：轴极引领

板块经济是行政区经济，轴带经济是经济区经济。由板块经济为主导，到轴带经济与板块经济相结合，有利于克服经济边界与行政边界的矛盾，减少行政边界之间发展的内部张力。党的十八大以来，国家确立的五个区域重大战略，主要是建立在发展轴带引领和发展极带动的理论基础之上。

鉴于发展极带动理论相对比较成熟，这里主要分析轴带引领战略。

一　从板块推动到轴带引领：区域协调发展的新趋势①

板块经济是行政区经济，是以一个或多个行政区域为基本单元，以行政区为基本单位的组合，是放大了的行政区经济，属于行政区之间的抱团取暖、组团发展，区域内部和区域之间协调的基本工具仍然是行政手段。从某种意义上讲，板块经济是竞争的、静态的、相对封闭的，是内向协调，彼此之间的界限相对明确。板块经济在发展的初期，行政因素在区域经济发展中起重要推动作用。当板块经济发展到一定阶段，行政因素的推动作用开始减弱，甚至由积极的推动因素演化为消极的阻碍因素，形成行政壁垒，阻隔生产要素的流动。

轴带经济是经济区经济。同一轴带往往不属于同一个行政区域，同一个行政区域可以分属不同的经济轴带，轴带经济指向开放，是动态的、合作的外向协调，更加注重联动效应。在同一轴带中，不同行政区域之间的界限相对模糊，主要依靠区域之间的各种联系带动生产要素的流动，更多依赖市场的力量，生产要素在边界流动时阻力相对较小，有利于提高经济发展效率。与传统的汲取性发展相比，轴带经济更加强调包容性发展，强调不同区域之间的协同发展、共享发展。

从经济轴带与产业带的关系看，经济带是产业带发展思路的升华与拓展。产业带是线状的，两侧分布的是工厂。传统产业带的思路，往往比较注重沿线的线性发展，在两岸或两侧贴边建设，导致岸线资源的大量占用和严重浪费。经济带是条状的，两侧分布的是产业。产业带，着眼的是较为狭小的空间，就像传统的小城镇贴边开发的楼房；经济带，考虑更多的是纵深，有若干条与主轴线垂直的支线，企业和产业主要围绕两侧的支线分布，不仅注重带两侧之间的交流，更注重带内每侧的交流。产业带的集聚效应与经济轴带的扩散效应，经济发展的方式由收敛式向发散式转变，由突出重点到全面开花转变，由生产要素小范围内的单向流动向大范围的双向循环、多向交流的转变。纵向横向经济轴带动，

---

① 参见笔者《行政板块、发展轴带与城市群联动研究——兼论江苏区域协调发展格局重塑》，《南京社会科学》2016 年第 9 期。

增强行政区内部和行政区之间的经济联系，形成更具有连通性和贯通性的网络型经济体。

（一）轴带经济生成的环境条件与标志特征

从某种意义上说，轴带经济相当于区域层面的龙形经济模式，更加强调各区域之间的内在联系。要实现轴带经济的协调，必须有龙头带动，龙脉相通，首尾呼应，充分发挥轴带经济中轴的作用。轴带经济的轴，应该是能够具有较高流动性的承载轴，具有传输功能的动力轴，具有向两边发散和扩散功能的中心轴。第一，这是一条特征轴。能够提炼出共同的文化、风俗、风情，为经济的交流和融合奠定人文基础。第二，这是一条流动轴。有利于生产要素的流动，并且这种流动通道具有复合性、立体性、协同性。因而并不是所有的线状标志都能够形成经济轴带，没有流动性和流动量，就没有经济轴带的形成。比如，由于黄河中段通航能力较弱，长城不承载生产要素流动功能，沿线又缺乏高速交通，尽管呼吁、推动多年，黄河中游经济带、长城经济带也难以形成。因此，国家高度重视长江流域发展，把长江经济带建设上升为国家战略；国家同样重视黄河流域发展，并于2021年10月印发《黄河流域生态保护和高质量发展规划纲要》强调构建便捷智能绿色安全综合交通网络，强化跨区域大通道建设。经济带要发展，交通等基础设施要先行，要着力打造能够带动生产要素流动的经济大通道。第三，这是一条可以跨越的轴。轴的左右两侧都具有一定的纵深，并且能够比较顺利跨越。江苏沿江南北两侧发展严重不平衡，一个重要的原因就是苏南容易接受上海的辐射，南通、泰州、扬州受过江通道的限制，上海和苏南城市对苏中的带动有限。随着近年来跨江通道建设力度的不断加大，苏南和苏中呈现加快融合的趋势。第四，这是一条可持续协调发展的轴。轴带经济，轴是载体，带是内容，经济发展的容量，在一定程度上取决于轴的承载能力。轴的开发，不是全面开发，而是在轴上选择一些点，进行重点开发。比如，对于大部分已经过度开发的长江经济带，中央提出共抓大保护、不搞大开发的方针。因此，建设纵向和横向经济发展轴带，特别是建设与板块分布方向相垂直的轴带，是增强经济板块间经济联系的重要举措。如果说，在板块发展战略中，各发展主体之间的位置是平行的，是并联式发展的话，实施轴带战略，特别是纵贯或横贯不同板块之间的轴带，就是串联式发展,实施板块与轴带、城市带相结合的战略,有利于同时发挥并联和串联效应,形成高效节能的"集成电路",推动区域协调发展提质增效。

(二)轴带引领战略是新发展理念在区域发展领域的集中体现

由以板块经济为主导,到实施板块经济与轴带经济相结合战略,并把纵横经济轴带交错形成的城市群作为区域协调发展的主要引擎,有利于突破行政区经济的束缚,增强对外和对内开放的程度,增强区域间经济社会发展的互补性、共享性和发展韧性,使区域经济增长有更大的回旋余地和空间,在轴带转动中实现经济社会的均衡发展、共享发展,是新发展理念在区域发展领域的集中体现。第一,轴带引领战略,体现了创新发展理念,是区域协调发展理论的集成创新。以区域协调发展的点轴理论为基础,但更加强调增长极之间、增长极与保护极之间的互动,是点轴理论的升华,同时体现了圈层理论、中心—外围理论的作用机理,融入了新区域主义的发展理论,是区域协调发展理论的集大成。第二,轴带引领战略,体现了协调发展理念,是区域协调发展实践的更高形态。作为轴带引领的典型代表,"一带一路"的背景是全球化4.0,本质是区域协调发展4.0,并且超越了狭隘的国家行政区域限制,成为中国国际战略的重要组成部分(张可云、蔡之兵,2015)。把板块、轴带和城市群结合起来发展,是区域协调发展实践的重大创新,成为区域协调发展的更高形态。第三,轴带引领战略,体现了开放发展理念,是扩大对内对外开放的有效载体。与传统的区域发展战略相比,轴带战略最大的特点是双向开放,在开放中扩大交流,促进融合,实现协调。第四,轴带引领战略,体现了绿色发展理念,是资源开发与保护的有机结合。轴带引领战略,突出主体功能区规划的约束作用。既强调在有限的空间内实施有序开发,又强调着眼于更加广阔的视野实施有效保护,突出可持续发展的时代主题。第五,轴带引领战略,体现了共享发展理念,是补齐区域发展短板的现实路径。通过强化区域之间的内在联系,把欠发达地区纳入经济社会发展的大循环,增强其自我发展和内部循环能力。

轴带引领战略以点轴开发理论(点轴理论)为支撑。这一理论由我国著名地理学家陆大道先生提出。点轴开发模式是增长极理论的延伸,从区域经济发展的过程看,经济中心总是首先集中在少数条件较好的区位，成斑点状分布。这种经济中心既可称为区域增长极，也是点轴开发模式的点。随着经济的发展，经济中心逐渐增加，点与点之间，由于生产要素交换需要交通线路以及动力供应线、水源供应线等，相互连接起来就是轴线。这种轴线首先是为区域增长极服务的，但轴线一经形成，对人口、产业也具有吸引力，吸引人口、产业向轴线两侧集聚，并产生新的增长点。因此，点轴开发可以理解为从发达区域大大小小的经济中心（点）沿交通线路向不发达区域纵深地发展推移。从轴带的属性上看，由两沿开发到四沿并重，沿海沿江发展；沿边，大力发展边境贸易；沿线，是沿高速交通轴线。高速铁路和公路的快速发展，使得沿线发展得以成为可能，并且显现更加明显的优势。轴带引领理论以传统区域发展理论为起点，是对点轴理论的继承与扬弃，更加强调宏观视角、融合理念、协调指向和共享特质。

（三）轴带引领战略下城市群生成和发展动力的转换

在中国知识界关于中国城镇化问题研究文献中，采用"城市群"概念始于20世纪80年代中期。从发达国家城市化发展规律和经验来看，"城市群"是城市化发展到高级阶段的产物。2006年批准的国家"十一五"规划纲要文本首次采用"城市群"概念替代"城镇密集区"概念，强调把"城市群作为推进城镇化的主要形态"。2010年国务院颁布实施的《全国主体功能区规划》进一步指出，"资源环境承载能力较强、人口密度较高的城市化地区，要把城市群作为推进城镇化的主体形态"。2011年批准的国家"十二五"规划纲要强调，"以大城市为依托，以中小城市为重点，逐步形成辐射作用大的城市群，促进大中小城市和小城镇协调发展"。2016年全国两会提出，"十三五"时期要规划建设19个城市群，外加拉萨和喀什两个城市圈，给出了未来5年新型城镇化建设的基本路线图，同时勾勒了我国在实现第一个百年目标时的"城市中国"风貌。

随着行政区向经济区、行政板块推动向轴带引领的转变，城市发展的结构模式也发生了相应的转换，由单个城市的发展转向多个城市的协调发展，由行政区内多个城市的协调发展转向跨行政区域的若干城市协同发展成为可能。随着城市间交通状况的改善，城市群之间的时空距离的缩短，生产活动趋于集中，公共服务趋于均等，生活水平趋于相同，形成一定的交叉重合区域，最终形成城市群的一体化。在城市群发展的大背景下，城市的边界并非可以无限扩大，相反，按照集约、精明的理念，要着力控制城市的总规模，对城市发展的边界可以进行动态的调整。从见缝插针到有意的空间留白留绿，实行差别化、网络化发展。城市群建设并非城市边界之间的靠拢或重合，将几座城市集中为一座城市，那样的话就进入了"摊大饼"的思维。城市群的发展，要保持城市之间的合理距离，使城市之间能够遥相呼应，在功能方面相互补充，通过快速的联系通道减少通勤时间和降低成本。城市群协调发展实质上是群域内部各城市及城镇基于区域共同利益和各自利益的协调博弈与合作博弈的过程，具有交通的通达性、市场的共同性、资源的共享性、文化的同源性、产业的互补性、环境的同治性、层次的递进性、管理的扁平性等特征。[①] 因此，要实现城市群之间和城市群内部的协调协同发展，必须发挥经济轴带作用，通过经济轴带的贯通使城市群成为一个有机的整体，从而实现龙头带动、龙脉相通、首尾呼应、协调共生、共享共赢。

二 国家区域重大战略的推进情况与规划展望

京津冀协同发展、粤港澳大湾区建设、长三角区域一体化发展、长江经济带发展、黄河流域生态保护和高质量发展等"3+2"五大区域战略对高质量发展发挥了引领作用。根据国家发改委 2022 年 9 月新闻发布会情况介绍，党的十八大以来，我国动力源地区引擎作用不断增强。2021 年，京津冀、长三角、粤港澳大湾区内地 9 市地区生产总值分别达 9.6 万亿元、27.6 万亿元、10.1 万亿元，总量超过了全国的 40%，发挥了全国经济压舱石、高质量发展动力源、改革试验田的重要作用。这三大地区规模经济效益明显，创新要素快速集聚，高水平人才密集，对外开放走在前列，动力源地区引擎作用不断增强，成为我国科技创新的主要策源地和制度型开放的先行引领者。

东中西和东北的划分，采取的是纵向切块的方式，考虑更多的是区位和经济发展水平的相近，是分类发展、因类施策，注重大区域之间的协调。长江经济带和黄河流域高质量发展，采取的是横向切块的方式，主要按照流域和省份进行划分，把我国东中西部地区串联、贯通起来。

---

① 罗波阳：《城市群区域城镇协调发展：内涵、特征与路径》，《求索》2014 年第 8 期。

两者相互重叠，形成纵横结合的有机空间结构网络，通过合纵连横，最大程度地促进了区域合作。其他三大区域重大战略，京津冀协同发展、长三角一体化、粤港澳大湾区建设，再加上成渝双城经济圈，以直辖市和一线城市为中心，打造中国经济发展的四极，加强四极之间的内部合作，与长江中游城市群共同构成中国黄金发展区域的钻石模型。对内，形成聚合作用，有利于资源更好地对接整合。对外，形成辐射带动作用，带动更大的区域发展。其中，京津冀协同发展，注重更多的是协同，采取的是"强政府+市场"的方式，重点推动首都功能的疏解，大力建设副中心，在解决北京大城市病的同时，带动周边地区更好地发展，缩小京津与冀之间的发展落差，通过打造新的发展高地建设反磁力中心，把地区间的差距由"悬崖"变为"缓坡"。长三角一体化发展，追求的是更高的一体化目标，采取的是"强政府+强市场"的方式，推动强强联合，发挥规模效应，打造世界级城市群。粤港澳大湾区建设，追求更多的是在开放中协同，采取的是"政府合作+强市场"的方式，推动珠三角地区和港澳之间协同发展。五个区域重大战略与城市群之间，既有紧密的关联性和对应关系，又有所不同。长江经济带，包括长三角城市群、长江中游城市群和成渝城市群，规模和体量都比较大，分别为21万、32.6万和18.5万平方千米。黄河流域生态保护为主，由于黄河流域的自然条件、本身承载交通功能的限制和黄河中游地区的"几"字弯形态，这一区域包括的几个城市群相对比较零碎，发育的程度也不高。"五极"，是指山东半岛城市群、中原城市群、关中平原城市群、黄河"几"字弯都市圈和兰州—西宁城市群等，是区域经济发展增长极和黄河流域人口、生产力布局的主要载体。其他三个区域重大战略，包括但不限于城市群的范围，是城市群的放大版。比如，长三角城市群的范围是26座城市，长江三角洲一体化国家战略，将26+1（温州）作为中心区，除此之外还有14座城市，共41座城市构成。5个区域重大战略，涉及26个省级单位，其中长江经济带包括长三角，沪、苏、浙、皖和川叠加出现，没有涉及的省份包括福建、海南、台湾、新疆、西藏、辽宁、吉林、黑龙江。国家"十四五"规划强调，聚焦实现战略目标和提升引领带动能力，推动区域重大战略取得新的突破性进展，促进区域间融合互动、融通补充（见表2.3）。

表 2.3　　　　四大板块区域与五大战略区域之间的空间关系

五大战略区域	四大板块区域			
	东部	中部	西部	东北
京津冀协同发展	京、津、冀（邻近：鲁）	（邻近：晋、豫）		（邻近：辽）
长江经济带发展	沪、苏、浙	皖、赣、鄂、湘	渝、川、滇、黔	
长三角一体化发展	沪、苏、浙（邻近：鲁、闽、台）	皖（邻近：豫、鄂、赣）		
粤港澳大湾区建设	粤、港、澳（邻近：闽、琼、台）	（邻近：湘、赣）	（邻近：桂）	
黄河流域生态保护和高质量发展	鲁（邻近：苏、冀）	晋、豫（邻近：鄂、皖）	青、川、甘、宁、内蒙古、陕（邻近：新、藏）	

（一）京津冀协同发展战略

2014年2月26日，京津冀协同发展上升为国家战略，京津冀发展掀开了新篇章。2015年6月，中共中央、国务院印发《京津冀协同发展规划纲要》（全文未公开）。京津冀包括北京、天津、河北三省市，地域面积约21.6万平方千米，占全国的2.3%，2018年年末常住人口1.1亿人，占全国的8.1%，地区生产总值8.5万亿元，占全国的9.4%。8年来，京津冀协同发展结出累累硕果：交通一体化大力推进，"轨道上的京津冀"加速奔跑，区域环境生态治理持续改善，产业升级转移扎实推进，创新协作步入新高地。雄安新区高标准高质量推进建设，呈现塔吊林立、热火朝天的建设场面，首批启动向雄安新区疏解的央企总部已陆续开工建设，北京城市副中心重大工程建设成效显著。

国家"十四五"规划相关内容：加快推动京津冀协同发展。紧抓疏解北京非首都功能"牛鼻子"，构建功能疏解政策体系，实施一批标志性疏解项目。高标准高质量建设雄安新区，加快启动区和起步区建设，推动管理体制创新。高质量建设北京城市副中心，促进与河北省三河、香河、大厂三县市一体化发展。推动天津滨海新区高质量发展，支持张家口首都水源涵养功能区和生态环境支撑区建设。提高北京科技创新中心基础研究和原始创新能力，发挥中关村国家自主创新示范区先行先试作用，推动京津冀产业链与创新链深度融合。基本建成轨道上的京津冀，提高机场群港口群协同水平。深化大气污染联防联控联治，强化华北地下水超采及地面沉降综合治理。

（二）长江经济带发展战略

2016年1月5日，推动长江经济带发展座谈会召开，为长江经济带发展描绘了宏伟蓝图。2016年9月印发《长江经济带发展规划纲要》（全文未公开）。长江经济带覆盖上海、江苏、浙江、安徽、江西、湖北、湖南、重庆、四川、云南、贵州11个省区市，面积约205万平方千米，占全国的21.4%，人口和生产总值均超过全国的40%。2020年10月，习近平总书记在南京主持召开全面推动长江经济带发展座谈会，强调"推动长江经济带高质量发展，谱写生态优先绿色发展新篇章，打造区域协调发展新样板，构筑高水平对外开放新高地，塑造创新驱动发展新优势，绘就山水人城和谐相融新画卷，使长江经济带成为我国生态优先绿色发展主战场、畅通国内国际双循环主动脉、引领经济高质量发展主力军"。6年多来，长江经济带生态环境保护发生了转折性变化，经济社会发展取得历史性成就，人民生活水平显著提高，实现了在发展中保护、在保护中发展。长江经济带生态环境保护修复稳步推进，长江"十年禁渔"全面实施，我国第一部流域法《中华人民共和国长江保护法》颁布实施。2021年，长江经济带优良水质比例达到92.8%。

国家"十四五"规划相关内容包括：全面推动长江经济带发展。坚持生态优先、绿色发展和共抓大保护、不搞大开发，协同推动生态环境保护和经济发展，打造人与自然和谐共生的美丽中国样板。持续推进生态环境突出问题整改，推动长江全流域按单元精细化分区管控，实施城镇污水垃圾处理、工业污染治理、农业面源污染治理、船舶污染治理、尾矿库污染治理等工程。深入开展绿色发展示范，推进赤水河流域生态环境保护。实施长江十年禁渔。围绕建设长江大动脉，整体设计综合交通运输体系，疏解三峡枢纽瓶颈制约，加快沿江高铁和货运铁路建设。发挥产业协同联动整体优势，构建绿色产业体系。保护好长江文物和文化遗产。

(三) 粤港澳大湾区发展战略

粤港澳大湾区的正式提出，是在香港回归20周年之际，2017年7月1日《深化粤港澳合作推进大湾区建设框架协议》签署。2019年2月18日，中共中央、国务院印发《粤港澳大湾区发展规划纲要》，粤港澳大湾区包括香港特别行政区、澳门特别行政区和广东省广州市、深圳市、珠海市、佛山市、惠州市、东莞市、中山市、江门市、肇庆市（以下称"珠三角九市"），总面积5.6万平方千米，2017年年末总人口约7000万人。粤港澳大湾区建设阶段性成果显著，综合实力显著增强，粤港澳合作更加深入，三地民众获得感更加充实，国际一流湾区和世界级城市群建设迈出坚实步伐。2021年，粤港澳大湾区内地九市地区生产总值超过10万亿元。

国家"十四五"规划相关内容包括：积极稳妥推进粤港澳大湾区建设。加强粤港澳产学研协同发展，完善广深港、广珠澳科技创新走廊和深港河套、粤澳横琴科技创新极点"两廊两点"架构体系，推进综合性国家科学中心建设，便利创新要素跨境流动。加快城际铁路建设，统筹港口和机场功能布局，优化航运和航空资源配置。深化通关模式改革，促进人员、货物、车辆便捷高效流动。扩大内地与港澳专业资格互认范围，深入推进重点领域规则衔接、机制对接。便利港澳青年到大湾区内地城市就学就业创业，打造粤港澳青少年交流精品品牌。

(四) 长江三角洲区域一体化发展战略

2018年11月5日，长江三角洲区域一体化发展上升为国家战略。2019年12月，中共中央、国务院印发《长江三角洲区域一体化发展规划纲要》。规划范围包括上海市、江苏省、浙江省、安徽省全域（面积35.8万平方千米）。以上海市，江苏省南京、无锡、常州、苏州、南通、扬州、镇江、盐城、泰州，浙江省杭州、宁波、温州、湖州、嘉兴、绍兴、金华、舟山、台州，安徽省合肥、芜湖、马鞍山、铜陵、安庆、滁州、池州、宣城27个城市为中心区（面积22.5万平方千米），辐射带动长三角地区高质量发展。长三角创新发展活力持续增强，长三角生态绿色一体化发展示范区、上海自由贸易试验区新片区建设再结硕果：2021年长江三角洲地区生产总值276054亿元，增长8.4%；临港新片区建设总体方案明确的工作任务已完成90%。

国家"十四五"规划相关内容包括：提升长三角一体化发展水平。瞄准国际先进科创能力和产业体系，加快建设长三角 G60 科创走廊和沿沪宁产业创新带，提高长三角地区配置全球资源能力和辐射带动全国发展能力。加快基础设施互联互通，实现长三角地级及以上城市高铁全覆盖，推进港口群一体化治理。打造虹桥国际开放枢纽，强化上海自贸试验区临港新片区开放型经济集聚功能，深化沪苏浙皖自贸试验区联动发展。加快公共服务便利共享，优化优质教育和医疗卫生资源布局。推进生态环境共保联治，高水平建设长三角生态绿色一体化发展示范区。

（五）黄河流域生态保护和高质量发展战略

2019 年 9 月，黄河流域生态保护和高质量发展上升为国家重大战略。2021 年 10 月，中共中央、国务院印发《黄河流域生态保护和高质量发展规划纲要》。规划范围为黄河干支流流经的青海、四川、甘肃、宁夏、内蒙古、山西、陕西、河南、山东 9 省区相关县级行政区，国土面积约 130 万平方千米，2019 年年末总人口约 1.6 亿。黄河流域防洪体系不断完善，用水增长过快局面得到有效控制，实现了黄河干流连续 20 多年不断流。黄河干流和六条重要跨省支流十五个控制断面生态流量全部达标。水土流失呈现面积强度"双下降"、水蚀风蚀"双减少"态势。乌梁素海等重点湖泊应急生态补水，累计向黄河三角洲补水 4.58 亿立方米，河口湿地面积增加 1600 多公顷，黄河三角洲生态系统稳定向好。

国家"十四五"规划相关内容包括：加大黄河上游重点生态系统保护和修复力度，筑牢三江源"中华水塔"，提升甘南、若尔盖等区域水源涵养能力。创新黄河中游黄土高原水土流失治理模式，积极开展小流域综合治理、旱作梯田和淤地坝建设。推动黄河下游二级悬河治理和滩区综合治理，加强黄河三角洲湿地保护和修复。开展汾渭平原、河套灌区等农业面源污染治理，清理整顿黄河岸线内工业企业，加强沿黄河城镇污水处理设施及配套管网建设。实施深度节水控水行动，降低水资源开发利用强度。合理控制煤炭开发强度，推进能源资源一体化开发利用，加强矿山生态修复。优化中心城市和城市群发展格局，统筹沿黄河县城和乡村建设。实施黄河文化遗产系统保护工程，打造具有国际影响力的黄河文化旅游带。建设黄河流域生态保护和高质量发展先行区。

重大区域战略与重大区域城市群，有较高意义上的重合性，但一般来说，城市群只包括主要的城市区域，而重大区域战略则包括全部或者更大区域。国家在推动五大重大区域战略的同时，也在布局成渝城市群和成渝地区双城经济圈建设。2016年4月，国家发展改革委、住房和城乡建设部印发《成渝城市群发展规划》（发改规划〔2016〕910号，以下简称《规划》），规划期为2016—2020年，远期展望到2030年。《规划》以建设引领西部开发开放的国家级城市群、具有国际竞争力的国家级城市群为目标，实现了由国家级城市群向世界级城市群的历史性跨越。2020年1月3日，习近平总书记主持召开中央财经委员会第六次会议，作出推动成渝地区双城经济圈建设、打造高质量发展重要增长极的重大决策部署。2021年10月，中共中央、国务院印发《成渝地区双城经济圈建设规划纲要》（以下简称《规划纲要》），提出强化重庆和成都中心城市带动作用，推动成渝地区形成有实力、有特色的双城经济圈，打造带动全国高质量发展的重要增长极和新的动力源。规划期至2025年，展望到2035年。通过比较分析，发现《规划》和《规划纲要》的规划范围相同，包括重庆市的中心城区及万州、涪陵、綦江、大足、黔江、长寿、江津、合川、永川、南川、璧山、铜梁、潼南、荣昌、梁平、丰都、垫江、忠县等27个区（县）以及开州、云阳的部分地区，四川省的成都、自贡、泸州、德阳、绵阳（除平武县、北川县）、遂宁、内江、乐山、南充、眉山、宜宾、广安、达州（除万源市）、雅安（除天全县、宝兴县）、资阳等15个市，总面积18.5万平方千米，2019年常住人口9600万人，地区生产总值近6.3万亿元，分别占全国的1.9%、6.9%、6.3%。《规划》提出，构建"一轴两带、双核三区"空间发展格局。重点建设成渝发展主轴、沿长江和成德绵乐城市带，发挥重庆和成都双核带动功能，促进川南、南遂广、达万城镇密集区加快发展，提高空间利用效率，以强化重庆、成都辐射带动作用为基础，以培育区域中心城市为重点，以建设中小城市和重点小城镇为支撑，优化城市规模结构。《规划纲要》提出要构建双城经济圈发展新格局。第一，提升双城发展能级。重庆以建成高质量发展高品质生活新范例为统领，成都以建成践行新发展理念的公园城市示范区为统领，引领带动双城经济圈发展。第二，培育发展现代化都市圈。围绕重庆主城和成都培育现代化都市圈。重庆都市圈，梯次推动重庆中心城区与渝西地区融合发展。推动广安全面融入重庆都市圈，打造川渝合作示范区。成都都市圈，创建成德眉资同城化综合试验区，打造成眉高新技术产业带。以促进制造业高质量发展为重点，将成都东部建成与重庆联动的重要支点。第三，促进双圈互动两翼协同。推动重庆、成都都市圈相向发展。夯实成渝主轴发展基础，推进重庆向西发展，推动成都东进，强化重庆都市圈和成都都市圈互动。推动渝东北、川东北地区一体化发展，带动双城经济圈北翼发展。推动川南、渝西地区融合发展，带动双城经济圈南翼跨越发展。辐射带动川渝两省市全域发展。第四，分类推进大中小城市和县城发展。推动超大特大城市中心城区瘦身健体。加快提升大中城市产业水平和功能品质。推进县城城镇化补短板、强弱项。同时，分类引导小城镇发展。这表明，成渝地区双城经济圈规划是成渝城市群发展规划在时间上的接续，在规格上的高配，体现了党中央、国务院对成渝地区发展的高度重视。

第三节 主体功能区战略：绿红指引[①]

近年来，随着区域协调发展战略的不断推进，发展单元也逐渐从单一的行政区向功能区、行政区并重转变，主体功能区战略先由规划层面上升到战略和制度层面，促进了我国区域发展布局优化、格局重塑和空间治理体系和能力现代化，成为顺应新时代解决新矛盾开辟新征程的重要实现路径。根据国家发改委2022年9月新闻发布会情况介绍，党的十八大以来，我国重要功能区关键作用更加明显。黑龙江、河南、山东、安徽、吉林5个产粮大省2021年产量达到5607.8亿斤，超过全国40%，有效维护了国家粮食安全。在重点地区建成了一批能源资源综合开发利用基地，国内能源供给保障水平持续提升。青藏高原"中华水塔"保护工作扎实推进，三江源国家公园正式设立，长江、黄河干流水质总体优良，提供了更多优质生态产品和服务。

---

① 参见笔者《省域主体功能区格局塑造与空间治理——以江苏1+3重点功能区战略为例》，《南京社会科学》2018年第5期。

一 主体功能区制度形成的时代背景与理论实践依据

区域布局是一个地方发展理念和思路的集中反映,也是发展内涵和水平的直观体现。按行政区划来配置资源,好处是能够充分调动各地的主观能动性,但客观上会形成壁垒。推动行政区向功能区转变,则是要打破这种壁垒,发挥"1+1>2"的效应。

(一) 关于主体功能区制度形成的理论基础

传统的区域发展理论为主体功能区制度的形成奠定了基础。在区域分工理论体系中,亚当·斯密、李嘉图、赫克歇尔-俄林从不同的角度对直接生产条件进行了比较,分别建立了绝对成本理论、比较成本理论、要素禀赋理论。小岛清提出的协议性分工理论认为,两个区域之间要素禀赋相似,不存在比较优势的情况下,区域分工仍然能够发生,其主要原因是在产品生产中存在规模经济,只是这种区域分工不会自动实现,需要双方通过协议来实现。在社会经济空间组织的构架的研究方面,法国学者提出了增长极模式,德国规划界提出了发展轴模式,我国学者陆大道提出了"点—轴系统"模式,这些模式都不同程度地体现了社会经济空间组织的有效形式,在生产力布局、城镇体系规划、解决区域空间结构疏密方面已有很好的应用。[1] 从空间资源优化配置的研究视角看,主体功能区对区域发展理论的创新就是空间资源价值的新拓展,空间功能互补性的新发现,以及在此基础上对空间结构极化规律的认识,重构区域协调发展的空间秩序。[2]

(二) 以功能分区促进区域协调发展,国外有比较成熟的做法和经验

从国外的情况来看,一些发达国家自20世纪50年代以来,先后实行了类似主体功能区的规划,即根据不同区域的资源环境承载能力、现有开发密度和发展潜力等,按区域分工和协调发展的原则划定具有不同主体功能的区域,实行不同的发展战略和政策,取得了明显成效。美国以县级行政区为基本空间单元,依托行政区划体系,根据各地经济社会发

---

[1] 杜黎明:《推进形成主体功能区研究》,博士论文,四川大学,2007年。
[2] 姜安印:《主体功能区:区域发展理论新境界和实践新格局》,《开发研究》2007年第2期。

展状况对全国经济区划实行动态调整,形成区域经济地区组合、经济地区和成分经济地区三个层级,并建立对应的区域政策框架。日本在1962年第一次制定全国性的综合开发计划,将全国分成过密地区、整治地区和开发地区三种不同类型,并分别实施差异性政策。1998年新修订的《日本全国综合开发计划》更侧重如何有效利用现有资源,保护自然环境,采用"定居圈"开发方式控制大城市的发展速度。荷兰将国土空间分为基础层、网络层和空间物态层三个层次,其中基础层指的是水体、土壤、生物群落等,网络层指所有可见和不可见的基础设施,空间物态层指人类所产生的空间形态,是社会经济发展的具体模式。巴西将全国划为五个基本的规划类型区:疏散发展地区、控制膨胀地区、积极发展地区、待开发(移民)区和生态保护区。[①]

(三)由行政区为主到功能区为主,是新时代增强发展协调性和可持续性的必然选择

行政区经济的本质是竞争,功能区经济的核心是协同。新时代区域发展,不应单纯追求各地区经济差距缩小,而应以主体功能区战略为主构建区域政策体系,形成区域协调发展机制,促进整体经济效益的可持续提升。功能区战略,是经济社会发展到一定程度的必然结果,是促进经济发展动力重塑和动能跃升,实现由粗放的资源型发展到精致的集约型发展,由高速度增长转向高质量发展的战略转换。特别是高铁+和互联网+打破了地理和时空界限,为空间融合和重组提供了便利条件。从以行政区为主到以功能区为主,有利于各地校准发展定位、聚集发展重点,有利于打破行政壁垒,在更大的范围内实现资源的统筹优化配置,实现差异发展、特色发展、协调发展、融合发展。

二 国家主体功能区制度的形成过程与省域实施

在当代中国社会治理中,空间治理是重要的。所谓空间治理就是将国家空间按照人民生活、社会生产和生态环境的需要,将人、财、物、信息等进行空间上的适当安排,使得民众具有良好的生活品质,社会生

[①] 袁朱:《国外有关主体功能区划分及其分类政策的研究与启示》,《中国发展观察》2007年第2期。

产高效进行，生态环境保持良好的状态。国家主体功能区作为一项长期性的制度安排，最直接的意义和价值就是对国土空间进行规划治理，突出生态建设，其已经成为中国特色国家治理空间思想的重要组成部分。[1]

（一）国家主体功能区制度的形成过程

我国主体功能区的形成，先后经历了规划、战略和制度三种形态。[2]

一是规划制定层面。主体功能区的构想最早出现在 2002 年《关于规划体制改革若干问题的意见》，旨在增强规划的空间指导和约束功能。"十一五"规划纲要在第五篇"促进区域协调发展"中，设立推进形成主体功能区专章，分别提出优化开发、重点开发、限制开发和禁止开发四类主体功能区的发展方向及分类管理的区域政策。2007 年 7 月以国务院文件的形式发布了《国务院关于编制主体功能区规划的意见》，2007 年 10 月，党的十七大报告提出"加强国土规划，按照形成主体功能区的要求，完善区域政策，调整经济布局"。2010 年 12 月，国务院以国发〔2010〕46 号文形式出台《全国主体功能区规划》，对我国的国土空间进行了主体功能区划分：按开发方式，分为优化开发区域、重点开发区域、限制开发区域和禁止开发区域；按开发内容，分为城市化地区、农产品主产区和重点生态功能区；按层级，分为国家和省级两个层面。

二是战略推进层面。2011 年 3 月，"十二五"规划纲要，在第五篇"优化格局 促进区域协调发展和城镇化健康发展"中，设立"实施主体功能区战略"专章，提出要优化国土空间开发格局，实施分类管理的区域政策，实行各有侧重的绩效评价，建立健全衔接协调机制。2012 年，党的十八大报告明确提出优化国土空间开发格局，就是要加快实施主体功能区战略，推动各地区严格按照主体功能定位发展，构建科学合理的城市化格局、农业发展格局、生态安全格局，主体功能区规划正式升格为主体功能区战略。

三是制度完善层面。2016 年 3 月，"十三五"规划纲要在第十篇

---

[1] 强乃社：《习近平国家空间治理思想发微》，《湖南工业大学学报（社会科学版）》2018 年第 1 期。

[2] 孙久文、傅娟：《主体功能区的制度设计与任务匹配》，《重庆社会科学》2013 年第 12 期。

"加快改善生态环境"中，设立"加快建设主体功能区"专章，提出推动主体功能区布局基本形成、健全主体功能区配套政策体系、建立空间治理体系。党的十八届三中全会通过的《中共中央关于全面深化改革若干重大问题的决定》明确提出："坚定不移实施主体功能区制度，建立国土空间开发保护制度，严格按照主体功能区定位推动发展，建立国家公园体制。"2017年8月，中央深改组第三十八次会议审议通过的《关于完善主体功能区战略和制度的若干意见》指出，"建设主体功能区是我国经济发展和生态环境保护的大战略。完善主体功能区战略和制度，要发挥主体功能区作为国土空间开发保护基础制度作用，推动主体功能区战略格局在市县层面精准落地，健全不同主体功能区差异化协同发展长效机制，加快体制改革和法治建设，为优化国土空间开发保护格局、创新国家空间发展模式夯实基础"。2017年10月，党的十九大报告提出，"生态文明制度体系加快形成，主体功能区制度逐步健全，国家公园体制试点积极推进"，"构建国土空间开发保护制度，完善主体功能区配套政策，建立以国家公园为主体的自然保护地体系"。

从规划、战略和制度三种形态演变的过程中我们可以发现，随着主体功能区的地位上升，其生态保护属性和约束性质更加鲜明。国土是生态文明建设的空间载体，强化主体功能定位、优化国土空间开发格局、完善主体功能区制度，是推进我国生态文明建设的重要举措。

国家推进主体功能区的历程

主体功能区是根据资源环境承载能力、现有开发密度和发展潜力，将特定国土空间确定为具有特定主体功能的空间单元。

2002年《关于规划体制改革若干问题的意见》提出"规划编制，要确定空间平衡与协调的原则，增强规划的空间指导和约束功能"。

2003年年初，国家发展改革委提出划分"功能区"的初步构想。

2004年"十一五"规划思路中，进一步提出了划分主体功能区的基本设想。

2006年国家"十一五"规划纲要中明确提出"将国土空间划分为优化开发、重点开发、限制开发和禁止开发4类主体功能区"，并初步划定了限制开发区和禁止开发区的范围。国家"十一五"规划纲要发布后，国家发展改革委开始着手编制主体功能区规划。

2007年国务院发布的《关于编制全国主体功能区规划的意见》明确制定2级规划（国家和省级）、划分4类主体功能区。2010年党的十七届五中全会首次提出实施主体功能区战略。

2010年12月，《全国主体功能区规划》正式颁布，构建"4+3+2"格局，即按开发强度划分为优化开发、重点开发、限制开发和禁止开发4类地区，按主体功能划分为城市化地区、农产品主产区和重点生态功能区3类地区，编制国家和省2级规划。

2011年国家"十二五"规划纲要明确阐释了实施主体功能区战略的主要内容。

2016年国家"十三五"规划纲要再次明确提出"强化主体功能区作为国土空间开发保护基础制度的作用，加快完善主体功能区政策体系"。

2017年《中共中央 国务院关于完善主体功能区战略和制度的若干意见》吸收了空间规划体制改革的内容，强调差异化绩效考核、"三区三线"划定、空间用途管制、生态产品价值实现机制等内容。

2019年《中共中央 国务院关于建立国土空间规划体系并监督实施的若干意见》提出"将主体功能区规划、土地利用规划、城乡规划等空间规划融合为统一的国土空间规划"后，主体功能区规划不再单独编制，但其理念、技术、内容、政策等将融入国土空间规划体系中，成为国土空间规划的组成部分。

（二）部分省市主体功能区规划中的战略格局

在国家主体功能区规划颁布后，全国各省区市陆续出台省级层面的主体功能区规划。在按照开发方式细述各类区域的同时，根据开发内容确立了区域发展的整体布局。现仅以北京、广东、江苏和京津冀地区为例展开分析。

《北京市主体功能区规划》，将北京划分为首都功能核心区、城市功能拓展区、城市发展新区、生态涵养发展区四类功能区域和禁止开发区域。2017年9月，北京城市总体规划（2016—2035年）出台，提出构建"一核一主一副、两轴多点一区"的城市空间结构，其中一核：首都功能核心区，一主：中心城区，一副：北京城市副中心，两轴：中轴线及其延长线、长安街及其延长线，多点：5个位于平原地区的新城，一区：生态涵养区。

《广东省主体功能区规划》，提出着力构建"五大战略格局"，即"核心优化、双轴拓展、多极增长、绿屏保护"的国土开发总体战略格局；"一群、三区、六轴"的网络化城市发展战略格局；以"四区、两带"为主体的农业战略格局；以"两屏、一带、一网"为主体的生态安全战略格局；以"三大网络、三大系统"为主体的综合交通战略格局。其中，"一群"指珠三角城市群，是广东省城镇空间格局的核心力量与辐射源；"三区"包括潮汕城镇密集区、湛茂城镇密集区和韶关城镇集中区，是广东省未来社会经济发展的新引擎。

《江苏省主体功能区规划》，提出构建全省城镇化、农业和生态三大空间开发战略格局：以沿江城市群、沿海城镇轴、沿东陇海城镇轴和沿运河城镇轴为主体的"一群三轴"城镇化空间格局，作为全省乃至全国工业化和城镇化发展的重要空间；以沿江农业带、沿海农业带和太湖农业区、江淮农业区、渠北农业区"两带三区"为主体的农业空间格局；以长江和洪泽湖—淮河入海水道两条水生态廊道、海岸带和西部丘陵湖荡屏障为主体的"两横两纵"生态空间格局。

在跨省级层面上，《京津冀协同发展规划纲要》确定"功能互补、区域联动、轴向集聚、节点支撑"布局思路，明确"一核、双城、三轴、四区、多节点"的网络型空间格局，其中"四区"分别是中部核心功能区、东部滨海发展区、南部功能拓展区和西北部生态涵养区。

（三）以主体功能区为主导、以战略格局为参照打造省域跨行政区域的重点功能区

主体功能区与长期存在的行政区都是我国政府根据各地区实际情况而划分出来的空间单元。我国行政区与主体功能区的划分标准不同，导致我国行政区与主体功能区在空间分布上产生错位，一些地方政府在短期内无法彻底摆脱行政区划的思想束缚，各行政区片面追求自身利益最大化，只关注自身发展。[1] 特别是由于主体功能区更多的是一个地理概

---

[1] 郭钰、郭俊：《主体功能区建设中的利益冲突与区域合作》，《人民论坛》2013年第35期。

念,主要是根据地理状况和开发程度划分,打破了行政区的界限,各类功能区的分布碎片化现象比较严重,在具体实施的过程中难度较大。针对这种状况,江苏从2016年开始探索重点功能区战略,即在适当考虑行政区划的前提下,以主体功能区为基础,以功能区为主导,对碎片化的功能区进行合理的拼接,形成具有系统性连续性易于推进的功能板块,赋予其更加鲜明的特色,形成功能更加明晰、合作更加有效的新发展模式。如果说,传统的以行政区为主导的区域发展战略,主要着眼于地区间差距缩小,主体功能区主要着眼于国土开发,更加尊重原有的状态,更加的关注的是实然,重点功能区则拟合了行政区、经济区和主体功能区等因素,把主体功能区的战略格局作为重点,将碎片区的国土功能拼接起来,根据其主要特征赋予其新的发展定位,以创新的思路打造区域发展新格局,是在行政区、主体功能区基础之上的升华。

三 江苏"1+3"重点功能区战略的主要内容与创新探索

(一)江苏重点功能区战略的提出

近年来,为缩小区域差距,江苏以设区市为单位,把全省划分为苏南、苏中、苏北三大区域,实行差别化的政策,取得了比较明显的效果。但由于在考核指标和衡量标准上把GDP作为最主要的政绩指标,区域间的功能趋同,就是创造更多的GDP和经济增长,欠发达地区把招商引资作为制胜法宝,导致地区间产业结构趋同,国土粗放式开发现象严重,对生态环境造成了较大的破坏,表现为明显的不可持续性。第一,经济发展的时空环境都发生重大变化,苏南经验难以在苏北再复制。以苏北增速高于全省多少个百分点来定位,很容易使苏北步入走老路、粗放型、以牺牲生态环境换取发展速度的误区。第二,采取在同一条道路上排队走的思路,即使苏北增长速度略高,但由于发展基数的悬殊,地区间的差距仍呈现不断加大趋势。第三,三大区域的划分,使苏南、苏中和苏北三个词带有明显的感情色彩,在某种程度上代表着外界的一种主观评价和内在的认同,成为制约苏中、苏北发展的心理负担和无形束缚。2017年5月,江苏正式提出"1+3"重点功能区战略:"1"即扬子江城市群,"3"包括沿海经济带、江淮生态经济区和淮海经济区中心城市(徐州),形成江苏区域协调发展的新布局。实际上,"1+3"重点功能区战略就是把江苏作为一个城市来经营，扬子江是这个城市的内河，沿江南岸是建成区，重在优化提升，沿江北岸（包括江北新区、通扬泰）和沿海（通盐连）是开发区，江淮（宿迁、淮安）是生态经济区，徐州（徐连）是具有综合功能的副城，其通过充分发挥扬子江城市群对沿海和江淮地区的带动和传导作用，激发江苏发展新动能。

（二）江苏"1+3"重点功能区的板块构成与定位

第一，扬子江城市群：江苏经济的"发动机"、长三角城市群北翼核心区、江苏高端产业发展的"金色名片"。这一区域包括江苏的苏南五市和苏中三市。扬子江城市群的提出，顺应了城市群发展规律，有利于打破沿江两岸长期不均衡的局面，变长江对江苏经济的切变效应为融合作用。将沿江八市整体纳入扬子江城市群，形成一体两翼格局。一体，即以靠江近的20多个县级单位作为实施主体和扬子江城市群的核心区，是江苏二、三产业的主阵地、全省经济发展的主动力、江苏参与国际国内竞争的主战场。两翼，即以宁杭生态经济发展带江苏部分的7个县（区）作为南翼，高邮、宝应、兴化等里下河地区作为北翼，为扬子江城市群插上生态绿色翅膀。扬子江城市群作为全省经济的发动机，要把上海作为扬子江城市群的外核，南京、苏州为内核，为江淮生态经济区、沿海经济带输送动力。南京要充分发挥省会城市的辐射带动力，提高城市首位度，加快建设综合交通枢纽；苏州、无锡等城市要根据现有基础和发展需要，在更高层次上进行规划建设，提升城市能级；其他各种类型的城市都要着力增强吸引力和承载力，提升城市的发展品质。

第二，江淮生态经济区：江苏生态经济的探路者、永续发展的"绿心地带"。这一功能区，包括淮安、宿迁2个设区市和里下河地区的高邮、宝应、兴化、建湖、阜宁5个县（市），重在展现生态价值、生态优势和生态竞争力，成为全国可持续发展示范区。江淮生态经济区的提出，有利于改变淮安、宿迁等地长期以来发展动力、发展重点和发展路径上的摇摆不定，走出GDP的束缚，更加专心致志地保护生态、发展绿色经济。以江淮生态大走廊（大运河文化带建设）和淮河生态经济区建设为基础，突出水和文化两大因素，加快江淮生态经济区建设。走出单纯追赶苏南的误区，把生态保护和生态旅游等经济功能开发结合起来，实现由江苏经济洼地、工业经济追随者到全省生态经济探路者、全国可持续发展示范引领者的战略转变。抢抓淮河生态经济带上升为国家战略机遇，争取国家可持续发展议程创新示范区建设试点，深度挖掘和利用各自资源禀赋，重点抓好运河、淮河沿线、里下河地区和高邮、洪泽、骆马等三湖周边的治理和发展协同。鼓励苏南到江淮地区建设"生态飞地"园区等，实现扬子江城市群与江淮地区发展资源特别是生态旅游资源无缝对接。

第三，沿海经济带：江苏潜力发展极、长三角北翼经济中心、江苏向海洋发展的"蓝色板块"。沿海三市，大都处在战略叠加区域，能够把其他功能区串联起来。摆脱长期以来的"全国的优势在沿海，江苏的优势在沿江"观念束缚，放大国家战略优势，打通沿海高速通道，大力发展临港经济和海洋经济，做好全面接轨上海大文章，培育江苏新的发展极，打造长三角北翼经济中心。

第四，淮海经济区中心城市徐州：打造淮海经济区的"CBD"。拓展江苏发展的纵深，促进徐州与淮海经济区城市联动。徐州作为淮海经济区的中心城市，连云港作为国家中东西区域合作示范区，均担负着国家区域中心功能。在重点打造徐州淮海经济区中心城市的同时，实施徐州与连云港的双城联动，发挥连云港作为沿海战略和淮海经济区中心建设战略叠加效应，将沿东陇海地区（徐连经济带）打造成为淮海经济区中心地带，增强其在"一带一路"倡议实施进程中的国内国际影响力。

（三）推进江苏"1+3"功能区战略实施的方向重点

结合"1+3"重点功能区战略的实施，针对江苏不同层级城市的特点和不足，进一步强化高质量发展导向，发挥好扬子江城市群的龙头带动作用，推动沿海经济带、江淮生态经济区、徐州淮海经济区中心城市分工协作、特色发展、优势互补。

一是突出水系在功能区战略中的标识作用，坚持发展规划一盘棋，彰显水韵江苏的世界品牌效应。四大功能区，除淮海经济区外，都与"江、河、湖、海"密切相关，并且由大运河贯通，更加有利于彰显"水韵江苏"品牌。认真落实习近平总书记关于大运河文化带的批示精神，把"共抓大保护、不搞大开发"的理念运用到大运河沿线，拿出治理太湖的气魄和举措，把水系由分界线变成中轴线，由分隔区变合作区，做好大运河及其沿线湖泊的治理工作。加强规划统筹，以江苏的水系分布和重要交通通道为轴带，借助运河连通长江、淮河两大河流，太湖、高邮湖、洪泽湖、骆马湖、微山湖五大湖泊的优势，发挥大江大河大湖固有生态与经济功能，抓好生态保护引领区和生态保护特区建设，科学谋划"人地水城产绿"布局，实现各大功能区的有机连接，构建由生态区和经济区相辅相成、发展带与生态带交相辉映的网络化空间，形成大中小城市协调有机发展的城市网络体系。

二是突出县域在功能区战略实施中的主体地位，形成更加高效的协同机制。作为一个县级主体，分属不同的"朋友圈"，需要增强县级发展的主动权和定力。突出县级主体作用，加大改革力度，放大改革优势，赋予县级在功能区经济发展和跨区域合作方面更大权限，着力推动县区层面点对点的合作和融合，进一步解放县域生产力。功能区经济增强顶层设计的统筹性、协调性和基层自主性，由行政抱团到资源抱团、市场抱团，更好地发挥市场的决定性作用，对全省县级单位进行分类管理，建立与功能板块相适应的经济财税政策、考核评价体系，构建由省、设区市和县及各类开发区组成的多层级组织协调和协同治理机制。

三是突出功能区内部及之间的合作，大力发展飞地经济，创新共建园区机制。在"1+3"重点功能区中，各区域的功能有所不同，其内部构成、组织形态和发展趋向也有所不同。其中，扬子江城市群主要呈现多中心网络化的特征，建设的重点是内部发展格局的优化和外部带动力的增强。江淮生态经济区以淮安、宿迁为中心，向周边发散，与其他三个功能区全面对接，成为江苏永续发展的重要腹地。沿海经济带呈现条块式特征，淮海经济区中心城市徐州是圆心式。既要明确每个功能区在江苏发展中的功能定位，也要明确每个功能区内部各个城市和重点区域的定位，处理好核心区与外围区、主体区与渐变区、共性区与个性区之间的关系。在不同功能区之间，可以借鉴上海临港集团在大丰发展飞地的经济模式，加强区域间的合作。确立柔性边界，把部分重合区域作为不同功能区的战略叠加区，借此促进功能区的链接与衔接，增强发展的传导性、联动性、协调性和整体性。

四是突出轴带引领作用，推进基础设施建设一体化，实现"1+3＞4"的整体效应。高度重视发展轴带在区域一体化战略中的引领作用，通过增强内部联系释放发展潜能，注重要素集聚能力的提升。资金流、信息流可以通过互联网汇聚，而人流、物流必须通过具体线路来实现，每个地方在具体线路建设中的支撑条件和发展方向各不相同，这就需要运用系统化思维进行通盘考虑。要目光长远、以我为主，全面加强规划布局和建设推进高铁、航空、港口、过江通道、管道、公路等重大基础设施，要在提升通达程度、提高标准上下功夫，推动各类交通无缝衔接，加快构建现代化综合交通运输体系。加强机场整合提升，增强服务能力，建设国际航空枢纽，规划建设国际航空物流枢纽，促进产业经济与空港经济的融合。探索高铁自主规划建设运营模式，以苏北苏中为重点，加快高铁、城铁建设，支撑"1+3"功能区发展，强化南京的辐射带动作用，尽快解决"卡脖子"问题，强化与苏北的联通。[1]

五是突出各功能区之间及其与国家战略的对接，在更加宏观的视野中进一步放大特色优势。江苏"1+3"功能区战略中的"+"不是区域的简单相加，而是功能的优势互补，是深度融合。要更加注重各区域之间特别是扬子江城市群与其他功能区之间的联系和融合，真正能够通过基础设施、体制机制的链接，形成一个功能互补、协调联动、融合融通的省域发展联合体。要在长江经济带和长三角城市群的宏观视野中谋划扬子江城市群发展，在建设海洋强国和沿海经济带的大视野中谋划沿海经济带，在大运河文化带建设和淮河生态经济区的大视野中谋划江淮生态经济区，在"一带一路"和淮海经济区大视野中谋划徐州中心城市建设。通过内部大整合、大融合和外部大对接、大协作，再造江苏发展新优势，在更大的范围内形成示范带动和联动共赢效应。

四 统筹推进主体功能区制度精准落地、促进省域空间治理现代化的创新思路与政策举措

主体功能区规划和制度，在推动生态文明建设中具有基础性作用，在构建国家空间治理体系中具有关键性作用。完善主体功能区战略和制度，关键要确立主体功能区制度的法律定位，在严格执行主体功能区规划基础上，将国家和省级层面主体功能区战略格局在市县层面精准落地；重点是健全优化开发区、重点开发区、农产品主产区、重点生态功能区

---

[1] 娄勤俭：《努力推动江苏在高质量发展上走在全国前列》，《群众》2018年第5期。

等各类主体功能区空间发展长效机制。受传统行政区发展思维的制约，统筹推进主体功能区制度精准落地、实现以重点功能区为主的创新发展，还面临着一些问题和瓶颈，特别是思想观念、功能划分、交通设施、政策制度和体制机制的瓶颈，需要加大改革创新力度和政策支撑强度，形成更加有力的战略推进机制。

（一）完善规划制度体系

长期来看，主体功能区规划法律地位的明确，是强化其战略性、基础性和约束性作用，尤其是上位规划功能定位的根本保障。在全面依法治国的大背景下，建议以国务院机构改革为契机，尽快出台相关法律法规，使主体功能区规划在实施管理过程中有法可依。同时，建议国家层面，以立法或是文件形式明确主体功能区规划与五年发展规划、相关区域性规划的关系，把主体功能区规划作为其他空间规划制定的基本遵循和发展规划在空间上的载体，把重点功能区战略作为主体功能区制度在省级层面精准落地的重要举措，使主体功能区可以作为发展类规划和布局类规划的一个旋转门。[①] 针对目前主体功能区推进实施中存在的规划落地问题、政策措施碎片化问题和工作机制协同问题，建议国家层面制定出台《主体功能区战略实施方案》。针对国家和省级主体功能区规划的期限都是2020年，建议国家层面建立完善主体功能区动态调整机制，以2025、2030和2035年为节点，尽快启动国家和省级主体功能区规划修编工作。

（二）完善组织推进机制

由行政区转变到功能区，有利于逐步打破行政区划分割，改善政府空间开发和管理的模式和机制，是市场经济条件下政府职能转变在区域管理方面的探索和体现。在这一过程中，思维方式和发展模式的转换是根本，必须更加注重合作、协同，走共建共治共享的道路。2018年3月，中共中央印发《深化党和国家机构改革方案》，确定组建自然资源部，统筹山水林田湖草沙系统治理，统一行使所有国土空间用途管制和生态保护修复职责，着力解决自然资源所有者不到位、空间规划重叠等问题，

[①] 樊杰：《我国空间治理体系现代化在"十九大"后的新态势》，《中国科学院院刊》2017年第4期。

将国土资源部的职责，国家发展和改革委员会的组织编制主体功能区规划职责，住房和城乡建设部的城乡规划管理职责，水利部的水资源调查和确权登记管理职责，农业农村部的草原资源调查和确权登记管理职责，国家林业局的森林、湿地等资源调查和确权登记管理职责，国家海洋局的职责，国家测绘地理信息局的职责进行整合，为国家主体功能区制度落地提供组织机构保障。作为地方政府，要走出锦标赛的误区，打破行政壁垒，促进政府间的合作，形成主体功能区制度精准落地的组织推进机制。

（三）完善政策支撑机制

重点功能区需要有效的政策组合，发挥财政政策、投资政策、产业政策、土地政策、农业政策、人口政策、环境政策等政策合力。只有相辅相成、相互支撑，才能达到理想的效果。由于各功能区的重点功能有所不同，迫切需要完善各方面的政策，特别是要完善生态补偿等方面的政策，注重差别化，增强系统性和整体性，形成与功能区发展要求相适应的政策体系。促进不同功能区之间的经济联系，增强发展的内生性，丰富发展的内涵性。加大政府购买生态产品力度，制定科学合理的补偿和财政转移支付政策。

（四）完善空间治理体制

充分考虑网络型社会组织形态的多样化和组织间联系的多元化、角色的复杂化的特点，建立矩阵式组织机构，增强同一功能区内部各区市之间的联系与合作。加强国家基础地理框架数据整合，促进各类空间信息之间测绘基准的统一和信息资源的共享，建立有关部门和单位互联互通的地理信息服务平台，提升信息技术服务空间治理体系建设的能力。在兼顾自然区域单元的基础上，以县级行政单元作为基本评价对象，科学评估特定区域的国土空间资源环境承载能力状况，建立预警提醒制度和责任追究机制。完善空间治理体系建设的公众参与机制，引导和鼓励利益相关方全过程参与空间规划制定实施的各个阶段，构建一个由政府、专家学者、企业、环保组织、民众等共同参与的空间规划编制决策、监督实施的多方协作架构和平台。[1]

---

[1] 刘琪、罗会逸、王蓓：《国外成功经验对我国空间治理体系构建的启示》，《中国国土资源经济》2018年第4期。

(五) 完善考核评价机制

针对主体功能区不同定位，实行不同的绩效评价指标和政绩考核办法。在某一重点功能区内部，着重考核团结协作抱团取暖的能力与合力下好一盘棋的问题，形成与功能区发展相适应的评价取向。优化发展区域要强化经济结构、资源消耗、自主创新等评价，生态经济区的关键是绿色产业的支撑问题，突出生态建设和环境保护等评价，从体制的层面上引导相关部门在发展道路、发展目标上进行新的调整，建立优化开发、重点开发、限制开发和禁止开发等不同功能区域的评价标准和机制。

第四节 新型城镇化战略：城乡融合

党的二十大报告指出，推进以人为核心的新型城镇化，加快农业转移人口市民化。以城市群、都市圈为依托构建大中小城市协调发展格局，推进以县城为重要载体的城镇化建设。坚持人民城市人民建、人民城市为人民，提高城市规划、建设、治理水平，加快转变超大特大城市发展方式，实施城市更新行动，加强城市基础设施建设，打造宜居、韧性、智慧城市。对于四大战略，新型城镇化战略的阐述是最为充分的，也是见物更见人特征更加明显的，突出了新型城镇化的以人为本。新型城镇化的核心是人，城市发展的主体是人。

(一) 联合国人居Ⅲ新城市议程

2016年10月，联合国关于住房和永续城市发展的会议（人居Ⅲ），通过了新城市议程：基多宣言——全人类的永续城市和住区。宣言提出，到2050年，世界城市人口预计将接近翻番，使城镇化成为21世纪最大的变革趋势之一。我们必须抓住城镇化发展的机遇，将其作为永续、包容经济增长，社会和文化发展，环境保护，转型发展和永续发展的引擎。我们致力于在全球、区域、国家、省市和地方层面进一步加强国际移民和发展之间的协同效应，通过完善的规划，精准管理的移民政策，确保人们安全、有序、定期地迁移。同时，支持地方政府建立体系，使移民对城市产生正面贡献，并加强城乡联系。我们将支持可持续城市和区域规划的实施，包括城市—地区和大都市规划，以鼓励不同规模的城市地区间，以及城市与周边城乡环境间，包括跨边界地区间的协同与互动。

我们将支持可持续的地区基础设施发展，促进可持续经济生产力，促进城乡结合地区的公平发展。我们将促进城乡合作关系和基于功能性区域与城市地区的市际合作机制，这也是落实市级和大都市级行政任务、履行公共服务、促进地区和区域发展的有效措施。我们将促进整合性的城市和区域规划，包括基于公平、高效和可持续的土地和自然资源利用、紧凑、多中心、适宜密度和连通性、空间多用、建成区域的混合社会经济功能等原则的城市扩展规划，以防止城市蔓延，减少通勤带来的挑战与需求，降低人均服务交付成本，控制人口密度，调控规模经济和集聚效应。

（二）新型城镇化的提出与发展

2003年10月，党的十六大提出"要逐步提高城镇化水平，坚持大中小城市和小城镇协调发展，走中国特色的城镇化道路。"2005年10月，党的十六届五中全会提出的"工业化、城镇化、市场化、国际化"，被称为"新四化"。2007年10月，党的十七大报告指出，"全面认识工业化、信息化、城镇化、市场化、国际化深入发展的新形势新任务"，确立"新五化"，强调利用科学发展观推进新型城镇化，明确了新型城镇化的内涵，提出了新型城镇化的指导思想与建设路径。2011年，"十二五"规划提出：坚持走中国特色城镇化道路，科学制定城镇化发展规划，促进城镇化健康发展。新型城镇化开始全面指导全国城乡建设。2012年11月，党的十八大指出："坚持走中国特色新型工业化、信息化、城镇化、农业现代化道路，推动信息化和工业化深度融合、工业化和城镇化良性互动、城镇化和农业现代化相互协调，促进工业化、信息化、城镇化、农业现代化同步发展。"

2014年3月，中共中央印发《国家新型城镇化规划（2014—2020年）》，在指导思想上，以城市群为主体形态，推动大中小城市和小城镇协调发展；在发展目标上，以"两横三纵"为主体的城镇化战略格局基本形成，城市群集聚经济、人口能力明显增强，东部地区城市群一体化水平和国际竞争力明显提高，中西部地区城市群成为推动区域协调发展的新的重要增长极。在城镇化布局上，构建以陆桥通道、沿长江通道为两条横轴，以沿海、京哈京广、包昆通道为三条纵轴，以轴线上城市群和节点城市为依托、其他城镇化地区为重要组成部分，大中小城市和小城镇协调发展的"两横三纵"城镇化战略格局。优化提升东部地区城市群，重点强调京津冀、长江三角洲和珠江三角洲城市群；培育发展中西部地区城市群，加快培育成渝、中原、长江中游、哈长等城市群，建立城市群发展协调机制。

在增强中心城市辐射带动功能部分，强调"特大城市要适当疏散经济功能和其他功能，推进劳动密集型加工业向外转移，加强与周边城镇基础设施连接和公共服务共享，推进中心城区功能向1小时交通圈地区扩散，培育形成通勤高效、一体发展的都市圈"。都市圈的首次出场，与特大城市联系在一起。

2022年，国家发改委印发《"十四五"新型城镇化实施方案》，在指导思想上，完善以城市群为主体形态、大中小城市和小城镇协调发展的城镇化格局；在发展目标上，"两横三纵"城镇化战略格局全面形成，城市群承载人口和经济的能力明显增强，重点都市圈建设取得明显进展，轨道上的京津冀、长三角、粤港澳大湾区基本建成。提升城市群一体化发展和都市圈同城化发展水平，促进大中小城市和小城镇协调发展，形成疏密有致、分工协作、功能完善的城镇化空间格局。

城镇化是现代化的必由之路，是我国最大的需求潜力所在，对推动经济社会平稳健康发展、构建新发展格局、促进共同富裕都具有重要意义。党的十八大以来，以习近平同志为核心的党中央明确提出实施新型城镇化战略，提出走以人为本、四化同步、优化布局、生态文明、文化传承的中国特色新型城镇化道路。近十年来，在各方的共同努力下，我国新型城镇化建设取得了一系列重大历史性成就。1.3亿农业转移人口和其他常住人口在城镇落户，农业转移人口市民化成效显著，城镇化空间布局持续优化，"两横三纵"城镇化战略格局基本形成，城市可持续发展能力持续增强，城乡融合发展体制机制和政策体系基本确立。到2021年年末，全国常住人口城镇化率达到64.72%，户籍人口城镇化率提高到46.7%，城乡居民收入比降至2.5，城镇化水平和质量大幅提升，为全面建成小康社会、全面建设社会主义现代化国家提供了强大动力和坚实支撑。[1]

---

[1] 国家发展改革委规划司负责同志就《"十四五"新型城镇化实施方案》答记者问。

(三) 新型城市化视角下的县域发展

根据财经城市规划设计研究院2022年11月发布的《2022县域高质量发展年度指数报告》，我国有1864个县（含县级市、自治县、旗和自治旗），占我国县级区划单位数的64.5%。我国县域国土面积为845万平方千米，占国土总面积的88%，户籍人口总量为8.88亿人，占全国人口总量的62.93%，全国第七次人口普查数据显示县域常住人口总量为7.45亿，占全国总人口的52.80%。报告认为，县域是实现国家安全发展的基石、推进高质量发展的主阵地、构建双循环格局的关键点、实施乡村振兴的基础单元、完善城镇体系的重要内容，创造了全国75.62%的一产增加值，部分农产品产量占比超过80%。县域是实体经济发展的重要载体，创造了全国40.91%的二产增加值，承载着47.86%的规上工业企业，直接关系到我国产业链供应链安全。一些县域的特色优势产业在全球都占有重要位置，县域庞大人口规模是坚实的内需市场。同时，也要看到县域发展存在不充分的现象，按照户籍人口计算，县域人均GDP仅为全国平均水平的60%，即使按常住人口计算，县域人均GDP也不足全国平均水平的70%，县域是国家现代化进程中的最大难点，需要各个层面给予更多关注。

县域高质量发展百强县（以下简称"百强县"）的分布体现了我国县域经济发展的区域不均衡，东部地区百强县占73席，其中江苏、浙江、山东、河北、广东分别为24、22、15、8、3、1席；中部地区占18席，其中河南省、湖北省、安徽省、湖南省、江西省、山西分别为5、4、4、4、1和0席；西部地区占8席，其中陕西、四川和内蒙古各2席，云南、贵州各1席；东北地区占1席，在辽宁省。苏浙鲁闽四省在百强县中占69席，领跑县域发展，中部地区豫鄂湘皖发展水平基本相当，处于跟跑地位，县域经济开始起步，西部和东北地区县域发展相对滞后，县域发展主要依靠省会城市带动或者当地特色资源条件。

百强县支撑了区域发展战略实施，是城市群和现代化都市圈的重要组成部分。百强县有力地支撑了城市群发展，特别是在长三角、山东半岛、粤闽浙沿海城市群，百强县与中心城市形成了合理的产业分工，承接了中心城市外溢产业和功能。而在中部地区，围绕着郑州、长沙、合肥等省会城市，一些县市经济快速发展，成为重要的区域节点城市，在区域发展中地位不断提升，推动了网络型都市圈空间形态的形成。

第 三 章

城市群：新型城镇化的主体形态

一段时间以来，中国城镇化的发展方针为积极发展中小城市、严格控制特大城市和大城市的发展规模。但在推进城镇化实践的进程中，中心城市引领带动作用越来越重要，城市之间的联系越来越紧密。2006年，"十一五"规划将大中城市和小城市、小城镇统筹起来，提出"将城市群作为推进城镇化的主体形态"，"已形成城市群发展格局的京津冀、长江三角洲和珠江三角洲等区域，要继续发挥带动和辐射作用，加强城市群内各城市的分工协作和优势互补，增强城市群的整体竞争力"。2014年《国家新型城镇化规划（2014—2020年）》发布，提出"以城市群为主体形态，构建'两横三纵'城市化战略格局"，同年国家发改委办公厅印发《关于开展跨省级行政区城市群规划编制工作的通知》。2016年3月，《中华人民共和国国民经济和社会发展第十三个五年规划纲要》提出优化提升东部地区城市群、培育中西部地区城市群；形成更多支撑区域居民的增长极，并在全国范围内规划19个城市群、2个城市圈，从"一群城市"迈入"城市群"的新型城镇化思路逐渐清晰。

第一节 我国城市群战略的实施与发展

方创琳认为，中国城市群空间范围识别的10大定量标准如下：（1）城市群内都市圈或大城市数量不少于3个，其中作为核心城市的超大城市（市区常住人口大于1000万人）或特大城市（市区常住人口介于500万—1000万人）至少有1个；（2）城市群内人口总规模不低于2000万人；（3）城市群内城镇化水平大于60%；（4）城市群人均GDP超过

10000美元，工业化程度较高，一般处于工业化中后期；（5）城市群经济密度大于1500万元/平方千米；（6）城市群内形成高度发达的综合运输通道和半小时、1小时、2小时经济圈；（7）城市群非农产业产值比重超过70%；（8）城市群内核心城市GDP中心度大于45%，具有跨省际的辐射带动功能；（9）城市群的经济外向度大于30%，承担着世界经济重心转移承载地的功能；（10）城市群内各城市的地域文化认同感大于70%以上，具有相似的地理环境和地域文化环境。[①] 这十条标准，可以作为识别城市群的参考。

中国城市群是国家经济社会发展的最大贡献者。到2016年年底，中国城市群占全国29.12%的面积，集聚了全国75.19%的总人口、72%的城镇人口和67.32%的全社会从业人员，创造了占全国80.05%的经济总量和91.19%的财政收入，集中了全国91.23%的外资。城市群发展表现出来的高密集集聚、高速度增长和高强度运转特点，形成了强大的吸管效应，集聚效应越来越强，成为国家经济发展的战略核心区，主导着国家经济发展的命脉。与全球其他城市群相比，中国城市群发展比西方发达国家要晚80年左右，但成长速度很快，在短短40年时间里拉动中国经济快速成为世界第二大经济体。[②] 近年来，产业和人口加快向中心城市等优势区域集聚，"两横三纵"城镇化战略格局基本形成，19个城市群承载了全国约75%的常住人口，贡献了近85%的地区生产总值，成为带动我国经济社会发展的主要动力源。[③]

一 关于城市群的区域分布

从空间布局看，19个城市群在我国四大区域内均有分布。东部地区城市群主要包括京津冀城市群、长三角城市群、珠三角城市群、山东半岛城市群、海峡西岸城市群（粤闽浙城市群），其中长三角城市群以东部地区为主，包括中部的安徽。中部地区城市群包括长江中游城市群、中原城市群、山西中部城市群。西部地区城市群包括成渝城市群、呼包鄂

[①] 方创琳：《中国城市群地图集》，科学出版社2020年版。
[②] 方创琳：《中国城市群地图集》，科学出版社2020年版。
[③] 杨荫凯：《推进以人为核心的新型城镇化》，《习近平经济思想研究》2023年第4期。

榆城市群、关中平原城市群、宁夏沿黄城市群、兰西城市群、天山北坡城市群、滇中城市群、黔中城市群。东北地区城市群包括辽中南城市群、哈长城市群。北部湾城市群则跨越东部和西部。

二 关于城市群的层级划分

有研究认为，从规模层级和发展目标看，19个城市群包括5个国家级城市群（长三角城市群、珠三角城市群、京津冀城市群、长江中游城市群和成渝城市群）、8个区域性城市群（哈长城市群、山东半岛城市群、辽中南城市群、海峡西岸城市群、关中城市群、中原城市群、北部湾城市群和天山北坡城市群），以及6个地区性城市群（呼包鄂榆城市群、晋中城市群、宁夏沿黄城市群、兰西城市群、滇中城市群和黔中城市群）。

在国家有关部门的文件中，对于城市群的层级，尚未有明确的界定。2021年2月，中共中央、国务院印发《国家综合立体交通网规划纲要》，依据国家区域发展战略和国土空间开发保护格局，结合未来交通运输发展和空间分布特点，将重点区域（19+2城市群）按照交通运输需求量级划分为3类。京津冀、长三角、粤港澳大湾区和成渝地区双城经济圈4个地区作为"极"，长江中游、山东半岛、海峡西岸（粤闽浙沿海）、中原地区、哈长、辽中南、北部湾和关中平原8个地区作为"组群"，呼包鄂榆、黔中、滇中、山西中部、天山北坡、兰西、宁夏沿黄、拉萨和喀什9个地区作为"组团"。按照"极、组群、组团"之间交通联系的强度，打造由主轴、走廊、通道组成的国家综合立体交通网主骨架。

加快构建6条主轴。加强京津冀、长三角、粤港澳大湾区、成渝地区双城经济圈4"极"之间联系，建设综合性、多通道、立体化、大容量、快速化的交通主轴。拓展4"极"辐射空间和交通资源配置能力，打造我国综合立体交通协同发展和国内国际交通衔接转换的关键平台，充分发挥促进全国区域发展南北互动、东西交融的重要作用。

加快构建7条走廊。强化京津冀、长三角、粤港澳大湾区、成渝地区双城经济圈4"极"的辐射作用，加强"极"与"组群"和"组团"之间联系，建设多方式、多通道、便捷化的交通走廊，优化完善多中心、网络化的主骨架结构。

加快构建8条通道。强化主轴与走廊之间的衔接协调，加强"组群"与"组团"之间、"组团"与"组团"之间联系，加强资源产业集聚地、重要口岸的连接覆盖，建设交通通道，促进内外连通、通边达海，扩大中西部和东北地区交通网络覆盖。

三 关于国家"十三五"规划与"十四五"规划城市群部署的比较分析

通过对《中华人民共和国国民经济和社会发展第十三个五年规划纲要》《中华人民共和国国民经济和社会发展第十四个五年规划和2035年远景目标纲要》城市群和都市圈的相关内容比较分析，可以发现：一是成渝城市群、长江中游城市群，由发展壮大到优化提升，地位得到提升。二是"北部湾城市群"由之前的"规划引导"调整为"发展壮大"范围，地位得到强化。三是"海峡西岸城市群"调整为"粤闽浙沿海城市群"，城市群的名称发生了变化。此外，《黄河流域生态保护和高质量发展规划纲要》将山西中部城市群调整为黄河"几"字弯都市圈详见表3.1。

表3.1 "十三五"规划与"十四五"规划城市群相关内容比较分析

	"十三五"规划相关内容	"十四五"规划相关内容
第一层级城市群	优化提升东部地区城市群，建设京津冀、长三角、珠三角世界级城市群，提升山东半岛、海峡西岸城市群开放竞争水平	优化提升京津冀、长三角、珠三角、成渝、长江中游等城市群
第二层级城市群	培育中西部地区城市群，发展壮大东北地区、中原地区、长江中游、成渝地区、关中平原城市群	发展壮大山东半岛、粤闽浙沿海、中原、关中平原、北部湾等城市群
第三层级城市群	规划引导北部湾、山西中部、呼包鄂榆、黔中、滇中、兰州—西宁、宁夏沿黄、天山北坡城市群发展。促进以拉萨为中心、以喀什为中心的城市圈发展	培育发展哈长、辽中南、山西中部、黔中、滇中、呼包鄂榆、兰州—西宁、宁夏沿黄、天山北坡等城市群

续表

	"十三五"规划相关内容	"十四五"规划相关内容
都市圈发展	在增强中心城市辐射带动功能部分提及都市圈：超大城市和特大城市要加快提高国际化水平，适当疏解中心城区非核心功能，强化与周边城镇高效通勤和一体发展，促进形成都市圈	与推动城市群一体化发展相并列，专节部署建设现代化都市圈：依托辐射带动能力较强的中心城市，提高1小时通勤圈协同发展水平，培育发展一批同城化程度高的现代化都市圈，并就交通、公共服务、规划等具体内容做出部署

四 关于城市群的规划、范围和面积人口

根据国家发展改革委办公厅《关于加快城市群规划编制工作的通知》（发改办规划〔2016〕2526号）精神，将城市群规划的编制分为三种情况。第一，跨省级行政区城市群规划，由国家发改委会同有关部门负责编制，并报国务院批准后实施。第二，边疆地区城市群规划，由相关地区在国家发改委指导下编制，并报国家发改委批准。第三，省域内城市群规划，原则上由省级人民政府自行组织编制，国家发改委会同有关部门进行指导。经过收集整理发现在19个城市群中，截至目前有13个城市群制定规划，部分制定了"十四五"时期实施方案，按照规划出台或方案批复的年份，详见表3.2。

表3.2

批复时间	规划名称
2015年	《长江中游城市群发展规划》《京津冀协同发展规划纲要》（未公开）
2016年	《哈长城市群发展规划》《中原城市群发展规划》《成渝城市群发展规划》《长江三角洲城市群发展规划》
2017年	《北部湾城市群发展规划》
2018年	《关中平原城市群发展规划》《呼包鄂榆城市群发展规划》《兰州—西宁城市群发展规划》《粤港澳大湾区发展规划》
2020年7月	《滇中城市群发展规划》
2021年12月	《山东半岛城市群发展规划（2021—2035年）》，更新版
2022年9月	《山西中部城市群高质量发展规划（2022—2035年）》

根据相关规划和相关资料整理，对19个城市群的基本情况如表3.3和表3.4所示。

表 3.3　　　　　　　　　19 个城市群规划范围及基本情况

序号	城市群	主要地域范围	面积人口经济总量
1	京津冀城市群	包括北京、天津、河北三省市（京津冀协同发展规划纲要的范围）	地域面积约 21.6 万平方千米，2018 年末常住人口 1.1 亿人，地区生产总值 8.5 万亿元，分别占全国的 2.3%、8.1%、9.4%
2	长江三角洲城市群	上海市，江苏省的南京、无锡、常州、苏州、南通、盐城、扬州、镇江、泰州，浙江省的杭州、宁波、嘉兴、湖州、绍兴、金华、舟山、台州，安徽省的合肥、芜湖、马鞍山、铜陵、安庆、滁州、池州、宣城 26 市	面积 21.17 万平方千米，2014 年地区生产总值 12.67 万亿元，总人口 1.5 亿人，分别约占全国的 2.2%、18.5%、11.0%
3	珠江三角洲城市群（粤港澳大湾区）	2019 年 2 月，中共中央、国务院印发《粤港澳大湾区发展规划纲要》，范围包括广东省广州市、深圳市、珠海市、佛山市、惠州市、东莞市、中山市、江门市、肇庆市；《广东省新型城镇化规划（2021—2035 年）》提出加快建设珠三角世界级城市群，范围包括大湾区内广东 9 市，不包括香港和澳门特别行政区	粤港澳大湾区总面积 5.6 万平方千米，2017 年年末总人口约 7000 万人
4	成渝城市群	重庆市的渝中、万州、黔江、涪陵、大渡口、江北、沙坪坝、九龙坡、南岸、北碚、綦江、大足、渝北、巴南、长寿、江津、合川、永川、南川、潼南、铜梁、荣昌、璧山、梁平、丰都、垫江、忠县 27 个区（县）以及开县、云阳的部分地区，四川省的成都、自贡、泸州、德阳、绵阳（除北川县、平武县）、遂宁、内江、乐山、南充、眉山、宜宾、广安、达州（除万源市）、雅安（除天全县、宝兴县）、资阳 15 个市	总面积 18.5 万平方千米，2014 年常住人口 9094 万人，地区生产总值 3.76 万亿元，分别占全国的 1.92%、6.65% 和 5.49%

续表

序号	城市群	主要地域范围	面积人口经济总量
5	长江中游城市群	湖北省武汉市、黄石市、鄂州市、黄冈市、孝感市、咸宁市、仙桃市、潜江市、天门市、襄阳市、宜昌市、荆州市、荆门市，湖南省长沙市、株洲市、湘潭市、岳阳市、益阳市、常德市、衡阳市、娄底市，江西省南昌市、九江市、景德镇市、鹰潭市、新余市、宜春市、萍乡市、上饶市及抚州市、吉安市的部分县（区）	面积约31.7万平方千米，2014年实现地区生产总值6万亿元，年末总人口1.21亿人，分别约占全国的3.3%、8.8%、8.8%
6	山东半岛城市群	山东省域16市	2020年地区生产总值超过7.3万亿元，常住人口、户籍人口"双过亿"，均占全国的7%以上
7	关中平原城市群	陕西省西安、宝鸡、咸阳、铜川、渭南5个市、杨凌农业高新技术产业示范区及商洛市的商州区、洛南县、丹凤县、柞水县，山西省运城市（除平陆县、垣曲县）、临汾市尧都区、侯马市、襄汾县、霍州市、曲沃县、翼城县、洪洞县、浮山县，甘肃省天水市及平凉市的崆峒区、华亭县、泾川县、崇信县、灵台县和庆阳市区	面积10.71万平方千米，2016年年末常住人口3863万人，地区生产总值1.59万亿元，分别占全国的1.12%、2.79%和2.14%
8	中原城市群	河南省郑州市、开封市、洛阳市、平顶山市、新乡市、焦作市、许昌市、漯河市、济源市、鹤壁市、商丘市、周口市和山西省晋城市、安徽省亳州市为核心发展区。联动辐射河南省安阳市、濮阳市、三门峡市、南阳市、信阳市、驻马店市，河北省邯郸市、邢台市，山西省长治市、运城市，安徽省宿州市、阜阳市、淮北市、蚌埠市，山东省聊城市、菏泽市等中原经济区其他城市	2017年，中原城市群生产总值67778.12亿元，总人口16353.17万人

续表

序号	城市群	主要地域范围	面积人口经济总量
9	粤闽浙沿海（海峡西岸）城市群	在国家"十三五"规划中，名称是"海峡西岸城市群"，覆盖粤闽浙赣四省20多个城市。在国家"十四五"规划中，海峡西岸城市群被调整为粤闽浙沿海城市群，主要包括粤东地区、厦漳泉地区、福州都市圈、浙南等地区	粤闽浙沿海城市群具体地域范围从公开资料中暂未查到
10	北部湾城市群	广西壮族自治区南宁市、北海市、钦州市、防城港市、玉林市、崇左市，广东省湛江市、茂名市、阳江市和海南省海口市、儋州市、东方市、澄迈县、临高县、昌江县	陆域面积11.66万平方千米，海岸线4234千米。2015年末常住人口4141万人，地区生产总值16295亿元，分别占全国的3.01%和2.25%
11	哈长城市群	黑龙江省哈尔滨市、大庆市、齐齐哈尔市、绥化市、牡丹江市，吉林省长春市、吉林市、四平市、辽源市、松原市、延边朝鲜族自治州。核心区以上述市（州）中主体功能定位为国家级、省级重点开发的区域为主，统筹区域其他地区发展	核心区面积约5.11万平方千米，2015年末常住人口约2000万人
12	辽中南城市群	由沈阳、大连两个副省级城市与联系紧密的多个地级市组成。规划范围包括：沈阳市、大连市、鞍山市、抚顺市、本溪市、营口市、辽阳市、铁岭市、盘锦市共9个城市	面积8.15万平方千米
13	山西中部城市群	包括山西中部地区的太原、晋中、阳泉、忻州和吕梁等地级市，以省会城市太原为中心	总面积7.41平方千米，2021年末常住人口1600多万，地区生产总值1.13万亿元

续表

序号	城市群	主要地域范围	面积人口经济总量
14	黔中城市群	贵阳市、贵安新区、遵义市红花岗区、汇川区、播州区、绥阳县、仁怀市、安顺市西秀区、平坝区、普定县、镇宁县、毕节市七星关区、大方县、黔西县、金沙县、织金县、黔东南州凯里市、麻江县、黔南州都匀市、福泉市、贵定县、瓮安县、长顺县、龙里县、惠水县，共计33个县（市、区）	总面积5.38万平方千米，2015年常住人口1643.47万人，实现地区生产总值7111.28亿元，分别占贵州省的46.56%、67.71%，西部地区的4.42%、4.88%
15	滇中城市群	昆明市、曲靖市、玉溪市、楚雄州全境及红河州北部7个县、市，共49个县（市、区）	面积11.14万平方千米，2018年末常住人口2127万人，地区生产总值1.02万亿元，分别占全省的28.3%、44.1%、61.6%
16	呼包鄂榆城市群	内蒙古自治区呼和浩特市、包头市、鄂尔多斯市和陕西省榆林市	面积17.5万平方千米，2016年常住人口1138.4万人，地区生产总值14230.2亿元，分别约占全国的1.8%、0.8%和1.9%
17	兰州—西宁城市群	甘肃省兰州市，白银市白银区、平川区、靖远县、景泰县，定西市安定区、陇西县、渭源县、临洮县，临夏回族自治州临夏市、东乡族自治县、永靖县、积石山保安族东乡族撒拉族自治县，青海省西宁市、海东市、海北藏族自治州海晏县、海南藏族自治州共和县、贵德县、贵南县、黄南藏族自治州同仁县、尖扎县	总面积9.75万平方千米，2016年地区生产总值4874亿元，常住人口1193万人
18	宁夏沿黄城市群	包括宁夏沿黄河分布的银川、石嘴山、吴忠、中卫、平罗、青铜峡、灵武、贺兰、永宁、中宁10个城市	以43%的国土面积，集中了宁夏全区57%的人口、80%的城镇、90%的城镇人口，创造了宁夏90%以上的GDP和财政收入

续表

序号	城市群	主要地域范围	面积人口经济总量
19	天山北坡城市群	主要包括乌鲁木齐、石河子、昌吉、克拉玛依、伊犁等	总面积9.54平方千米，人口超过400万

表3.4　　　　　　　中国城市群的发展概况（2019）

城市群名称	战略定位	GDP（亿元）	人口（万人）	人均GDP（元）
京津冀	优化提升	84580.08	11307.40	74800.64
长三角		197349.53	15552.83	126889.79
珠三角		86899	6446.89	134792.12
成渝		61220.68	9108.95	67209.37
长江中游		93833.89	13064.81	71821.86
山东半岛	发展壮大	71067.53	10070.21	70572.04
粤闽浙沿海		67554.84	9305.65	72595.53
中原		79196.22	16786.08	47179.70
关中平原		19681.32	3872.84	50818.83
北部湾		21047.83	4262.76	49376.02
哈长	培育发展	20853.10	3949.19	52803.48
辽中南		20925.58	3090.70	67704.98
山西中部		8680.22	1633.26	53146.49
黔中		10037.49	1672.81	60003.76
滇中		14076.87	2143.76	65664.38
呼包鄂榆		13246.28	1154.55	114731.11
兰州—西宁		5562.50	1194.08	46584.02
宁夏沿黄		3425.86	569.59	60146.15
天山北坡		6654.03	523.83	127026.93

资料来源：根据《中国统计年鉴》《中国城市统计年鉴》《中国区域经济统计年鉴》计算。

孙久文、蒋治：《新发展格局下区域协调发展的战略骨架与路径构想》，《中共中央党校（国家行政学院）学报》2022年第26期。

第二节　城市群协同发展的体制机制创新[①]

党的十八届三中全会将治理体系和治理能力的现代化作为全面深化改革的总目标。建立完善由多元主体参与的跨区域城市协调发展机制,是提升政府治理体系和治理能力现代化的重要内容。由于在一定区域范围内实现单个城市无法达到的规模经济和集聚效应,建设区域协作组织和机制,可以使地理位置、生产要素、产业结构各不相同的城市承担各自的经济功能,实现社会治理层面的协作。要着重建立完善政策引导机制、组织管理机制、利益共享机制、运行评估机制和多元参与机制,促进跨区域治理能力现代化。

一　加强顶层设计,完善区域城市协调发展的政策引导机制

我国地方府际关系、地方政府管理体制,既是区域协调发展的推动力,有时又可能成为阻碍其向纵深发展的制度瓶颈,必须加强顶层设计,推进政府管理体制改革,转变政府职能,重塑府际关系,创新区域管理运作机制。一是坚持改革推动。在我国,由于传统行政区界往往又与自然条件相连,江河也往往是行政区的界线,因而在行政区之间可能存在双重壁垒:行政壁垒与自然条件壁垒。[②] 随着信息和交通的发展,涌现了更多克服自然条件壁垒的手段,比如,随着更多的跨江大桥和隧道的修建,长江天堑这一阻隔沿江经济融合的自然条件壁垒正在消除,目前需要我们把更多的精力用在消除行政壁垒上。政府要走出行政区经济的误区,做协调的主体,而不是竞争的主体。完善区域城市协调发展机制,必须坚持以全面深化改革为动力,建立一种由市场、政府共同推动的模式,强调市场的决定性作用,更好地发挥政府的作用,即尊重市场规律前提下政府积极推进,消解区域保护主义,减少行政壁垒,促进生产要素的自由流动和优化配置。二是坚持规划引领。《国家新型城镇化规划

[①] 参见笔者《跨区域城市发展的协调与治理机制》,《南京社会科学》2014年第5期。
[②] 张颢瀚、张鸿雁:《长江三角洲经济协调联动发展的战略选择》,《管理世界》1999年第4期。

（2014—2020）》明确指出，中央政府负责跨省级行政区的城市群规划编制和组织实施，省级政府负责本行政区内的城市群规划编制和组织实施。要突出规划的引领作用，把城市群规划编制和组织实施作为上级政府参与的重要形式和主要内容。增强区域发展规划的科学性，借鉴负面清单的管理模式，加强城市群规划的内容管理，减少"应该怎样"的内容，代之以"禁止、限制"的内容，重点拆除行政壁垒和藩篱，避免更多的"政府市场经济行为"。通过规划的制定，强化区域发展战略中的顶层设计，把区域合作的内容和形式放在制度的框架内，让区域协作组织最主要的职能回归到协调和执行上。三是坚持聚焦转型。加强区域协作，是增强中国整体竞争力的需要，更是促进经济转型升级、促进横向联合、拓展发展空间的需要。将促进区域城市协调合作上升到转变经济发展方式的高度来认识，让更多的城市走出以经济增长为主要指标的地方锦标赛的怪圈，更加注重经济发展质量的提高和发展方式的转变。

二 突出横向协作，完善区域城市协调发展的组织管理机制

跳出单纯的行政区经济思维，正确区分区划经济与区域经济、地方经济与地理经济，打破地方政府间过于注重竞争，呈现碎片化、割裂化的格局，促进区域发展的集成化、一体化和高效化。妥善处理好行政区与经济区的关系，既要依托行政区，又必须跳出行政区，从对机构的关注转变到对规则的构建上。一是加强纵向横向协调。区域城市发展的协调，应当采取纵向协调和横向协调相结合的办法。从宏观层面讲，由于城市群往往跨域发展，因此离不开中央政府和地方政府以及地方政府之间的纵向与横向协调与合作，政府可以运用经济、法律、行政等手段，以制度创新引导大区域与城市群的协调发展。从微观层面讲，离不开强有力的"发展极"的带动，引导各种要素资源在城市群内部合理地广域流动，在各个城市之间形成发展梯度和分工协作，推动城市群合理的产业布局与空间体系的重构，从而实现"强政府"与"强市场"的有机结合。[1] 长三角30个城市能够比较顺利地推进横向协作，一个重要的原因是三省一市最高层领导的沟通与协调。二是完善组织协调模式。对于中

---

[1] 李程骅：《中国城市转型研究》，人民出版社2013年版，第299—300页。

国大多数城市群和协调发展区域来说,松散型大都市区协作组织是比较理想的组织模式,一则制度成本相对较低,二则易于操作。长三角地区,在原有组织模式的基础上,可以探索建立长三角协调发展委员会,将三省一市领导座谈会上升到更高一个层面,将长三角区域内的合作上升到制度层面。同时,要更加注重协调执行层面的组织建设,建立以国家或省级战略层面规划为引领、行政协议和行政契约为支撑、各类协调协作组织为主体的高效有序地运行组织体系,不断提高组织运行效率。三是合理调控区域协调组织的规模。一个区域内城市能否协作形成一个都市圈和有机体,在很大程度上取决于中心城市的辐射带动能力和城市的数量与组织规模。区域协调组织具有社会组织性质,如果没有政府权力的约束力作为后盾,规模过大必然导致低效率。要合理确定区域规划战略的范围,控制区域协作组织的数量,同时应加强对区域成员特征的提炼,强化区域内的文化认同和心理认同,增强区域协调组织的凝聚力。

三 促进协同行动,完善区域城市协调发展的利益共享机制

利益协调是地方政府间合作的核心。在大区域范围的交通基础设施建设、生态环境保护以及金融、财税等领域,必然需要中央相关部门的介入并发挥重要作用。跨区域城市协调发展,最重要的是正确处理城市间的职责和利益关系,明确不同城市的职责定位,找到城市间的平衡点。《国家新型城镇化规划(2014—2020年)》提出,"建立城市群成本共担和利益共享机制,加快城市公共交通'一卡通'服务平台建设,推进跨区域互联互通,促进基础设施和公共服务设施共建共享,促进创新资源高效配置和开放共享,推动区域环境联防联控联治,实现城市群一体化发展"。一是推进区域基础设施互联互通。加强以高速铁路网、高速公路网、航空网络和巨型港口为骨干的基础设施网络建设,以减少城市之间的距离摩擦作用。加快推进区域道路客运交通互联共通,加快推进城市群公共交通"一卡通"的互通兼容,推进公共交通服务平台的共享共用。在板块内部建立基础设施建设公共基金,用于内部的重大项目和转移支付,同时统筹各地的资金投入、监管资金动向,减少因各自为政、互相封锁和低水平重复建设所造成的浪费。二是推进区域公共服务共建共享。区域协调发展不仅要体现在经济层面,更要体现在社会和民生层面。推

进区域城市基本公共服务共建共享，是提高资源利用效率的有效途径，是促进民生改善、社会协调发展的重要手段，也是社会管理创新的现实需要。长三角地区借鉴国际区域合作成功经验，于2012年设立国内首个区域性合作基金"长三角合作与发展共同促进基金"，支持有利于整合资源、改善民生、提升效率、促进区域一体化发展的事项。三是推动区域生态环境联防联治。由于市场经济的外部性，不少地方政府把污染性项目建设在行政区域边缘，将发展的环境成本转嫁给"邻居"。这也是导致环境污染难以治理、雾霾大面积发生的原因之一。建立跨区域协调发展机制必须注重生态文明建设，把生态环境的联防联治作为重要内容。要树立一盘棋思想，站在区域协调发展的高度，统一区域环保门槛，优化区域产业布局，在区域内大力发展环保产业，增强生态环境综合治理的协同性。

四　强化契约意识，完善区域城市协调发展的运行评估机制

与传统科层制的组织架构和自上而下的政策执行方式不同，城市群协调组织涉及的多个行政主体互不包含或相互并列，没有必要的权力硬性约束做后盾，呈现经济上的紧密化、政治上的松散化，再加上各地方政府间的利益冲突，往往导致政策失灵，推进区域协调发展的规划和政策难以有效实施，因此，需要区域内政府强化行政契约意识，上一级政府及其牵头部门要加强对运行情况的评估。一是注重把握不同区域协调组织的个性特征。不同的区域城市，不同的城市群，协作组织的构建方式也有所不同。之所以以长三角为例加以说明，一方面是因为长三角地区探索较早，相对比较成熟，具有推广价值；另一方面，长三角城市群涉及三省一市，26个城市，规模较大，对于不同类型的城市群，都具有较强的借鉴意义。从目前看，我国城市群、都市圈、经济带建设，有三种类型：国家战略层面的城市群，比如京津冀、长江三角洲和珠江三角洲城市群建设；省级战略层面的城市群，比如江苏的沿海发展、苏中发展、宁镇扬同城化等；区域内带有一定的自发性城市群，比如淮海经济区。由于不同层面的城市群目标的清晰程度、协调的范围幅度、协作的组织程度、中心城市的影响程度各不相同，协调组织模式构建的方式和重点也有所不同。二是注重行政契约在推动区域协调发展中的重要作用。在泛长三角区域合作的实践中，行政契约机制一般被称为行政首长联席会议制度，包括各省市及其部门的负责人联席会议,这种会议在协商的基础上所形成的协议就是行政契约。要合理确定参与区域协调发展的主体,完善行政契约的程序和内容,提高行政契约在缔结程序上的科学化和民主化程度。三是注重区域协作组织、模式和机制效果的评估。引导地方政府走出一味强调竞争的误区,着力改变区域发展政策碎片化格局,加强对区域内共性问题的应对,增强区域发展的协调性和凝聚力,提升区域发展的协调度。更加注重对一个区域的整体绩效考核,把区域内各合作主体的合作态度和行为纳入考核体系,并且形成硬性的制度规则,建立适应一体化需要和符合国家制度要求相结合的政府绩效评价体系,规范城市群内政府之间的合作行为。

五 倡导合作共治,完善区域城市协调发展的多元参与机制

完全意义上的区域合作实质上不是由政府独自完成的,新区域主义以治理理论为基础,强调在跨区域协调发展过程中多元主体的参与。一是建立网状治理结构。进一步强化多元主体的参与作用,尤其应注重发挥政府部门的综合协调作用、企业的资源配置作用、非营利组织的沟通交流作用、专家学者的参谋咨询作用,从而建立网络状的治理协调机制。二是充分发挥社会组织的作用。社会组织,特别是带有一定公益性的社会组织,在区域协作中能够发挥更多的作用。在区域发展中,非政府组织是一种极为有效的制度资源,更有其难以替代的优势,政府组织完全可以与非政府组织结成合作的伙伴关系,能够利用非政府组织边界模糊、结构灵活、手段弹性、包容性强、成员异质性高等特点,化解政府间合作中存在的种种矛盾和问题,为"长三角一体化"的制度建设提供新的选择。[1] 因此,发挥社会组织作用,积极引导民众参与治理,自然而然成为区域协调模式和机制建构的重要内容。三是充分发挥公众的作用。在跨区域合作的过程中,给公众更多的参与机会,听取公众的意见和反馈,促进区域协调发展过程中市场与政府的互动。在区域经济协调机制建构的过程中,引导公众参与尤其重要,如果说决策作出前的公众参与是关于实现对行政权行使和区域平等权的监督机制,那么决策作出后的公众

---

[1] 王云骏:《长三角区域合作中亟待开发的制度资源——非政府组织在"区域一体化"中的作用》,《探索与争鸣》2005年第1期。

参与则是推动区域行政规划、区域行政指导和区域行政协议实施的动力机制。①

第三节 长江中下游城市群的比较分析②

在长江中下游地区，分布着两个国家级城市群：一是长三角城市群，目标是建设全球有影响力的世界级城市群；一是长江中游城市群，被定义为中国经济新增长极。

一 长江中下游城市群与世界级城市群的基本情况

在长三角城市群规划中，将长三角城市群与其他世界级城市群进行比较，在此，我们按照有关指标，将长江中游城市群纳入这一比较体系，可以发现，长江中游城市群五项指标值分别为：面积31.7万平方千米，人口12100万，GDP总量约9800亿美元，人均GDP 8080美元，地均GDP 309万美元，分别相当于长三角城市群的1.5倍、80%、47%、59%、33%，世界级六大城市群平均值的2.3倍、1.74倍、35%、16.6%、8.9%（见表3.5），人均、地均指标差距非常大。从这一角度讲，长江中游城市群尚处在发展培育的过程中，距离世界级城市群还有很长的路要走。

表3.5　长江中下游两大城市群与其他世界级城市群比较

城市群	中国长江中游城市群	中国长三角城市群	美国东北部大西洋沿岸城市群	北美五大湖城市群	日本太平洋沿岸城市群	欧洲西北部城市群	英国中南部城市群
面积（万平方千米）	31.7	21.2	13.8	24.5	3.5	14.5	4.5
人口（万人）	12100	15033	6500	5000	7000	4600	3650
GDP（亿美元）	9800	20652	40320	33600	33820	1000	20186

---

① 叶必丰：《区域经济一体化的法律治理》，《中国社会科学》2012年第8期。
② 参见笔者《长江中下游城市群发展比较研究》，《中国国情国力》2017年第6期。

续表

城市群	中国长江中游城市群	中国长三角城市群	美国东北部大西洋沿岸城市群	北美五大湖城市群	日本太平洋沿岸城市群	欧洲西北部城市群	英国中南部城市群
人均GDP（美元/人）	8080	13737	62030	67200	48315	45652	55305
地均GDP（万美元/平方千米）	309	974	2920	1370	9662	1448	4485

注：①长江中游城市群、长三角城市群数据为2014年统计数据。②美国东北部大西洋沿岸城市群包括波士顿、纽约、费城、巴尔的摩、华盛顿等城市及其周边市镇。北美五大湖城市群包括芝加哥、底特律、克利夫兰、匹兹堡、多伦多、蒙特利尔等城市及其周边市镇。日本太平洋沿岸城市群包括东京、横滨、静冈、名古屋、大阪、神户、长崎等城市及其周边市镇。欧洲西北部城市群包括巴黎、阿姆斯特丹、鹿特丹、海牙、安特卫普、布鲁塞尔、科隆等城市及其周边市镇。英国中南部城市群包括伦敦、伯明翰、利物浦、曼彻斯特、利兹等城市及其周边市镇。相关数据来源于国家有关规划和中科院南京地理与湖泊研究所研究报告。

二 长江中游城市群与长三角城市群的比较分析

首先，对长江中游城市群与长三角城市群的总体情况进行比较分析（见表3.6）。长江中游城市群是我国面积最大的城市群，包含湖北、湖南、江西三省31个城市，占三省总面积的56%；长三角城市群包含上海、江苏、浙江和安徽四省市26个城市，占四省市总面积的60%。前者为多核城市群，后者为单核城市群。从经济总量看，长江中游城市群不到长三角城市群的50%，从人均GDP看，长江中游城市群是长三角城市群的59%，发展水平与全国的平均水平相当。从城市群所处的发展阶段看，长三角城市群处于基本成熟阶段，长江中游城市群处于发展培育阶段。

表3.6 长江中游城市群体与长三角城市群比较

城市群	长三角城市群	长江中游城市群
面积（占区域和全国比）	21.17（60%，2.2%）	31.7（56%，3.3%）
人口	1.5亿（11%）	1.21亿（8.8%）
地区生产总值（2014），在全国GDP中的占比	12.67万亿（18.5%）	6万亿（8.8%）

续表

城市群	长三角城市群	长江中游城市群
城市数量	26个	31个
二级城市群	5个都市圈，每个不超过4个城市，小组团，覆盖部分区域	1城市圈和2城市群，城市数量均在8个以上，大组团，全覆盖
发展轴线	4条发展带	5条发展轴线

其次，对一级城市群内次级城市群的数量、规模、类型等分析。在长三角城市群规划中，包括5个次级城市群，即南京、杭州、合肥、苏锡常和宁波5大都市圈，除杭州都市圈包括4个城市外，其他都是3个城市。可以说，长三角城市群规划在布局上相当"吝啬"，一些有实力的城市被甩出，浙江有金华，江苏有通盐泰，安徽纳入长三角城市群中的8市仅有3个市纳入合肥都市圈。而且，经过多年发展，已经初具规模的横跨江苏、安徽两省的南京大都市圈也没有出现在规划中，只是强调"促进南京都市圈与合肥都市圈融合发展"。长三角城市群规划，没有将上海都市圈单独列出，而根据《上海城市总体规划（2016—2040）》公示稿，上海都市圈的格局为"1+6"，包括上海和周边的苏州、无锡、南通和宁波、嘉兴、舟山6市，后来拓展到"1+8"，增加了常州和湖州。从总体上讲，长三角城市群内部次级城市群的数量多，但每个次级城市群内部的城市数量相对较少。而长江中游城市群则明显不同，其包括武汉城市圈、环长株潭城市群、环鄱阳湖城市群3个次级城市群，次级城市群内城市的数量分别达到13个、8个和10个，而且整体就是部分之和，即不同于长三角在划分次级城市群时将部分城市"甩"出，而是根据省级区域，把纳入的城市全部分到三个次级城市群。从城市群的命名看，除武汉城市圈是用城市命名，湖南和江西的城市群没有使用省会城市的名字来命名，更加强调抱团发展的重要性。长江中游城市群准入门槛相对较低，是由多中心构成的一个空心城市群。其中武汉都市圈和环长株潭城市群为实心城市群，环鄱阳湖城市群是空心城市群，是由鄱阳湖生态经济区转变而来，在发展的过程中更加注重生态。在长江中游城市群规划中，支持长江中游城市群与安徽省若干基础条件好、联系比较紧密的省际毗邻城市合作发展，比如咸宁—岳阳—九江，荆州—岳阳—常德

—益阳，九江—黄冈—黄石，长沙、株洲、湘潭—新余、宜春、萍乡，黄冈—安庆—六安，九江—安庆—池州—景德镇等，加强规划统筹和产业协作，促进基础设施联网、公共服务对接，形成小组团、大集群、网络化和立体式的合作格局，建成长江中游城市群一体化发展先行区和示范区。

我国城市群可以划分为三个层级：第一层级，横跨省级区域的国家级城市群（包括世界级城市群）；第二层级，省内多城市组成的次级城市群，覆盖一省大部分区域；第三层级，省内少数城市组成的三级城市群。在长三角地区的江苏，在国家级城市群与三级城市群之间缺少一个过渡性的次级城市群。江苏提出建设扬子江城市群，把南京都市圈和苏锡常都市圈联结在一起，纳入南通和泰州，有利于促进沿江城市发展的一体化。对于长江中游城市群来说，我们可以划分出两条城市带：一条是以武汉为中心，横跨湖南、湖北和江西三省，由以宜昌到武汉再到安庆之间的"W"型长江为轴线的两岸城市组成的城市带；另一条是沿沪昆线分布，以长沙和南昌为双核结构的湘赣城市带。

最后，关于发展轴线和轴带的比较。长江三角洲城市规划指出，要促进四条发展带聚合发展。一是沪宁合杭甬发展带。依托沪汉蓉、沪杭甬通道，建设长三角城市群吸聚最高端要素、汇集最优秀人才、实现最高产业发展质量的中枢发展带，辐射带动长江经济带和中西部地区发展。二是沿江发展带。依托长江黄金水道，打造沿江综合交通走廊，增强对长江中游地区的辐射带动作用。三是沿海发展带，加快建设浙江海洋经济示范区和通州湾江海联动开发示范区，打造与生态建设和环境保护相协调的海洋经济发展带，辐射带动苏皖北部、浙江西南部地区经济全面发展。四是沪杭金发展带，依托沪昆通道，提升对江西等中部地区的辐射带动能力。长三角城市群，是以上海为中心的单中心城市群，经济轴带除沿海呈直线双向扩散外，其他轴带均呈射线状单位辐射，整个城市群扩散呈现扇形结构。在四条发展带中，有三条都强调对长江经济带、中游地区和江西等地的带动作用，是两个国家级城市群连接的重要纽带。

长江中游城市群规划则提出"两横三纵"共五条发展轴，分别为沿江、沪昆和京广、京九、二广，并强调依托重点发展轴线，强化轴线功能，形成沿线大中城市和小城镇合理分工、联动发展的格局。一是沿江发展轴，加强与长三角和成渝等地区的联动发展，共同建设长江经济带。二是沪昆发展轴。加快沪昆高速铁路建设，构建贯通城市群东部和西南地区的联动发展轴，成为连接东中西地区的重要通道。三是京广发展轴，沟通南北，进一步加强与京津冀、珠三角、中原经济区等地区的经济联系。四是京九发展轴。依托京九通道，加快城市快速通道建设，成为联系京津冀、珠三角和海峡西岸等地区的重要通道。五是二广发展轴，成为沟通北部湾经济区和中原经济区、关中—天水经济区等地区的重要轴线。在五条发展轴中，沿江发展轴、沪昆发展轴两条横轴直接与长三角城市群对接，三条纵轴则更多地强调贯通南北的作用。从总体上看，长三角城市群纵向轴带少，横向轴带多，纵向通达性不够，缺少纵向大动脉的带动，而长江中游城市群纵贯南北，横连东西，四通过八达，更具有开放性，有利于促进形成其在全国的"中心"地位和发挥其枢纽作用。

三 基于良性群际关系构建视野下长江中游城市群发展战略

高铁（高速）交通发展背景下中国经济地理的重构，交通资源优势在大城市之间逐步均等化、均衡化、均质化，把交通资源转化为发展资源。随着长江经济带建设的推进和长江中上游城市群体的崛起，包括珠三角、长三角和京津冀在内的五大国家级城市群将形成一个钻石结构，长江中游城市群将成为这颗美丽中国钻的"钻心"。谋划长江中游城市群发展，必须置身于国家长江经济带战略、城市群发展战略，注重与周边城市群特别是与长三角城市群的对接与互动，形成良性群际关系。

（一）增强城市群发展的宏观统筹，实现协作化、协同型发展

城市群不仅是"一群城市"，城市群之间，不但要有物理连接，还要有心灵的相通；不但要有生产要素的交换和流动，还应当能够产生强烈的化学反应；不但能够产生"1 + 1 + 1 = 3"的结果，更需要形成"1 + 1 + 1 > 3"的效应，通过生产要素的重新排列组合，能够产生石墨变金刚石的效应。在协调机制上，坚持国家层面顶层设计、宏观协调与区域内各级政府协商合作相结合。长江经济带层面的总体协调由国家推动长江经济带发展领导小组负责，沿岸各省级党委政府是协调推进的主体。要把城市群当作一个城市来经营，注重不同城市之间的功能区分和城市之间的合理距离，注重城市群不同城市之间的联接、衔接机制。城市群发

展并非一味地追求城市范围的扩大,而要实现城市基础设施的互联互通,增强通达性,形成同城效应、一体化格局。要构建多方平行协作关系,加强城市群之间的联系、沟通和协作,避免城市群之间形成新的塌陷。在更高层次上统筹区域发展,加大产业布局、财政税收跨区域统筹力度,对不同行政区域采取不同的考核标准,实现经济发展区域与生态保护区域交错分布,良性互动,促进可持续发展。

(二)增强城市群功能的轴带引领,实现网络化、组团型发展

发展城市群,要特别注重城市之间的分工和经济联系,在强调通勤方便性的同时,要考虑物流的通达性,通过经济联系来带动通勤,增强城市群之间有效人口和人才的流动性。相较于水运的成本经济,高速交通则具有速度的优势。城市群的发展要注重复合轴带的作用,把成本优势和速度优势有机地结合起来,把信息、人才、物资流动结合起来。按照主体功能区规划的要求,走出全域开发、摊饼式发展的误区,实现各类发展区域的优势互补,包容融合,共同发展。由板块并联发展,到轴带引领下的串联发展、网络化发展,构建网络化的发展格局,建成高效能的集成电路。实行小核心带动大外围,小组团促进大合作,做强核心,激活周边。在总体结构上,要增强武汉、长沙、南昌、九江和岳阳五座城市之间的连通性和凝聚力,形成长江中游城市群发展的主环。这个主环,中间怀抱一座青山,两侧簇拥两湖绿水。武汉城市圈要发挥被列为开展构建开放型经济新体制综合试点试验地区的优势,进一步完善开放型经济结构、体系、布局,建设开放型经济高地,在长江中游城市群中打造率先崛起的第一极,把武汉城市圈建设成为世界级城市群。长江中游城市群,需要树立整体观念,在宏观层面上加强协调,促进协同,统筹推进。同时,要注重因区、因城施策,确定城市群各城市发展的时空序列,形成若干个紧密型的小组团,通过小组团促进大合作。城市群更多的是向内聚集,城市组团更多的是外向聚集,实现跨省级行政区域的合作发展。长沙处在京广轴线和沪昆轴线的纵横交汇点上,沿线各分布六个省会城市,通达性能在全国省会城市中不多见,长株潭城市群"3+5"模式,要重点把"3"做大做强,同时强化沪昆轴、京广轴的带动作用。

(三)增强城市群布局的科学有序,实现生态化、质量型发展

世界级城市群不在于大而在于强。日本太平洋沿岸和英国中南部城

市群，面积仅相当于长江中游城市群的11%和14.2%，即使规模较大的美国东北部大西洋沿岸和欧洲西北部城市群，其面积分别相当于长江中游城市群的43.5%和45.7%。中三角城市群要走向世界，必须在现有的基础上突出优势重新包装，在国家级城市群中建设世界级城市群，而不是把国家级城市建设为世界级城市群。突出城市群开发的绿色元素，坚持生态优先、绿色发展，不搞大开发、共抓大保护，把城市隔绿的理念运用到区域发展中，在更高层次上统筹区域发展。长江中游城市群建设，要保护中部的"青山"和一江（包括长江及其支流）两湖的"绿水"放在压倒性位置，在中部沿发展轴线构建以武汉、长沙、南昌、岳阳、九江为支点的五角形结构。要更加注重内涵式发展，强调质量和效益，建设两型社会示范区，确立新形势下促进中三角发展的战略驱动力和核心竞争力，走出一条不同于珠三角、长三角的小康和现代化新路。建设城市群，并非无限扩张，也并非城市规模的无限扩大，要强化精致城市、精致小镇、精致乡村的理念，实现精致化精细化发展。在绿心隔断生产要素流动的条件下，中三角发展的策略是多中心发展，一家独大难以形成有机的发展结构小中心，要大外围，多组团。按照主体功能区规划的要求，走出全域开发的误区，由摊饼式发展到切块式发展，构建网格化、网络化的发展格局，实现各类发展区域的优势互补，包容融合，共同发展。

（四）增强城市群外部的过渡对接，实现均衡化、共享型发展

城市群不是一群城市的简单组合和相加，既不同于"体量太小"的小城市，也不同于"以邻为壑"的大都市，城市群的发展目标是建构良好的城市分工体系和层级关系，以解决大城市与中小城市、城市与农村不断激化的矛盾。城市群也不是简单的"经济群""交通群"，不能把异常复杂的城市群发展建设简单地等同于经济和交通建设，这是在各城市群之间形成更大规模的同质竞争和结构趋同的根源。[1] 每个城市在定位时首先要考虑：我能够为城市群体的发展做什么，而不是我能够从城市群的发展得到什么；从眼睛向内到眼睛向外，重点思考如何携手并进、共同发展，而不是恶性竞争、相互拆台。作为中国五大国家级城市群的

---

[1] 刘士林：《城市群不是简单的经济群》，《解放日报》2016年5月24日第15版。

"钻心",长江中游城市群要通过纵向、横向轴带,加强联系,增强贯通,实现城市群发展的集聚和扩散双重效应。要发挥长江中游城市群综合交通的明显优势,强化湖南等省"东部沿海地区和中西部地区过渡带、长江开放经济带和沿海开放经济带结合部"一带一部的区位优势和意识,相较于陇海中部和黄河中游区域,中三角先行一步,更胜一筹,在国家重大区域发展战略中当好主攻手、二传手,先行军、传输带,把长江上游和下游连接起来。长江中游城市群作为我国目前中东部四大国家级城市群钻石结构的一极和全国五大国家级城市群钻石结构的中心,要坚持对外开放与对内开放相结合,向东接受长三角辐射,向西联动成渝城市群,向南对接珠三角,向北呼应京津冀,带动中原地区,成为国家级城市群之"动力之心"。在两大城市群发展过程中,要突出安徽的沟通和衔接作用。因此,在定位省级城市群功能时,在很大程度上强调与周边地区的联动,增强区域城市发展的整体能力和对周边地区的带动能力。要特别注重纳入长江经济带而没有纳入城市群部分区域的发展,比如长三角的苏北、皖北、浙西南,长江中游的鄂西、湘西和赣南的发展。要促进人才在城市群内部城市之间的有序流动。大城市高房价对优秀青年人才,特别是刚毕业的大学生研究生产生了显著的排斥效应,政府部门可以通过发放租房、购房补贴的形式,来抵扣优秀人才留下来的高成本;另外,可以通过推进同城化等引导人才合理地向周边流动。

(五)增强城市群合作的契约意识,实现市场化、互惠型发展

传统的区域主义强调行政层级协调,增加了社会协调的成本。新区域主义,强调政府间的协商对话机制,产业间的联动发展机制,社会资源的整合机制,行业协会和大企业可以多搭建一些平台,增强社会活力。既要充分发挥市场在资源配置过程中的决定性作用,又要更好地发挥政府作用。中央政府主场下、省级政府领导下,城市群发展模式组团化、网络化,群内各城市和机构参与治理,进行多主体参与、多中心治理时代,进入行政管理与契约治理相结合的时代。打破区域分割壁垒,改变单纯以地理片区划分为主要依据的区域政策制定方式,优化财政税收、土地保障、环境治理、科技创新、人才支撑和规划管理等各类政策资源,推进区域政策统一规范、衔接协调。实现由行政区经济到经济区行政思维的转变,由以行政为界限的经济到根据经济区域来调整行政,通过制

定与经济区相适应的跨区域政策，释放板块之间和板块内部的张力，促进经济社会的进一步融合。缩小政策单元，增强区域政策的精准性，实行有差别的区域发展政策，形成与经济发展梯度相适应的政策梯度，构建区域发展的政策有机体。改变单一的和整齐划一的考核指标和方式，变地方锦标赛、对抗赛为友谊赛、团体赛，构建协调互动、相互促进的发展共同体，培养一批协调和谐、共建共享发展的团体冠军。建立党委政府统一领导下的契约约束机制，既包括政府间的契约，产业和企业之间的契约，也包括社会组织之间的契约，更好地利用制度资源，突出制度层面的合作，形成区域协同发展的良性机制。

第四章

现代化都市圈的生成机理分析

都市圈的英译为"metropolis","metro"是轨道交通,主要指地铁;"polis"是希腊语的城邦,就是后来的城市。长期以来,对于城市群、都市圈概念,无论是学术界还是实务界,在实际使用过程中都出现过交叉混用现象。现代化都市圈的概念提出、内涵界定和目标设定,赋予了都市圈以现代化的属性,实现了区域协调治理理念理论和实务实践的与时俱进。从某种意义上说,从全面建成小康社会到开创社会主义现代化国家新征程,时空在此交错,诞生了现代化都市圈,成为填补我国城镇化战略的最后一块拼图[①],区域协调空间单元实现了从重点关注城市群到更加关注城市群和都市圈联动的战略切换,实现了区域协调发展战略自上而下与自下而上的有机贯通。

第一节 现代化都市圈的"C位"出道

现代化都市圈理论的形成,是坚持和发展中国特色社会主义过程中形成的原创性理论,具有鲜明的时代性和鲜活的实践性。2018 年 9 月,习近平总书记在东北三省考察时强调,"要培育发展现代化都市圈,加强重点区域和重点领域合作"。2019 年 2 月,国家发改委《关于培育发展现代化都市圈的指导意见》(以下简称《指导意见》)对城市群和都市圈的内涵进行界定:城市群是新型城镇化主体形态,是支撑全国经济增长、促进区域协调发展、参与国际竞争合作的重要平台;都市圈是城市群内

---

① 尹稚等:《培育发展现代化都市圈》,《区域经济评论》2019 年第 4 期。

部以超大特大城市或辐射带动功能强的大城市为中心、以1小时通勤圈为基本范围的城镇化空间形态;《指导意见》同时提出现代化都市圈建设的阶段性目标：到2022年，都市圈同城化取得明显进展，基础设施一体化程度大幅提高，阻碍生产要素自由流动的行政壁垒和体制机制障碍基本消除，成本分担和利益共享机制更加完善，梯次形成若干空间结构清晰、城市功能互补、要素流动有序、产业分工协调、交通往来顺畅、公共服务均衡、环境和谐宜居的现代化都市圈。这一目标进一步丰富了现代化都市圈的内涵。

一 中国特色区域协调发展战略体系的核心节点

现代化都市圈理论具有中国特色，是中国特色政治经济学的重要组成部分。培育和建设现代化都市圈，是"三新一高"背景下区域协调发展战略的必然选择，是在中国区域协调发展方面实现重要的理论创新。社会主义初级阶段的主要矛盾主要是解决发展不平衡不充分的问题，如果说不充分更多的是一种时间指向，不平衡则更多的是一种空间指向。都市圈的形成和发展，有利于把发展落差转化为发展空间，实现从时间红利到空间红利、从个体赛到团体赛的转变。在加快构建以国内大循环为主体、国内国际双循环相互促进的新发展格局的背景下，特别是随着产业链和创新链的重构，城市之间的发展，由与世界并联转变为先区域串联，然后与世界并联，从而实现区域内城市之间的共生性发展。内循环更多的是要拆除城市之间的壁垒，实现城市之间的共生效应，是从外向型经济的单一循环为主到国内国际双循环的视角的转变，从以外向型经济为主，独善其身、争先进位、竞争取向的内生型发展，到以内循环为主体，优势互借、能量互赋、抱团发展的外生型发展。

（一）培育现代化都市圈，从追求速度、竞争导向的追赶型发展到追求质量、合作取向的协调型发展转变

贯彻新发展理念、构建新发展格局、推动高质量发展，需要区域之间从同质竞争到抱团合作，把行政区之间的内部张力转化为外部引力，在集聚虹吸效应与辐射带动效应之间达到高水平平衡，相互成就、相互赋能，组成发展共同体，共同参与更大范围的竞争。传统都市圈向现代化都市圈的过渡，从范围更大的城市群向范围适宜的都市圈的过渡，在

特定的时间空间交汇点，构建新发展格局、打造高品质生活、推动高质量发展的有效载体，是现代化建设的试验田。目前，现代化都市圈建设处于培育期和启动期，是现代化阶段区域协同的必然要求。要打破区域之间的行政壁垒，消除邻避效应，解决断头路问题，既包括有形的断头路，也包括体制机制无形的断头路。在单体城市发展难以突破空间的制约，而更大规模与范围的城市群深度合作的条件尚不具备的情况下，建设现代化都市圈是必然选择。建设现代化都市圈，首先要有辐射带动能力较强的现代化都市，在助推周边城市发展的过程中调整发展结构、优化发展空间，从而使自身得到更大的发展。

（二）培育现代化都市圈，意味着从注重产业行业等微观经济领域的分工到更加注重城市区域等相对宏观领域的分工转变

习近平总书记指出，"我们一般比较注重产业结构调整，没有把空间结构调整摆在重要位置。"[1] 现代化都市圈，是空间结构调整的重要形式，体现了主体功能区战略与区域协调发展战略的有机结合。推动形成高质量发展的区域布局，需要避免发展路径同构和发展模式固化。产业结构调整更多的是空间的调整和结构的优化，从优化微观经济领域的效率到优化宏观经济领域的效率。都市圈时代，突破了产业内分工和产业间分工，更多的是着眼于城市之间的分工。主体功能区战略，实际上也是地区之间的分工，主体功能区战略下城市之间的关系需要重构。现代化都市圈，既要注重提高微观领域的配置效率，解决产业同质化的问题，解决链条循环不畅的问题，又要提高宏观领域的配置效率，解决城市之间经济社会循环不畅的问题。要注重消除大城市的孤岛现象，促进中心城市与都市圈内城市之间的分工与协作，加强城市之间的积极联系，通过产业结构、经济结构到城市结构的战略性调整，从城市更新到都市圈更新，成员城市的功能要放在一个更大的区域来布局，提高区域发展的整体效率。因此，可以说，从工业化早期的分化到城市化后期的协同，是推动高质量发展、构建新发展格局的必然要求。工业化早期的"分"与工业化中后期的"合"，都是经济社会发展的规律使然。就像农村土地大包干和联产承包责任制能够更加有效地调动积极性、促进生产能力的迅

---

[1] 习近平：《论"三农"工作》，中央文献出版社2022年版，第61—62页。

速提升，在发展到一定阶段后就会遇到新的发展瓶颈，迫切需要进行生产关系的再造，通过横向联合产生规模效应，促进生产效益和质量的提升，实现更高质量的发展。

（三）培育现代化都市圈，意味着从挖掘人口土地等红利的资源开发型到挖掘生产要素空间优化的资源整合型转变

现代化都市圈，蕴含着新时代高质量发展的最大的结构性潜能，实现了高质量发展的时空接力。现代化都市圈，是"十四五"时期区域协调发展的重头戏，是现代化建设的试验田、先行区，中国式现代化的现实模样在都市圈率先展现。区域协调，是现代化的内在要求、必由之路。从区域竞争到区域协作，从向时间要速度到向空间要效度，既包括经济发展的效度，也包括社会发展的效度。现代化都市圈，是现代化阶段空间治理组织形式、组织方式和协同运行机制的重要创新。从某种意义上说，现代化都市圈就是城市之间的股份制合作，政府及其部门横向合作制度的创新，是传统的以追求速度为主的竞争型追赶型发展向追求质量为主的协作性团队型发展转型的过程。时间红利，更加注重的是随着时间的演化而变化的资源，比如人力资源、人才资源、土地资源；空间红利，更加注重的是在不改变资源总量的情况下，通过空间的更优配置来提高发展的效率。如果说改革开放初期，时间就是生命，我们要充分争抢时间红利的话，那么，在现代化阶段，空间就是价值，我们要更大程度地挖掘空间红利。

（四）培育现代化都市圈，意味着从外向型经济主导下的内生发展到新发展格局双循环下的共生发展转变

习近平总书记指出，"一体化的一个重要目的是要解决区域发展不平衡问题。发展落差往往是发展空间。"[①] 现代化都市圈是畅通内循环的首要理想空间，现代化都市圈空间的流动性为经济发展增加了新的动力，增强了中国经济发展的弹性韧性。现代化都市圈重塑了空间动力系统，更多地注重流动，打破了地区之间的物理隔阂，让地区之间发生更多的化学反应，通过资源的流动促进效率的提升，是率先构建新发展格局的

---

① 《紧扣一体化和高质量抓好重点工作 推动长三角一体化发展不断取得成效》，《人民日报》2020年8月23日第1版。

重要区域。都市圈内区域经济循环，可提高中国经济发展的总体动能，使中国经济变得更具有韧性。随着全球化进程受阻，外向型经济亟须转型升级，从加工贸易向一般贸易转变，从中间产品向终端产品转变，需要区域之间更多地开展合作才能增强中国制造的国际竞争力。

（五）培育现代化都市圈，意味着从大城市"摊大饼"式的圈层扩张到网络结构下城市发展的模块组合转变

刘世锦等认为，进入中速增长期后，结构性潜能的内容将发生很大变化。从空间角度看，今后5~10年，最大的结构性潜能就是都市圈和城市群加快发展。[①] 现代化都市圈重塑中国的城市布局与城市间的结构关系，通过城市模块的建设、模块城市的建设，促进城市的"差序格局"与有机构成。尽管名称是都市圈，都市圈内的城市之间在空间上具有圈层关系，但内在的机理更多的是网络化的联系。与西方国家主要依靠市场机制发展都市圈的思路不同，具有中国特色的现代化都市圈，要使市场在资源配置中起决定性作用、更好发挥政府作用。要坚持纵向的上下联动与横向的左右联合，将纵向的链接与横向的合作有机结合起来，将不同层级的政府合作与同层级的政府合作结合起来。传统的城市结构，是中心城市与周边城市分别互动，周边城市之间的互动较少。现代化都市圈需要多个层级、多个维度、多个领域展开互动，形成高度网络化的空间结构。其中，中心城市是网络型合作的重要平台，通过中心城市与周边城市之间的多维互动，实现空间结构的网络化、空间联系的有机化。

（六）培育现代化都市圈，意味着区域协调发展的着力点从国家层面尺度更大的城市群到省级层面尺度适中的现代化都市圈转变

现代化都市圈，是国家战略与省市战略的链接点、耦合点，是完善高质量发展的动力系统的需要。城市群更多的是跨省和国家层面推动，城市参与的积极性有所不同。由于城市群成员城市数量众多，部分城市之间沟通交流和互动联系较少，区域协调发展链条的衔接不紧，更多的是依靠上层的推动。现代化都市圈，实现了中国区域协调发展战略的补充，把上层高层的推动与下层基层的推动有机地结合起来，成为自上而

---

① 刘世锦、韩阳、王大伟：《基于投入产出架构的新冠肺炎疫情冲击路径分析与应对政策》，《管理世界》2020年第36卷第5期。

下与自下而上战略的结合点和契合点，使中国区域协调发展链条传动机制和联动机制更加完善，有利于实现国家重大战略与地方区域战略的有机结合和无缝接合，为中国式现代化道路的区域协同探索积累了经验。

二 以中国式现代化全面推进中华民族伟大复兴的必由之路

（一）现代化都市圈是探索现代化建设的重要空间载体

培育发展现代化都市圈，是在新发展阶段、贯彻新发展理念、构建新发展格局、实现高质量发展的必然选择，是探索现代化建设的必由之路。一方面，现代化都市圈是探索形成新发展格局的重要空间载体。2020年9月，在中央深改委第十五次会议上，习近平总书记指出，把构建新发展格局同实施国家区域协调发展战略、建设自由贸易试验区等衔接起来，在有条件的区域率先探索形成新发展格局，打造改革开放新高地。孙久文等认为，"双循环"新发展格局的形成有赖于区域经济高质量发展的支撑，而都市圈作为城镇化发展到较高阶段的产物，有利于集聚效应的发挥与经济韧性的强化，现已成为区域经济高质量发展的空间载体，对构建新发展格局具有重要战略意义。[①] 另一方面，现代化都市圈具有重要的现代化属性，空间治理现代化是现代化都市圈的重要特征。中国式现代化的现实模样有望在现代化都市圈首先呈现，同时，现代化都市圈是推进现代化进程的重要空间载体，能够为现代化建设提供强大动力。都市圈内，在经济发展水平和社会公共服务等方面，存在发展落差不可避免，重要的是通过系列政策和制度设计，把发展落差变成发展空间，在更大程度上发掘都市圈内不同区域的发展潜能。

（二）现代化都市圈是重塑空间治理动力系统的关键一环

现代化都市圈是跨区域协同治理格局演化的结果，是高质量发展动力系统中的重要一环，是中心城市与城市群相互作用的重要链接点。国家发改委《2021年新型城镇化和城乡融合发展重点任务》指出，要增强中心城市对周边地区辐射带动能力，培育发展现代化都市圈，增强城市群人口经济承载能力，形成都市圈引领城市群、城市群带动区域高质

[①] 孙久文、宋准：《双循环背景下都市圈建设的理论与实践探索》，《中山大学学报（社会科学版）》2021年第3期。

发展的空间动力系统。如果说中心城市是现代化都市圈的动力源，成员城市原来更多的是中心城市的承载负荷，那么这些成员城市现在要担负起加速器的角色，通过与中心城市的呼应互动，加速现代化都市圈的形成。现代化都市圈是更大范围城市群形成和发展的动力源，作为"硬核"支撑和带动更大尺度的城市群发展。当然，在中西部部分地区，受人口规模和城市集聚度影响，在可以预见的一定时期内尚不具备城市群形成和发展的条件，现代化都市圈就成为这一区域城镇化的最高形态。

（三）现代化都市圈是引领城市群一体化发展的重要抓手和最强"硬核"

近年来，随着工业化、城镇化和信息化等的推进，技术变革、产业创新、基础设施等因素推动城市间经济社会联系更加紧密，大中小城市协同发展的空间组织形态加速形成，城市发展从单打独斗向都市圈、城市群进阶演进，都市圈城市群成为支撑城镇化进程的核心动力和代表国家参与国际竞争的重要载体。[①] 培育发展现代化都市圈是推动城市群一体化发展的重要途径，也是转变超大特大城市发展方式、促进大中小城市协调发展的重要抓手。城市群的形成和壮大，是我国城市化进程中的重要目标，是区域协调发展的重要愿景。现代化都市圈是新型城镇化发展链条上的重要一环，是城市群形成的基础和前提，是城市群发展过程中无法逾越的阶段，是城市群高质量一体化发展的必由之路。如果说，城市群是新型城镇化的主体形态，那么现代化都市圈就是城市群的有机组成，是拉动城市群发展的核心引擎，相当于在中心城市与城市群之间新增加一个层级，通过管理幅度与管理层次的调整，以更加有效地协调和管理，为打造更大范围、更高层级、更强能量、具有区域和国际核心竞争力的城市群奠定根基。近年来我国经济圈和城市群相关规划，都把现代化都市圈作为重要着力点和抓手。2020年10月，中央政治局审议《成渝地区双城经济圈建设规划纲要》，强调"处理好中心和区域的关系，着力提升重庆主城和成都的发展能级和综合竞争力，推动城市发展由外延扩张向内涵提升转变，以点带面、均衡发展，同周边市县形成一体化发

[①] 参见江苏省政府办公厅《关于印发江苏省"十四五"新型城镇化规划的通知》（苏政办发〔2021〕48号）。

展的都市圈"。2021年6月，推动长三角一体化发展领导小组办公室印发《长三角一体化发展规划"十四五"实施方案》，强调"推动上海、南京、杭州、合肥、苏锡常、宁波等都市圈规划编制实施，提升都市圈同城化水平"。2022年2月，国务院批复长江中游城市群发展"十四五"实施方案，提出"以培育发展现代化都市圈为引领，优化多中心网络化城市群结构"。

从近年来批复的城市群规划或者相关的实施方案所确立的空间格局看，几乎每一个城市群都包含一个或者几个都市圈，以其作为城市群建设的"硬核"区域，来支撑引领城市群发展（见表4.1）。

表4.1　　　　　　　　城市群规划中的都市圈

序号	城市群规划（批复时间）	涉及省区市	城市群空间格局	都市圈
1	《京津冀协同发展规划纲要》（2015.5）未公开	北京、天津、河北	一核：北京，双城：北京、天津，三轴：京津发展轴、京保石发展轴、京唐秦发展轴，四区：中部核心功能区、东部滨海发展区、南部功能拓展区和西北部生态涵养区 两翼：北京城市副中心、河北雄安新区，多节点	北京：加快建设现代化首都都市圈；河北：加快建设以石家庄为中心，邯郸、邢台、衡水及辛集、定州等周边城市为支撑的现代化省会都市圈
2	《长江三角洲城市群发展规划》（2016.6）	上海、江苏、浙江、安徽	一核：上海，五圈：南京都市圈、杭州都市圈、合肥都市圈、苏锡常都市圈、宁波都市圈，四带：沿海发展带、沿江发展带、沪宁合杭甬发展带、沪杭金发展带	在五大都市圈基础上，2022年9月，上海大都市圈空间协同规划发布，范围包括上海，江苏的苏州、无锡、常州、南通，浙江的嘉兴、宁波、舟山、湖州

第四章　现代化都市圈的生成机理分析 / 133

续表

序号	城市群规划（批复时间）	涉及省区市	城市群空间格局	都市圈
3	《珠三角城市群发展规划》（粤港澳大湾区发展规划纲要，2019.2）	香港、澳门特别行政区和广东	优化提升香港、澳门、广州、深圳等中心城市，建设珠海、佛山、惠州、东莞、中山、江门、肇庆等重要节点城市，发展特色城镇，促进城乡融合发展	《广东省新型城镇化规划》（2021—2035年）：优化提升广州都市圈，做优做强深圳都市圈，培育壮大珠江口西岸、汕潮揭、湛茂都市圈
4	《成渝城市群发展规划》（2016.4）	四川、重庆	一轴两带、双核三区：重点建设成渝发展主轴、沿长江和成德绵乐城市带，实施重庆和成都双核带动，促进川南、南遂广、达万城镇密集区	重庆都市圈：以主城区为核心，以城市发展新区为腹地、联动沿江城市带和四川毗邻城市发展；成都都市圈：加快与德阳、资阳、眉山等周边城市的同城化进程
5	《长江中游城市群发展规划》（2015.4），《实施方案》（2022.2）	湖北、湖南、江西	规划：武汉城市圈、环长株潭城市群、环鄱阳湖城市群；沿江、沪昆和京广、京九、二广"两横三纵"重点发展轴线	《实施方案》：加快武汉与鄂州、孝感、咸宁、黄冈、黄石等同城化进程，着力打造武汉都市圈。进一步提升长沙、株洲、湘潭同城化质量，加快建设长株潭都市圈。加强南昌与周边市县联动对接，有序培育南昌都市圈
6	《山东半岛城市群发展规划》（2021.12）	山东	做强省会经济圈，提升胶东经济圈，振兴鲁南经济圈。依托济青、鲁南通道和沿黄生态带，打造济青科创制造廊带，沿黄文化旅游生态廊带，鲁南物流能源廊带。引领黄河流域高质量发展，推动构建沿海超级城市群连绵带	以济南为中心，辐射带动淄博、泰安、聊城、德州、滨州、东营六市一体发展；以青岛为龙头，推动与烟台、潍坊、威海、日照四市强核聚群、抱团发展。《国务院关于支持山东深化新旧动能转换推动绿色低碳高质量发展的意见》：培育发展济南、青岛现代化都市圈，高质量建设济南新旧动能转换起步区和青岛西海岸新区

续表

序号	城市群规划（批复时间）	涉及省区市	城市群空间格局	都市圈
7	《粤闽浙沿海城市群发展规划》（尚未发布）	广东、福建、浙江	前身为海峡西岸城市群，2009年建设部批复规划，以福州、泉州、厦门、温州、汕头5大中心城市为核心，包含福建、浙江省、江西省和广东省的20个地级市	《规划纲要》：空间开发战略格局中的两极指福州都市圈、厦漳泉都市圈，强化引擎带动作用
8	《中原城市群发展规划》（2016.12）	河南、山西、安徽、河北、山东	"一核四轴四区"。一核：郑州大都市区，四轴沿陇海发展主轴，沿京广发展主轴，济南—郑州—重庆发展轴，太原—郑州—合肥发展轴，四区：北部跨区域协同发展示范区、东部承接产业转移示范区、西部转型创新发展示范区、南部高效生态经济示范区等城镇协同发展区	推动郑州与开封、新乡、焦作、许昌四市深度融合，建设现代化大都市区，进一步深化与洛阳、平顶山、漯河、济源等城市联动发展
9	《关中平原城市群发展规划》（2018.1）	陕西、山西、甘肃	空间格局：一圈（西安都市圈）一轴（沿陇海铁路和连霍高速的主轴线）三带（包茂发展带、京昆发展带、福银发展带）	由西安、咸阳主城区及西咸新区为主组成的大西安都市圈
10	《北部湾城市群发展规划》（2017.1），《"十四五"实施方案》（2022.4）	广西、广东、海南	城市群框架：一湾（环北部湾）双轴（南北钦防、湛茂阳城镇发展轴）、一核（南宁核心城市）两极（以海口和湛江为中心的两个增长极）	规划中不含都市圈，《实施方案》将一核调整为一核一圈，培育现代化都市圈，促进南宁与钦州、防城港、北海深度同城化发展

续表

序号	城市群规划（批复时间）	涉及省区市	城市群空间格局	都市圈
11	《哈长城市群发展规划》（2016.3）	黑龙江、辽宁	双核（哈尔滨、长春）一轴（哈长发展主轴）两带（哈大齐牡、长吉图发展带）	建设五常、尚志、宾县、阿城、双城、肇东、兰西等卫星城，加快哈尔滨新区建设，打造哈尔滨都市圈。延伸长春对外辐射半径，促进长吉一体化发展，联动农安、德惠、公主岭、伊通、永吉、蛟河等县（市）打造长吉都市圈
12	《辽中南城市群发展规划》	辽宁	两核三区三轴："二核"：沈阳、大连，"三区"：沈阳都市区、大连都市区、营山都市区，"三轴"：沈大城镇轴、沿海轴和京哈京广轴	《规划纲要》："一圈"即沈阳现代化都市圈。以沈阳为中心，把周边的鞍山、抚顺、本溪、辽阳、铁岭、沈抚示范区纳入一体化发展协作圈
13	《山西中部城市群高质量发展规划》（2022—2035年）	山西	城市群范围包括太原、晋中、忻州、吕梁、阳泉五市	《规划纲要》：加快推进太原都市区一体化发展
14	《黔中城市群发展规划》（2017.3）	贵州	重点推进黔中核心经济圈建设，构建"一核一圈四带五心多点"的空间结构，形成核心引领、圈层推进、五心支撑、协同联动的发展格局	《规划纲要》：构建以贵阳主城区和贵安新区为中心，周边1小时通勤范围的城市组成的贵阳—贵安—安顺都市圈；加快构建以遵义主城区为中心，周边城市组成的遵义都市圈
15	《滇中城市群发展规划》（2020.7）	云南	一主四副：促进昆明主城区和滇中新区融合发展，构建昆明主中心和曲靖、玉溪、楚雄、蒙自4个副中心，总体形成"中心引领、协同支撑"的空间格局	增强昆明辐射带动能力。提升高端综合服务功能，建设综合交通枢纽，培育现代工业体系，建设成为面向南亚东南亚的区域性中心城市。积极谋划培育昆明都市圈

续表

序号	城市群规划（批复时间）	涉及省区市	城市群空间格局	都市圈
16	《呼包鄂榆城市群发展规划》（2018.2）	内蒙古、陕西	空间格局："一轴（呼包鄂榆发展轴）一带（沿黄生态文化经济带）多区（生态综合治理区）	《内蒙古自治区国土空间规划》：强化呼包鄂乌城市群引领带动作用，建设赤通"双子星"城市圈
17	《兰州—西宁城市群发展规划》（2018.2批复）	甘肃、青海	"一带双圈多节点"空间格局：重点打造兰西城镇发展带，加快兰州—白银、西宁—海东都市圈建设，带动周边节点城镇	兰州—白银都市圈：以兰州、白银为主体，辐射周边城镇。西宁—海东都市圈：以西宁、海东为主体，辐射周边城镇
18	《宁夏沿黄城市群发展规划》（暂无）	宁夏	中共中央、国务院《黄河流域生态保护和高质量发展规划纲要》提出黄河流域五极，其中包括黄河"几"字弯都市圈	《规划纲要》：着力打造以银川为中心，石嘴山、吴忠、中卫为支点的沿黄城市群，协同融入黄河"几"字弯都市圈
19	《天山北坡城市群发展规划》（2018年底国家发改委函复同意）	新疆	具体内容未公开	《规划纲要》：在加快推进天山北坡城市群建设的基础上，培育乌鲁木齐都市圈，构建北疆城市带，打造南疆城市群

注：根据城市群发展规划、"十四五"实施方案和相关省区市"十四五"发展规划纲要整理。规划，是国务院批复（跨省）或所在省级人民政府（不跨省）发布的规划；实施方案指国家发改委根据规划发布的"十四五"时期的实施方案。规划纲要为城市群所涉及省份经济和社会发展"十四五"规划纲要。

三 现代化都市圈的推进与发展规划出台

（一）国家发改委推进都市圈建设的脉络线索

我国城镇化已经进入"下半场"，正处于城镇化快速发展中后期向成熟期过渡的关键阶段。在这一时期，依托超大特大城市辐射带动周边市县共同发展、培育形成现代化都市圈，是加快转变超大特大城市发展方式、破解"大城市病"的有效途径，也是促进城市群一体化发展的重要支撑。近年来，国家发改委每年发布推进新型城镇化建设重点任务，2018年提出稳步开展都市圈建设，2019年以来，在每年发布的新型城镇化建设重点任务（新型城镇化和城乡融合发展重点任务）中，都对现代化都市圈在规划编制、体制机制、交通设施和产业事业环保等方面提出相关要求（见表4.2）。

表4.2 国家发改委新型城镇化建设年度重点任务中的现代化都市圈

年份	规划编制	体制机制	交通设施	产业事业环保等
2019	指导有关地方编制实施都市圈发展规划或重点领域专项规划	探索建立中心城市牵头的都市圈发展协调推进机制。都市圈互利共赢的税收分享机制和征管协调机制	加快推进都市圈交通基础设施一体化规划建设	一体化发展和承接产业转移示范区。鼓励社会资本参与都市圈建设与运营。都市圈内城乡建设用地增减挂钩节余指标跨地区调剂。健全都市圈商品房供应体系
2020	支持南京、西安、福州等都市圈编制实施发展规划	建立中心城市牵头的协调推进机制	以轨道交通为重点健全都市圈交通基础设施，有序规划建设城际铁路和市域（郊）铁路，推进中心城市轨道交通向周边城镇合理延伸，实施"断头路"畅通工程和"瓶颈路"拓宽工程。支持重点都市圈编制多层次轨道交通规划	

续表

年份	规划编制	体制机制	交通设施	产业事业环保等
2021	支持福州、成都、西安等都市圈编制实施发展规划，支持有条件中心城市在省级政府指导下牵头编制都市圈发展规划	建立都市圈常态化协商协调机制，探索建立重大突发事件联动响应机制	充分利用既有铁路开行市域（郊）列车，科学有序发展市域（郊）铁路，打通城际"断头路"	推进生态环境共防共治，构建城市间绿色隔离和生态廊道
2022		健全省级统筹、中心城市牵头、周边城市协同的都市圈同城化推进机制。健全重大突发事件联防联控机制。支持有条件的都市圈探索建立税收分享和经济统计分成机制	支持有条件的都市圈科学规划多层次轨道交通，统筹利用既有线与新线发展城际铁路和市域（郊）铁路，摸排打通国家公路和省级公路"瓶颈路"，打造1小时通勤圈	支持合作共建产业园区，促进教育医疗资源共享

2022年7月，国家发改委印发《"十四五"新型城镇化实施方案》，明确了"十四五"时期培育现代化都市圈的要求，为各地开展都市圈建设提供了遵循。在发展方向上，要求依托超大特大城市或辐射带动能力强的大城市带动周边城镇共同发展。这实际上明确了培育都市圈的前提是中心城市已经进入自身要素成本高、人口产业出现外溢的发展阶段，通过培育都市圈，形成大中小城市和小城镇协同发展的格局。在空间范围上，要求都市圈要以1小时通勤圈为基本范围。这意味着中心城市和周边地区要有较强经济社会联系，都市圈范围不宜过大。从发达国家经验看，纽约、东京、伦敦、巴黎等都市圈面积大多在2万平方千米左右。在重点任务上，提出都市圈培育发展应强化中心城市辐射带动周边作用，紧紧围绕同城化方向，推动基础设施互联互通、产业发展梯次分布、公共服务便利共享等重点领域取得扎扎实实的进展。

随着南京、福州、成都、长株潭、西安等都市圈发展规划印发实施，同城化建设任务扎实推进并取得积极成效，对遏制部分城市延续虹吸大于辐射路径发挥了积极作用。当前，我国都市圈发展还处在起步阶段，要顺应规律，把握好方向、重点、时序，避免超越发展阶段盲目建设。培育都市圈是一项系统工程，也是一项长期任务。2022年9月国家发改委举行新闻发布会，发言人就都市圈问题做了回答。总体上看，我国都市圈发展还处在初级阶段，各地要尊重客观规律、立足发展阶段，以促进中心城市与周边城市（镇）同城化发展为方向，以创新体制机制为抓手，科学有序推动都市圈建设。发言人强调，都市圈是大城市发展到一定阶段后，与周边市县密切互动进而呈现的城镇化空间形态，需要充分考虑发展基础和发展潜力，在条件成熟的前提下，依托超大特大城市或辐射带动能力强的大城市逐步培育。不能跨越发展阶段，在不具备条件的情况下推动都市圈建设；都市圈形成的重要特征是城市间有密切的人员往来和经济联系，基本范围是1小时通勤圈，各地在确定都市圈范围时要坚持实事求是的原则，顺应产业升级、人口流动和空间演进趋势，做到集约高效发展，防止盲目扩张规模；把中心城市带动周边市县共同发展作为培育都市圈的重要内容，通过建立健全都市圈协同机制，加快基础设施向周边延伸、要素资源向周边流动、功能产业向周边疏解、公共服务向周边覆盖，更好带动周边市县发展，促进大中小城市和小城镇协调发展。发言人强调"不能跨越发展阶段""防止盲目扩张规模"，下一步将"统筹考虑地方培育都市圈的基础和条件，指导都市圈科学有序发展"，上述发言被有关方面解读为对都市圈建设的降温。

（二）都市圈国土空间编制的相关规程

2021年1月，自然资源部公示《都市圈国土空间规划编制规程》行业标准报批稿，2023年12月发布，2024年4月起实施。规程明确，都市圈是以辐射带动功能强的城市或具有重大战略意义的城市为核心，以一小时交通圈为基本范围，包括与核心城市有着紧密的产业、商务、公共服务、游憩等功能联系的各级各类城镇的跨行政区地域空间单元。都市圈内可以包含一个或多个核心城市。1小时交通圈，是指以核心城市的城区边缘为起点，以高速公路、高速铁路与普通铁路、城际轨道、市郊铁路为主要交通方式的1小时交通可达范围所覆盖的区域范围。城区范围，是指在市辖区和不设区的市，区、市政府驻地的实际建设连接到的居民委员会所辖区域和其他区域，一般是指实际已开发建设、市政公用设施和公共服务设施基本具备的建成区域范围。核心城市，是指在都市圈中处于重要地位，拥有区域性综合服务功能并起到枢纽与门户组织作用的城市。跨界是都市圈的基本特征，跨界地区是指处于多个行政区单元交界、需要不同行政主体统筹考虑功能、交通、环境、设施等方面的衔接，以实现高度同城化发展的重点地区。都市圈空间范围识别与划定应兼顾定性与定量、统筹现状与规划、体现差异与弹性、面向实施与管理、关注变化与调整。

识别核心城市。将一定区域范围内处于重要地位，城区常住人口200万以上，周边城镇相对密集，具有区域枢纽与门户交通职能、区域性公共服务职能，拥有大学或重要科研机构、一定数量上市企业总分支机构等的城市作为都市圈核心城市。对于具有重大国家战略安全意义的城市和西部地区、东北地区的城市可适当降低城区人口规模标准。

划定都市圈范围。以核心城市的城区边缘为起点，以现状及上位规划明确的铁路、公路、轨道交通方式为支撑，1小时交通圈可达的县级行政单元作为都市圈备选空间范围；考虑到空间范围的完整性与连续性要求，合理确定纳入都市圈范围的县级行政单元。超大、特大城市为核心的都市圈按照主要核心城市城区周边100千米～150千米，其他都市圈按照60千米～100千米范围作为基本参考值。综合人口发展、功能联系、产业合作、交通规划等多种动力因素、自然限制条件约束因素和人文历史要素，对都市圈范围进行优化；对于承载国家和区域重大战略或影响都市圈可持续发展的资源富集和生态保护地或者重要生态涵养区，结合既有协同基础及地方协同发展诉求可纳入都市圈范围。综合考虑以上因素，本着方便协同管理的要求，将被都市圈范围包围的县级行政单元也应被整体纳入。

《都市圈国土空间规划编制规程》提出了目标引领、问题导向、因地制宜、空间协同等规划原则。公示稿附录列出了都市圈国土空间规划指标体系建议，包括底线管控、规模能级、创新效率、协作联动、生态绿色、人文品质6个方面30个具体指标，明确了指标名称、单位、属性和涵义。从某种意义上说，这些指标也是界定都市圈或对都市圈运行情况进行质量评估的指标标准。

2022年7月,《重庆都市圈发展规划》发布,成为中西部第一个跨省域都市圈规划。在重庆市政府新闻办召开的《重庆都市圈发展规划》解读新闻发布会上,新闻发言人介绍,在编制《重庆都市圈发展规划》时,以1小时通勤圈为基础,同城化发展为标尺,同时关注两个重要条件,即利用企业资金互投、手机信令、通勤率、客货运交通流等大数据,从经济联系强度、人口流动规律和范围、交通可达性、产业协同合作等方面进行细致分析和谋划;对接在编的《成渝地区双城经济圈国土空间规划2021—2035年)》和《重庆市国土空间总体规划（2021—2035年)》,尊重城市群、都市圈发展规律,经反复研究论证,征求各方的意见,最终确定重庆都市圈的范围。《重庆都市圈发展规划》将广安市全域纳入规划范围,这是因为,长期来看广安都接受重庆超大城市、作为经济中心的辐射,与重庆中心城区同城化发展,有先天条件和发展基础。空间距离上,广安是四川离重庆中心城区最近的地级市;交通通勤上,渝广之间仅1小时车程;渝西高铁建成后,广安站到重庆中心城区仅20分钟;经济融合上,广安50%工业配套重庆,60%游客来自重庆,70%以上的农副产品销往重庆,每年有大量人员在重庆购房、上学、就医。

（三）国家发改委批复的现代化都市圈发展规划

根据国家发改委公布的复函和有关省份通过不同渠道发布的信息,从2021年2月到2023年年底,国家发改委先后批复13个都市圈发展规划,其中南京、福州、成都、长株潭、西安5个都市圈,是由国家发改委复函,所涉省级人民政府发布（或联合发布）规划全文;其他8个都市圈,所在省份有关部门或者中心城市都通过不同的渠道表示都市圈规划已经国家发改委同意或复函,重庆、广州、深圳、青岛4个都市圈发展规划全文已经公开,武汉、杭州、沈阳、郑州4个都市圈发展规划的全文尚未公开。国家发改委同意都市圈发展规划的复函一般包括四个方面:一是原则同意,认真组织实施;二是建设要求;三是针对地方政府和都市圈城市提出要求;四是对都市圈建设的支持。2021年以来,国家发改委公开复函的时间、文号和建设要求与定位的主要情况如表4.3所示。

表 4.3　2021 年以来国家发改委公开复函的时间、文号和建设要求与定位

规划名称、复函文号	复函时间	都市圈建设要求和定位
《南京都市圈发展规划发改规划》〔2021〕174 号	2021.2.2	以提升都市圈整体实力和竞争力为目标，以促进中心城市与周边城市同城化发展为主攻方向，以健全同城化发展机制为突破口，着力推动基础设施一体高效、创新体系协同共建、产业专业化分工协作、公共服务共建共享、生态环境共保共治、城乡融合发展，把南京都市圈建设成为具有全国影响力的现代化都市圈，助力长三角世界级城市群发展，为服务全国现代化建设大局作出更大贡献
《福州都市圈发展规划发改规划》〔2021〕727 号	2021.5.26	以推动福州与周边城市协调联动、提升都市圈整体发展水平为方向，以基础设施、产业与创新、公共服务、生态环保等领域协同为重点，建设具有重要影响力的现代化都市圈，实现共建共治共享、同城化同家园，有力支撑福建全方位推动高质量发展
《成都都市圈发展规划发改规划》〔2021〕1661 号	2021.11.18	充分发挥成都辐射带动作用和德阳、眉山、资阳优势，推动一体化、同城化发展，全面推进基础设施互联互通、现代产业协作共兴、对外开放协同共进、公共服务便利共享、生态环境共保共治，加快建设具有全国影响力的现代化都市圈，为推动成渝地区双城经济圈建设提供强劲动力和坚实支撑
《长株潭都市圈发展规划发改规划》〔2022〕199 号	2022.1.30	发挥长沙辐射带动周边城镇发展作用，深入推进长株潭同城化发展，提升对长江中游城市群的支撑能力，更好助推长江经济带和中部地区高质量发展
《西安都市圈发展规划发改规划》〔2022〕298 号	2022.2.22	发挥西安辐射带动周边城镇联动发展作用，加快西安—咸阳一体化发展，积极推动基础设施互联互通、产业分工协同协作、公共服务共建共享、生态环境共保共治，建立健全同城化协调发展机制和成本共担利益共享机制，积极培育现代化都市圈，提升对关中平原城市群的支撑能力，更好助推新时代推进西部大开发形成新格局，更好服务黄河流域生态保护和高质量发展，更好融入共建"一带一路"

第二节 现代化都市圈的生成培育

都市圈实践迫切需要都市圈的理论支撑和引领。在中国式现代化的大背景下、区域协调发展的大趋势下，推进现代化都市圈健康有序高效发展，亟须构建具有中国特色、符合中国国情的现代化都市圈理论体系。

一 现代化都市圈的识别与分类

都市圈的设定需要一定的标准和门槛，都市圈的发展需要一定的衡量和评价。无论是都市圈的识别认定，还是都市圈发展的质量评估，都需要在充分把握都市圈的内涵特点和发展规律之上建立科学的都市圈评价指标体系，明确都市圈建设的重点和方向。这是推动现代化都市圈高质量发展的必由之路。

清华大学中国新型城镇化研究院，先后出版《中国都市圈发展报告2018》《中国都市圈发展报告2021》，对都市圈发展问题开展了持续深入研究。首先，识别都市圈。都市圈的形成，是由中心城市的规模决定的，主要标准是中心城市与周边城市的联系度。以直辖市和省会城市共31座城市为基础，适当做减法和加法，即减去经济实力比较弱的海南海口和西藏拉萨，增加沿海的五个副省级城市，即大连市、青岛市、深圳市、厦门市、宁波市，从而形成以34个城市为中心城市并根据中心城市命名的都市圈。其次，建立都市圈综合发展质量评价指标体系。评价设立4个一级指标、18个二级指标，其中都市圈发展水平包括经济实力、人口聚集、城乡融合、创新能力、公共服务、交通设施、消费水平、对外开放等；中心城市贡献度包括经济辐射力、人口辐射力、交通辐射力；都市圈联系强度包括平均经济联系度、平均人口联系度、平均交通联系度；都市圈同城化机制，包括组织协同、产业协作、通勤便捷、生态共治、服务共享等。评价结果显示，成熟型、发展型和培育型都市圈数量分别为6个、17个和11个（见表4.4）。

表 4.4　　　　　　　　　都市圈综合评价分类结果

都市圈类型	都市圈名称
成熟型都市圈 （6 个）	广州都市圈、上海都市圈、杭州都市圈、深圳都市圈、北京都市圈、宁波都市圈
发展型都市圈 （17 个）	天津都市圈、厦门都市圈、南京都市圈、福州都市圈、济南都市圈、青岛都市圈、合肥都市圈、成都都市圈、太原都市圈、长沙都市圈、武汉都市圈、西安都市圈、郑州都市圈、重庆都市圈、昆明都市圈、长春都市圈、沈阳都市圈
培育型都市圈 （11 个）	呼和浩特都市圈、银川都市圈、石家庄都市圈、大连都市圈、南昌都市圈、贵阳都市圈、乌鲁木齐都市圈、西宁都市圈、哈尔滨都市圈、兰州都市圈、南宁都市圈

资料来源：清华大学中国新型城镇化研究院组编《中国都市圈发展报告2021》，第15页。

现代化成都都市圈发展水平指数测度：构建"横向对外"和"纵向对内"两套指标体系，分别对应都市圈和城市两种评价尺度。首先，通过对全部头部都市圈进行横向比较，测度现代化都市圈高质量发展水平指数。以建设现代化都市圈为目标，形成"城镇化基础＋发展质量效益＋同城化水平"三大评价板块。其中，"城镇化基础"主要关注都市圈的城镇化发展总量、结构水平和基础能力，"发展质量效益"主要包括创新、协调、绿色、开放、共享五大发展理念和安全韧性的底线思维，"同城化水平"板块聚焦《国家发展改革委关于培育发展现代化都市圈的指导意见》和《成都都市圈发展规划》细化重点关注领域、中心引领、统一市场、设施互通、公服共享、创新协同、生态共建、产业协作、合作机制等。《现代化成都都市圈发展指数》选取了成都都市圈、上海大都市圈、深圳都市圈、南京都市圈等九个头部都市圈开展指数测算和对比分析，上海大都市圈和深圳都市圈属于全能综合型都市圈，发展较为均衡，处于发展成熟并迈向更大区域协同的阶段；广州、南京、杭州、长株潭和成都都市圈属于特色发展型都市圈，重庆和西安都市圈属于培育发展型。其次，在其他指标保持不变的基础上，将"中心引领、统一市场、合作机制"三个指标分别调整为"空间优化、开放共兴、改革集成"，对都市圈发展进程进行纵向比较，测度现代化都市圈高质量建设进程发展水平指数。①

建立中国都市圈综合发展能力评价体系，共 4 个一级指标、13 个二级指标。其中资源要素集聚能力包括产业发展能力、人口集聚能力、科技创新能力、资本集聚能力、生态支撑能力；中心城市辐射带动能力包括中心城市资源配置能力、中心城市与外界城市联系能力；社会福利保障能力包括社会保障能力、公共服务能力、社会福利能力；突发事件应急能力包括事前准备能力、事中处置能力和事后恢复能力。据此得出中国 28 个都市圈综合发展能力得分排序，分别是深圳、上海、广州、北京、杭州、成都、厦门、南京、青岛、郑州、宁波、天津、长春、合肥、西安、济南、长沙、福州、南宁、沈阳、武汉、石家庄、南昌、昆明、贵阳、太原、哈尔滨、乌鲁木齐都市圈。②

都市圈发展通常表现出集聚、扩散、再集聚的规律。都市圈内具有集聚效应与扩散效应。如果中心城市的集聚效应明显大于扩散效应，那么都市圈的建设还处于前都市圈或都市圈建设的初期阶段。比较成熟的都市圈，一定是扩散效应大于集聚效应。中国都市圈发展尚处于起步阶段，通常处于前两个阶段，特别是第一个集聚的阶段（见表 4.5）。刘云中、刘嘉杰分别计算了 2010 年和 2020 年中心城市占都市圈总人口的占比，发现有 21 个都市圈的中心城市人口占比升高，可以被划归为集聚型，有 12 个都市圈呈现中心占比下降的扩散特征，包括较为成熟的长三角各个都市圈、受政策影响的北京都市圈，以及一些外围地区本身增长较快的都市圈，如济南、福州等。③

---

① 参见清华大学中国新型城镇化研究院、清华同衡规划设计研究院联合编制的《现代化成都都市圈高质量发展指数》。
② 陆军等：《中国都市圈综合发展能力评价》，北京大学出版社 2021 年版。
③ 刘云中、刘嘉杰：《从人口特征看中国都市圈的发展态势》，《区域经济评论》2023 年第 6 期。

表4.5　　　　　　　　　　全国主要都市圈发育程度分类

类型	都市圈
集聚型（21个）	天津都市圈、石家庄都市圈、太原都市圈、沈阳都市圈、大连都市圈、哈尔滨都市圈、宁波都市圈、合肥都市圈、厦门都市圈、南昌都市圈、青岛都市圈、郑州都市圈、武汉都市圈、长沙都市圈、深圳都市圈、南宁都市圈、重庆都市圈、成都都市圈、贵阳都市圈、西安都市圈、乌鲁木齐都市圈
扩散型（12个）	北京都市圈、长春都市圈、上海都市圈、南京都市圈、无锡都市圈、常州都市圈、苏州都市圈、杭州都市圈、福州都市圈、济南都市圈、广州都市圈、昆明都市圈

戴德梁行通过构建"都市圈综合发展质量评价体系"，对全国26个都市圈的发展水平和能级特点进行了研究。该评价体系将"经济活跃度""商业繁荣度""交通便捷度""区域联系度"四个维度作为一级指标，并涵盖12个二级指标和31个三级指标。同时，根据各个指标的重要性，设置了相应的权重系数。研究报告把26个都市圈分为四类，其中长三角和粤港澳为成熟型都市圈，核心城市总体经济实力和交通便捷度等较为突出，周边中小城市相对发达；京津冀和成渝为赶超型都市圈，在发展均衡度上虽存在欠缺，但都市总体实力大大高于全国平均水平；西安、青岛、厦门、武汉、沈阳、长沙、大连、郑州、福州、昆明、济南、哈尔滨等都市圈为成长型都市圈，一体发展成熟度较为偏弱，但拥有明显的平稳或快速发展趋势；长春、呼和浩特、南昌、太原、贵阳、银川、南宁、兰州、西宁、乌鲁木齐10个都市圈为培育型都市圈，因主要位于中西部地区，城市发展受地域、交通、人口等因素影响较大，因此都市圈整体发展相对滞后。[①] 需要说明的是，这一研究在一定程度上混淆了城市群与都市圈，被确定为成熟型都市圈和赶超型都市圈的长三角、粤港澳、京津冀和成渝，都是国家有关规划确定的城市群范围，并不是国家发改委《指导意见》意义上的都市圈。

---

① 戴德梁行：《中国都市圈发展报告2019，城镇化白皮书5.0》网络版。

二 现代化都市圈理论体系构建的基本维度

有地方认为，都市圈圈来圈去全费功夫，真抓实干加快自己发展才是王道。要走出培育现代化都市圈是乱点鸳鸯谱的误区，真正认识到加强城市合作协作的长远战略意义。城市发展已经进入"朋友圈"时代，发展条件再优越的城市也很难"独善其身"，很难在与周边城市隔绝的情况下茁壮成长，没有不需要其他同学帮助的"优等生"，所有问题都能靠自己解决的"全能王"。无论是中心城市还是成员城市，都要摆脱以邻为壑，把污水处理厂、垃圾填埋场等布局在边界的邻避思维，树立以邻为伴，共谋交界边界区域发展的新思维。现代化都市圈理论体系的构建，可以从内涵深度拓展、建设速度把控、空间尺度调适、治理制度重构四个方面来重点着手。

（一）拓展现代化都市圈的内涵深度

在中国式现代化新征程中把握现代化都市圈的战略定位。现代化都市圈建设要立足新发展阶段，完整、准确、全面贯彻新发展理念，服务和融入新发展格局，在此基础上，以促进中心城市与周边城市同城化发展、提升都市圈整体发展水平为方向，以基础设施、产业与创新、公共服务、生态环保等领域协同为重点，为更大范围的城市群建设和国家战略提供支撑。在都市圈的定位方面，南京都市圈、成都都市圈相同，均为具有全国影响力的现代化都市圈，福州都市圈的定位为具有重要影响力的现代化都市圈。在建设要求上，最后都落脚到支撑更大区域的发展，南京、福州、成都、长株潭和西安的建设要求分别为：助力长三角世界级城市群发展，为服务全国现代化建设大局作出更大贡献；有力支撑福建全方位推动高质量发展；为推动成渝地区双城经济圈建设提供强劲动力和坚实支撑；更好助推长江经济带和中部地区高质量发展；更好助推新时代推进西部大开发形成新格局，更好服务黄河流域生态保护和高质量发展，更好融入共建"一带一路"。

在与城市群和中心城市多维互动中有效嵌入现代化都市圈发展战略。城市群是新型城镇化主体形态，是支撑全国经济增长、促进区域协调发展、参与国际竞争合作的重要平台。城市群的面积和尺度大多以10万平方千米为量级。长三角城市群包括长三角三省一市共26座城市；长江中游城市群，覆盖湖北、湖南、江西三省的大部分区域，成员城市的数量更多，超过30个。成员城市的数量众多，决定了城市群的链接机制必然带有一定的松散性。现代化都市圈，是进入现代化阶段的都市圈，是具有现代化属性的都市圈，是城市群内部以超大特大城市或辐射带动功能强的大城市为中心、以1小时通勤圈为基本范围的城镇化空间形态，对入围的城市数量有比较严格的限制。与此同时，现代化都市圈的范围也与中心城市的能级有关。中心城市发动机的马力越大，辐射带动的范围就越广，比如，上海GDP超过4万亿，能够辐射带动周边8个城市，基本上达到了现代化都市圈的范围极限。其他能级较低、自身尚处在发展阶段的中心城市，都市圈的范围应适当控制。小马拉大车，避免因负载太重而难以协同行动。更多的都市圈是以中心城市为基础，辐射周围3—5个城市的都市区域，形成更加紧密型的合作格局。从这个意义上说，都市圈的形成需要有较强能级的中心城市带动，中心城市至少要有万亿的GDP总量。

国家发改委出台的《指导意见》有个非常重要的关键词——"培育"，从这个意义上来说，现代化都市圈，更多的是未来的一种理想和应然状态，而不是现有都市圈的实然状态。如果说城市群代表的是中国的未来，都市圈更多的是代表中国的现在，那么现代化都市圈则是都市圈的发展方向，是介于现在与未来的中间形态。要注重现代化都市圈与城市群和中心城市等发展的无缝对接问题，构建中心城市—都市圈—城市群的层级发展体系，把地理意义上的都市圈与行政意义上的都市圈结合起来。在城市群层次之下设立都市圈，通过成熟的都市圈推动更大范围的城市群建设和区域协调发展，是国家同时在不同层面推动城市群和现代化都市圈建设的内在逻辑。

（二）把控现代化都市圈的推进速度

现代化都市圈是进入现代化阶段之后的都市圈，是更高层级、更趋成熟的都市圈，与传统的都市圈有明显的本质的不同。要精准把握现代化都市圈的发展阶段和发展规律，强化都市圈建设的高质量导向。如果将都市圈分为成熟型、发展型和培育型的话，那么，现代化都市圈基本上处于培育阶段。从国家发改委出台的规划来看，南京都市圈、重庆都市圈的表述相同，已具备培育形成现代化都市圈的基础条件，成都都市圈具备共建现代化都市圈的良好基础，长株潭都市圈已具备在更高起点上推动高质量同城化发展、培育形成现代化都市圈的良好条件，西安都市圈的发展目标是到 2035 年全面建成具有全国影响力和历史文化魅力的现代化都市圈。

都市圈发展是个循序渐进的过程，既要把握机遇，不失时机地加以推进，又要尊重规律，不盲目冒进、急于求成。在具体推进的过程中，要坚持小尺度工笔画与大尺度写意画相结合。既要注重大尺度空间都市圈的谋划，更要注重小尺度空间都市圈的实质性推进，从而通过不同层面的发展落差拓展更广领域的发展空间。一方面，根据中心城市的能级和综合交通体系的支撑程度，通过经济联系和人员通勤程度，合理确定都市圈的范围，避免盲目贪大求洋，尾大不掉；另一方面，要以发展的眼光来谋划大都市圈的发展，及时将相关区域的城市纳入都市圈发展的范畴，通过加强规划和谋划，在某些重点领域实现远程链接，增强对周边中小城市的带动作用。

（三）调适现代化都市圈的空间尺度

关于都市圈范围的界定，除了全部纳入中心城市，其他成员城市则应打破设区市的边界，根据与中心城市的联系紧密程度，以县级行政区域为单位确定现代化都市圈的范围，这表明国家发改委在认定都市圈方面把握着比较严格的标准，以避免都市圈范围过大导致协同上的困难。在 1 小时通勤圈、都市圈面积基本确定的情形下，若将周边的城市都纳入，必然导致都市圈范围的扩大。在设定都市圈范围时，是不考虑周边设区市的完整性、依照中心城市"摊大饼"式的延伸，还是充分考虑经济联系和近、中、远期的合作重点，有侧重地组建现代化都市圈？或者说，是通过向四周延伸的方式组建都市圈，还是有选择地朝着重要方向划定都市圈的范围？是以设区市为单位，还是以设区市隶属的县市区为单位？是将联系比较密切的城市整体纳入，还是根据距离远近、联系亲疏来取舍，导致周边的设区市只有部分县市区才能拿到入场券？如果成员城市碎片化、局部化加入，对于此前形成的联席会议制度会造成一定的影响，会影响成员设区市参与都市圈建设的积极性。比如，江苏淮安是以盱眙一个县纳入南京都市圈，还是以淮安作为整体加入南京都市圈，基于设区市层面，重视程度和参与的积极性肯定会有所不同。在 1 小时通勤圈前提下，如何兼顾都市圈组成城市的相对完整性，既能体现都市圈范围识别的精准性，又能够更大限度调动所涉设区市的积极性，建设都市圈的主要目的是中心城市的发展还是辐射带动周边，可能是国家发改委与省级政府分别侧重考虑的内容。

要成为国家层面推动和建设的都市圈，必须有一定的门槛标准；但以都市圈的思路和理念，推动中心城市与周边城市的互动和协同，则是应当支持和鼓励的。建议区分现代化都市圈的刚性空间与弹性空间，国家发改委批复规划时，一方面，控制都市圈规模，明确都市圈边界，避免地方政府盲目扩大范围；另一方面，赋予地方一定的自主权，允许甚至鼓励地方以现代化都市圈建设为契机，推进更大范围的协同发展、一体发展。一方面，现代化都市圈可以分层推进，比如将现代化都市圈的核心区确立为现代化都市区，将拓展区域确立为大都市圈，形成都市区、都市圈和大都市圈的圈层建设体系；另一方面，参照现代化大都市圈，在中等城市和县城周边建设现代化城市圈、现代化城镇圈，在更大范围、更多层面上推动不同区域协同发展。

区域之间联系的紧密程度，不仅与城市的规模相关，其既可以是发展水平具有明显梯度差异的城市之间的协同，也可以是经济发展水平相当的城市之间按照互惠互利的原则开展合作协同。相邻城市之间相互合作、优势互补、协同发展、相互赋能、彼此成就，是现代城市发展的趋势和规律。都市圈范围边界的划定，既要尊重经济规律，把区域的发达程度和城市区域之间联系的紧密程度作为重要考量，避免盲目扩大都市圈的范围，又要防止在划定都市圈范围时嫌贫爱富，除中心城市整体纳入，成员城市只有建成区部分被纳入，把经济发展相对滞后的市县排除在外的做法。现代化都市圈，不是完全的城市化地区，是中心城市能够辐射到的地方。建议处理好中心城市与成员城市之间的关系，城市与乡村的关系，在都市区和都市圈两个层面推进，通过都市圈理念进一步强化区域之间的协同。

要注重都市圈内城市的完整性。从某种意义上说，以设区城市下辖区为单位划分都市圈的范围，更具有合理性。为了增强设区市层面的协调，建议都市圈的组成单元的数量和范围要控制，而控制的方式，不是让设区市的市区部分加入、将其他县区排除在外，而是采取设区市整体加入的方式。因此，建议将现代化都市圈分为都市区和都市圈两个层面：一个层面以都市区除中心城市外的县市区作为主要构成单位，相当于现在的都市圈区域；另一层面以设区市为单位，把南京、成都等都市圈规划中的拓展区域也包括在内。根据经济发展程度、交通便利条件、产业联系状况和历史文化渊源等，动态调整现代化都市圈的范围。比如，隔江两岸快速便捷的建设，相邻城市高铁的开通，都可以改变现代化都市圈的格局，重构都市圈的边界。

现代化都市圈成员城市，一般情况下由省域内城市组成或者为主，比如广东的五个都市圈。部分发达省份，直辖市或者省会城市与其他省份城市有接壤的组建跨省都市圈，比如在长三角区域，上海大都市圈，横跨上海市和江苏、浙江两省，南京都市圈、杭州都市圈分别横跨苏皖、浙皖，既是长三角一体化的需要，也是提高中心城市和成员城市相互成就、增强发展能级的客观需求。

（四）厚植现代化都市圈的治理制度

现代化都市圈要处理好差序与有机的关系，汇聚区域协同发展的强大合力。要合理确定协调发展的单元，提高协同治理的效率；充分发挥中心城市的作用，提高协同治理的效能；通过城市之间契约治理，增强都市圈内城市之间的共生效应。同一区域不同城市之间的关系，正在由圈层结构向网络结构转变；现代化都市圈，正在由单中心治理向多中心治理圈层间协同治理转变。

都市圈的空间结构、经济结构决定着都市圈的治理结构。现代化都市圈通过城市间的排列组合，促进城市之间、城郊之间、城乡之间的协调，实现城市发展生态的重塑。从某种意义上说，都市圈可以理解为另外一种意义的股份制，城市以土地等资源入股，以人才、技术等入股，城市之间的股份制合作、共享发展成果，优势互补、美美与共的格局，是共同富裕理念在城市层面的体现。

鉴于2019年国家发改委《指导意见》提出的目标节点分别是2022年、2035年，建议国家发改委在全面总结五年来都市圈建设经验的基础上，研究出台深化现代化都市圈建设的指导意见，对未来五年都市圈发展情况进行谋划。特别是进一步明确国家层面重点推动建设的都市圈，规划可以一个一个地推出，但应在全面研究的基础上，提出国家层面分阶段重点推进建设的都市圈清单，避免都市圈发展的盲目性和无序性。

要通过培育现代化都市圈，构建区域协调发展新机制，激发其发展的内生动力和外部动力，形成主体功能明显、优势互补、高质量发展的区域经济布局，重塑区域协调发展的动力系统。都市圈发展的动力机制构建，需要充分考虑其治理的多元性多主体性。现代化都市圈，是城市组织的高级复合形态，需要常态化的相对稳定的议事机制与执行机构。对于都市圈内的重点合作区域，可以探索管理权与所有权分离等形式，实行股份制管理，促进优化城市与城市之间链接，包括空间链接、政策链接、机制链接，进一步拓展城市边界的弹性空间，提高都市圈经济发展的韧性程度。

创新现代化都市圈协同治理的架构，形成多层级网络型协作机制。如果把长三角城市群地区41个城市整体比喻成一个班级，那么，可以在这个班级下面组建的若干个群组，可以按照区域特征划分，也可以按照兴趣划分，在推进一体化发展的过程中，不仅上海这位班长，南京、杭州、合肥等各个组长也要发挥作用，各个城市作为班级和小组成员，也要发挥各自的作用，推动长三角区域一体化，推动长三角地区的合作由以上海牵头的长三角城市协作进入国家战略下的自上而下推动与自下而上推动相结合的新阶段。把上级党委政府根据发展规律划圈与相邻城市主动组圈结合起来，既要有家长和媒人的牵线搭桥，又要有成员城市的两厢情愿，避免拉郎配，形式上是"一家"，但共同的利益和目标少，各有各的心思和"小九九"，使都市圈建设处于看似有序实则无序状态。由于长三角地区城市连绵，都市圈的跨省和相互嵌套，建议将现代化都市圈建设作为三省一市主要领导座谈会的重要议题。

现代化都市圈不是政府规划和管理出来的，更多的是基于市场规则自发生长出来的，地区统一大市场是都市圈生长的重要土壤。建设现代化都市圈，不是人为干扰经济发展规律，而是遵循经济社会发展规律，让市场在资源配置中发挥主导作用。为跨区域协作扫除现有政策体制方面的障碍。

三 推动从都市圈到现代化都市圈的历史性切换①

培育发展现代化都市圈，推动超大特大城市和有条件的大城市辐射带动周边市县，缩小中小城市与超大特大城市在基础设施和公共服务方面的差距，有利于加快转变超大特大城市发展方式、促进大中小城市和小城镇协调发展，有利于提升要素配置效率、构建高质量发展的动力系统，对于牢牢把握高质量发展首要任务、加快构建新发展格局战略任务、以中国式现代化全面推进中华民族伟大复兴具有重要意义。推动从都市圈到现代化都市圈的历史性切换，需要重点从以下几个方面着手。

洞察趋势、把握规律。当前，区域一体化在多个层面同时推进，都市圈成为主战场、主牵引。根据国家发改委《指导意见》对城市群和都市圈的界定，都市圈是城市群的组成部分，是"城市群内部以超大特大城市或辐射带动功能强的大城市为中心、以1小时通勤圈为基本范围的城镇化空间形态"，建设现代化都市圈是推进新型城镇化的重要手段，既有利于优化人口和经济的空间结构，又有利于激活有效投资和潜在消费需求，增强内生发展动力。当前，要进一步规范城市群和都市圈的称谓，在坚持打造具有世界竞争力的大城市群前提下，顺应一体化发展的规律，把培育发展现代化都市圈作为区域一体化重中之重，积极有序、分门别类地加以推进。都市圈的规模与中心城市的能级密切相关，关键是拥有"强核"的吸附和带动，长三角、珠三角都市圈的范围可以适当放大。对于其他地区的都市圈建设，应当注重控制合理的规模，避免大而无当、尾大不掉、形式主义。

丰富内涵、提升质量。一体化并不是非此即彼，其维度不是单一的，而是在多个维度上展开的，可以组建不同的"朋友圈"。或者说，一个方向的一体化并不排斥另一方向的一体化。从一体化的领域上讲，一般先是交通基础设施一体化，然后到产业一体化、公共服务一体化，再到体制机制的一体化。在从全面建设小康社会向开启基本现代化新征程的历史性转换进程中，现代化都市圈担负起率先探索现代化道路的重任。南

---

① 参见笔者《传统都市圈向现代化都市圈的演化及趋势》，《中国国情国力》2020年第9期。

京都市圈提出要打造创新、畅达、绿色、开放和幸福五个都市圈；杭州都市圈提出要共建互联互通、创新活力、产业协同、魅力人文、绿色美丽、开放包容和品质生活7个都市圈。

拓展外延、分层推进。一方面，高铁等重大基础设施建设的快速推进，使城市间时空距离大大压缩，通勤时间大幅缩短，具备了建设更大范围都市圈的条件；另一方面，也是更大区域范围内协调发展的需要，相较于此前带有一定性质的城市间自发性推动，都市圈的增量部分更多的是担负国家责任，带动后发地区发展的需要。

激发潜能、重塑动力。国务院发展研究中心原副主任刘世锦认为，都市圈是中国经济增长最重要的结构性潜能，建议构建一个以都市圈、城市群建设为龙头，产业结构、消费结构转型升级为主体，数字经济、绿色发展为两翼的"1+3+2"的结构性潜能框架。珠三角广州、深圳两个都市圈，中心城市与周边城市发展水平梯度分明，后加入地区拥有较大的纵深发展空间，能够为中心城市的能级提升提供腹地。长三角的南京和杭州两个都市圈的主体部分，中心城市与周边城市发展水平之间的梯度并不明显，属于相对均衡的一体化，在中心城市发展能级没有达到足够大、自身发展空间比较富余的情况下，资源流动的动力机制相对较弱，需要更多的建立在平等互惠基础上的合作。

健全机制、完善制度。《2020年新型城镇化建设和城乡融合发展重点任务》提出，"深入实施《关于培育发展现代化都市圈的指导意见》，建立中心城市牵头的协调推进机制"。从都市圈的命名看，由原来的从城市名中各取一字，进行AA制命名，到强调中心城市的中心地位，更多的是以中心城市来命名，比如，广佛肇都市圈扩容后改为广州都市圈，深莞惠都市圈扩容后改为深圳都市圈。一方面，随着都市圈范围的扩大，传统的命名规则难以适应；另一方面，突出中心城市的牵头地位，避免过度的协调带来的高成本。实现区域一体化，不能停留在浅层次，需要走进深层次、深水区，在关键领域和体制机制上走向"一体"，建立起培育发展现代化都市圈的领导体系、组织体系、政策体系、统计监测和考核评价体系，引导和推动都市圈高质量一体化发展。要围绕基本公共服务均等化、基础设施通达程度比较均衡、人民基本生活保障水平大体相当的区域协调目标，建立和完善区域协调发展的统计监测评价体系，特别是非完整行政区域组成的现代化都市圈统计监测评价体系。

四 推动现代化都市圈建设需要坚持的几个原则

坚持小尺度工笔画与大尺度写意画相结合。都市圈发展是个循序渐进的过程，既要注重大尺度空间都市圈的谋划，更要注重小尺度空间都市圈的实质性推进，从而通过不同层面的发展落差拓展更广领域的发展空间。一方面，根据中心城市的能级和综合交通体系的支撑程度，通过经济联系和人员通勤程度，合理确定都市圈的范围，避免盲目贪大求洋，尾大不掉；另一方面，要以发展的眼光来谋划大都市圈的发展，及时将相关区域的城市纳入都市圈发展的范畴，通过加强规划和谋划，在某些重点领域实现远程链接，增强对周边中小城市的带动作用。

坚持市场主导作用与政府推动作用相结合。培育发展现代化都市圈，既是国家层面区域协调发展达到一种程度后的战略所需，又是部分地域相同、文化相近、交通相通的城市自发自主探索的结果，需要看得见的手和看不见的手同时发挥作用。要把发展落差拓展为发展空间，在充分尊重经济规律、自然规律和发展规律的基础上，突出市场的主导作用，充分发挥党委政府的推动作用。要坚持自上而下的国家战略谋划与自下而上的地方探索相结合，在都市圈这个层面汇合，形成强大的爆发力，成为弥合区域发展间隙、增强城市间发展的协同性、推动新一轮高质量发展的主战场、主阵地。

坚持发展资源集化与公共服务均等相结合。推进都市圈建设，要坚持各扬所长的原则，对都市圈内城市的功能进行科学定位，促进地区之间发展的合理分工，实施更加精准化的区域发展战略和政策。要避免传统发展的路径依赖，一味复制先发地区的经验对后发地区进行高强度的开发，要更坚定地实施主体功能区的规划，形成更加完善的经济政策，建立科学合理的转移支付和补偿机制，促进中心城市与支点城市在不同的领域双向赋能。现代化都市圈拓展发展空间，一方面，要增强中心城市和城市群等经济发展优势区域的经济和人口承载能力，通过发展资源适当极化，形成必要的发展层次和发展落差，以提高要素配置效率；另一方面，要着力推动公共服务基本均等化，最大限度地减小公共服务的落差，让都市圈内各个区域都能共享一体化发展红利。

第三节 现代化都市圈的空间格局

本部分主要对国家发改委复函并且省级人民政府规划全文公布的南京、福州、成都、长株潭、西安、重庆都市圈规划和首都都市圈，进行梳理和简要分析，以便对不同都市圈的空间格局进行对照，发现规律、总结趋势。

一 南京都市圈空间格局：一极两区四带多组团

南京都市圈发展规划，在第二章总体要求中专门设立一节，阐明南京都市圈的空间格局。

坚持极核带动、同城先行、轴带辐射、多点支撑，提高区域发展协调性，促进城乡融合发展，构建"一极两区四带多组团"的都市圈空间格局。

一极。发挥南京我国东部地区重要中心城市的龙头作用，提升城市创新、产业支撑、资源组织、融通辐射和服务保障能力，强化辐射服务功能，引领都市圈更高质量同城化发展。

两区。指宁镇扬和宁马滁两个同城化片区。以基础设施一体化和公共服务一卡通为着力点，打破行政壁垒，强化基础设施、创新创业、产业体系、公共服务、生态环境等领域的同城共建，成为我国都市圈同城化发展的示范区域。

四带。指以南京为中心向外辐射形成的沪宁合、沿江、宁淮宣、宁杭滁四条发展带。其中，沪宁合创新服务中枢发展带，依托沿线中心城市密布和创新资源密集优势，不断提升基础研究和技术研发能力，强化区域创新驱动和转型升级的引擎作用。沿江绿色智造发展带，坚持"共抓大保护、不搞大开发"，加强南京、马鞍山、芜湖等沿江港产城资源统筹与合作发展，推动沿江产业布局优化、绿色转型和高效发展。宁淮宣和宁杭滁生态经济发展带，推动淮安、宣城及金坛、溧阳等地生态产业化和产业生态化，打造美丽中国样板区。

多组团。指县城、重点镇。推进县城补短板、强弱项，促进县城特色化专业化发展，强化重点镇的人口吸引力，带动城乡融合发展。加强城市周边城镇与城市发展的统筹规划和功能配套，逐步发展成为卫星城。建设一批休闲旅游、商贸物流、智能制造、科技教育、民俗文化等专业镇。

二 福州都市圈空间格局：一核三中心、两带三湾区

福州都市圈发展规划第三章，共筑都市圈一体化发展新格局。规划提出，根据资源环境承载力、产业聚集和新型城镇化趋势，形成"中心引领、山海协同、城乡融合、以圈带群"的总体发展格局。构建都市圈网络化空间格局，构建"一核三中心、两带三湾区"的空间结构，强化T型发展走廊，推动山海之间融合互动发展，创新沿海都市圈发展新范式。

一核三中心。以福州主城区—滨海新城、福清、平潭作为都市圈主中心，莆田、宁德、南平三市中心城区作为都市圈次级中心。充分发挥福州市、平潭综合实验区"多区叠加"的政策优势，推动都市圈政策优势共享，增强政策溢出效应，加快建设都市圈综合创新、国际门户、高新技术产业、开放服务四大功能中心，推动综合服务、对外开放、科技创新、先进制造、文化旅游五类重点功能统筹布局。壮大莆田中心城区、宁德中心城区、南平中心城区三个都市圈次级中心，提升综合服务水平，优化城市防灾减灾空间，提高人口产业聚集能力，推动经济社会高质量发展。

两带三湾区。进一步强化滨海滨江T型区域发展走廊，以环三都澳湾区、闽江口湾区、湄洲湾湾区三大湾区为主要载体，加快人口和资源要素聚集。构筑滨海环湾经济发展带，发挥沿海环湾优势，推动沿海港口、临港工业区、城镇的融合协作。构筑闽江综合服务发展带，沿江向海段重点布局综合服务、区域商贸、总部经济、高端科技研发等职能，向山段积极开拓绿色发展空间，培育发展休闲旅游、健康养生、现代农业、文化创意等绿色产业。以三大湾区作为未来都市圈主要增长地区，聚焦差异化竞争优势，优化产业结构，科学推进建设港口引领的环三都澳临港经济湾区、城区引领的闽江口综合服务湾区、产业引领的湄洲湾先进制造业湾区。

三 成都都市圈空间格局：构建"两轴"打造"三带"

《成都都市圈发展规划》设立专章，优化都市圈发展布局。以同城化发展为导向，强化成都作为中心城市的辐射带动作用，发挥德阳、眉山、资阳比较优势，增强小城市、县城及重点镇支撑作用，构建极核引领、轴带串联、多点支撑的网络化都市圈空间发展格局，在都市圈率先实现大中小城市和小城镇协调发展。

构建"两轴"。一是成渝发展主轴。完善都市圈东西城市轴线，建设成资大道和市域（郊）铁路，推动成都东进和重庆西扩相向发展，强化成都东部新区与重庆联动的重要支点作用。二是成德眉发展轴。加快建设天府大道北延线，畅通天府大道眉山段，推动南北向市域（郊）铁路有序发展，强化四川天府新区、成都国际铁路港经济技术开发区的辐射带动作用。

打造"三带"。统筹推进重大平台联动建设，共建都市圈高能级发展空间载体。共建成德临港经济产业带，协同提升物流枢纽和开放口岸功能，建设高端能源装备产业集群和"5G＋工业互联网"融合应用先导区。共建成眉高新技术产业带，协同提升现代科技服务发展能级、强化创新资源集聚转化功能，打造高新技术产业集聚地和现代服务业发展示范区。共建成资临空经济产业带，加快形成临空经济产业专业化分工协作体系，协同提升汇聚运筹高端资源要素功能，合力打造国家级临空经济示范区。

四 长株潭都市圈空间格局：轴带带动、三市联动、组团发展、共护绿心

依托湘江黄金水道和区域内重大交通干线，加快三市空间紧密融通与同城化，构建轴带带动、三市联动、组团发展、共护绿心的都市圈空间结构。

以湘江发展轴联动长株潭发展。依托湘江"百里滨水走廊"，整合沿岸科创、人才、产业等优势资源，推动长株潭三市设施融合、产业协同、服务共享，构建集科技创新驱动、产业高端发展和高品质人居家园三大功能的湘江发展轴。湘江东岸，发挥城市发展成熟、园区集中的优势，利用现有高新区、经开区、临空经济示范区等平台，重点集聚装备制造、

新材料等新兴产业和文化创意、商务会展、总部经济等现代服务业，加快老城区更新提质，增强人口、产业综合承载能力。湘江西岸，发挥沿岸高等教育科创资源集中的优势，科学规划建设湘江新区和滨江地区，高水平建设岳麓山大学科技城，重点集聚新一代智能制造、生物医药、数字经济等产业，打造科技创新策源地、湘江教育创新带和协同创新中心。

打造三条经济辐射带。中部（京广）发展带，依托京广高铁、京港澳高速，推动高铁新城、雨花经开区、渌口经开区等联动发展，加速汨罗市、湘阴县等沿线城镇人员流动、产业集聚、要素共享、功能整合和市场融通。北部（渝长厦）发展带，依托渝长厦高铁、杭长高速、长张高速，推动长沙高新区、宁乡经开区、望城经开区、浏阳经开区等联动发展，整合发挥沿线科技创新、产业配套等基础优势，全面激发北部县市经济活力和发展潜力。南部（沪昆）发展带，依托沪昆高速，推动湘潭高新区、株洲经开区、荷塘高新区等联动发展，大幅提升湘乡市、韶山市、醴陵市等南部县市经济关联度和活跃度，增强承载集聚和开放交流能力。

推动重点城镇组团发展。立足全域统筹、城乡一体，围绕长株潭中心区域，打造若干重要功能组团。宁乡城镇组团，加快宁乡市主城区、金洲新城、花明楼等错位布局、协同发展，合力打造工程机械智造基地、高新技术产业基地、优质农副产品供应及精深加工基地。浏阳城镇组团，推动浏阳市主城区、金阳新城、大瑶等有机融合，共同发展电子信息、智能制造、花卉苗木等产业。韶山城镇组团，充分挖掘利用红色资源，大力发展全域旅游，整体建设红色文化研学旅游目的地、全国爱国主义教育示范基地。醴陵城镇组团，加快以陶瓷、花炮为代表的传统产业转型升级，统筹布局发展新材料、生物医药、生态旅游等产业。

保护性开发长株潭生态绿心。落实长株潭生态绿心法治化保护，加强生态空间管控，优化生态空间结构，依托湘江水系、山脉和主要道路，打造若干延伸到周边县市的绿色生态廊道，建成全国都市圈独一无二的城市绿心和生态安全屏障。探索生态优势转化为经济优势的有效途径，创新生态发展新模式，打造长株潭都市圈城市中央公园，大力发展科创研发、创意设计、康养休闲、体育运动等绿色产业，建成具有世界影响的都市圈生态绿心、彰显湖湘特色的中央客厅和人民美好生活的高品质共享空间。

五　西安都市圈发展格局：一核两轴多组团

《西安都市圈发展规划》明确，都市圈突出西安中心城市辐射带动作用，发挥其他中小城市比较优势，形成"一核、两轴、多组团"的发展空间格局。

一核：核心区引领。推进西安市中心城区、咸阳市主城区，以及西咸新区沣东新城、沣西新城都市圈核心区率先实现同城化，推动西安中心城区瘦身健体，有序疏解中心城区一般性制造业、区域性专业市场和物流基地等功能与设施，以及过度集中的省市级医疗、教育、体育等公共服务资源，加强金融商务、数字经济、研发设计等生产性服务业的植入，注重提高生活性服务业品质，加快建成15分钟社区生活圈。保护城市历史文脉，严禁在城市更新中大拆大建、挖湖造景，严禁侵占风景名胜区内土地，严禁随意拆除老建筑、砍伐老树，加强城市照明节能管理。

全面提升西安国家中心城市辐射带动能力。大力发展以先进制造业为支撑的实体经济，推动先进制造业和现代服务业深度融合，增强金融、研发等高端服务功能，培育壮大总部经济、数字经济、创意经济、平台经济等。持续推进西安全面创新改革试验区、西安高新区国家自主创新示范区、全国硬科技创新示范区建设。加强北院门历史文化街区、高新嘉会坊等"夜长安"地标性聚集区建设，优化消费空间布局，营造现代时尚的消费场景，培育创建西安国际消费中心城市。打造国际性综合交通枢纽、国际航空枢纽和全球性国际邮政快递枢纽。

加快西安—咸阳一体化发展进程。发挥西咸新区引领和纽带作用，在都市圈率先实现基础设施互联互通、科创产业深度融合、生态环境共保共治、公共服务普惠共享。积极推动市政、能源、信息等对接联网。优化西咸新区各新城与西安各大开发区产业发展格局，合理引导产业集群发展，打造一批协作配套、联系紧密、特点鲜明的产业功能单元和生态圈。不断完善西咸新区体制机制，创新城市发展方式，构建以先进制造业和生产性服务业为支撑的现代产业体系。

两轴：推动形成东西、南北两条发展轴。一是东西向发展轴，依托陇海铁路、连霍高速公路交通大通道，发挥西安龙头引领作用和咸阳、渭南、杨凌、兴平等城市支撑作用，构建东西联通都市圈各功能板块和节点区域的经济发展轴，助推西安与渭南加速融合发展。推动西安与咸阳相向发展、一体化发展，实现城市功能全方位对接。推动西安与杨凌深度融合发展，全力打造干旱半干旱地区农业科技创新推广核心区，新时代乡村振兴、特色现代农业发展引领示范区和具有国际影响力的现代农业创新高地、人才高地和产业高地。二是南北向发展轴。依托西延高速铁路和包茂高速公路大通道，发挥西安核心辐射带动作用，增强高陵、阎良等节点人口和产业聚集能力，形成高效串联西安、渭北和铜川的南北向经济发展轴。鼓励西安高新区、西安经开区等国家级开发区"走出去"，创新"一区多园""飞地经济"等发展模式。

六 重庆都市圈空间格局：中心城市带动周边、大中小城市协调发展

以发挥优势、彰显特色、协同发展为导向，顺应产业升级、人口流动、空间演进趋势，构建中心城区带动周边区（市、县）共同发展、大中小城市协调发展的空间格局。

强化中心城区辐射带动作用。优化中心城区功能，全面提升城市的经济品质、人文品质、生态品质、生活品质、营商品质，打造重庆都市圈高质量发展的核心引擎。打造长嘉汇、广阳岛、科学城、枢纽港、智慧园、艺术湾等城市名片，引领带动中部历史母城、东部生态之城、西部科学之城、南部人文之城、北部智慧之城协同发展。推动城市瘦身健体，合理控制开发强度、人口密度，积极破解"大城市病"，引导人口合理分布，促进东、中、西三大槽谷协调发展，推动由外延式扩张向内涵式提升转变。重塑国际化山水都市风貌，以长江、嘉陵江为主轴，沿三大平行槽谷组团式发展，系统开展"两江四岸"整体提升，打造109千米"清水绿岸"，高水平打造世界级滨江公共空间和城市山地生态公园。

推动周边城市与中心城区同城化发展。坚持全域统筹、一体规划，推进基础设施、创新创业、产业体系、公共服务、生态环境、城乡治理等领域同城共建，积极承接中心城区产业转移和功能外溢，加快人口和

产业集聚，建成一批产城融合、职住平衡、生态宜居、交通便利的现代化郊区新城。提升周边城市综合承载能力和功能品质。加强璧山区、江津区、长寿区、南川区与中心城区一体规划，统筹交通、市政、产业、公共服务等布局，着力打造中心城区功能疏解承接地，率先实现与中心城区同城化发展。支持涪陵区、永川区、合川区、綦江区—万盛经开区打造中心城区向外辐射的战略支点，建设区域交通枢纽、商贸物流中心和公共服务中心，提升产业发展、科技创新和对外开放能级，打造辐射周边的活跃增长极。发挥荣昌区、大足区、铜梁区、潼南区联动成渝、联结城乡的纽带作用，实施桥头堡城市交通西向工程，深化城乡融合改革试验，做强优势制造业集群，增强人口和要素资源吸引力。支持广安市加快与重庆中心城区同城化发展，着力打造重庆都市圈北部副中心。补齐区县城区短板弱项，支持四川省华蓥市、邻水县、武胜县、岳池县开展国家县城新型城镇化建设创建，打造特色鲜明、功能完善、协作高效的新型卫星城。建设跨区域合作发展功能平台，以川渝高竹新区、合（川）广（安）长（寿）协同发展区等为重点，率先探索经济区与行政区适度分离改革。

辐射联动重庆都市圈周边区域发展。充分对接川黔区域经济布局和"一区两群"协调发展布局，依托干线铁路、城际铁路等交通廊道推动重庆都市圈向六个方向对外辐射、协同联动。西北向，依托成渝中线高铁、成渝高铁、渝遂铁路等交通廊道，联动遂宁、内江、资阳等地一体化发展，推动重庆都市圈与成都都市圈高效衔接。北向，依托兰渝铁路、渝西高铁等交通廊道，联动南充、达州、巴中等地一体化发展。西南向，依托长江黄金水道、渝昆高铁、成渝铁路等交通廊道，联动泸州、自贡、宜宾等地一体化发展。东北向，依托长江黄金水道、沿江高铁和渝万铁路等交通廊道，联动垫江、梁平、丰都、忠县等地一体化发展。南向，依托渝贵高铁和渝贵铁路等交通廊道，联动遵义等黔北地区一体化发展。东南向，依托重庆至黔江高铁、渝怀铁路、乌江航道等交通廊道，联动武隆等周边区（市、县）一体化发展。

七 首都都市圈空间布局：通勤圈、功能圈、产业圈

《北京市"十四五"规划纲要》提出，以快捷高效的现代化交通体系

为支撑，按照职住协同、功能互补、产业配套的圈层结构，加快建设定位清晰、梯次布局、协调联动的现代化首都都市圈。2022年，北京市京津冀协同办印发《北京市推进京津冀协同发展2022年工作要点》（以下简称《工作要点》），安排部署了12大类70项重点任务。其中包括构建现代化首都都市圈，包括建设环京周边地区"通勤圈"，京津雄地区"功能圈"和节点城市"产业圈"，推动重点领域取得新突破。"通勤圈"主要是依托北京向外50千米左右的环京周边地区打造环京产研一体化圈层，深化北京通州、大兴、房山等区与廊坊北三县、固安、天津武清等环京周边地区密切合作，率先构建一体化交通体系，引导北京适宜产业在环京地区发展，推进公共服务共建共享。"功能圈"主要是依托北京向外100千米到雄安、天津打造京津雄产业功能互补圈层，深化雄安新区与北京城市副中心"两翼"对接协作，形成错位联动发展格局；唱好京津"双城记"，推动科技创新合作园区建设发展，推进北京空港、陆港与天津港的规划衔接融合，用好津冀出海通道。在支持雄安新区提升承接能力方面，北京将继续推动"三校一院"交钥匙项目后续工作。推动出台雄安新区中关村科技园发展规划，支持符合雄安新区功能定位的创新资源集聚发展。"产业圈"主要是依托北京向外150千米到保定、唐山、张家口、承德、沧州等城市打造节点城市产业配套圈层，共同改善区域营商环境，支持重点产业承接平台建设，以创新链带动产业链，共建新能源汽车、工业互联网等上下游衔接的产业链和供应链体系，完善区域产业分工协作与配套。2021年，北京企业对"通勤圈"投资次数是2015年的2.4倍，"通勤圈"作为北京产业发展腹地作用显现。2021年北京企业对"功能圈""产业圈"投资次数分别是2015年的2.2倍、2.1倍。

第五章

现代化都市圈的丰富意蕴

都市圈是城市群内部以超大特大城市或辐射带动功能强的大城市为中心、以1小时通勤圈为基本范围的城镇化空间形态。现代化都市圈更加强调多中心和网络化，是高效率通勤圈、高质量发展圈、高品质生活圈、高黏性文化圈、高效能治理圈。从近期看，要以推动中心城市与周边城市（镇）以同城化发展为方向，以轨道交通建设为先导，以创新体制机制为抓手，稳妥有序发展市域（郊）铁路和城际铁路，构建高效通勤的多层次轨道交通网络；促进产业从中心到外围梯次分布和链式配套的产业格局，形成各具特色的产业圈；统筹优化公共服务、休闲游憩等功能布局，打造高品质生活圈。从中长期看，要着力推动现代化都市圈空间结构优化优质，建设韧性化、品质型都市圈；推动基础设施快联快通，建设网络化、畅达型都市圈；推动科技产业集聚集群，建设智能化、创新型都市圈；推动生态环境联治联建，建设绿色化、魅力型都市圈；推动公共服务共建共享，建设均等化、幸福型都市圈；推动治理体系相通相融，建设法治化、包容型都市圈。

第一节 现代化都市圈是高效率交通圈

2019年2月，国家发改委发布的《指导意见》明确提出，都市圈要以1小时通勤圈为基本范围。《"十四五"规划纲要》也明确指出，要依托辐射带动能力较强的中心城市，提高1小时通勤圈协同发展水平，培育发展一批同城化程度高的现代化都市圈。1小时通勤圈是确定都市圈范围的重要条件，基础设施一体化、通勤化是都市圈形成的重要条件和标识。从另外一个角度看，改善中心城市与周边城市的通勤条件，是推动都市圈形成和发展的重要基础。所谓培育都市圈，在很大程度上就是，通过打通断头路等加强交通重大基础设施建设，使现代化都市圈由可能变为现实。目前，各地对都市圈范围的认识还存在较大差异，"勤而不通""通而不勤"等问题较为突出，迫切需要因地制宜、突出效率、提升品质、加强协同，有序推进通勤圈、交通圈建设，更好支撑现代化都市圈培育发展。[1]

一　交通设施一体化是现代化都市圈的重要牵引

基础设施是城市经济社会发展的重要条件，重大交通基础设施网络化通勤化是现代化都市圈形成的核心要件，同时也是现代化都市圈发展的重要牵引。交通条件的改善能够有效扩大居民的出行范围、提高便利程度，推动社会结构和城镇体系的优化。交通发展使得城市功能便捷地向外围延伸，促进人口流动，推动经济转型升级，使原本中心城市、郊区的空间形态不断拓展，空间结构扁平化发展，形成更大范围内紧密联系的都市圈。[2] 在都市圈同城化加速建设的一体化发展格局下，传统铁路、城轨、公交各自为政的路网建设格局已经不能适应区域联动的发展趋势，迫切需要以都市圈为基础，建立起多层级、多层次的交通枢纽网络，有效衔接各类交通方式在不同尺度下的跨域联动，服务区域协调发展重大战略和新发展格局构建。[3]

二　国家发改委《指导意见》中的基础设施一体化

《指导意见》提出："以增强都市圈基础设施连接性贯通性为重点，以推动一体化规划建设管护为抓手，织密网络、优化方式、畅通机制，加快构建都市圈公路和轨道交通网"，具体包括四个方面的内容。

---

[1] 高国力，邱爱军，潘昭宇等：《客观准确把握1小时通勤圈内涵特征　引领支撑我国现代化都市圈稳步发展》，《宏观经济管理》2023年第1期。

[2] 华夏幸福产业研究院：《都市圈解构与中国都市圈发展趋势》，清华大学出版社2019年版，第95页。

[3] 清华大学中国新型城镇化研究院：《中国都市圈发展报告2021》，清华大学出版社2021年版，第9页。

一是畅通都市圈公路网。增加城市间公路通道，密切城际公路联系，加快构建高速公路、国（省）干线、县乡公路等都市圈多层次公路网。鼓励地方对高频次通行车辆实施高速公路收费优惠政策，加快推广ETC应用，推动取消高速公路省界收费站，提升都市圈内高速公路通勤效率。实施"断头路"畅通工程和"瓶颈路"拓宽工程，全面摸排都市圈内各类"断头路"和"瓶颈路"，加快打通"断头路"，提升都市圈路网联通程度，推进"瓶颈路"改造扩容，畅通交界地区公路联系，全面取缔跨行政区道路非法设置限高、限宽等路障设施。打造一体化公路客运网络，完善充电桩、加气站、公交站场等布局，支持毗邻城市（镇）开行城际公交，加快推动近郊班线公交化。优化交界地区公交线网，促进其与市域公交网络快速接驳。加快推进都市圈内城市间公交一卡互通、票制资费标准一致，健全运营补偿和结算机制，推动信息共享和监管协同。

二是打造轨道上的都市圈。统筹考虑都市圈轨道交通网络布局，构建以轨道交通为骨干的通勤圈。在有条件地区编制都市圈轨道交通规划，推动干线铁路、城际铁路、市域（郊）铁路、城市轨道交通"四网融合"。探索都市圈中心城市轨道交通适当向周边城市（镇）延伸。统筹布局都市圈城际铁路线路和站点，完善城际铁路网络规划，有序推进城际铁路建设，充分利用普速铁路和高速铁路等提供城际列车服务。创新运输服务方式，提升城际铁路运输效率。大力发展都市圈市域（郊）铁路，通过既有铁路补强、局部线路改扩建、站房站台改造等方式，优先利用既有资源开行市域（郊）列车；有序新建市域（郊）铁路，将市域（郊）铁路运营纳入城市公共交通系统。探索都市圈轨道交通运营管理"一张网"，推动中心城市、周边城市（镇）、新城新区等轨道交通有效衔接，加快实现便捷换乘，更好适应通勤需求。

三是提升都市圈物流运行效率。打造"通道+枢纽+网络"的物流运行体系，推动物流资源优化配置。统筹布局货运场站、物流中心等，鼓励不同类型枢纽协同或合并建设，支持城市间合作共建物流枢纽。结合发展需要适当整合迁移或新建枢纽设施，完善既有物流设施枢纽功能，提升货物换装的便捷性、兼容性和安全性。畅通货运场站周边道路，补齐集疏运"最后一千米"短板。提高物流活动系统化组织水平。加强干支衔接和组织协同，大力发展多式联运，推动落实港口型枢纽统筹对接船期、港口装卸作业、堆存仓储安排和干线铁路运输计划；鼓励空港型枢纽开展陆空联运、铁空联运、空空中转。加强现代信息技术和智能化装备应用，实行多式联运"一单制"。

四是统筹市政和信息网络建设。强化都市圈内市政基础设施协调布局，统筹垃圾处理厂、污水及污泥处理处置设施、变电站、危险品仓库等市政基础设施规划建设。推动供水、供电、供气、供热、排水等各类市政管网合理衔接，鼓励兼并重组、规模化市场化运营。完善都市圈信息网络一体化布局，推进第五代移动通信和新一代信息基础设施布局。探索取消都市圈内固定电话长途费，推动都市圈内通信业务异地办理和资费统一，持续推进网络提速降费。

三 国家层面关于都市圈网络环线和市域铁路的战略部署

（一）新版《国家公路网规划》重点增设都市圈环线和连络线

2022年7月，国家发改委、交通运输部联合印发《国家公路网规划》（简称《规划》），针对区域间通道分布不尽合理，城市群及都市圈网络化水平不高，沿边抵边路网较为薄弱，路网韧性和安全应急保障能力不高等问题，《规划》在《国家公路网规划（2013—2030年）》确立的7条首都放射线、11条北南纵线、18条东西横线（简称"71118"）的国家高速公路网的基础上，增设12条都市圈环线、11条并行线和58条联络线，调整了6条既有规划路线走向，规划总规模增加了约6万千米，其中国家高速公路净增里程约2.6万千米。国家发改委基础设施发展司负责人表示，《规划》以服务区域重大战略、区域协调发展战略、主体功能区战略为指向，以提升和改善城市群、都市圈地区国家公路网络化水平为重点，从三个方面优化完善路网布局：一是强化城市群内部重要节点间的联系，增强城市群国家公路网络的便捷性和可靠性，有力支撑城市群内部2小时交通圈构建。二是结合城市规划和未来发展趋势，着力完善特大、超大城市国家公路网络，增设都市圈环线高速公路，增强特大、超大城市辐射带动作用，提高路网衔接转换效率，高效服务都市圈1小时通勤需求。三是加强中小城市和县城对外联系，实现全国市地级行政中心和城区人口10万以上市县的县级行政中心30分钟以上国家高速公路、所有县级行政中心 15 分钟上普通国道，便捷服务基本覆盖全国。①

本次规划增设的 12 条都市圈环线分别是哈尔滨、长春、杭州、南京、郑州、武汉、长株潭、西安、重庆、成都、济南、合肥都市圈环线，代号分别是 G9901 至 G9912，都市圈环线从此有了代号 G99xx（见表 5.1）。

表 5.1　新版《国家公路网规划》重点增设 12 条都市圈环线

代号	都市圈环线名称	主要控制点
G9901	哈尔滨都市圈环线	双城、松北、呼兰、阿城、双城
G9902	长春都市圈环线	德惠、九台、双阳、伊通、公主岭、农安、德惠
G9903	杭州都市圈环线	德清、桐乡、海宁、绍兴、诸暨、富阳、德清
G9904	南京都市圈环线	来安、天长、仪征、句容、南京、全椒、滁州、来安
G9905	郑州都市圈环线	荥阳、中牟、尉氏、新郑、新密、荥阳
G9906	武汉都市圈环线	华容、梁子湖、汉南、汉川、孝感、新洲、华容
G9907	长株潭都市圈环线	宁乡、浏阳、醴陵、湘乡、韶山、宁乡
G9908	西安都市圈环线	蓝田、鄠邑、周至、武功、乾县、富平、渭南、蓝田
G9909	重庆都市圈环线	永川、铜梁、合川、长寿、涪陵、南川、綦江、永川
G9910	成都都市圈环线	都江堰、什邡、德阳、中江、彭山、蒲江、都江堰
G9911	济南都市圈环线	长清、齐河、禹城、临邑、济阳、章丘、长清
G9912	合肥都市圈环线	肥东、巢湖、肥西、肥东

（二）推动都市圈市域（郊）铁路加快发展

2020 年 12 月，国务院办公厅转发国家发改委等《关于推动都市圈市域（郊）铁路加快发展的意见》（下文简称《意见》），明确总体要求和功能定位，就完善规划体系、有序推进实施、优化运营管理、创新投融资方式、建立持续发展机制等方面进行部署，以市域（郊）铁路发展支撑现代化都市圈发展。《意见》指出，市域（郊）铁路是连接都市圈中心城市城区和周边城镇组团，为通勤客流提供快速度、大运量、公交化运输服务的轨道交通系统，加快发展市域（郊）铁路有利于打造 1 小时通

---

① 《新〈国家公路网规划〉来了！国家发改委权威解读"新在哪"》，百家号（https：//baijiahao.baidu.com/s？id=1738134132044021427&wfr=spider&for=pc）。

勤都市圈，有利于构建现代交通网，有利于推进新型城镇化建设，有利于进一步优化城市功能布局。市域（郊）铁路主要布局在经济发达、人口聚集的都市圈内的中心城市，联通城区与郊区及周边城镇组团，采取灵活编组、高密度、公交化的运输组织方式，重点满足 1 小时通勤圈快速通达出行需求，与干线铁路、城际铁路、城市轨道交通形成网络层次清晰、功能定位合理、衔接一体高效的交通体系。市域（郊）铁路应突出对都市圈主要功能区的支撑和引导，线路尽可能串联 5 万人及以上的城镇组团和重要工业园区、旅游景点等并设站，提高客流聚集能力。

四　上海大都市圈共建畅达流动的高效区域

上海大都市圈把建设畅达流动的高效区域作为重要建设目标。《上海大都市圈空间协同规划》指出，都市圈的高效流动离不开畅达便捷的交通网络和辐射全球的枢纽集群，上海大都市圈需要积极构建高度融合的区域交通网络，提高枢纽集群的国际辐射能级。打造支撑全球城市功能体系的世界级机场群，促进多机场专业化分工，持续提升上海核心机场群服务能力。共建分工协作的世界级港口群，推动上海港功能提升，发挥都市圈港口群水铁、水水联运特色。加快建设轨道上的都市圈，重点完善城际和市域（郊）铁路网络，促进站城融合发展，革新轨道建设运营机制。同时，持续推进高品质的低碳、绿色交通网络建设。具体主要从以下三个方面发力：

第一，构建大都市圈城际"一张网"。围绕《交通强国建设纲要》和《长江三角洲区域一体化发展规划纲要》对构建高品质快速轨道交通网络的要求，重点推进轨道上的都市圈建设。一是提升网络覆盖。构建扁平化的轨道网络，到 2050 年，基本实现县级单元和乡镇轨道全覆盖。构建与全球城市功能体系相匹配的枢纽布局结构。二是促进高效互联。依托连通全球城市的主走廊和连通全球功能性、支撑性节点的次级走廊，促进上海大都市圈与国家中心城市间高效流动，都市圈各功能节点间畅达互联。至 2035 年，实现上海至近沪地区 1 小时可达，全球城市间 90 分钟可达。三是保障直连直通。以"新建城际线路站点必须进入城市中心地区"为原则，完善都市圈轨道网络布局，提升与城市空间耦合较好的部分既有城际站点的利用率。充分利用既有普铁线位优势，强化站城融合。

四是探索运营一体。推进都市圈内多层级轨道网络功能融合。上海大都市圈内将形成约 7500 千米的轨道网络，线网密度达到 13 千米/百平方千米。推动都市圈轨道实现公交化运营，提升服务品质。下放都市圈层级的铁路建设运营权限。成立由各市铁路或轨道建设投资集团组成的大都市圈轨道建设运营实体，将都市圈轨道层级的铁路所有权、经营权下放至该实体公司。

第二，打造极具竞争力的世界级枢纽体系。上海大都市圈将构建分工明确、功能齐全、联通顺畅的世界级机场群和港口群，以协同发展促进都市圈交通竞争力的整体提升。打造协同共赢的世界级机场群。巩固提升上海国际航空枢纽地位，增强面向长三角、全国乃至全球的辐射能力，推动与周边机场优势互补、协同发展。共建分工协作的世界级港口群，做大做强上海国际航运中心集装箱枢纽港。优化区域港口功能布局，推动港口群更高质量协同发展。加强沿海沿江港口江海联运合作与联动发展，鼓励各港口集团采用交叉持股等方式强化合作，推动长三角港口协同发展。完善区域港口集疏运体系，突出江海联运、海铁联运。

第三，连通低碳魅力的绿色交通网络。依托丰富的文旅资源条件，构建具有江南魅力、行游相宜、健康活力、多样趣味等特点的高品质低碳绿色交通网络，全面提升都市圈文旅出行品质。主要包括建设 1500 千米江南魅力水上游线、1100 千米行游相宜风景列车、3500 千米健康活力骑行网络、6100 千米多样趣味绿道网络。

第二节　现代化都市圈是高能级创新圈

现代化都市圈的本质要求是推进高科技创新、实现高质量发展。现代化都市圈的创新规模优势突出，是大企业成长地和主要集聚地，是吸引人才、集聚企业的创新尖峰。[1] 培育和发展现代化都市圈建设，要注重发展新质生产力，通过科技创新的协同和产业布局的协同，不断提高发展能级、创新能级和产业能级，增强都市圈参与国内国际双循环的核心能力。

---

[1] 华夏幸福产业研究院：《都市圈解构与中国都市圈发展趋势》，清华大学出版社 2019 年版，第 15 页。

一　都市圈是引领科技产业协同创新的重要载体

国际经验及国内实践均充分证明，中心城市及其所在的都市圈，在引领科技创新突破和产业发展协同发展具有绝对的核心作用。都市圈作为人口和经济高度集聚的区域，其要素资源的规模效应和相对健全的服务支撑体系，是科技创新发生的基础条件。都市圈内硬件层面的交通互联互通和软件层面的城市间协作机制，确保了技术协作、信息传递、人才流动和服务合作等四大联系通道的畅通，提高了创新转化效率和辐射范围，进一步形成具有竞争力和影响力的科创区域。由于创新资源的特殊属性，其网络联系和溢出效应超越地域限制，更多地呈现高等级创新中心之间的互联互通，因此在中心城市引领下的都市圈地区，创新集聚作用将在要素自由流动状态下进一步加强。[1]

随着高铁、航空、高速公路等现代交通网络的快速发展，以及信息技术的进步，各国区域经济格局和城市体系在发生显著变化，城市群和都市圈将成为经济活动的主体空间组织形态，资源要素持续向城市群或大都市区积聚。以实现区域协调发展为目标的创新，必须加强区域之间的分工协作，而创新要素在区域之间的顺畅流动是实现创新协同的前提条件，也是推进现代化都市圈协同发展要义之一。[2]

二　国家发改委《指导意见》中的产业协作与统一市场

关于促进促进城市功能互补。《指导意见》强调，增强中心城市核心竞争力和辐射带动能力，推动超大特大城市非核心功能向周边城市（镇）疏解，推动中小城市依托多层次基础设施网络增强吸纳中心城市产业转移承接能力，构建大中小城市和小城镇特色鲜明、优势互补的发展格局。统筹整合都市圈内新区、园区等各类平台，支持建设一体化发展和承接产业转移示范区，推动创新链和产业链融合发展。同时，强调推动中心

---

[1] 清华大学中国新型城镇化研究院：《中国都市圈发展报告2021》，清华大学出版社2021年版，第101—102页。

[2] 侯永志、张永生、刘培林等：《区域协同发展：机制与政策》，中国发展出版社2016年版，第108—112页。

城市产业高端化发展，加快推动中心城市集聚创新要素、提升经济密度、增强高端服务功能。通过关键共性技术攻关、公共创新平台建设等方式，加快推进制造业转型升级，重塑产业竞争新优势。夯实中小城市制造业基础，强化与中心城市公共服务连通共享，提高中小城市对工程师、技术工人、高校毕业生等人才的吸引力。

关于加快建设统一开放市场。《指导意见》强调，以打破地域分割和行业垄断、清除市场壁垒为重点，加快清理废除妨碍统一市场和公平竞争的各种规定和做法，营造规则统一开放、标准互认、要素自由流动的市场环境。重点包括人力资源市场、技术市场、金融服务三个一体化和统一市场准入标准。在推动技术市场一体化方面，主要包括支持联合建设科技资源共享服务平台，鼓励共建科技研发和转化基地；探索建立企业需求联合发布机制和财政支持科技成果共享机制；清理城市间因技术标准不统一形成的各种障碍；建立都市圈技术交易市场联盟，构建多层次知识产权交易市场体系；鼓励发展跨地区知识产权交易中介服务，支持金融机构开展知识产权质押融资、科技型中小企业履约保证保险等业务；推动科技创新券在城市间政策衔接、通兑通用。

三　全国主要都市圈规划关于协同创新的相关部署

（一）上海大都市圈：共塑全球领先的创新共同体

第一，打造全球领先的多元知识集群。创新要素集聚是创新发展的基础。上海大都市圈将构建四类创新源，即前沿基础科学创新源、应用型基础创新源、技术应用型创新源及未来科技创新源，引导四类创新要素在都市圈不同功能层级合理配置，补足创新短板、强化创新特色，形成更强大的内生创新体系和全球领先的多元知识集群。到2050年，都市圈将成为内生动力强劲的高水平创新共同体。

第二，共建世界级高端制造集群体系。以共同建设世界级高端制造集群体系为目标，对以高新技术企业为带动的先进制造业的集群发展进行针对性引导。加速提升生物医药、新一代信息技术、高端智能装备、新能源四大技术成长型产业集群体系，巩固强化绿色化工、汽车制造两大现状优势型产业集群体系。持续培育未来战略型产业集群体系。到2035年，四大技术成长型产业快速提升，两大现状优势型产业稳步发展，未来战略型产业持续培育；同时，注重发展硬核科技、数字赋能、时尚创意、绿色生态等产业方向。

第三，完善优化都市圈的产业创新机制。鼓励建设多元创新共同体，建设技术转化联盟，构建创新服务与技术转化的双向飞地；建设园区合作联盟，全面实现优质资源共享；建设区域人才联盟，实现人才资源的高效利用。培育自组织的创新氛围，使创新成为全社会共同的价值追求，共同创造都市圈独有的创新文化。

（二）南京都市圈：加快建设统一市场

发挥市场在资源配置中的决定性作用，逐步打破地域分割和行业垄断，清除市场壁垒，公平市场准入，营造规则统一开放、标准互认、要素自主有序流动的市场环境。

建立统一的人力资源市场。加强人力资源协作。推动人力资源信息共享和服务政策有效衔接，共建公共就业服务平台。联合开展高层次人才和技术技能型人才定向培养、职业技术技能培训，打造一批教育培训基地。建立人才共同招引和柔性使用机制。加强高层次人才协调管理，建立一体化人才保障服务标准。探索建立柔性人才流动机制，试行第二居所和职住交换计划，推动户籍准入年限同城化累积互认。

建立统一的技术市场。推动技术市场互联互通。建立技术交易市场联盟，构建都市圈综合性技术交易市场以及专业化技术产权交易平台。探索建立企业需求联合发布机制和财政支持科技成果共享机制。探索建设网上技术交易平台，加强知识产权信息公共服务资源供给。构建多层次知识产权交易市场。加强基础信息及各类运营、交易、维权资源整合和共享，建设知识产权保护联盟和知识产权交易平台，促进科技成果规范有序交易流转。实施"创新券"互认工程，建立网上注册、合同备案、创新券申领兑付一体化服务协同机制。

建立统一的金融资本市场。协同布局都市圈金融机构，推进资本市场和产权市场合作，强化金融监管合作和风险联防联控。建立都市圈共推企业上市的工作联动机制，推动优质企业在境内外上市融资，打造证券市场的"南京都市圈板块"。构建土地、房产、矿产等统一的产权信息网络服务和管理平台，统一信息披露、交易统计和项目推介格式标准，逐步实现产权要素市场"资源同城化、规则同城化、信息同城化"。

统一市场准入标准。建立都市圈市场服务平台，打造诚信都市圈，建立都市圈市场监管协调机制。

（三）长株潭都市圈：深化科技创新协同发展

共建研发创新高地。培育高水平创新平台集群，积极争取布局大科学装置和前沿科学中心，强化重大创新平台功能，加快重大科技创新平台建设。围绕新一代信息技术、工程机械、航空航天、新材料、生物、数字创意、绿色低碳等重点领域及重大战略需求，统筹布局一批重点实验室、工程研究中心、产业创新中心、技术创新中心等平台，形成从研发到产业化应用的全流程全覆盖能力。培育一批市场化导向的新型研发机构，构建多层次、多领域、多元化的创新平台网络。支持共建中试生产、应用验证、检验检测、应用场景拓展等公共服务平台，推进重大科研平台和大型试验设施开放共享，加快形成长株潭都市圈全域创新体系。

联合开展关键核心技术攻关。加强新一代信息技术、生命科学、先进制造技术、能源技术等科技创新前沿布局和资源共享，集中突破工程机械关键零部件、超高温特种电缆、难熔金属基复合材料、现代种业等一批关键核心技术，共同营造有利于提升自主创新能力的创新生态。制定长株潭国家自主创新示范区主导产业、先导产业技术创新路线图，集成资源积极承接国家重大科技任务。建设运营好长株潭主特产业科技创新联盟，开展关键核心技术联合攻关，加快产业链创新链深度融合。

推进科技成果转移转化。完善潇湘科技要素大市场、湖南省科技成果转化和技术交易网络平台，建设集展示、共享、交易、咨询、合作为一体的一站式、全流程、专业化网上技术交易服务体系。利用已有技术孵化转化发展基金，推进成果转化项目资金共同投入、技术共同转化、利益共同分享，推动科技成果资本化和产业化。统筹运用政府采购、首台（套）政策、技术标准等政策工具，促进科研成果转化。

优化协同创新机制。发挥长株潭都市圈内重点高校科创资源优势，推动与国内外知名高校联合共建新型研究机构，打造人才集聚高地和原始创新高地，争取一批基础学科研究中心布局长株潭。加强"校地、校企、校产"合作，采用企业主导、院校协作、多元投资、成果分享新模式，共建以技术研发和转化为主的新型创新研究院所。完善创新服务体系，深化科技奖励制度改革，落实"揭榜挂帅"制、探索"赛马"机制和领军企业"业主制"。加强知识产权的快速协同保护，开展知识产权"一站式"综合服务，加快形成便民利民的知识产权公共服务体系，提升知识产权信息传播利用效能。

（四）成渝地区双城经济圈：高水平高标准建设西部科学城

2023年3月，科技部等印发《关于进一步支持西部科学城加快建设的意见》（下文简称《意见》），支持成渝地区以"一城多园"模式加快建设西部科学城，打造具有全国影响力的科技创新中心。《意见》提出，以西部（成都）科学城、重庆两江协同创新区、西部（重庆）科学城、中国（绵阳）科技城作为先行启动区，加快形成连片发展态势和集聚发展效应，有力带动成渝地区全面发展，形成定位清晰、优势互补、分工明确的协同创新网络，逐步构建"核心带动、多点支撑、整体协同"的发展态势。

高水平建设西部（重庆）科学城。《重庆都市圈发展规划》提出，联动两江协同创新区、广阳湾智创生态城等，建立创新政策跨区域协同、创新要素跨区域流动、产业链跨区域联动机制，形成"一城引领、多园支撑、点面结合"的创新格局。依托综合性科学中心原始创新基础功能，推动科学城与大学城融合创新，联动沙坪坝区、九龙坡区、北碚区、巴南区、江津区等拓展园，加快形成源头创新产业生成、科技服务创新生态引领功能。高标准打造两江协同创新区，瞄准新兴产业设立开放式、国际化高端研发机构，加快构建全要素全链条创新生态系统。高起点建设广阳湾智创生态城，加强生态保护和绿色低碳循环技术攻关，以智慧化为引领推进减污降碳协同增效。支持广安以广安（深圳）产业园为载体，加强与西部（重庆）科学城等合作，构建川渝粤协同创新共同体。打造国家畜牧科技城，建设国家生猪技术创新中心、国家重点区域级畜禽基因库、国家区域性畜禽种业创新基地。加快建设创新型区县、创新型园区，因地制宜推动差异化创新发展，打造圈层式科技创新方阵。建立重庆都市圈创新联盟，鼓励共用科技创新平台和大型科研仪器设备，共同承接国家重大科技任务，参与国际大科学计划和大科学工程。

根据2020年9月17日《重庆日报》消息，西部（重庆）科学城位于重庆市中心城区西部槽谷，东衔中梁山、西揽缙云山、南接长江、北拥嘉陵江，规划区域范围1198平方千米。重庆高新区直管园是科学城核心区，面积313平方千米。西部（重庆）科学城是"科学"与"城市"

的融合体，是产、学、研、商、居一体化发展的现代化新城，是面向未来科技、未来产业、未来生活的未来之城，是鼓励创新、开放包容、追逐梦想的梦想之城，是科学家的家、创业者的城。坚持以"科学之城、创新高地"为总体定位，规划建设成为具有全国影响力的科技创新中心核心区，引领区域创新发展的综合性国家科学中心，推动成渝地区双城经济圈建设的高质量发展新引擎，链接全球创新网络的改革开放先行区，人与自然和谐共生的高品质生活宜居区。生产空间——一核四片多点。"一核"即重庆高新区直管园，是集聚基础科学研究和科技创新功能的核心引擎，将集中力量建设综合性国家科学中心，重点发展新一代信息技术、先进制造、大健康、高技术服务等主导产业。"四片"即北碚、沙坪坝、九龙坡—江津、璧山四大创新产业片区，主要承担教育科研、高端制造、国际物流、军民融合等功能。"多点"即以创新创业园、高新技术产业园等为支撑，构建产学研深度融合的创新空间体系。生活空间——一主四副多组。"一主"即以高新区直管园的金凤为引领，与西永、大学城共同组成50平方千米的科学城主中心，集聚高端生活性服务、国际科学交往功能，布局高品质居住区。"四副"即北碚、团结村、陶家—双福、青杠四个片区副中心，承担片区综合公共服务和商业商务功能。"多组"即围绕圣泉、西彭、丁家、青凤、歇马等节点中心，形成多个职住平衡居住组团。生态空间——一心一轴两屏。"一心"即以寨山坪为依托的城市公园，是科学城的"城市绿心"。"一轴"即沿科学大道，由湿地群、公园群和城中山体组成的绿色长廊，是科学城的绿色"主轴"。"两屏"即缙云山、中梁山生态翠屏，是"城市绿肺、市民花园"。

高标准建设西部（成都）科学城。《成都都市圈发展规划》提出，优化"一核四区"创新布局，加大专项政策支持力度。成都科学城重点打造综合性科学中心核心承载区，新经济活力区重点发展5G通信与人工智能、大数据与网络安全、区块链等新经济新产业，生命科学创新区建设新药研发成果转移转化试点示范基地，未来科技城打造中国西部智造示范区和成渝国际科教城，新一代信息技术创新基地打造全球电子信息产业高端要素汇聚区。

根据《中国西部（成都）科学城战略规划》，中国西部（成都）科学城总规划面积361.6平方千米，将立足成都创新资源优势和城市发展战略,构建"一核四区"为主的空间功能布局,形成"核心驱动、协同承载、全域联动"的发展格局。"一核"即成都科学城,规划面积 99.4 平方千米,定位为西部地区重大科技基础设施、科研院所和大学创新平台汇集区,围绕网络安全、航空航天、生命科学等领域,创建综合性国家科学中心,建设天府实验室和国际技术转移中心。"四区"即新经济活力区、天府国际生物城、未来科技城和新一代信息技术创新基地。新经济活力区,规划面积 88.9 平方千米,定位为新经济企业和创新型团队汇集区,重点围绕 5G 通信与人工智能、网络视听与数字文创、大数据与网络安全等新经济新产业,建成国家数字经济创新发展试验区、国家新一代人工智能创新发展试验区,打造具有全球影响力的新经济策源地。天府国际生物城,规划面积 69.8 平方千米,定位为全球医药健康创新创业要素汇集区,重点围绕生物技术药物、高性能医疗器械、精准医疗等领域,建设重大新药创制国家科技重大专项成果转移转化试点示范基地等平台,打造世界级生物产业创新与智造之都。未来科技城,规划面积 60 余平方千米,定位为国际创新型大学和创新型企业汇集区,重点围绕智能制造、航空航天等领域,建设国际合作教育园区,打造国际一流应用性科学中心、中国西部智造示范区和成渝国际科教城。新一代信息技术创新基地,规划面积 43.1 平方千米,定位为全球电子信息产业高端要素汇集区,重点发展集成电路、新型显示、智能终端等领域,集聚华为成都研究院、京东方创新中心等重大创新平台,打造国际知名的中国新硅谷。

第三节 现代化都市圈是高颜值生态圈

生态环境协同治理是都市圈治理的重要组成部分,良好的生态环境是都市圈经济社会高质量发展、提高参与国际竞争力的基础本底。人民群众从"盼温饱"到"盼环保",从"求生存"到"求生态",人民群众对清新空气、清澈水质、清洁环境等生态产品的需求越来越迫切,高颜值生态越来越成为现代化都市圈的重要条件和标识。

一 生态环境协同治理是现代化都市圈的基础本底

一方面,生态安全是都市圈经济社会发展的核心基础,都市圈生态环境具有很强的整体性与系统性。推进都市圈生态环境协同治理，有利于维持和保障承载都市圈高强度经济社会活动的生态系统的稳定、可持续，避免生态环境遭受威胁和破坏，避免因为环境问题引起优质生产要素逃离都市圈。在都市圈内，跨区域生态环境协调治理，能够有效防范区域生态危机，科学识别、规避、消除生态风险，调解经济社会发展活动与自然环境之间的矛盾与冲突，保障区域生态系统保持平衡稳定状态，促进区域生态健康可持续发展。另一方面，生态公平是社会公平的重要组成部分，是生态文明观的价值体现，是现代化都市圈发展的核心要义。都市圈生态环境协同治理，要厘清不同主体的生态责任，理顺多方利益关系，推动区域达成共识，建立有效的生态补偿机制，对都市圈内生态服务供给者、发展牺牲者提供以经济形式为主的补偿，促进生态服务生产与消费的良性循环，保障区域生态服务功能的持续供给，为构建都市圈生态公平格局奠定坚实基础。[①]

二 国家发改委《指导意见》中的生态环境共保共治

《指导意见》提出，"以推动都市圈生态环境协同共治、源头防治为重点，强化生态网络共建和环境联防联治，在一体化发展中实现生态环境质量同步提升，共建美丽都市圈"。一是构建绿色生态网络。严格保护跨行政区重要生态空间，联合实施生态系统保护和修复工程。加强区域生态廊道、绿道衔接，促进林地绿地湿地建设、河湖水系疏浚和都市圈生态环境修复。二是推动环境联防联治。主要在空气质量、水质保护、垃圾治理和建筑节能等方面提出要求。三是建立生态环境协同共治机制。加快生态环境监测网络一体化建设，协商建立都市圈大气污染、流域水污染、土壤污染、噪声污染综合防治和利益协调机制。探索生态保护性开发模式，建立生态产品价值实现机制、市场化生态补偿机制。

---

① 清华大学中国新型城镇化研究院，《中国都市圈发展报告2021》，清华大学出版社2021年版，第65页。

三 全国主要都市圈规划关于生态环境共治共保的相关部署

（一）上海大都市圈：共保和谐共生的生态绿洲

推动绿色、低碳、可持续发展。立足世界眼光、国际标准、中国特色，坚持生态优先、绿色发展，推进区域碳减排，率先将生态优势转化为经济社会发展优势。力争先期实现碳达峰、碳中和，全面推进区域碳排放减量。

营造更高品质的区域环境。协调上下游城市水污染控制，共同推进跨界水体治理，加强重点河湖水系整治和区域型水源集中区保护，营造更洁净的区域水环境。分布区统筹饮用水源地跨界管控，重点保护长江、太湖、太浦河等区域饮用水源地集中。建设清水绿廊，实施分段管控，协同治理海陆水环境，分流域实施治理，保护更清洁的区域大气环境、更干净的区域土壤环境。

锚固更稳定的生态空间网络。构筑稳定畅达的生态网络，提供生物自由迁徙、自由流动的通道。锚固生态底线空间，强化自然保护地的刚性管控，为动植物提供良好的栖息场所。实施山水林田湖草的生态修复，恢复原有的自然生态系统。衔接落实主体功能区战略，构建区域生态安全格局；保护重要生态空间，维护区域生物多样性；实施重点地区生态修复，提升生态系统服务功能。

构建更韧性的安全保障系统。保障粮食供给安全，优化营养供给结构，保障防洪排涝安全，疏通道、增调蓄、建沿海防护带；保障能源供给安全，完善多源互补的供给网络；保障区域环境安全，健全应急响应机制；保障信息传输安全，完善通信设施与网络建设。

建立联防联治的协同保障机制。构建城市间环境治理标准体系、应急联动保障机制、邻界地区环境治理协调机制及生态补偿机制，加强区域联防联治。环境管理一体化标准体系、构建预报与应急联动保障机制、建邻界地区环境治理协调机制、构建区域多元化生态补偿机制。

（二）长株潭都市圈：依托绿心打造城市中央公园

加强生态空间管控，优化生态空间结构，依托湘江水系、山脉和主要道路，打造若干延伸到周边县市的绿色生态廊道，建成全国都市圈独一无二的城市绿心和生态安全屏障。探索生态优势转化为经济优势的有效途径，创新生态发展新模式，打造长株潭都市圈城市中央公园，建成具有世界影响的都市圈生态绿心、彰显湖湘特色的中央客厅和人民美好生活的高品质共享空间。

一是统筹长株潭生态绿心保护和发展。开展林业生态保护、生态修复、生态惠民以及监管能力提升四大工程，打造坪塘—昭山—石燕湖—云峰湖东西向生态林带和易俗河—法华山—石燕湖—跳马南北向生态林带，降低环境负荷率，提高生态弹性和生态承载力，构筑长株潭绿色生态屏障。完善生态保护补偿机制，积极探索市场化、多元化生态补偿。推进国家生态文明建设示范区、"绿水青山就是金山银山"实践创新基地、国家环境保护模范城市建设工作，探索生态产品价值实现路径，树立全国生态文明建设样板。二是打造都市圈城市中央公园。推进实现绿心生态增值、服务增值、资产增值及生活品质增值，建成高品质世界级城市群绿心、都市圈中央客厅，打造在全国全世界有重要影响、具有独特优势的绿心中央公园。突出自然肌理和属性，以绿为底色、以山为风骨、以河为脉络、以湖为灵韵，高标准开展规划设计。完善综合立体交通体系，提高中央公园可达性。围绕生态品质提升、基础设施和公共服务一体化，实施生态品质提升工程、美丽乡村建设工程、基础设施提质工程、高端服务业发展行动等，创建国家级园艺博览园和花卉博览园，打造集休闲游憩、生态康养、园艺博览、健康运动、艺术文化为一体的长株潭融城标志性纽带。

（三）广东五大都市圈生态格局

2022年7月，广东省自然资源厅印发《广东省都市圈国土空间规划协调指引》（下文简称《指引》），为市县国土空间规划编制提供参考，为都市圈重大项目布局和空间资源配置提供引导。《指引》在明确广州都市圈、深圳都市圈、珠西（珠江口西岸）都市圈、汕潮揭都市圈、湛茂都市圈空间格局的基础上，对五大都市圈生态系统与农业空间、交通系统、公服设施和产业等领域进行协调指引。现将生态安全（保护）格局的协调指引相关内容进行梳理（见表5.2）。

表 5.2　　　　　　　广东五大都市圈生态安全（保护）格局

都市圈	生态格局	生态格局具体内容
广州都市圈	共护"一屏一湾两廊多点"生态安全格局	以北部鼎湖山、烂柯山、亚婆髻山森林公园等重要山林生态空间为依托，维育广州都市圈北部环城生态安全屏障。南部以万顷沙联围湿地等滨海生态空间为依托构建广州都市圈南部珠口生态湾，支撑环珠江口黄金内湾建设。以西江、北江为主体共建西北江生态廊道。以白云山—帽峰山等近城山体、海珠万亩果园、海鸥岛、南沙湿地、流溪河国家森林公园等重要生态农业空间为重点，保护类型多样、覆盖都市圈全域的生态节点
深圳都市圈	维育"两山一水一农带"生态格局	以莲花山脉南支、莲花山脉北支、东江、滨东江农业区组成的"两山一水一农带"作为深圳都市圈发展的自然格局框架，顺应茅洲河流域、巍峨山、石马河谷、淡水河谷、大业湾等自然单元构建区域连通的生态网络。近期重点以各市边界地区地理单元为载体，打造"一河一山一谷一径一湾一源"生态产品
珠江口西岸都市圈	共护"江海绿核，多廊多节点"生态安全格局	"江"是指西江、潭江干流及支流等构成的大江大河生态带，"海"是指都市圈陆海交界区域构成的沿海生态带。"绿核"是指处于区域发展极核之间，由五桂山、古兜山、黄杨山、凤凰山、磨刀门湿地等构成的区域生态核心；"多廊"是指以珠江入海口门水道和重要支流构成的主要水生态廊道，以重要灌溉渠、排洪渠构成的组团水生态廊道和以区域线性绿地构成的区域连接绿廊。"多节点"以自然保护地为主体，纳入湖泊、水库、湿地、河口地区、大型城市公园等关键生态节点
汕潮揭都市圈	构建"一屏一带四湾五水多斑"生态保护格局	"一屏"是指莲花山—凤凰山—大北山—大南山—南阳山生态屏；"一带"是指海岸带；"四湾"是指神泉湾、海门湾、莱芜湾、拓林湾；"五水"是指韩江、榕江、练江、龙江、黄冈河水系；"多斑"是指桑浦山自然保护区、韩江鼋、花鳗鲡自然保护区、西澳岛黄嘴白鹭自然保护区、澄饶联围、牛田洋、海门湾和罗溪湾等

续表

都市圈	生态格局	生态格局具体内容
湛茂都市圈	构建"两带多廊"自然生态格局	"两带"是指山地屏障带和沿海生态保护带。"多廊"主要包含鉴江、罗江、沙琅江—袂花江、雷州青年运河、九洲江和南渡河等六条河流生态廊道，开展水生态健康保护、水环境容量提升、生态要素流通畅通等工作，重点打造鉴江画廊魅力蓝湾省级骨干特色碧道

第四节 现代化都市圈是高黏性文化圈

都市圈的形成，具有一定的历史文化基础，文化认同是现代化都市圈的重要特征。现代化都市圈的文化既要尊重历史，让历史上有着密切联系的地区重回一个圈，又要突破历史，突破历史文化的束缚，尊重规律，塑造新的文化，建构与现代化都市圈发展要求相适应的都市圈文化。发挥文化和生态资源优势，加强旅游方面的合作，共建旅游目的地，是现代化都市圈建设的重要内容。

一 社会文明是现代化都市圈建设的重要维度

衡量一个国家的现代化水平，社会文明程度是重要维度，社会文明是现代化文明体系的重要构成。提高社会文明程度，既是现代化建设的重要内容和主要标识，同时也是现代化建设的重要动力。国家"十四五"规划纲要把"社会文明程度得到新提高"作为"十四五"时期经济社会发展的主要目标之一，提出到2035年"建成文化强国、教育强国、人才强国、体育强国、健康中国，国民素质和社会文明程度达到新高度"，并专章部署"提高社会文明程度"，主要包括推动理想信念教育常态化制度化、发展中国特色哲学社会科学、传承弘扬中华优秀传统文化、持续提升公民文明素养等四个方面。

现代化都市圈建设，要突出人的全面发展的本质特征，把人的现代化摆在核心位置，推动形成良好的社会秩序、社会心态、社会信任和社会治理，进一步彰显现代化进程中的精神力量、信仰力量、社会力量和文明力量。要将社会主义核心价值观内化于心、外化于行，成为全社会的自觉行动，增强实现中华民族伟大复兴中国梦这一共同梦想的信心和决心。以加强社会公德、职业道德、家庭美德、个人品德为着力点，大力实施公民道德建设工程，持续开展新时代公民道德教育引导行动、公民道德实践养成行动、网络空间道德建设行动和公民道德建设融入社会治理行动，让讲道德、守道德成为一种潜意识和习惯，率先把现代化都市圈建设成为文明高地。深化群众性精神文明创建，扩大文明家庭、文明校园覆盖面和参与度，深化文明交通、文明旅游、文明餐桌行动，不断增强人们文明实践自觉。坚持自然科学知识与社会科学知识普及并重，进一步提高现代化的文化含量，推动现代化行稳致远。加大政策调节力度，促进社会公平正义，让人民群众普惠发展成果的同时，加强对社会公众的心理健康教育，引导人们改变浮躁的社会心态，逐步缓解社会焦虑，营造健康积极向上的浓厚社会氛围。推动志愿精神的形成与志愿行为的普及，增强都市圈社会结构的有机韧性；要大力加强社会组织建设，提高社会的自组织程度，增强社会自我运行和自我治理能力，建设更富有包容性的社会有机体和现代化都市圈，不断集聚和释放推动现代化建设的正能量。

二 全国主要都市圈规划关于文化人文文明的相关部署

（一）上海大都市圈：共享诗意栖居的人文家园

《上海大都市圈空间协同规划》提出，要将上海大都市圈打造成一个水脉相依、人缘相亲的生命共同体，文化同源、人缘相亲的文化圈。水脉相依造就了江南人精致柔和的文化调性，同根同源的文化，加之近代大规模的人口往来交流，成就了这个人文相亲、血脉一体的都市圈。

塑造国际品质、江南韵味的栖居典范。传承历史文脉，上海大都市圈将共同培育若干遗产群与文化之路，实现历史文化记忆和场景的共同保护、传承与活化。塑造国际品质，上海大都市圈将提供更多国际品质的高等级公共服务，打造高质量的生活环境。同时，建立多元活力的"小镇联盟"与闲适优雅的"乡村联盟"，营造山水共生、诗意栖居的理想家园。整体保护与活化遗产群、文化之路。搭建共同遗产联盟组织平台，加强都市圈遗产群、文化之路以及各类历史文化遗产的发掘、保护与推广工作。建设国际品质的服务设施群，全面提升高等级教育设施和医疗设施，分层强化高等级文化设施，加强高等级体育设施专业分工。共建江南韵味的镇村联盟，共建多元活力的小镇联盟，打造闲适优雅的乡村联盟，共同搭建联盟合作平台。

建设魅力彰显的旅游圈与精品游线。各城市共建魅力彰显的旅游圈和精品游线，将都市圈塑造成为具有国际影响力的文化繁荣地、吸引各国游人纷至沓来的世界文旅目的地。根据文旅资源主题化、簇群化的分布特征，结合都市圈历史文化、生态本底、景区资源、交通路线等基础，跨区域整合相对集中的文旅资源，培育陆上和海洋2类10个魅力旅游圈。每个旅游圈结合内部特色资源打造独特旅游主题，共同推广旅游品牌、强化客源导入、塑造统一的文化形象、宣传标识、整体风貌和纪念商品等，共同培育面向世界的地区旅游品牌，打造具有国际影响力的旅游目的地。打造5条精品线路，推动沿线旅游景区品牌共建、客源互送、平台共建、信息共享，实现沿线景区"一票通游"，建立民宿联盟，统一服务标准，形成统一的旅游品牌，助力都市圈成为世界知名旅游目的地。

举办丰富多彩的世界品牌活动。举办多主题的世界品牌活动，承载丰富多元的文化活动和事件，提升都市圈国际文化影响力，将都市圈塑造成为具有国际影响力的文化繁荣地区、具有特色活动的中国文化体验地区。策划丰富多元的文化活动和体育赛事，吸引多类国际机构入驻，拓展国际交流与合作。

(二) 西安都市圈：加快建设具有全国影响力和历史文化魅力的现代化都市圈

在确立的都市圈发展五条原则中，文化传承、彰显特色是第三条。加强城市文化遗产、历史文化街区和历史建筑的保护，将文化基因、文化标识融入城市建设过程，深化对外人文交流合作，打造中华文化对外展示的窗口，建设彰显历史文化特色的现代化都市圈。

在协同推动更高水平改革开放、加快西安"一带一路"综合试验区建设部分，提出打造"一带一路"人文交流重要支点。推动"一带一路"教育共同体建设，吸引更多共建国家青年学者来陕培训研修。持续做好"中国年·看西安"、世界文化旅游大会、丝绸之路国际旅游博览会、欧亚国际文化艺术节、丝绸之路国际电影节等国际知名品牌活动，加大西安国际音乐节、丝绸之路国际艺术节、"一带一路"海外文化周等传播力度。加强与国际古迹遗址理事会西安国际保护中心、丝路沿线城市广播电视媒体协作体等合作，广泛开展艺术展演、文物互展、文化遗产保护等交流活动。

在推动公共服务共建共享、共享优质公共服务资源部分，提出加强公共文化设施共建共享。推进都市圈城乡公共文化设施统筹规划和一体建设，健全公共文化设施运行管理和服务标准体系，提升公共文化设施建设、管理和服务水平。加快陕西省图书馆扩建工程、陕西省艺术馆扩建工程、陕西省档案馆改扩建工程建设，推动公共图书馆、文化馆（站）、基层综合性文化服务中心提档升级，引导都市圈各博物馆、纪念馆等各类公共文化设施向都市圈居民免费开放。推动广播电视公共服务高质量发展，统筹规划建设超高清制播平台，改造无线发射台基础设施，实现都市圈地方广播电视节目无线数字化覆盖。深入开展文化下乡、送书送戏送展览下基层等文化活动，推动各类公共空间文化建设，促进都市圈城乡基本公共文化服务均等化。

在《规划》第十章，强调共同推动文化传承发展，统筹都市圈文化资源保护利用，保护好历史文化遗存，守护好中华文明精神标识，推动文化资源创造性转化创新性发展，打造传承中华文明的世界级核心文化发展示范区。一是共同守护好历史文化遗存。第一，打造大遗址保护的典范。建设以周秦汉唐古代都城遗址、汉唐帝陵、杨官寨遗址、栎阳城遗址、耀州窑遗址为主体的大遗址保护片区，强化大遗址保护的集群联动效应。加强汉长安城遗址、大明宫遗址保护科学研究，加快西汉帝陵和唐帝陵申报世界文化遗产。实施大遗址保护展示工程，推进国家考古遗址公园立项建设。建立大遗址保护的基础信息库，推动将西安都市圈大遗址保护纳入国家记忆工程等。第二，加强非物质文化遗产保护创新。健全非物质文化遗产代表性项目名录和传承体系，加强对非物质文化遗产的政策资金扶持，完善非物质文化遗产设施体系，建立鄠邑等非物质文化遗产传承基地，建立关中文化生态保护实验区。探索"非遗+"模式，推动秦腔、西安鼓乐、集贤古乐等品牌开展国际传播和实现产业增值。第三，保护古都历史文化风貌。加强西安、咸阳国家历史文化名城保护，提升空间品质和文化魅力。完善保护管理体制机制，强化历史文化名城、名镇、名村保护利用，加强都市圈历史建筑、工业遗产保护与利用。第四，做好革命文物保护利用工作。充分利用都市圈红色资源，加大都市圈内革命文物保护力度，传承好红色基因，用革命文化铸魂塑人。二是合力打造世界级文化旅游目的地。深度利用文化、山水资源，打造"丝路文化游""古都体验游""秦岭生态游"等品牌。支持西安市打造旅游枢纽城市，持续提升"兵马俑""西安城墙""世界古都""丝路起点"等文化标识影响力。大力发展"互联网+旅游"，建立西安都市圈智慧旅游信息化平台，推动丝绸之路经济带沿线国家和地区联合打造国际精品旅游线路。三是提升都市圈文化产业竞争力。大力发展文化装备制造业，增强文化产业发展基础能力。推动数字赋能文化产业，发展数字会展、数字传媒、数字文旅等业态。加强文化产业基地和集群建设，打造一批公共文化众创空间、创新工场等新型创新创业平台。推动文化内容、形式、技术与商业模式创新。加快西安高新区等国家文化出口基地建设，大力发展对外文化贸易。

(三) 长株潭都市圈：建设知名文化旅游目的地

在分析基础优势时，提出湖湘文化底蕴深厚，山水洲城形象凸显，城市活力和吸引力不断提升。在优化空间布局时，强调加强古城古街等历史文化保护、传承和活化利用，切实提升城市形象；保护利用老工业城市工业遗产，打造一批集城市记忆、创意文化、休闲体验于一体的"生活秀带"；韶山城镇组团，充分挖掘利用红色资源，大力发展全域旅游，整体建设红色文化研学旅游目的地、全国爱国主义教育示范基地。在产业协同上，进一步壮大以现代传媒、设计咨询、高端会展、特色旅游为主的世界一流文化创意产业集群。

在《规划》第七章，强调一体化推动公共服务共建共享，专节部署建设知名文化旅游目的地。主要包括两方面的内容：一是提升文化软实力。发挥长沙世界"媒体艺术之都"优势，加快建设马栏山视频文创产业园，打造具有国际影响力的"科技+文化"新地标。加快文体基础设施建设，规划建设环湘江马拉松、自行车赛道等文化、体育场地设施。以长株潭区域博物馆联盟为纽带，推动博物馆间协同发展，加强大遗址、革命文物点文物、历史建筑、非物质文化遗产保护合作与创新发展。联合举办国际大型体育赛事和文化活动，建设国家体育消费试点城市，打造区域文体品牌。推进公共文化服务数字化建设，开展文创版权保护领域区块链技术应用。二是打造全域旅游基地。支持长沙市打造旅游枢纽城市，支持韶山市打造特色旅游城市。深化区域旅游合作，加快韶山至井冈山红色旅游铁路专线、湖南革命军事馆、韶山创新成果专题展示馆、醴陵陶瓷博物馆"一路三馆"文化基础设施建设，提升红色旅游通道、湖湘文化旅游通道、湘江旅游通道、高铁旅游通道品质，共同打造极富特色、享誉全球的国际知名旅游目的地。统筹旅游产品开发和线路设计，实行长株潭旅游"一票通"，统一跨区域旅游形象识别符号和宣传口号，组织景区联合宣传推广，打造"网红"地标。共建旅游服务监管平台。整合提升各类文旅特色资源，促进休闲旅游、红色旅游、体育旅游、研学旅行、乡村旅游融合发展。

第五节　现代化都市圈是高品质生活圈

随着城市化进入下半程，不同于以往的人随产走，对优质生活的追求对人口迁移的影响日益扩大，公共服务是都市圈协同发展不可忽视的组成部分，公共服务均等化是提高外圈层"反磁力"的有效途径，公共服务质量和密度是决定区域价值的核心要素。[①]

一　高品质生活是现代化都市圈的价值指向

人民幸福安康是推动高质量发展的最终目的。我国城市化道路，关键是要把人民生命安全和身体健康作为城市发展的基础目标。要更好推进以人为核心的城镇化，使城市更健康、更安全、更宜居，成为人民群众高品质生活的空间。根据联合国人居署《2022年世界城市报告：展望城市未来》，未来城市的核心任务必须是韧性建设。任何城市未来乐观愿景，都必须体现一种崭新的社会契约，包括对全民基本收入、健康保障和住房作出的承诺。如果说，从地的繁荣到人的发展，是新时代城市发

---

① 华夏幸福产业研究院：《都市圈解构与中国都市圈发展趋势》，清华大学出版社2019年版，第90页。

展的新趋势，那么从"乐业安居"到"安居乐业"，则是信息时代新地理的发展逻辑。培育发展现代化都市圈，有利于提振内需、扩大消费，重塑高质量发展的动力系统，推动形成高质量的区域发展布局；有利于解决跨区域行政治理阻隔的问题，形成高效有机的发展共同体；有利于缓解大城市病，使就业质量和生活质量之间趋于平衡。推进现代化都市圈一体化发展的重点，不是经济发展的均等化，而是公共服务的均等化。要以都市圈公共服务均衡普惠、整体提升为导向，统筹推动基本公共服务、社会保障、社会治理一体化发展，持续提高共建共享水平。

二 国家发改委《指导意见》公共服务相关部署要求

《指导意见》提出，"以都市圈公共服务均衡普惠、整体提升为导向，统筹推动基本公共服务、社会保障、社会治理一体化发展，持续提高共建共享水平"。一是促进优质公共服务资源共享。鼓励都市圈内开展多层次多模式合作办学办医，在都市圈内率先实现与产业链相配套的中高职学校紧缺专业贯通招生，推动公共服务从按行政等级配置向按常住人口规模配置转变，降低城镇与大中城市公共服务落差。鼓励都市圈城市联建共建养老机构，推动博物馆、剧院、体育场馆等共建共享。二是加快社会保障衔接。建设涵盖各类社会保障信息的统一平台，鼓励有条件的中心城市与毗邻城市开展基本医疗保险异地门诊即时结算合作。加快推动都市圈医保目录和报销政策统筹衔接。推动工伤认定政策统一、结果互认。推动公共租赁住房保障范围常住人口全覆盖，提高住房公积金统筹层次，建立住房公积金异地信息交换和核查机制，推行住房公积金转移接续和异地贷款。三是推动政务服务连通互认。除法律法规另有规定或涉密等外，政务服务事项全部纳入平台办理，全面实现同城化"一网通办"。进一步便利跨省市户口迁移网上审批，居民身份证、普通护照、机动车驾驶证异地申领，异地驾考和机动车异地年检、违章联网办理。建立健全民生档案异地查询联动机制。四是健全跨行政区社会治理体系。完善突发公共事件联防联控、灾害事件预防处理和紧急救援等联动机制。加强交界地区城市管理联动，强化社区自治和服务功能，建立健全治安维稳、行政执法等协作机制，建立健全安全隐患排查和社区人居环境综合整治机制。建立重大工程项目选址协商机制，充分征求毗邻城市意见。

积极利用信息技术手段，推动都市圈治理精细化。

三　部分都市圈规划建设高品质生活圈的主要路径

（一）南京都市圈：强化公共服务共建共享，打造"幸福都市圈"

《南京都市圈发展规划》提出，推进公共服务便利共享。坚持以人民为中心，推动教育医疗文化等优质服务资源一卡通共享，扩大公共服务辐射半径，加快社会治理一体化发展，推动优质公共服务一体化、连锁化供给，共同打造幸福都市圈。

在基本原则上，增加优质公共服务供给，扩大配置范围，不断保障和改善民生，使改革发展成果更加普惠便利，让都市圈居民在同城化发展中有更多获得感、幸福感、安全感，促进人的全面发展和人民共同富裕。在发展定位上，建设高品质宜居生活圈。坚持以人民为中心的发展思想，加快构建绿色低碳、集约高效的生产生活方式和城市建设运营模式，提高公共服务均衡化标准化智慧化水平，缩小地方发展差距，塑造地方特色文化品牌，营造友善向上的人文环境。在发展目标上，公共服务便利共享水平位居全国前列，率先实现基本公共服务均等化，劳动年龄人口平均受教育年限稳步提高，人均预期寿命达到80岁。在具体路径上，主要包括：

一是共享优质公共服务资源。打造健康都市圈。统筹推进都市圈医疗卫生资源优化布局，扩大优质资源覆盖范围，推进医疗卫生大数据开放共享。放大南京建设世界体育名城效应，建立都市圈体育产业联盟，建设康养服务业集聚区和养老养生基地。推动教育合作发展。协同扩大优质教育资源供给，促进资源优势互补和有序流动，推动各级各类教育高质量发展，率先实现区域教育现代化。二是共推高质量就业与社会保障。统筹推进就业服务。建立统一的都市圈人力资源服务平台，推动各城市引才引智服务优势互补、业务平台互联互通。加快社会保障接轨。三是共建公平包容社会环境。完善跨区域社会治理体系。加强都市圈社会治理合作，共建公共安全保障体系。深化精神文明建设，倡导文明礼仪新风，共同提升社会文明程度。推进社区服务互联互通，打造一批具有都市圈特色的专业社会工作服务品牌。推动跨区域应对突发事件合作。健全区域性重大自然灾害、事故灾难、公共卫生事件、社会安全事件等联防联控机制，建立都市圈应急协调平台，建立健全安全生产责任体系和联动长效机制，建立健全治安维稳、行政执法等协作机制。

（二）福州都市圈：共建同城共享、幸福健康的优质生活圈

《福州都市圈发展规划》提出，坚持以人民为中心发展思想，保障台湾同胞福祉，合理布局生产、生活、生态空间，推进生态文明先行示范。提高公共服务均等化水平，缩小地区和城乡发展差距，推动各领域公共服务同城共享，共建高品质国际旅游目的地和幸福健康生活圈。以山水城市理念为引领，整合自然山水与历史人文资源，建设生态休闲绿道和绿地开敞空间，营造都市圈良好的大山水环境和城市中的山水网络，打造山水城市宜居典范，更好造福于民，不断增强人民群众的获得感、幸福感。《福州都市圈发展规划》设立专章部署共建同城共享、幸福健康的优质生活圈，并分七节进行展开，主要内容见表5.3。

表5.3 《福州都市圈发展规划》第八章主要内容

序号	节名称	具体内容
第一节	深化人力资源和创新创业服务协作	实施都市圈高校毕业生就业促进计划。 协同开展都市圈创新创业服务。 加强都市圈政府公职人员考录合作和交流挂职。 加大高端人才和山区创新人才的支持力度
第二节	推动优质医疗、教育资源共建共享	充分利用数字技术推进都市圈优质医疗资源共享。 促进都市圈优质教育和文体资源共享
第三节	提升社会保障服务便利化水平	推动都市圈社会保障一体化。 完善都市圈人口服务和管理制度。 提升都市圈社会保障服务水平
第四节	促进突发公共卫生事件联防联控	加强区域应急指挥联动。 统筹调配区域重要资源。 建立区域公共卫生监测预警和应急管理平台
第五节	推动社会治理合作	健全都市圈社会治理体系。 促进都市圈社会治理合作。 加强都市圈食品农产品药品安全合作
第六节	打造高品质的国际旅游目的地	都市圈内外联动，打响旅游品牌。 丰富旅游产品体系，提高旅游服务水平

续表

序号	节名称	具体内容
第七节	实施城市更新行动，提升城市功能品质	建立健全城市更新体制机制。塑造高品质城市空间

（三）成都都市圈：推动教育同城化发展

《成都都市圈发展规划》围绕统筹教育资源跨市配置，有效增加优质教育资源供给，从四个方面进行部署。

在基础教育层面，构建学前教育和特殊教育发展联盟，优化成德眉资4市中小学布局，鼓励成都优质中小学校与德眉资合作办学，促进优质网课资源全域共享，推动中小学劳动教育试验区改革发展。在职业教育层面，组建区域型、行业型及复合型职业教育集团，促进产业链、岗位链、教学链深度融合。建设成都国际职教城、资阳文旅职教城，支持德阳建设区域职业教育发展高地，统筹布局共享型实训基地、仿真实训系统、信息共享平台，共建职业教育创新发展高地。在高等教育方面，推动大学大院大所全面合作，协同打造一流大学、一流学科。支持在蓉高等院校到德阳、眉山、资阳建设现代产业学院。在教师成长方面，深化校长和教师跟岗研修常态化工作机制，联合打造教师成长共同体。

规划提出教育合作共享七项工程：一是优质教育发展联盟。分教学阶段构建优质教育集团及办学共同体，打造学前教育联盟、基础教育联盟、特殊教育联盟，促进课程建设、教学改革、师资培养、教研科研、教学设施和学校治理共建共享。二是教师成长共同体。以"名师（名校长）工作室""班主任工作坊"等为载体，开展教学重点问题专项教研，多形式开展教师培养培训，促进教师专业成长。三是智慧教育平台建设。建设智慧教育联盟，整合"成都数字学校""微师培""成都七中网校""石室祥云"等优质数字教育资源，实现网络条件下的开放协作、资源共享。四是研学实践基地。遴选一批国家、省、市已命名的研学基地（营地），联合制订实施研学实践计划，共同开发研学实践课程和路线，打造"成德眉资大研学实践带"。五是职业教育提升计划。建立职业教育发展联盟，推动成都市职业教育融合创新发展高地、德阳市高等职业教育示范区建设，支持职业教育"双高计划"建设，推进职业技术院校提档升级，加快推进职业教育研究中心、服务中心建设。六是产教融合示范区。推进成都公园城市示范区职业教育融合创新发展，加快建设成都国际职教城。推进实训基地建设。打造有区域特色的产教融合行业、企业和院校。七是教育国际交流平台。在成都国际合作教育园区有序推进高水平中外合作办学。加强与联合国教科文组织等国际组织的交流合作，积极参与共建"一带一路"，共同推动教育"走出去"，打造教育国际化窗口。

第 六 章

长三角一体化中的都市圈和区域协同

长三角地区的区域和城市合作，始于20世纪80年代，开始主要是由上海牵头的城市合作。2018年11月，习近平总书记在首届中国国际进口博览会上宣布，支持长江三角洲区域一体化发展并上升为国家战略。2020年8月，习近平在合肥主持召开深入推进长三角一体化发展座谈会，强调必须深刻认识长三角区域在国家经济社会发展中率先形成新发展格局、勇当我国科技和产业创新的开路先锋、加快打造改革开放新高地三个方面的地位和作用，重点部署"推动长三角区域经济高质量发展、加大科技攻关力度、提升长三角城市发展质量、增强欠发达区域高质量发展动能、推动浦东高水平改革开放、夯实长三角地区绿色发展基础、促进基本公共服务便利共享"七项重点任务。2023年11月，习近平总书记在上海主持召开深入推进长三角一体化发展座谈会强调，要推动长三角一体化发展取得新的重大突破，在中国式现代化中更好发挥引领示范作用。习近平总书记强调，要紧扣两个关键词，即一体化和高质量，更好发挥三大作用，即先行探路、引领示范、辐射带动，做到四个统筹，即统筹科技创新和产业创新，统筹龙头带动和各扬所长，统筹硬件联通和机制协同，统筹生态环保和经济发展；重点部署了加强科技创新和产业创新跨区域协同、加快完善一体化发展体制机制、积极推进高层次协同开放、加强生态环境共保联治、着力提升安全发展能力五项任务。认识和分析长三角地区的都市圈和大都市圈，必须始终着眼于长三角一体化这一国家大战略，立足于长三角一体化这一时代大坐标。

第一节　长三角现代化都市圈的格局演化

国内都市圈建设，体现了地方探索与国家层面规划指导相统一。在长三角地区，江苏是全国最早探索都市圈建设的省份之一，在2002—2003年，就先后出台了南京、苏锡常和徐州三大都市圈规划。从国家层面的部署看，长三角地区的都市圈发展，可以分为三个阶段：第一阶段，2010年6月，国家发改委印发《长江三角洲地区区域规划》，强调建立健全泛长三角合作机制，加快南京都市圈建设，建设杭州都市圈，编制南京都市圈、淮海经济区区域规划。同年11月，浙江省政府批复《杭州都市经济圈发展规划》。2014年3月，国家发改委批复杭州都市圈经济转型升级的综合改革试点。同年8月，江苏省政府印发宁镇扬同城化发展规划。2015年7月，经国务院同意，住房和城乡建设部批复《江苏省城镇体系规划（2015—2030年）》，提出加快构建"一带二轴，三圈一极"（沿江城市带、沿海城镇轴、沿东陇海城镇轴与南京、徐州、苏锡常三个都市圈，淮安增长极）城镇化空间格局。第二阶段，2016年6月，国家发改委公布的《长江三角洲城市群发展规划》提出，着力构建"一核五圈四带"的网络化空间格局，其中一核，即发挥上海龙头带动的核心作用和区域核心城市的辐射带动作用，五圈，即推动南京都市圈、杭州都市圈、合肥都市圈、苏锡常都市圈、宁波都市圈的同城化发展。第三阶段，2019年2月国家发改委发布《关于培育发展现代化都市圈的指导意见》，明确现代化都市圈概念内涵、总体要求和推进路径。2019年12月，中共中央、国务院印发《长江三角洲区域一体化发展规划纲要》，从推动都市圈同城化和推进都市圈协调联动两个层面部署加快都市圈一体化发展。

一　从都市圈到大都市圈：长三角区域内一体化发展的尺度调整

2016年6月，国家出台《长江三角洲城市群发展规划》（以下简称《规划》），强调发挥上海龙头带动的核心作用和区域中心城市的辐射带动作用，依托交通运输网络培育形成多级多类发展轴线，推动南京都市圈、杭州都市圈、合肥都市圈、苏锡常都市圈、宁波都市圈的同城化发展，强化沿海发展带、沿江发展带、沪宁合杭甬发展带、沪杭金发展带的聚合发展，构建"一核五圈四带"的网络化空间格局（见表6.1）。其中，南京都市圈包括南京、镇江、扬州，杭州都市圈包括杭州、嘉兴、湖州、绍兴，合肥都市圈包括合肥、芜湖、马鞍山，苏锡常都市圈包括苏州、无锡、常州，宁波都市圈包括宁波、舟山、台州。

表6.1　　　　　　　　长三角城市群五大都市圈比较

都市圈名称	都市圈范围	发展重点和定位
南京都市圈	南京、镇江、扬州	提升南京中心城市功能，加快建设南京江北新区，加快产业和人口集聚，辐射带动淮安等市发展，促进与合肥都市圈融合发展，打造成为区域性创新创业高地和金融商务服务集聚区
杭州都市圈	杭州、嘉兴、湖州、绍兴	发挥创业创新优势，培育发展信息经济等新业态新引擎，加快建设杭州国家自主创新示范区和跨境电子商务综合试验区、湖州国家生态文明先行示范区，建设全国经济转型升级和改革创新的先行区
合肥都市圈	合肥、芜湖、马鞍山	发挥在推进长江经济带建设中承东启西的区位优势和创新资源富集优势，加快建设承接产业转移示范区，推动创新链和产业链融合发展，提升合肥辐射带动功能，打造区域增长新引擎
苏锡常都市圈	苏州、无锡、常州	全面强化与上海的功能对接与互动，加快推进沪苏通、锡常泰跨江融合发展。建设苏州工业园国家开放创新综合试验区，发展先进制造业和现代服务业集聚区，推进开发区城市功能改造，加快生态空间修复和城镇空间重塑，提升区域发展品质和形象
宁波都市圈	宁波、舟山、台州	高起点建设浙江舟山群岛新区和江海联运服务中心、宁波港口经济圈、台州小微企业金融服务改革创新试验区。高效整合三地海港资源和平台，打造全球一流的现代化综合枢纽港、国际航运服务基地和国际贸易物流中心，形成长江经济带龙头龙眼和"一带一路"战略支点

2019年12月，中共中央、国务院印发了《长江三角洲区域一体化发展规划纲要》（以下简称《纲要》），主要从两个方面部署都市圈建设。

一方面，从都市圈内部发展的角度，强调推动都市圈同城化。《纲要》提出提升南京、杭州、合肥、苏锡常、宁波都市圈同城化水平的两个重要着力点：基础设施一体化和公共服务一卡通。在基础设施方面，统一规划建设都市圈内路、水、电、气、邮、信息等基础设施，加强中心城市与都市圈内其他城市的市域和城际铁路、道路交通、毗邻地区公交线路对接，构建快速便捷都市通勤圈。以都市圈同城化通勤为目标，加快推进城际铁路网建设，推动市域铁路向周边中小城市延伸，率先在都市圈实现公交化客运服务。在公共服务方面，实现都市圈内教育、医疗、文化等优质服务资源一卡通共享，扩大公共服务辐射半径，打造优质生活空间。推进重点城市和都市圈防灾减灾救灾一体化、同城化。与此同时，强调都市圈内城市结构布局的变化。推动中心城市非核心功能向周边城市（镇）疏解，在有条件的地方打造功能疏解承载地。推动都市圈内新型城市建设，打造功能复合、智慧互联、绿色低碳、开放包容的未来城市。

另一方面，从都市圈外部发展的角度，强调推进都市圈协调联动，高水平打造长三角世界级城市群。这表明，长三角世界级城市群的建设，不仅是五个都市圈的简单相加，更是都市圈之间要形成新的网络联系，对长三角城市群与都市圈之间的关系作出了明确界定。第一，明确提出上海大都市圈的概念。"推动上海与近沪区域及苏锡常都市圈联动发展，构建上海大都市圈。"第二，强调都市圈之间的互动。加强南京都市圈与合肥都市圈协同发展，打造东中部区域协调发展的典范。推动杭州都市圈与宁波都市圈的紧密对接和分工合作，实现杭绍甬一体化。建设宁杭生态经济带，强化南京都市圈与杭州都市圈协调联动。第三，强调重要发展轴带、重大基础设施对都市圈的链接作用。加强淮河生态经济带、大运河文化带建设，发展环太湖生态文化旅游，促进都市圈联动发展。加强都市圈间重大基础设施统筹规划，加快大通道、大枢纽建设，提高城际铁路、高速公路的路网密度。第四，强调都市圈之间的协同治理。"加快建立都市圈间重大事项协调推进机制，探索协同治理新模式。"

根据2016年以来国家层面的战略部署和一市三省的实践，通过对比《规划》与《纲要》相关内容，可以发现，作为推动一体化发展的重要抓手，长三角都市圈的发展格局在不断地演变，都市圈发展的内涵和外延不断得到提升和拓展。从长三角城市群到长三角一体化，长三角都市圈不断向大都市圈演进，逐渐形成四大都市圈格局（见表6.2）。

表6.2　　　　　　　长三角大都市圈与都市圈范围比较

都市圈名称	都市圈范围	与长三角城市群规划中都市圈的关系
上海大都市圈	上海，江苏的苏州、无锡、常州、南通，浙江的嘉兴、宁波、舟山、湖州	包括苏锡常都市圈全部，杭州都市圈和宁波都市圈各2个城市
南京大都市圈	江苏南京、镇江、扬州、淮安和安徽马鞍山、滁州、芜湖、宣城8市，常州市溧阳和金坛2019年新加入	包括南京都市圈全部、合肥都市圈的芜湖、马鞍山，苏锡常都市圈中常州的2个县级市
杭州大都市圈	杭州、湖州、嘉兴、绍兴、衢州市，安徽省黄山市	杭州都市圈，不在长三角城市群的浙江衢州和安徽黄山两市
合肥大都市圈	合肥、淮南、六安、滁州、芜湖、马鞍山和桐城（安庆代管县级市）	合肥都市圈，不在长三角城市群的淮南、六安两市

从核心城市上海到上海大都市圈：横跨两省一市的"1+8"大都市圈。在2010年《长江三角洲地区区域规划》和2016年《规划》中重点强调上海在长三角的核心城市地位，没有提出上海都市圈的概念，提到的5个都市圈，分别是由3—4个城市组成，规模相对较小。《上海市城市总体规划（2017—2035年）》提出构建上海大都市圈，《纲要》明确提出，"推动上海与近沪区域及苏锡常都市圈联动发展，构建上海大都市圈，打造具有全球影响力的世界级城市群"，"推动上海与近沪区域及苏锡常都市圈联动发展，构建上海大都市圈"。上海大都市圈范围包括上海，江苏的苏州、无锡、常州、南通，浙江的嘉兴、宁波、舟山、湖州，构成"1+8"格局，主要由东部沿海、杭州湾北岸、长江口和环淀山湖等四大战略协同区构成，总面积超5万平方千米，人口超过7000万，经济总量超过10万亿。上海大都市圈从无到有，除南通没有明确的都市圈

归属外，其他7市与苏锡常、杭州和宁波都市圈"共享"。

南京都市圈：南京大都市圈和宁镇扬同城化双层推进。2000年7月，江苏城市工作会议提出打造以省会南京为中心的经济联合体——"南京都市圈"。2003年1月，江苏省政府批准《南京都市圈规划（2002—2020）》，成员城市为江苏的南京、镇江、扬州、淮安和安徽的马鞍山、滁州、芜湖、宣城八市。《长江三角洲城市群发展规划》给出的南京都市圈范围是宁镇扬三地，但在实际运作的过程中，南京等地近年来一直在推动跨越苏皖两省的南京大都市圈建设，成员城市为江苏的南京、镇江、扬州、淮安和安徽的马鞍山、滁州、芜湖、宣城八市。2019年7月，南京江北新区管委会和盱眙县政府签署合作共建宁淮特别合作区协议。2018年12月，南京都市圈通过《南京都市圈一体化高质量发展行动计划》。2019年8月，南京都市圈扩容，常州下属的溧阳市和金坛市加入，总面积6万平方千米，2019年常住人口超过3500万，地区生产总值近4万亿元。国家发改委编印的《国家新型城镇化报告（2019）》，在都市圈篇给出了6个案例，第一个就是南京都市圈（大口径）。

以南京都市圈为例。根据范围的大小，存在着三个层面、三个意义上的南京都市圈。第一个层面：长三角城市群发展规划中的南京都市圈。2006年11月，江苏省党代会首次提出构建"宁镇扬经济板块"，2014年省政府颁布实施《宁镇扬同城化发展规划》。2016年，《长江三角洲城市群发展规划》明确南京都市圈的范围，包括南京、镇江、扬州三市。第二个层面：国家发改委批复规划的南京都市圈主要区域。主要包括南京和江苏镇江、扬州、淮安和安徽芜湖、马鞍山、滁州、宣城的部分区域，面积2.7万平方千米。第三个层面：国家发改委批复规划的南京都市圈拓展区域。这个更接近近年来在着力推动的实际意义上的南京都市圈。2020年12月5日，南京都市圈党政联席会议审议通过《南京都市圈城市发展联盟章程（修订稿）》，宣布吸纳溧阳市、金坛区加入南京都市圈。至此，南京都市圈形成了目前的"1+7+2"格局，包括南京、镇江、扬州、淮安、芜湖、马鞍山、滁州、宣城8市全域及常州市金坛区和溧阳市，总面积6.6万平方千米，在国家发改委批复的规划中被称为规划拓展区域。南京都市圈的主要区域与规划拓展区域范围，分设区市比较如表6.3所示。

表6.3　　　　　　　　南京都市圈的主要区域与规划拓展区域

市	都市圈主要区域	规划拓展区域
南京	南京全域	
镇江	京口区、润州区、丹徒区和句容市	丹阳市、扬中市
扬州	邗江区、广陵区、江都区和仪征市	高邮市、宝应县
淮安	盱眙县	清江浦区、淮阴区、淮安区、洪泽区、涟水县、金湖县
马鞍山	花山区、雨山区、博望区、和县和当涂县	含山县
滁州	琅琊区、南谯区、来安县和天长市	明光市、全椒县、定远县、凤阳县
芜湖	镜湖区、弋江区、鸠江区	湾沚区、繁昌区、无为市、南陵县
宣城	宣州区	宁国市、广德市、郎溪县、泾县、绩溪县、旌德县
常州		金坛区、溧阳市
总计	1（11）市+22市辖区（市县）	27个县（市区）

从"1+7+2"到"1+22"，体现了都市圈建设和发展理念的变化。作为中心城市协作的重点，当然包括与周边设区市的协作，但协作的重点已经由设区市层面下移到县区层面，都市圈构成的单位发生了变化。都市圈的划定范围，更加注重城市自身发展的机理，没有过多地考虑行政区划的因素。或许因为镇江的丹阳市、扬中市和扬州的高邮市、宝应县距离南京主城区相对较远，原本在长三角城市群规划中同属于南京都市圈的宁镇扬地区也没有全部被纳入。

二　现代化都市圈：在"发展落差"中拓展"发展空间"

从《中国统计年鉴·2020》2019年年底数据看，长三角地区发展落差还是比较明显的。从省级层面看，沪苏浙人均GDP均超10万元，其中上海15.73万元，而安徽为5.85万元，仅相当于上海的37%、全国平均水平的82.5%。从城市层面看，在14个非中心区城市中，有11个人均GDP低于全国平均水平，其中阜阳、亳州、六安、宿州等均不足全国平均水平的一半。正是发展落差的存在,为长三角一体化和经济内循环提供了较大的空间。如果说,长期以来,长三角地区改革开放起步较早,敢于探索、善于争先,能够先人一步、快人一筹,赢得了改革开放发展的时间红利,那么,新时代高质量发展,不但需要时间上的抢先、速度上的率先,继续争取时间红利,更需要空间上的重塑、质量上的提升,通过加速内循环,实现不同发展空间之间的贯通和重组,释放更多的空间治理红利,形成长三角高质量一体化发展的新动能。

党的十九届五中全会指出,发挥中心城市和城市群带动作用,建设现代化都市圈。在长三角地区,传统都市圈往往是小尺度、紧密型的,通常由几个体量相近的毗邻城市组成,经济外向度普遍较高,更多的是同质化合作,都市圈覆盖的范围较小,有限的发展落差难以形成强大的发展势能。作为近年来兴起的上海大都市圈、南京大都市圈、杭州大都市圈和合肥大都市圈等都市圈,不断突破自身的边界向外拓展,甚至跨越省界,在强调区域之间差异的同时更加强调优势互补,有利于提振内需、扩大消费,有利于加快构建以国内大循环为主体国内国际双循环,重塑高质量发展的动力系统,推动形成高质量的区域发展布局。后发地区如果能够抢占新窗口的先机,后来居上,便会形成新的发展高地。这既是中心城市提高自身发展能级的现实需要,更是担负国家使命、为欠发达区域高质量发展赋能的需要。现代化都市圈,作为推动长三角区域一体化发展的重要单元,就是把"发展落差"拓展成新的"发展空间"的重要单元。在长三角区域,要实现高质量一体化发展,必须树立一盘棋意识,充分发挥上海、南京、杭州和合肥等大都市圈的作用,优化中心城市发展结构,为欠发达地区赋能,进一步强化高质量发展高效能治理高品质生活的战略指向。

(一)以推动形成高质量的区域布局为鲜明特色,把现代化都市圈打造成高质量的发展空间

"十四五"时期经济社会发展要以推动高质量发展为主题,现代化都市圈是高质量发展的排头兵和主阵地。现代化都市圈,要以城市空间布局调整为基础,以产业链的优化调整为重点,统筹中心城市与支点城市、粮食生产与生态安全、城市发展与乡村振兴,加速经济内循环,打造高质量发展的强磁场。跳出都市圈一体化就是同质化思维,发挥各个区域

的比较优势，促进各类要素合理流动和高效集聚，增强创新发展动力，加快构建现代化都市圈高质量发展的动力系统，实现开发空间利用效益的最大化。通过长三角现代化都市圈建设，把各自独立发展、整体无序发展的都市圈，转化为分工合理、相互贯通的发展共同体，多维度多形态推动新型城市化和以人为中心的新型城镇化，在全国发展大局中有更多担当。

（二）以实现国家治理体系治理能力现代化为显著标识，把现代化都市圈打造成高效能的治理空间

现代化都市圈，是探索推进国家治理体系和治理能力现代化的理想空间载体。培育发展现代化都市圈，关键是破除行政壁垒和跨区域治理阻隔，强化都市圈内不同的城市之间在治理上的分工合作与协同，推动不同行政主体之间治理政策的接轨，形成跨区域的空间治理体系。长三角都市圈建设，要引入团队合作理念，强化都市圈内不同的城市之间的分工合作与协同，形成高效有机的发展共同体。现代化都市圈，不是不同城市之间联盟形成的自组织，需要建立高位组织领导机制和中心城市牵头的协调推进机制，将以政府为主导的层级治理更多地转向政府间合作治理，由单一的行政手段更多地转向经济社会和法律手段，形成在契约合作下的协同治理，实现发展的帕累托最优。推动省级治理的重点，从设区市点上的治理向不同设区市之间的组团治理特别是现代化都市圈治理转变。

（三）以满足人民日益增长的美好生活需要为价值依归，把现代化都市圈打造成高品质的生活空间

"十四五"时期经济社会发展，要以满足人民日益增长的美好生活需要为根本目的，解决好发展不平衡不充分的问题。人民生活高品质，是现代化都市圈建设的价值追求，也是都市圈内涵建设的重要体现。要统筹生活生产生态布局，实现都市圈范围内资源要素的优化配置，是培育现代化都市圈的重要内容。要以通勤便利化和公共服务均等化为主要标志，让都市圈欠发达城市和地区的人民，能够共享改革发展的成果，共享幸福生活。调查表明，都市圈是近年来人口的主要流入地，培育发展现代化都市圈，有利于缓解大城市病，让更多有理想有抱负的青年人更好地解决"一二线城市容不下肉身，三四线城市放不下灵魂"的难题，

在就业质量和生活质量之间找到平衡。

三 充分发挥硬核作用，以大都市圈推动长三角一体化发展

长三角一市三省共41个城市，其中中心区城市27个。以上海和苏浙皖省会为核心城市的上海、南京、杭州、合肥4大都市圈，共涉及26个地级市，其中常州、湖州、嘉兴、芜湖、马鞍山、滁州6个城市出现在双都市圈中；盐城、泰州、温州、金华、台州、铜陵和池州等主要集中在江苏北部、浙江和安徽南部的7个城市，虽然被纳入长三角中心区却没有被纳入4大都市圈；淮安、衢州、黄山、淮南、六安、蚌埠6个不在中心区的城市却被纳入4大都市圈。

第一，坚持拓展外延与丰富内涵相结合，以更强的内核引领长三角一体化。当前长三角大都市圈建设，扩容的趋势明显，呈现以上海为中心，以省会城市为支点向四周溢出的指向。无论是向外溢出，还是向内嵌入，都表明一体化发展范围在拓展，跨省都市圈互嵌是促进长三角三省一市跨省域合作的重要方式之一。与此同时建设现代化都市圈，要防止贪大求多、尾大不掉，控制合理的规模，既要注重画好大都市圈的写意画，更要注重画好小都市圈的工笔画，把重点放在都市圈质量提升上，增强都市圈引领长三角一体化发展的"核动力"。

第二，坚持内部互动与外部互嵌相结合，以更密的节点支撑长三角一体化。实现长三角高质量一体化，需要有更多的节点支撑。一方面，要加强都市圈内中心城市与支点城市的互动，建设更多的强支点；另一方面，要充分发挥长三角地区城市密集、大都市圈之间互嵌的特征，建设一批反磁力中心，防止都市圈结合部"塌陷"。重视都市圈互嵌城市的战略地位，充分发挥其战略叠加优势，把长三角中心区6个具有双重都市圈属性的城市打造成不同都市圈之间紧密联系的锲子和铆钉，从而放大都市圈边缘地区的发展优势，促进不同都市圈之间的链接和融合。更加注重都市圈空间结构的开放性，走出非此即彼的误区，突破都市圈柔性边界，在多个维度、多个领域加强都市圈内城市之间以及都市圈之间的合作。未被纳入4大都市圈的7个城市，一方面可以更加积极主动地对接中心城市，另一方面可以通过组建更加灵活的都市圈实现整体对接。

第三，坚持空间重组与动力重塑相结合，以更优的机制赋能长三角一体化。习近平总书记指出，发展落差往往是发展空间。都市圈是通过空间治理，实现中心城市、节点城市和周边欠发达地区发展的平衡，实现城市与乡村、产业发展区和生态保护区之间的平衡。要通过培育和发展跨省域的现代化大都市圈，对长三角地区发展进行空间重组、格局重构、动力重塑，实现从时间红利到空间红利的转变。重塑长三角发展新优势新动能，既要打通省际和地区边际的断头路、瓶颈路，更要打通产业发展、社会事业、统一市场等领域看不见的区域壁垒，提高政策和机制的协同性，推动一系列的转变：在价值取向上从速度情结到质量关切的转变，在硬件连通上从道路断头到主动接轨的转变，在产业发展上从同质竞争到优势互补的转变，在要素流动上从市场分割到统一市场的转变，在体制机制上从行政壁垒到政策协同的转变，在文化认同上从"你我对立"到"我们一起"的转变。按照国务院发展研究中心原副主任刘世锦估算，进入中速增长期后，今后5—10年，我国经济最大的结构性潜能就是都市圈和城市群加快发展，每年能够为中国经济增长提供至少0.5—1个百分点的增长动能，为今后相当长一个时期中速高质量发展提供有力支撑。

第四，坚持都市圈引领与发展轴带驱动相结合，以更大的格局推动长三角一体化。建设现代化都市圈，不仅仅要强调都市圈内部的协同，把篱笆墙由城市边界外移到都市圈边界，更是要注重都市圈之间的协调协同，都市圈与发展轴带之间的联动，把点和线结合起来，推动整个长三角面上的一体化。要根据中央部署和《纲要》要求，加强都市圈间合作互动，高水平打造长三角世界级城市群，实现"一极三区一高地"战略目标。要推动上海与近沪区域及苏锡常都市圈联动发展，构建上海大都市圈；加强南京都市圈与合肥都市圈协同发展，打造东中部区域协调发展的典范；建设宁杭生态经济带，强化南京都市圈与杭州都市圈协调联动；加强淮河生态经济带、大运河文化带建设，发展环太湖生态文化旅游，促进都市圈联动发展。同时，加快建立都市圈间重大事项协调推进机制，探索协同治理新模式，推动国家和长三角地区治理体系和治理能力现代化。

第二节　上海大都市圈空间协同规划引领

一　上海大都市圈的基本情况和主要特征

上海大都市圈空间协同规划的范围包括上海、无锡、常州、苏州、南通、宁波、湖州、嘉兴、舟山在内的"1+8"市域行政范围，陆域总面积5.6万平方千米，海域面积4.7万平方千米。

上海大都市圈空间协同规划是"1+8"城市合作协商的共同契约，经各城市共同编制、认定、实施，作为指导都市圈协同发展的行动纲领。规划成果经领导小组审议后，最终成果由两省一市政府联合印发。上海大都市圈空间协同规划与其他都市圈规划的不同有以下几个方面：

第一，新时代全国第一个跨省域的国土空间规划。尽管国家发改委已经批复了6个都市圈规划，但上海大都市圈空间协同规划仍然是第一个。其他规划都是发展规划，需要国家发改委批复后由省级人民政府印发（跨省的都市圈，省级政府联合印发），上海是空间协同规划，规划编制的牵头部门，是自然资源部门而非发改部门，规划编制完成后向国家自然资源部备案。

第二，唯一的一个以大都市圈命名的规划。在国家发改委明确限制都市圈的规模，一般把都市圈的范围控制在2万多平方千米背景下，上海大都市圈，以上海市建设卓越全球城市为底气，基于长三角一体化的大背景，基于考虑区域重大的资源要素协同，综合考虑太湖等重要生态系统协同的需求，并结合规划实施的可操作性及苏浙两省的意见，由之前的"1+6"拓展到"1+8"的空间格局，将环太湖的常州和湖州纳入，陆域总面积5.6万平方千米，其面积范围大约是国家发改委批复都市圈的2倍。

第三，中心城市牵头、有关部门和地市分工负责编制规划。坚持开门规划原则。工作组织上，两省一市联合组建上海大都市圈空间规划协同的领导与组织机构，成立上海大都市圈空间规划协同工作领导小组、上海大都市圈空间规划协同指导委员会及专家咨询委员会。规划组织上，坚持多部门共同协作，由上海市规划和自然资源局会同市发改委总牵头，上海市8个委办局及其他地市人民政府共同牵头各项行动研究，最大限度凝聚各地各方共识。

第四，具有世界视野、国家担当、争先领先的规划。全国首个跨区域、协商性的国土空间规划，并未经国家部委"批复同意"，也非传统法定规划，而是一种"共同契约"，经各城市共同编制、认定、实施，是指导都市圈协同发展的行动纲领。

第五，规划的内容更加聚焦，重点更加突出。相较于其他现代化都市圈规划，上海大都市圈规划连接上海的特色更加鲜明，创新、流动、生态、人文的重点更加突出。

二 上海大都市圈的空间协同

（一）多层次功能体系

建设卓越的全球城市区域，成为更具竞争力、更可持续、更加融合的都市圈，全球领先的创新共同体，畅达流动的高效区域，和谐共生的生态绿洲，诗意栖居的人文家园。五个新城打造成独立的综合性节点城市，作为上海大都市圈的第一圈层，如表6.4所示。

表6.4　　　　　上海大都市圈多层次功能体系

类型	数量	范围	定位
顶级全球城市	1	上海市区（范围包括黄浦、徐汇、长宁、静安、普陀、虹口、杨浦、闵行、宝山、浦东新区10个区级行政单元）	在全球各领域达到一流水平
综合性全球城市	3	苏州市区、宁波市区、临港新片区	与上海共同组织全球核心功能，携手迈向全球城市"第二方阵"
专业性全球城市	6	无锡、常州、南通、嘉兴、湖州、舟山	在专业领域发挥国际影响力
全球功能性节点	12	上海：嘉定区、松江区、青浦区、奉贤区（南汇区） 江苏：江阴市、昆山市、常熟市、张家港市 浙江：余姚市、慈溪市、嘉善县、桐乡市	承担全球特色功能

续表

类型	数量	范围	定位
全球功能支撑性节点	19	上海：金山区、崇明区 江苏：宜兴市、溧阳市、太仓市、如东县、启东市、如皋市、海安市 浙江：象山县、宁海县、海盐县、海宁市、平湖市、德清县、长兴县、安吉县、岱山县、嵊泗县	服务本土，为全球城市及节点提供有力支撑

在规划的3个层级的全球城市中，共有10个城市，除"1+8"城市外，还有临港新片区，与苏州市区、宁波市区并列，作为综合性全球城市。规划中有四处重点提到了临港，临港新城的城市能级、高新产业、航运功能进一步得到提升。

第一，关于临港发展的问题。目前，都市圈内轨道枢纽进入重点功能板块的比例仅为1/3左右，包括上海自贸试验区临港新片区等在内的许多重要地区还没有轨道枢纽进入。

第二，关于临港发展的目标。"集聚海内外人才开展国际创新协同的重要基地、统筹发展在岸业务和离岸业务的重要枢纽、企业走出去发展壮大的重要跳板、更好利用两个市场两种资源的重要通道、参与国际经济治理的重要试验田。"重点加强生产性服务业、科技创新、文化交流，建设世界一流滨海城市乃至国际上公认竞争力最强的产城融合型自由贸易港城。

第三，关于临港产业科技创新。将临港滴水湖作为都市圈14个支撑自主创新发展的知识集群之一。围绕上海临港、闵行紫竹两大核心基地，以中国商飞为依托，形成国产大飞机的自主创新、研发及集成制造。

第四，关于临港交通枢纽功能。共建分工协作的世界级港口群，做大做强上海国际航运中心集装箱枢纽港。强调上海市区与临港新片区联动发展，推动现代航运服务。

(二) 构建紧凑开放的网络型空间结构

匹配全球城市区域多中心格局，规划构建"紧凑开放的网络型"空间结构，提出廊道引领、网络流动、板块协作三大核心理念，以空间模式转型推动更高质量发展。

上海大都市圈规划建设突出廊道引领（见表6.5）。培育"4+3"七条区域发展廊道，作为引领区域要素集聚与紧凑发展的空间骨架、串联关键节点的核心载体。实现紧凑发展，其中沪宁、G60、沪湖、杭甬为区域创新廊道，宁杭、沿江沿海、通苏嘉甬三条区域特色功能廊道。引导创新要素向区域创新廊道集聚，促进沿线城市节点间形成要素自由流动、链条紧密互动的创新共同体。聚焦生态经济、航运贸易、智能制造等领域，引导特色功能要素集聚与流动。

表6.5　　　　　　　　　　上海大都市圈廊道引领

名称	发展重点
沪宁产业创新走廊	进一步加强基础创新要素集聚，共建具有全球影响力的科技产业创新中心和具有国际竞争力的先进制造业基地
G60科创走廊	强化模式创新的引领作用，打造科技创新和制度创新双轮驱动、产业培育和城镇建设融合发展的先行先试廊道
沪湖发展走廊	重点完善区域交通网络支撑，培育创新策源，强化绿色智造等新兴经济功能，打造高端平台集聚、产城深度融合的发展走廊
杭甬发展走廊	强化智能制造与创新服务功能，搭接杭州数字创新与宁波应用转化的互补优势，促进沿线城市与平台协同联动
宁杭生态经济走廊	发挥绿色发展示范作用，重点培育新兴经济与生态旅游功能，引导创新要素向风景地区集聚，打造生态环境优美、创新活力迸发的发展走廊
沿江沿海发展走廊	集聚国际航运、自贸服务、海洋产业、智能制造功能，引领海陆全方位开放，促进自贸区、国家级新区联动
通苏嘉甬发展走廊	强化综合服务、新兴产业功能集聚，促进环沪核心城市之间的多向流动与协作，培育高端智能制造产业集群

上海大都市圈规划建设强调交通网络流动（见表6.6）。完善南沿江、北沿江、环杭州湾、沪通—沪甬、西太湖、常泰六条次级发展走廊与交通网络，作为多中心、多节点的联系支撑，促进更广泛的交流合作。完善多层次的区域交通网络，支撑资源要素的多向流动，以都市圈轨道为重点，覆盖次区域及下位空间层次。

表6.6　　　　　　　　上海大都市圈交通网络流动

名称	发展重点
南沿江发展走廊	以城际铁路为基础，打造复合型的沪宁第二通道，集聚先进制造、新兴产业功能
北沿江发展走廊	重点建设生态城镇带，带动长江北岸绿色发展与产业升级
环杭州湾发展走廊	强化湾区产业平台协作，加强交通联通和综合枢纽建设，培育智能制造、国际航运、自贸服务功能
沪通—沪甬发展走廊	加快跨江、跨湾交通通道建设，培育先进制造与专业服务功能
西太湖发展走廊	以盐泰锡宜城际、无锡市域铁路为依托，加强太湖生态共保与旅游链接，培育休闲、康养等新兴经济功能
常泰发展走廊	重点提升区域能级，完善跨江轨道交通支撑，加速区域产业、创新要素集聚促进常州长三角中轴枢纽建设

（三）四大战略协同区

板块协作划分环太湖区域、淀山湖战略协同区、杭州湾区域、长江口地区，以及沿海地区五大战略协同区，聚焦战略资源与跨界问题，深化一体化策略机制，实现开放互动。在五大战略协同区的构成上，除环太湖战略协同区没有上海之外，其他四个战略协同区都有上海不同的区域发挥引领作用（见表6.7）。

表6.7 上海大都市圈四大战略协同区

名称	总面积	目标	生态方面	创新方面	人文方面	交通方面
环太湖战略协同区	1.3万平方千米,包含苏州、无锡、常州、湖州的16个县(市、区)	共建人与自然和谐共处的世界级魅力湖区	共守生态底线,以水质重回20世纪80年代为目标,共建绿色湖区	加快建设环太湖科创圈,打造具有国际竞争力的科技创新中心	保护历史文化遗产,彰显差异化文脉与空间特色,塑造多姿多彩的活力湖区	填补环湖轨交线网短板,打造多级环湖快速通道
淀山湖战略协同区	0.3万平方千米,包含上海、苏州、嘉兴的4个县(市、区),分别为青浦区、吴江区、昆山市、嘉善县	共塑独具江南韵味与水乡特色的世界湖区,打造世界级滨水人居文明典范	共保天蓝水清的湖畔家园,建设清水走廊与品质水系空间	共营临沪发展的创新高地,构建联动式、差异化的创新小镇网络	共筑人文宜居的江南水乡,营造都市近郊游的"世界慢湖区"	共建快到慢行的零界地区,构建多层次轨道网及区域水上游、骑行示范区
杭州湾战略协同区	0.82万平方千米(陆域),包含上海、嘉兴、宁波的10个县(市、区)	共建生态智慧、开放创新的世界级湾区	强化杭州湾近海生态治理,建立统一的排海标准与产业负面清单	强化湾区自主创新,共建智能制造产业集群,促进国际开放平台联动	推动未来城市建设试点,举办先锋活力的国际活动,塑造湾区共同品牌	共建枢纽链接的高效网络,加快沪甬通道、沿湾轨道的建设统筹

续表

名称	总面积	目标	生态方面	创新方面	人文方面	交通方面
长江口战略协同区	1.34万平方千米,包含上海、南通、苏州、无锡、常州的13个县(市、区)	共保世界级绿色江滩	严控污染源,联通地区生态廊道,预留候鸟廊道和水生生物洄游通道,控制岸线开发强度	巩固绿色化工、重型装备等优势产业,加速集聚生物医药、智能装备、新能源产业	建设沿江绿道系统,举办各类赛事,提升地区影响力	加快跨江通道建设,加强南通新机场与上海两机场之间的交通联系
沿海战略协同区	1.84万平方千米(陆域),包含上海、南通、宁波、舟山的17个县(市、区)	共塑世界级蓝色海湾	严控海水污染,共建滨海生态带,推进海洋生态修复	强化海工装备智造升级,整合沿海绿色石化产业,培育海洋科研创新源	培育海洋旅游品牌,共营魅力岛链	推进沿海交通走廊贯通

层级传导建立"大都市圈(全域)—战略协同区(次分区)—协作示范区(区县级)—跨界城镇圈(镇级)"四层级的空间协同框架,聚焦不同空间尺度协同重点,围绕创新、交通、生态、人文四类关键协同要素,指引协同规划编制与系统行动实施。

(1)大都市圈(全域)层级上海大都市圈层级重点在确立总体战略愿景,搭建整体发展框架,确定创新、交通、生态、人文要素协同的目标与策略。

(2)战略协同区(次分区)层级战略协同区层级重点聚焦都市圈重大战略空间资源,研究编制五大次分区规划,凝聚发展共识;深化创新、交通、生态、人文一体化行动,建立共建共治的协同机制。

(3)协作示范区(区县级)层级在战略协同区的基础上,以区县(市)为基本单元,培育10个协作示范区。共同研究编制规划,落实战略协同区的重点任务与行动,深化一体化项目布局,强化创新、交通、生态、人文跨界建设衔接。在临沪地区培育6个协作示范区，作为提振跨界地区发展的重要抓手。"崇启海"协作示范区共塑世界级生态岛；"嘉昆太"协作示范区打造长三角创新核心圈；"青吴嘉"协作示范区建设长三角生态绿色一体化示范区；"松金嘉平"协作示范区打造长三角智慧魅力城镇圈；"金余慈平"协作示范区共建长三角沪浙合作引领区；"沪舟甬"协作示范区共建世界级港口自贸大平台。在非临沪地区培育4个协作示范区，推广跨界合作模式，包括苏锡、锡宜常、吴南、江张等，实现高质量协作发展。

（4）跨界城镇圈（镇级）层级在协作示范区基础上，以镇为基本单元，培育13个跨界城镇圈，予以综合发展型、特色提升型、生态主导型三类建设引导。综合发展型聚焦城乡统筹与跨界协调，强化公共服务配置，促进产城融合；特色提升型突出特色产业与生态宜居功能；生态主导型聚焦城乡服务、农林保护、旅游休闲等功能。

（四）协同推进的四个维度

分别从创新、流动、生态、人文四个维度展开，重点突出，体现了空间协同特征（见表6.8）。

表6.8　　协同推进的四个维度之目标、分目标及具体路径

目标	分目标	具体路径
建设卓越的全球城市区域 成为更具竞争力、更可持续、更加融合的都市圈	共塑全球领先的创新共同体	打造全球领先的多元知识集群
		共建世界级高端制造集群体系
		完善优化都市圈产业创新机制
	共建畅达流动的高效区域	构建大都市圈城际"一张网"
		打造极具竞争力的世界级枢纽体系
		连通低碳魅力的绿色交通网络
	共保和谐共生的生态绿洲	推动绿色、低碳、可持续发展
		营造更高品质的区域环境
		锚固更稳定的生态空间网络
		构建更韧性的安全保障系统
		建立联防联治的协同保障机制
	共享诗意栖居的人文家园	塑造国际品质、江南韵味的栖居典范
		建设魅力彰显的旅游圈与精品游线
		举办丰富多彩的世界品牌活动

(五) 明确协同推进的体制机制

一是明确规划认定实施和评估维护机制。建立城市间的长期协作、定期沟通机制。空间协同规划由各城市政府开展实施，组织下层法定规划编制，相关部门按法定程序审批各类行动项目。因此，为保障规划实施有序推进，在领导小组领导下进一步建立城市长效对话机制。一方面，定期召开协同工作领导小组会议，对规划实施中重大事项进行讨论和决策；另一方面，由领导小组办公室组织，对具体规划事务进行技术指导和工作协调。建立区域规划成果信息共享机制，由领导小组办公室牵头设立"1+8"城市共建规划资源信息服务平台，并进行及时更新、动态维护。领导小组定期组织开展规划实施评估与维护工作，形成动态反馈机制。结合规划评估结果，可由两省一市规划主管部门提出，并经领导小组同意，动态调整大都市圈范围，开展空间协同规划的滚动编制。

二是建立开放式的实施协商机制。推动区域规划协同政策与治理架构创新。上海大都市圈范围内各层级的协同地区根据空间协同规划层级传导的要求，组织编制空间协同规划，深化专项规划。同时，鼓励多层级主体根据地方实际发展诉求，自下而上主动协同，自发协商编制各类跨界地区空间协同规划、发展规划、专项规划等，统筹跨区域发展相关事宜。充分发挥已有各类合作机构的作用，并鼓励多层级协同主体探索多样化的协商机制。以长江三角洲现有一体化发展机构和机制为基础，借鉴现有跨行政区协调的工作组织经验，因地制宜探索工作组织和合作机制，完善联席会议制度。跨界地区协同规划具体审议和认定形式根据实际工作需要确定。鼓励创新跨界地区协同规划的实施办法，制定各类跨界行动纲领，进一步形成规划实施和监督的操作细则、技术导则，签订政府间战略合作协议、项目备忘录等。

三是探索多元主体参与实施机制。上海大都市圈空间协同规划不仅是各市政府的共识共认，更是身在其中的所有居民、所有企业与组织的共同愿景。鼓励多元主体参与实施，不断激发专家智库、市场主体、公共组织、市民群众的参与积极性，共同缔造"卓越的全球城市区域"。邀请各行业专家及智库，共谋上海大都市圈发展。鼓励不同专业背景的学者合作成立顾问小组、专家智库等，通过开展独立研究、联合发布研究报告、举办专题会议等多种形式，共同为上海大都市圈发展提供智力支持、建言献策。鼓励第三方智库长期跟踪区域发展情况，对上海大都市圈发展方向提出建议与倡导。支持上海大都市圈各行业企业建立联盟、协会、商会等伙伴关系，建立行业发展标准，交流产业发展经验，举办行业区域协同发展论坛。鼓励跨界主体相互建立联系机制，举办行业会议或主题论坛，强化市场主体的意见表达与交流合作。支持有远见的市场主体联合成立投资开发机构和发展基金，支持上海大都市圈重点项目建设。积极与公共组织等合作伙伴开放讨论，与其共享上海大都市圈研究成果，共话上海大都市圈发展。鼓励社会非营利组织发挥桥梁作用，举办或参与相关主题论坛，共评上海大都市圈的热点话题，形成专题报告，对上海大都市圈的发展建设积极建言。促进各年龄段人群了解规划、支持规划，加强"上海大都市圈人"的价值认同，树立主人翁意识，提高全社会的规划参与度，推动每一个在上海大都市圈居住、工作、学习的人了解规划、参与建设，并通过信息平台、宣传册、新媒体等方式表达意愿、了解动态、提出建议。

第三节 长江经济带和宁杭带生态经济带协同

推动长江经济带高质量发展是关系国家发展全局的重大战略，需要高度的协同。宁杭生态经济带作为长三角一体化的重要内容、链接南京都市圈和杭州都市圈的重要纽带，需要增强建设过程的协同。

一 协同推动长江经济带江苏段高质量发展[①]

2016年以来，习近平总书记先后在重庆、武汉、南京、南昌主持召开长江经济带发展座谈会，座谈会的名称从推动、深入推动、全面推动到进一步推动，彰显了总书记在推进长江经济带绿色发展上"久久为功，一张蓝图绘到底"的治国理政方略。2016年1月，总书记在重庆提出，统筹各地改革发展、各项区际政策、各领域建设、各种资源要素，把长江经济带建设成为我国生态文明建设的先行示范带、创新驱动带、协调

[①] 参见笔者《协同联动推动长江经济带高质量发展》，《新华日报》2022年4月11日第12版。

发展带；沿江省市要在思想认识上形成一条心，在实际行动中形成一盘棋，共同努力把长江经济带建成生态更优美、交通更顺畅、经济更协调、市场更统一、机制更科学的黄金经济带。这次会议，确立了长江经济带坚持生态优先、绿色发展的战略定位，形成了共抓大保护、不搞大开发的战略导向。2018年4月，在武汉，总书记强调正确把握整体推进和重点突破、生态环境保护和经济发展、总体谋划和久久为功、破除旧动能和培育新动能、自身发展和协同发展等关系，深刻理解实施区域协调发展战略要义、完整准确落实区域协调发展战略，完善省际协商合作机制，清理阻碍要素合理流动的地方性政策法规。2020年11月，在南京，总书记站在"两个一百年"奋斗目标历史交汇点，系统谋划新发展阶段长江经济带"五新三主"的新战略使命，其中就包括打造区域协调发展新样板，要求加强协同联动，推动上中下游地区的互动协作，增强各项举措的关联性和耦合性。2023年10月，在南昌，总书记强调要完整、准确、全面贯彻新发展理念，坚持共抓大保护、不搞大开发，坚持生态优先、绿色发展，以科技创新为引领，统筹推进生态环境保护和经济社会发展，加强政策协同和工作协同，谋长远之势、行长久之策、建久安之基，进一步推动长江经济带高质量发展，更好支撑和服务中国式现代化。

  2014年12月14日，习近平总书记视察江苏，明确要求江苏做好区域互补、跨江融合、南北联动大文章，加快苏北地区发展，提高区域均衡发展水平。在推进长三角一体化的过程中，要主动服务和支持上海发挥龙头作用，加强同浙江的两翼联动，更好辐射和带动安徽发展，加强同长江中上游地区协作配合，推动长江经济带建设。2020年11月12日至13日，习近平总书记先后来到江苏南通、扬州等地考察长江经济带建设情况，强调要贯彻新发展理念，转变发展方式，优化发展思路，实现生态效益和经济社会效益相统一，走出一条生态优先、绿色发展的新路子，为长江经济带高质量发展、可持续发展提供有力支撑，并赋予江苏"争当表率、争做示范、走在前列"光荣使命。总书记的系列重要指示，既为江苏区域协调发展和现代化建设指明了前进方向，又对江苏参与长三角一体化和长江经济带国家战略提出了明确要求。为深入贯彻总书记重要指示精神，2021年11月，江苏省第十四次党代会强调，更大力度推进全省区域协调发展，更高质量推动长三角一体化发展；坚持生态优先绿色发展、推动长江经济带高质量发展。2022年3月,江苏省推动长江经济带发展领导小组会议要求,坚持问题导向、目标导向、结果导向相结合,持之以恒共抓大保护、不搞大开发,坚定不移推动长江经济带江苏段生态优先绿色低碳高质量发展。

推动长江经济带高质量发展,需要牢记"国之大者"、抓好"千秋大计",以更高站位、更实举措,多方联动、内外协同,更加积极主动做好区域协调发展"一盘棋"这篇大文章的江苏篇章。

一要增强战略导向协同。把江苏区域发展战略,放在《长江经济带发展规划纲要》确立的"一轴、两翼、三极、多点"发展新格局中谋划。要以长江黄金水道为依托,强化沿江绿色发展轴的引领带动作用,着力推动北翼沪蓉运输通道壮大,增强腹地重要节点城市人口和产业集聚能力。从目前看,沪蓉高速公路江苏段主要在长江南岸,随着江苏现代综合交通运输体系加快推进,地区间重大交通基础设施落差将逐渐缩小,特别是北沿江高铁开工建设和通勤性过江通道加密,扬子江南北两岸将逐步形成"高铁环""高速环""快速干线环""城际环",长江经济带下游北翼的重心也将由长江南岸拓展到长江两岸。要以建设北沿江高铁为契机,充分发挥南京江北新区、泰州和通州湾分别是长江经济带的创新支点、江苏高质量发展中部支点城市、江苏新的出海口和长江经济带战略支点作用,将北沿江协同发展上升为省级层面的重大战略,打造江苏参与区域协调发展新优势,进一步提升长江经济带下游和长三角北翼的能级,与打造长三角金南翼的浙江形成呼应之势。

二要增强绿色低碳协同。坚持系统化思维,不仅要将生态优先、绿色发展作为沿江地区的发展要求,也要作为江苏省域全境高质量发展的鲜明导向,把长江生态环境保护治理作为全省生态文明建设的主轴,加大长江保护法落实执行力度,全面探索生态优先、绿色发展路子,实现底色相同、特色鲜明的高质量发展,在建设人与自然和谐共生的现代化上走在前列。加强生态廊道和生态带、生态圈建设,重点打造沿江、沿淮"两横"轴、沿运河、沿海"两纵"轴,统筹推进淮河生态经济带、宁杭生态经济带和环太湖世界级生态湖区、环淀山湖绿色发展协同区等,通过共商、共护、共建、共享,增强江苏生态吸引力,塑造江苏生态大品牌。

三要增强区域城市协同。按照政策精准化、措施精细化、协调机制化的要求，更高水平推进"1+3"重点功能区建设，更高质量推动长三角一体化发展，着力提升扬子江城市群发展水平，努力把沿江地区打造成全省现代化建设先行带、引领带。增强南京、苏州、徐州等中心城市对周边地区辐射带动能力，促进沿淮区域与长江经济带联动发展，培育建设南京、苏锡常、徐州等现代化都市圈。充分借力加密过江通道等重大基础设施建设，推进锡泰合作，加快常泰融合，规划建设锡常泰都市圈，促进扬子江城市群和江苏中部崛起，形成中心城市辐射都市圈、都市圈引领城市群、城市群带动江苏区域高质量发展的空间动力系统。

四要增强创新创造协同。把需求牵引和供给创造有机结合起来，创新完善南北发展帮扶合作机制，支持苏南苏中苏北围绕全产业链分工协作、优势互补、协同发展。以G40高速公路沿线和江北新区、扬州、泰州、南通市区连线为重点开发区域，规划打造北沿江先进制造业走廊，使其成为与G60科创走廊、G42高端智能制造走廊并行的长三角区域第三条走廊。围绕科技创新，增强南京都市圈与合肥都市圈的联动，更好地辐射和带动周边地区创新发展。

五要增强公共服务协同。深入推进以人为核心的新型城镇化战略，提高发展的平衡性、协调性、包容性，提高农业转移人口市民化质量，让全省人民群众共享高品质生活，在区域协调发展中推进共同富裕。深化省内南北结对帮扶合作，从产业帮扶向教育医疗、科教人才、健康养老等各领域拓展，推动实现基本公共服务相对均等、基础设施通达程度比较均衡、人民生活水平有较大提高，努力把苏北地区打造成全省新一轮高质量发展的重要增长极，加快形成南北优势互补、高质量发展的区域经济社会布局。

六要增强政策机制协同。认真总结长三角生态绿色一体化发展示范区经验，将政府间协商议价机制引入特别合作区和共建设园区，推动经济区与行政区适当分离改革，探索建立税收分享和经济统计分成制度，充分激发跨区域合作的生机活力。在打通行政区边界有形"断头路"的同时，进一步打破思想认识、行政区划、政策制度等各种无形的"断头路"，深化高质量一体化体制机制创新，加强战略协同、政策协同、法治协同，形成推动长江经济带高质量发展的强大合力。

二 宁杭生态经济发展带协同发展的探索与实践[①]

2016年12月,长三角地区主要领导座谈会提出"打造宁杭生态经济发展带",签订《关于共同推进宁杭生态经济发展带建设合作框架协议》,宁杭生态经济发展带成为长三角地区沪宁杭金三角的重要发展轴带之一。在宁杭高铁建成通车后,南京、杭州"一小时经济圈"开始形成,长三角的发展格局从一体两翼转为黄金三角,宁杭生态经济发展带由沪宁杭三角的一个"绿边"发展成为长三角中心地区的"绿脊"。

(一)宁杭生态经济发展带的优势和短板

1. 生态承载能力强

宁杭生态经济发展带上的南京、湖州、镇江都是国家生态文明先行示范区,区域生态文明建设走在全国前列。宁杭生态经济发展带自然生态资源优良,森林覆盖率高达37.6%。以国家级森林公园为例,截至2015年年底,长三角三省一市拥有国家级森林公园共94处,总面积384694.62公顷。其中,位于宁杭生态经济发展带的共有19处,面积达159992.61公顷,面积占比高达41.6%。

2. 旅游文化资源丰富

宁杭生态经济发展带的旅游文化资源丰富。两端的南京和杭州是全国著名的历史文化名城,拥有众多旅游文化资源。而高淳、溧水、溧阳、金坛等地山水资源丰富,拥有野山笋、天目湖鱼头、溧阳米酒等诸多特色旅游产品,乡村旅游蓬勃发展。太湖西岸和杭嘉湖平原地区,拥有乌镇、南浔、西塘、杨桥等大批古镇。中间地带的很多中小城市,拥有大量风光秀美的旅游资源,如溧阳天目湖风景区、德清莫干山等。宁杭沿线地区文化积淀深厚,历史文化、生态文化、红色文化都是发展旅游文化产业的宝贵资源。

3. 科教创新潜力大

宁杭生态经济发展带是苏南国家自主创新示范区和杭州国家自主创新示范区重要组成部分和核心区域。这一区域所集聚的国家工程技术研究中心20多家,超过全国绝大部分省份所拥有的数量。

[①] 参见刘西忠、吴绍山《宁杭生态经济带建设的江苏作为》,《群众》2017年第8期。

与此同时，宁杭生态经济发展带也面临着重要的瓶颈制约。一是跨界污染问题易发。生态环境是宁杭沿线地区最大的资源优势，然而，由于地处交界，行政分割，容易出现环境跨界污染易发、协同治理难等问题。比如，地处宜兴市、长兴县、安徽广德县三地交界处的太极洞风景名胜区，就曾发生环境污染与生态破坏事件。近年频发的垃圾跨界倾倒事件也是跨界污染的焦点问题之一。此外，生态补偿机制面临落地难、可持续难的挑战，存在生态保护者和受益者之间利益脱节的问题。二是县域经济实力偏弱。宁杭生态经济发展带上除了南京、杭州两个中心城市及湖州市区，还包括六个县（市）：宜兴市、溧阳市、句容市、长兴县、德清县、安吉县，这些县域经济体是宁杭生态经济发展带的重要节点。与沪宁线上的昆山市、江阴市、张家港市、常熟市，沪杭线上的海宁市、桐乡市、平湖市、嘉善县等相比，宁杭沿线地区县域经济体的实力相对薄弱。三是沿线县域二产比重普遍偏高。2015年，宜兴市、溧阳市、句容市、长兴县、德清县、安吉县的二产比重在46.2%~53.8%之间，均高于我国第二产业增加值的比重（40.53%），生态旅游优势没有得到充分发挥。

（二）推进宁杭生态经济发展带建设的江苏作为

不断完善顶层设计和相关制度安排，有序推进生态建设和产业布局优化，把宁杭生态经济发展带打造成为长三角中心区的"绿脊"，打造绿色发展示范带、绿色创新示范带、绿色城镇示范带，在全国率先打造"人居三"可持续发展城市示范带。

1. 完善制度安排，健全多层次跨区域的合作机制

围绕打造绿色经济集聚区、全域旅游示范区、生态文明引领区和城乡一体发展先行区的目标要求，建立多层次跨区域合作体系。在省际合作方面，构建苏浙两省关于宁杭生态经济发展带的专项沟通对话机制。在省内合作方面，加强市、县、乡层级间的横向交流合作，建立发改、经信、科技、旅游等部门间的协商机制。一是充分发挥南京的龙头带动作用，加快规划建设镇宣城际、泰常溧城际、泰锡常宜城际等铁路，加快推进宁高、宁溧、宁句、常金等轨道交通项目建设，形成"宁—镇—常—锡"联动发展、融合发展的格局。二是积极发挥中小城市的支点作用，为中小城市扩权赋能，在政策试点、机制创新、资源扶持等方面予

以倾斜，增强其自主权，鼓励其探索跨区域融合发展路径。三是择机"扩容"。安徽宣城市郎溪、广德两县地处宁杭生态经济发展带中间位置，可吸纳其加入宁杭生态经济发展带，这有助于改变宁杭生态经济发展带目前的"沙漏型"地理空间格局，可以扩大经济腹地，增强共建合力。

2. 建设三大生态工程，打造长三角绿色发展示范带

一是建设"宁杭生态走廊"。在完善以宁杭通道为轴带的区域综合交通网络的同时，沿着水运、公路、铁路等交通干线一体规划建设"宁杭生态走廊"，形成串联宁杭生态经济发展带的绿道网络。在"生态廊道"系统中规划建设一批自然生态保护区、水利风景区、湿地公园、地质公园等生态功能区，发挥生态保护、生态涵养的价值。二是共建跨省域的"国家级森林公园"。前期可联合浙江在溧阳、宜兴、长兴之间规划建设"苏浙国家级森林公园"，由相关地方政府共同投资，一体化保护利用、开发建设。待安徽加入宁杭生态经济发展带后，可吸纳宣城的郎溪县、广德县加入，共同规划建设"苏浙皖国家级森林公园"。三是实施生态治理工程。积极借鉴浙江开展多年的"五水共治"经验，将其运用到西太湖流域水环境治理中。开展土壤污染治理和废旧矿区治理，建设土壤污染防治先行示范区和绿色矿业发展示范区。借鉴新安江流域跨省流域生态补偿试点经验，推动宁杭沿线地区中小城市开展生态合作，设立生态发展基金，构建有约束、有保障的长效生态补偿机制。

3. 构建环太湖创新联盟，打造长三角绿色创新示范带

充分利用宁杭沿线地区的国家级、省级创新平台，结合宁杭沿线地区已有基础的特色产业，如无人机、环保设备、新能源汽车等开展科技创新，做产业集群数量上的减法、质量上的乘法，切实提升宁杭沿线地区高新技术产业集群的创新能力。加强与杭州、湖州、上海等地合作，支持环太湖流域的高校、科研院所、企业、地方政府等组建创新联盟，整合环太湖地区创新资源，集聚创新人才，增强创新政策和制度设计的统筹性、协调性。瞄准沪宁、沪杭线先进制造产业开展科技创新，为其提供科技创新服务配套，逐步形成与沪宁、沪杭发展带相呼应的宁杭创新带。在苏西南丘陵山区因地制宜，科学规划城市功能区、产业集聚区、生态保护区，大力发展低碳或无碳的智慧产业，吸引集聚高层次创新人才，推进产城融合发展，打造绿色集约高效的人居空间、创新空间、经

济空间——江苏绿色智慧谷。

4. 依托生态宜居优势，打造长三角绿色城镇示范带

宁杭沿线地区拥有一批极具发展潜力的中小城市和众多各具特色的小镇，要充分利用宁杭沿线地区优越的自然环境，规划建设"国家全域旅游示范区"，把宁杭沿线地区的景点串联起来发展"风景经济"，提升中小城市的生态品质。积极借鉴浙江云栖小镇、梦想小镇的成功经验，规划建设宁杭特色小镇，重点扶持打造入选国家住建部首批特色小镇名单的高淳区桠溪镇、宜兴市丁蜀镇；积极培育溧水空港会展小镇、溧阳别桥电梯小镇等新兴小镇，形成特色小镇梯队。利用溧阳、宜兴的优质山水资源，发展养老养生健康产业，发展休闲度假旅游、都市农业、观光农业，建设面向长三角乃至全国的养老养生基地。做大做强带有江南文化标识的历史经典产业和文化产业，挖掘宜兴紫砂等具有浓厚江南文化标识的资源，借助现代设计和传播手段加以改良、提升、创新，在历史经典产业资源的"复活"中焕发城市的文化生命力，增强宁杭城市带的区域识别度。

5. 对标国际潮流，打造"人居三"可持续发展城市示范带

第三次联合国住房和城市可持续发展大会（以下简称"人居三"）通过的《新城市议程》，为未来20年的城市发展提供了重要指引。宁杭生态经济发展带具有打造"人居三"示范区的潜力。要着力提升城市发展的可持续性。构建可持续的生产模式和经济体系，推广可持续的消费方式和生活方式；探索可持续利用土地和自然资源的体系，保护生态系统和生物的多样性；研究可持续利用文化遗产的途径，保护传统文化、知识、技艺，突出其在城市发展中的作用；完善可持续的基础设施和基本公共服务体系，让城乡居民普惠、均等享受城市发展进步的果实。着力构建能有效应对突发事件的"韧性城市"。借鉴伦敦、纽约、新加坡等建设"韧性城市"的实践经验，加紧研究相关技术框架和标准体系，借助云计算、大数据、物联网、移动互联网等新兴手段，构建城市公共安全数据分析系统、即时响应处置机制，建立全方位、立体化城市公共安全网。

三　增强扬子江城市群建设的绿色协同[①]

江苏经济体量大、环境容量小，生态环境是全面小康和现代化建设的突出短板，发展中不仅要提升科技含量，更要彰显生态特色。共建扬子江城市群，推进沿江城市集群发展、融合发展，必须以新发展理念为引领，在坚持规划对接、区域联动、城乡一体、产业互补的基础上，抓好绿色协同、实行生态共建、突出绿色底蕴，着力打造转型发展、绿色发展、引领发展的新江苏样本。

（一）深刻认识扬子江城市群发展的生态瓶颈，着力强化绿色协同新理念

共建扬子江城市群，既要注重城市群内部的协同，又要注重城市群外部的协同，在更大范围、更广空间塑造江苏绿色竞争优势。

实现跨区域绿色协同，是贯彻新发展理念的必然要求。在新发展理念中，绿色发展理念与创新、协调、开放、共享发展理念相辅相成、紧密联系。其中，"创新"为绿色发展提供动力，"协调"为绿色发展保驾护航，"开放"为绿色发展提供机遇，"共享"促进绿色发展成果转化。由于生态环境问题的外部性、流动性和一体性等特征，在推进跨区域协调发展的过程中，迫切需要充分发挥政府、企业、社会、个人等各类利益相关方的主体作用，增强全方位的协调与合作，实现共商、共建、共护、共享，实现跨区域发展的绿色协同。

实现跨区域绿色协同，是推动长三角合作的核心议题。长江经济带规划和长三角城市群规划，都将生态环境保护放在首要位置，要求整体打造沿江绿色生态廊道。长三角三省一市主要领导座谈会自2013年举办以来，始终把跨区域生态环境治理问题作为核心议题。2016年12月举行的杭州会议强调加大联防联治力度，着力构筑绿色发展新空间，积极打造长江、淮河生态廊道和宁杭生态经济发展带，并签订《关于共同推进宁杭生态经济发展带建设合作框架协议》《关于新安江流域上下游横向生态补偿协议》等多边和双边协议。

实现跨区域绿色协同，是共建扬子江城市群的重中之重。江苏沿江

[①]　参见笔者《增强扬子江城市群建设的绿色协同》，《群众》2017年第2期。

地区人口密度与经济密度高，产业结构重，生态环境脆弱，以石化产业为主导的产业结构体系安全隐患突出。在把修复长江生态环境摆在压倒性位置，"不搞大开发、共抓大保护"的新形势下，规划建设扬子江城市群，必须以共守生态安全为前提，科学测度江苏沿江城市的生态承载能力，在一体化进程中统筹解决"大城市病"和"小城镇病"问题。

（二）加强生态廊道和生态带、生态圈建设，着力构筑绿色协同新格局

统筹实施山水林田湖草生命共同体建设，打通彼此间的"关节"与"经脉"，提升森林、河流、湿地、海洋等自然生态系统稳定性和生态服务功能，构建生态廊道和生物多样性保护网络，构筑江苏绿色协同新格局。在扬子江城市群内部及周边，重点打造沿江、沿淮"两横"轴，沿运河、沿海"两纵"轴，统筹推进宁杭生态经济带、苏南西南部绿色生态智慧谷和环湖生态圈建设。

着力推进沿江绿色生态廊道建设和淮河生态经济带建设。建设扬子江城市群，应增强沿江八市的绿色协同，构建与沿江城市、沿江产业相统一的沿江绿色生态廊道。根据"生态优先、绿色发展"战略要求，突出抓好淮河水质改善和流域综合治理，加快推动现代服务业和现代交通综合体建设，努力把淮河流域江苏段打造成为加快苏北和苏中北部地区黄金水道、产业大道、生态廊道和我国第三条出海黄金通道。

着力推进江淮生态大走廊、沿海生态保护带建设。加大省级层面的统筹指导，增强扬州、淮安、宿迁、徐州等市的联动，在京杭大运河和南水北调东线沿线高起点规划建设江淮生态大走廊。实施最严格的饮用水源地保护措施，加强南水北调沿线生态环境保护和修复，最大限度控制湖泊河流生态污染，保护好一江清水向北流，打造南水北调的清水走廊、安全走廊和绿色走廊，构筑扬子江城市群和江淮大地的生态安全屏障。按照国家长江三角洲城市群发展规划和沿江发展的有关要求，严格保护重要滨海湿地、重要河口，实施海洋生态整治修复工程，建设江苏沿海生态保护带。

着力推进宁杭生态经济带和苏南西南部绿色生态智慧谷建设。沿宁杭线地区地处苏南浙北皖南东部交界处，自然生态优势突出，科教创新资源汇集，是苏浙皖三省未来发展的空间交汇点和战略叠加区。要立足

优势、协同谋划，努力打造长三角地区绿色经济集聚区、创新创业先行区、生态宜居示范区，把宁杭经济带打造成为长三角地区继沪宁、沪杭之后的第三条绿色发展崛起带。按照江苏省政府《关于苏南丘陵地区城镇体系规划（2014—2030年）的批复》要求，充分发挥历史人文和自然生态资源丰富优势，优化区域空间结构，提高资源保护利用和旅游业发展水平，打造在国内外有重要影响的绿色生态智慧谷。

（三）加强沿江城市协同治理政策和机制创新，着力构建绿色协同新体系

通过全面施策、综合治理、绿色协同，增强生态引力，塑造生态品牌，打造绿色共同体，让扬子江城市群接续担当绿色发展、引领发展的历史使命。

统筹把握行政化引导与市场化规范的关系，强化政策支撑。推进绿色发展和绿色协同，一方面要更好发挥政府在空间开发管制、基础设施布局方面的规划指导作用，以一体化保护的机制共守长江黄金水道及沿江地区生态安全。坚持空间管控一张蓝图，严格落实主体功能区规划，严守农业空间和生态空间保护红线。严格控制开发强度，着力提高开发水平，加快建立自然资源变化动态监测机制，坚决守住开发强度的警戒线。多方面齐抓共管，多领域协同并治，着力打好治气、治水、治土三大攻坚战。另一方面，依托市场的力量，加强绿色产品的市场监管，加大税收等调节力度，征收排放费、拥堵费，加快企业创新绿色技术和绿色产品，通过市场化规范、引导和推广绿色生产生活。

统筹把握绿色生产生活与绿色流通的关系，完善运行体系。实现区域绿色协同，既包括绿色生产方式和绿色生活方式的协同，也包括绿色流通方式的协同。一方面，要抓住当前最突出的环境问题，以减少化工污染、减少煤炭消耗总量为重点，提高环保准入门槛，实施更加积极的环境经济政策和更大力度的绿色调整，以产业结构优化带动环境质量改善；另一方面，以绿色流通促进绿色发展。资源消耗和生态威胁不但产生在生产和消费环节，也产生在流通环节。特别是对于具有重要运输功能的长江、淮河和京杭运河等流域来说，不但要协同治理生产性化工企业，而且要重视流通性化工企业的协同治理，确保母亲河长江的生态安全。

统筹把握全面小康与绿色小康的关系，彰显绿色品牌。生态经济学

家麦克斯·尼夫的"门槛假说"提醒人们,"经济增长只是在一定的范围内导致生活质量的改进,超过这个范围如果有更多的经济增长,生活质量也许开始退化"。小康全面不全面,生态环境质量是关键。全面小康的内涵是绿色的,各项指标以及实现的过程必然以绿色为基调。我们既要看重"数据小康",也要看重"民意小康",既要注重"物质小康",又要注重"绿色小康",更要注重绿色发展在全面小康进程中的主导作用,让人们能够望得见山,看得见水,记得住乡愁,让扬子江城市群发展进程中富有更多的绿色底蕴和绿色内涵,在打造成全面小康、绿色小康的先行区和示范区的基础上,逐步探索以绿色为主基调的、可持续发展的现代化新路。

第四节　昆山：长三角区域协同的县域样本

郡县治,天下安。县域富,国家强。习近平总书记强调,"县一级承上启下,要素完整,功能齐备,在我们党执政兴国中具有十分重要的作用,在国家治理中居于重要地位"。党的二十大报告指出,"以城市群、都市圈为依托构建大中小城市协调发展格局,推进以县城为重要载体的城镇化建设"。在我国促进区域协调发展的背景下和中国式现代化新征程上,县域经济作为国民经济的基本单元,其基础性、全局性、战略性作用更加凸显。2024年7月发布的赛迪全国百强县名单,江苏共有25个县（市）上榜,占比达四分之一；百强县前10名中,江苏有6个县（市）上榜,且前4位均来自江苏。江苏县域经济发展已经达到一个普遍较高的水平,迫切需要跳出县域看县域,将自身的发展放在更大的区域中来谋划布局。根据中国中小城市发展指数研究课题组、国信中小城市指数研究院发布的年度报告,在2024年全国综合实力、绿色发展、投资潜力、科技创新、新型城镇化百强县市中,昆山均排名第一,包揽了全能和单项冠军,连续20年占据百强县榜首。2024年3月,习近平总书记在参加江苏代表团审议时指出,江苏要全面融入和服务长江经济带发展和长三角一体化发展战略,加强同其他区域发展战略和区域重大战略的对接,在更大范围内联动构建创新链、产业链、供应链。2024年,对昆山而言是具有重要意义的一年:这一年是习近平总书记寄予昆山"勾画现代化目标"殷殷嘱托15周年,昆山撤县设市35周年,昆山自费创办开发区40周年。在这样一个重要的时间节点,以昆山改革开放以来40多年的实践为例,来解析昆山作为一个县域是如何全面融入和服务长三角一体化战略,在区域协调发展中如何当好重要支点、发挥关键作用,如何成为区域一体化发展县域示范,具有特别重要的意义。

一 从县域竞争到县域竞合:中国式现代化区域协同的必然逻辑

1. 县域在中国式现代化进程中的重要角色

县域经济承担着经济大循环承上启下的重要作用,是中国经济增长潜力最大的底盘,新时代以来这个"底盘"越来越厚实。《2024中国县域经济高质量发展研究》显示:截至2023年,全国1865个县、市、旗贡献了全国37%以上的GDP,39%以上的第二产业增加值,46%以上的规模以上工业企业数量,在推动经济高质量发展中发挥了重要的支撑、带动和保障作用。县域经济,对内集聚优势主导产业,推进就地就近城镇化,向上承接产业链布局和产学研协作,和中心城市一道厚植综合竞争力,有力推动了城镇体系完善和新发展格局构建。随着区域竞合竞争加剧和科技革命重构产业格局,都市圈、城市群成为未来竞争的焦点。作为拥有百强县最多的省份,江苏迫切需要推动有条件的县域,聚焦国家战略需求,融入长三角一体化发展战略,和众多"万亿城市"强强联手,构筑现代化阶段江苏发展新格局新优势。如果说,以县城为主的中小城市和小城镇,将与大中城市一起成为中国式城镇化下半场的主角,那么,作为具有强大发展空间和潜力的县域,如何更好地与中心城市有机契合、充分融合,将成为中国式城镇化下半场的重头戏。

2023赛迪发展报告将百强县划分为四大发展阶段:爆发期、跃升期、积累期和起步期。总的来看,百强县目前主要处于跃升期和积累期,这类县域已具有较为完善的产业体系,城乡发展相对协调,经济增长稳步而持续;爆发期的县域在某一方面或某些方面具有明显的经济增长,而起步期的县域发展相对较晚,经济增速有待提升。研究报告指出百强县发展有三大模式:一是江苏、浙江为代表的"狼群模式",江苏、浙江县域经济发展相对均衡,县域之间存在较为明显的相互竞逐;二是福建、山东、湖北、四川、湖南为代表的"雁行模式",形成省内县域经济"雁行"梯队式发展格局;三是贵州、山西、江西、河北、云南的"狮王模式",集中培育核心典型县市,把其打造成为标兵,引领县域经济高质量发展。截至 2023 年,全国 GDP 超 1000 亿元的"千亿县"已增至 59 个,苏浙分别有 21 个、11 个,分别代表着园区经济、块状经济两种模式,是千亿县"密度"最高的区域。在江苏经济大盘中,40 个县市贡献了超过 40% 的地区生产总值,集聚了全省 45% 的常住人口,21 个"千亿县"进入全国百强,展现了江苏县域经济的整体实力。一县地区生产总值过千亿,通常工业产值一千几百亿元以上,服务业赶超制造业,城镇化率 60% 左右,开始进入工业化中期阶段,是县域发展的里程碑。江苏"千亿县"大体围绕上海大都市圈呈众星拱月状分布。早已跨入"千亿县"门槛的昆山、常熟、江阴等"棋先一着",利用地缘优势、产业链接,深度融入上海、苏州、无锡等中心城市,被纳入城市群整体布局,实现了组团式发展。昆山不仅全面对接上海,建设上海大都市圈科技成果转化和技术服务中心,还融入苏州市域一体化,在阳澄湖两岸建设科创教育中心。江阴推进"锡澄一体化"建设,布局轻轨、高快路连接无锡主城,在县城南片区建设霞客湾科学城。处于上海、南京都市圈边缘的海安、如皋、溧阳等"千亿县",纷纷融入都市圈发展,承接中心城市辐射。海安已建设上海杨浦、奉贤两个工业园,上海交大海安研究院、海安集成电路技术创新中心两个科创基地。如皋在上海多个大学建有孵化基地,同时在县城设有沪苏科创产业园,采用"双飞地模式"实行上海研发、如皋制造。溧阳不仅承接了常州万亿级城市的产业分工,还利用南京都市圈成员城市地位,吸引省城的医疗、教育资源,大步提升了县城的社会事业服务质量。地处"江淮腹地"的兴化、高邮和淮北地区的沭阳、邳州等"千亿县",全力做强县域优势主导产业,推进以县城为重要载体的城镇化。①

2. 中国式现代化区域协同的县域担当

2018 年底,中共中央、国务院发布《关于建立更加有效的区域协调发展新机制的意见》,将区域协调发展提升到国家重大战略地位,强调坚决破除地区之间利益藩篱和政策壁垒,加快形成区域协调发展新机制,

---

① 《"千亿虎群",雄立江苏大地》,《扬子晚报》2023 年 5 月 4 日。

建立以中心城市引领城市群发展、城市群带动区域发展新模式，推动区域板块之间融合互动发展，加快构建大中小城市和小城镇协调发展的城镇化格局。

2022年5月，中办、国办印发《关于推进以县城为重要载体的城镇化建设的意见》，科学把握功能定位，分类引导县城发展方向，加快发展大城市周边县城。随着城镇化从快速发展后期逐步转入平台发展期，人口总体上还会向城市群、都市圈聚集。位于城市群和都市圈范围内的县城容易接受大城市辐射带动，人口聚集能力强，是承接大城市产业转移和功能疏解的重要空间，具有较大发展潜力。要支持这类县城融入邻近大城市建设发展，主动承接人口、产业、功能，特别是一般性制造业、区域性物流基地、专业市场、过度集中的公共服务资源的疏解转移，强化快速交通连接，发展成为与邻近大城市通勤便捷、功能互补、产业配套的卫星县城。

2023年初，中共中央、国务院《关于做好2023年全面推进乡村振兴重点工作的意见》明确提出，引导劳动密集型产业向中西部地区、向县域梯度转移，支持大中城市在周边县域布局关联产业和配套企业。支持国家级高新区、经开区、农高区托管联办县域产业园区。推进县域城乡融合发展。2024年7月，国务院印发《深入实施以人为本的新型城镇化战略五年行动计划》国发〔2024〕17号，探索中心城市轨道交通向周边城镇延伸，鼓励采用大站直达等停靠方式。强化产业分工协作。超大特大城市要聚焦核心功能定位，有序疏解一般性制造业、区域性物流基地、专业市场等非核心功能，增强全球资源配置、科技创新策源、高端产业引领能力。周边中小城市要发挥比较优势、主动承接功能转移，形成以先进制造为主的产业结构，与超大特大城市开展"总部+基地""研发+生产""生产+服务"等协作，构建中心至外围梯次分布、链式配套的产业格局。

研究发现，当前区域发展的模式和动力正在经历着转型与重塑。随着区内一体化进程的加速，省际、市际协同发展机制的深化与健全，协同的重点正在从大城市互动向县域协同转变，县域集群正在成为区域经济转型升级、迈向创新驱动的新动能。在推进大中小城市协调发展的大背景下，区域间的协作既可能是行政级别对等的地方政府之间的横向协作，也可能是行政级别存在显著差异的地方政府之间的"斜向"协作。

在斜向协作中，大城市周边无行政隶属关系的县城积极融入大城市的实践尤为引人关注①。攀附型融入是指处于弱势地位的县城为了寻求与大城市协同发展的机会，在与大城市的互动中进行选择与联结，自愿付出更多努力甚至是可见的短期利益损失，以行政性或事务性方式融入大城市发展中。2021年以来，国家发改委批复的都市圈规划明显瘦身，现代化都市圈的成员单位，由原来的设区市为主过渡到以县级单位为主，中心城市、成员城市和周边城市之间的关系，由 AB 模式演化为 ABC 模式，出现一个比较明显的行政落差，形成增强中心城市的吸引力、周边县区的吸附力，重塑都市圈联合的动力机制。

3. 从县域竞争的锦标赛模式向县域竞合的团体赛模式

早在 2008 年，著名经济学家张五常在《中国的经济制度》一文指出，以县际竞争为代表的地区间竞争，是中国改革开放以来经济迅猛发展的根本原因，县级竞争制度是中国经济增长的制度推动力。"县际竞争"理论更多的是传统经济地理学、传统发展经济学以及生产函数意义上的。这个生产函数就是在一定的技术条件下，通过投入多少土地、劳动力、资源以及企业家才能，就能有多得的产出，于是便出现了要素驱动、投资驱动。但新经济地理认为如今的地方发展，哪里的创新生态质优，人才就会流向哪里，而人才流向哪里，资金、技术、资源、市场、产能、产业就流向哪里，新的生态指数打破了生产函数"投入—产出"的线性增长，进入"输入—输出"的指数增长模式。② 如果说，在改革开放前期，以县际竞争为主战场的锦标赛模式是驱动中国经济高速增长的主要奥秘所在，那么，随着改革开放进入深水区，新发展理念下的高质量发展不断推进，县域发展的模式要在适度竞争的前提下通过更多的协作，形成有利于新发展格局形成的新的"竞合"模式，推动中国式现代化行稳致远。传统的县域竞争，彼此之间类似"孤岛"，导致"内卷"愈演愈烈，导致产业高度同质化、低水平重复建设和地方保护主义等问题，与新发展理念和高质量发展背道而驰。现在的"竞合"需要将一个个

---

① 孟华:《资源编排与攀附型融入：县如何通过资源运作融入毗邻大城市？》,《公共管理学报》2024 年第 21 (03) 期。

② 徐苏涛:《大破局：中国新经济地理重构》,新华出版社 2021 年 7 月版。

"信息孤岛"连接起来,将任何一个"县域"放在更大的一个"区域"网络中,放到全省、全国乃至全球的"大格局"中去竞争,从而形成区域间高度分工合作的链式发展和集群效应,在增强自身竞争力的同时增强区域整体竞争力,在服务自身发展的同时更好地服务国家大局。每个县(市)都有自己的资源禀赋和特色,都是独一无二的存在,要跳出低水平盲目模仿别人的"内卷",走上高度分工合作的"链式"发展之路,用集群效应共同做大蛋糕。现在,一条完整的产业链很难布局在同一个县,需要多个县发挥自身比较优势,依托产业链进行跨区域合作,实现县域之间的优势互补、合作共赢。比如,一辆汽车由一万多个零部件组成,产业链很长,科技创新能力强、人才优势明显的县域,可以布局产业链的关键节点或链主企业,那些用地面积大、科技含量不高、需要劳动力多的零部件生产,可以放到土地、劳动力资源丰富的县去[1]。

二 昆山对接融入上海和长三角发展的改革基因和现实优势

娄江潮水连海平,扬帆逐浪入黄浦。历史长河中昆山与上海同根同源,现实社会中的昆山与上海千丝万缕。昆山,从良渚文化时代走来,历经朝代更替、隶属变迁,县域广至现嘉定区全境及太仓、青浦、宝山、松江等地。唐宋年间,先后在境内设立华亭县和嘉定县,昆山县衙也从松江小昆山迁移至现在的玉山镇。自唐宋后,江南崛起为中国经济文化的中心,其核心城市明清时在苏州,近代以后转移到上海,而昆山正在苏、沪之间,一条吴淞江横穿昆山,将两座城市紧密相连。1958年嘉定、青浦划归上海。昆山横向联合、融入上海,既有历史文化的长期积淀,也有改革开放初期的探索基因。20世纪80年代,昆山选择了一条不同于苏南乡镇工业的发展道路并且长期坚持,这或许能够解释昆山为什么能够连续20年位居全国百强县市首位的内在逻辑。

1. 从40年前昆山开发区成立看,改革开放以来的昆山发展具有深厚的横向联合基因

1984年春,为改变长期单一农业经济和社队工业"乡乡点火、村村冒烟"的状况,决心"不等不靠,敢闯敢试",昆山酝酿自费创办"工业

---

[1] 李琳:《县域经济如何跳出"内卷",做大蛋糕?》,红网专访,2023-08-29。

新区"。昆山县政府在《1984—1986年工作规划》中提出，依靠自己的力量在玉山镇东南建设工业"新区"，功能定位以工业型、开放型、外向型为方向，跨出了"自费开发"的第一步。《1984—1986年工作规划》除提出建设工业新区，还提出了具有前瞻性的对于昆山发展具有决定意义的若干举措，比如调整农村劳动力结构这个十分敏感的问题，农村务工务副的劳力将从1983年占总劳力的33%，上升为60%左右；提出了引进人才的战略决策，3年培养大专以上科技干部500名，争取国家分配大中专学生500名，外地引进和招聘各种人才500名，五级以上的技工都可以作为人才引进，并视同大学本科生解决入住昆山户口问题；提出了把与上海联合作为发展工业的重点，发挥人脉地缘优势，发挥上海产品、资金、科技、信息、管理等方面的优势；提出了欢迎华侨归侨、港澳同胞和外国客商来昆山投资办厂，发出了从内联走向外联，由境内横向联合走向境外横向联合的一个信号，实施内外并举的招商引资发展经济的方略。昆山第一家上市公司三山集团由金山、宝山、昆山三地合作创办；上海老字号品牌金星电视、凤凰自行车与昆山合营，为昆山发展经济助力远航。

1985年1月，为加快新区建设，昆山成立"工业新区"领导小组，明确在开发方针上坚持"富规划、穷开发"。"富规划"就是着眼长远，面向现代化，力求设计新、功能全、配套齐、标准高；"穷开发"就是艰苦创业，不讲排场、不摆阔气，量力而行，少花钱、多办事。在开发模式上，采取依托老城、开发新区的策略。凭借老城区有限的公共设施、商业网点等资源，为新区所用、为新区办事、为新区服务。在开发步骤上，做到滚动开发、逐步延伸，开发一片、成功一片。在招商引资上，采取"东依上海、西托三线、内联乡镇、面向全国、走向世界"策略。从此，昆山闯出了一条投资省、速度快、效益好的成功开发之路。1991年1月，江苏省人民政府办公厅发出通知，明确昆山开发区为省级重点开发区。1992年8月昆山开发区获国务院批准晋升为国家级开发区。

改革开放初期，昆山的横向联合和对接上海，是顺应时代潮流作出的具有战略眼光的抉择。一方面，十一届三中全会之后，中央进行了一系列经济体制改革的探索，打破条块分割、促进横向经济联系就是其中之一。1980年7月，国务院颁布《关于推动经济联合的暂行规定》，强调按照经济规律沟通横向联系，打破地区封锁、部门分割；1986年3月国务院颁布《关于进一步推动横向经济联合若干问题的规定》，强调企业之间的横向经济联合，不受地区、部门、行业界限的限制，不受所有制的限制。另一方面，1982年12月，国务院决定建立上海（长江三角洲）经济区。中央选择了包括上海在内的10个市作为一个经济区，并指定上海为整个经济区的中心。当时昆山就成立了"协作办"，通过亲朋好友开展横向联合工作，邀请上海资深的工程师、退休的老厂长，及引进工厂已淘汰的工业设备来进行联合经营。

  昆山为什么要走发展横向经济联合的路子呢？吴克铨等著的《唯实扬长 奋斗——昆山经济发展的探索与实践》给出了答案：这是从我们的实际情况出发决定的。我县工业的发展起步是较晚的，无锡、江阴、张家港、常熟早在20世纪70年代工业已具规模。他们当时的发展条件是较好的，有下放工人的技术，有插队青年家长的支持，有优惠的税收政策，而昆山已失去了这些机遇。昆山又是一个农业县，要发展工业一缺技术，二缺管理，三缺设备，四缺产品，五缺资金，且时代不同，进入80年代以后，各地的工业已发展到一定的水平，如果昆山要走人家社队工业发展走过的路子，从小打小闹起家，步人家的后尘，显然是走不通的。而且，昆山既无矿产资源，又无棉花等原料资源，工业所需的燃料、木材、钢材、原料都要靠从外省市引进来，甚至石头也靠从外地引进来，难度确实很大。在看到昆山劣势的同时，昆山也有自己的优势和有利条件：一是地理位置好，全国的经济中心——上海近在咫尺；二是土地较多，水面宽广，农副产品丰富；三是劳动力资源丰富，劳动者素质较好，这是昆山发展横向经济联合得天独厚的条件。经过深入分析我县的优势、劣势，我们认识到：要振兴昆山，必须充分发挥我们的优势，这个优势，正是上海所需要的，而上海在技术、设备、人才、资金等方面的优势正是我们所缺少的。因此，我们在1984年初就提出和上海搞联营，到上海"找靠山"，有的乡镇还提出"要发展，靠上海"等口号。这样，就很快使一批与上海大企业联合、联营、协作的企业在我县兴办，给我县的经济发展注入了新的活力。自中央在深化经济体制改革中提出发展横向经济联合的方针，并发布了关于横向经济联合30条之后，继续密切与上海的经济联系，更成了我们的自觉行动。

吴克铨认为，横向经济联合，是联合双方优势的组合。而联合优势一旦发挥，就产生了无穷无尽的力量，在生产上就会转化为生产力。双方联合所产生的新的生产力，不是"一加一等于二"的简单加法，而是"一加一等于三、等于四"。在发展横向联合中，各地在自愿的基础上，坚持"扬长避短、形式多样、互利互惠、共同发展"的原则，不受地区、部门、行业界线的限制，不受所有制的限制，既积极发展企业之间、行业之间的横向经济联合，又重视发展企业与科研单位、大专院校之间的联合；既积极发展工贸之间的联合，又重视发展工农、工商之间的联合；既积极发展人才、资金、技术方面的联合，又重视发展商品购销、信息渠道、物资流通方面的联合，把主观能动性和客观现实性紧密结合起来，通盘考虑社会效益、经济效益和生产效益。联营合作拓宽了人们视野，推动了城乡经济发展，1985年全县联营的项目的产值占整个工业产值的三分之一。昆山的横向联合，还有一个不断完善、深化、扩展的过程。主要表现在四个方面：一是把单个企业的联合发展为系统的、行业的联合。二是把联合对象从上海拓展到"三线"企业，拓宽到全国各地，拓展到贵州、四川、江西等"三线"地区的企业。三是县外联合、县内联合一起推进，注重搞好县内企业的联合，坚持以现有骨干企业、拳头产品为龙头，把县、乡、村三级企业扎成排、联成串，变"小而全、小而散、小而弱"为"小而专、小而联、小而优"，充分发挥群体功能，提高规模效益，增强竞争能力。四是内联促外联，大力发展中外合资、"中中外"合资企业。实践证明，横向经济联合是发展社会主义商品经济、提高综合经济效益的重要途径。我们要进一步繁荣昆山城乡经济，就要坚定不移地走外引内联的路子，把横向经济联合推进到一个新的阶段。[1]

2. 从昆山40多年来每一步的重大发展和转型看，都烙印着国家战略和沪昆区域合作共赢发展的时代印记

上海与昆山地缘相近、人缘相亲、业缘相融。回顾昆山的发展历程，每一步发展、每一次转型，都离不开上海的溢出、辐射和带动，都体现了昆山人的敏锐和果敢，是昆山把握住了时代机遇，是时代大潮缔造了

---

[1] 吴克铨等：《唯实 扬长 奋斗——昆山经济发展的探索与实践》，古吴轩出版社2005年版。

昆山奇迹。从改革开放之初的"星期天工程师"、合办联营企业，到浦东大开发、发展外向型经济，再到长三角一体化发展，昆山的每一次跨越腾飞背后都与国家发展战略演进和长三角一体化进程密切相关，都是把自身发展与国家发展战略相契合相促进的典范，都烙印着沪昆区域合作共赢发展的时代印记。

表6.8　　　　　　　昆山发展阶段及沪昆关系演变

年代	发展阶段	发展思路和重点	沪昆关系	长三角合作协作
1980—	农转工	"东依上海、西托'三线'、内联乡镇、面向全国、走向世界"，自费创办开发区，大力发展园区经济	借力依托发展：充分利用地缘优势，做大"上海文章"	1982年：设立上海经济区（10市），1987年：上海经济区发展战略纲要
1990—	内转外散转聚	突出外向，深化横向，优化内向，加强纵向；昆山开发区升格；主攻台资，全国第一个封关运作的出口加工区，企业、产业和土地"三个集中"	借势错位发展：紧密合作，形成了自身的产业特色和竞争优势	浦东开发开放机遇；1996年：长三角城市经济协调会成立
2000—	低转高	"三学"：整体发展学新加坡、产业提升学韩国、自主创新学台湾地区，创成全国首家设在县级市的国家级高新区和江苏唯一以现代服务业为主导产业的花桥经济开发区	竞争合作并存：通过科技创新推动产业转型升级	2001年中国加入世贸组织，2008年：关于进一步推进长江三角洲改革开放和经济社会发展指导意见

续表

年代	发展阶段	发展思路和重点	沪昆关系	长三角合作协作
2010—	大转强	2010年：昆山高新区获批国家高新区，2013年2月国务院批复昆山试验区（2020年扩大至昆山全市），连续十一次部省际联席会议累计赋予昆山167项先行先试政策措施。	多方面全方位融入上海：2013年上海轨道11号线延伸到昆山	2010年：长江三角洲地区区域规划；2016年：长江三角洲城市群发展规划
2018—	竞转合	2018年：《昆山市对接融入上海三年提升工程实施方案（2018—2020年）》，2020年：《〈长江三角洲区域一体化发展规划纲要〉昆山行动方案》	深度融合、沪昆同城；学习上海、对接上海、服务上海、融入上海	2018年：长三角一体化发展上午为国家战略；2019年：长江三角洲区域一体化发展规划纲要

2019年12月11日，在国家《长江三角洲区域一体化发展规划纲要》正式发布十天后，昆山便在上海滩举行2019年昆山融入上海合作发展推介会，体现了昆山面向世界、融入上海，发挥"临沪第一站"优势，为融入长三角一体化承担"昆山责任"的使命和担当。与之前昆山市赴上海招商推介时常用的"对接上海""接轨上海"不同，此次活动的主题是"融入上海"，看似不经意的微妙变化实则有一定深意。对接和接轨是一个过程，融入实际上已经有了结果。对接是有界限的，而融入则是你中有我、我中有你，彼此毫无界限。沪昆同城一体化实际是融入的过程，过去主要是要素从上海单向流向昆山，现在实现了要素的双向流动。过去昆山更多的是接受上海的辐射和带动，如今昆山有能力更好地服务上海。沪昆两地同频发展的状态可以用"通""融""赢"来概括，沪昆两地已经实现道路相通、心灵相通，在产业合作、民生发展、城市建设的方面实现共融，两地的发展呈现"共赢共生"的良好态势。

3. 从昆山等周边毗邻县市与上海通勤情况看，昆山融入上海中心城区的步伐在加快

根据同济大学建筑与城市规划学院等单位编制的《2023 长三角城市跨城通勤年度报告》，2018 年以来，苏州市域各区、县级市与上海的跨城通勤总量均在持续上升。其中，昆山市、太仓市和苏州城区与上海市域通勤联系最为紧密，2023 年通勤规模分别占苏州市与上海市域跨城通勤总量的 69.0%、23.2% 和 4.3%，且 5 年来，上海市域与昆山市、太仓市的通勤联系规模增加最为显著。苏州市与上海中心城区的通勤联系占苏州市与上海市域全部通勤量的 30% 以上。其中，昆山市、太仓市和苏州城区与上海中心城区通勤联系最为紧密，2023 年通勤规模分别占苏州市与上海中心城区跨城通勤总量的 71.1%、15.0%、9.8%，且近 5 年来，上海中心城区与昆山市通勤联系规模增加最为显著。比较 5 年来苏州市、嘉兴市与上海的跨城通勤入出比可以发现，苏州与上海市域的入出比一直在 2.3 左右（昆山分别为 2.5、2.7、2.2、2.6），与上海中心城区的入出比在 4.0~6.3 之间浮动（昆山分别为 9.0、8.2、8.6、5.6）。其中，昆山市、苏州城区与上海的入出比较高，昆山属于单向综合型。嘉兴与上海市域、中心城区的入出比均保持在 1.0 左右，各区县的入出比数值比较接近，属于双向均衡型。

4. 从昆山的区位优势和发展情况看，长三角一体化背景下的昆山发展具有更加广阔的合作发展空间

在临沪的苏州、南通、嘉兴三市中，共有 7 个县级市与上海毗邻：苏州的昆山、吴江、太仓，南通的海门、启东，嘉兴的嘉善、平湖，从长江经济带、沪宁轴线看，昆山处在周边县区对接上海的"C"位。昆山面积 931 平方千米，2023 年底人口 214.85 万人，GDP 5140.6 亿元，分别比毗邻江苏的上海嘉定（463.16 平方千米，188.61 万人，2840.20 亿元）、青浦（668.49 平方千米，127.88 万人，1440.08 亿元）的面积、人口、GDP 之和少 200.65 平方千米、多 101.64 万人、多 860.32 亿元，比吴江（2377.3 亿元）太仓（1734.9 亿元亿元）的 GDP 之和多 1000 亿，比南通海门（1664.7 亿元）启东（1447.3 亿元）两区市的 GDP 之和多 2000 亿元，相当于嘉兴市平湖（1008.7 亿元）嘉善（908.11 亿元）两县市的 GDP 之和的 2.68 倍，是沪苏浙毗邻地区名副其实的县域发展高峰。

因此，从这个意义上说，一方面，改革开放以来昆山的快速发展得益于得天独厚的靠近上海的优势；另一个方面，无论是上海的几大新城，还是同样毗邻上海的一些县市区，发展水平都比昆山差不少，因此，昆山的快速发展，虽在一定程度上得益于毗邻上海的优势，但在更大程度上是把握住了对接融入上海的机遇，并且在发展战略上具有超强的眼光和超人的定力。

三 长三角一体化国家战略背景下昆山对接和融入上海及长三角的政策演进和实践历程

1. 国家相关政策性文件

2019年12月，中共中央、国务院印发《长江三角洲区域一体化发展规划纲要》，提出加强跨区域合作，探索省际毗邻区域协同发展新机制。"支持虹桥—昆山—相城、嘉定—昆山—太仓等省际毗邻区域开展深度合作"等，共同推动跨区域产城融合发展。推动高校联合发展，加强与国际知名高校合作办学，打造昆山杜克大学等一批国际合作教育样板区。

2021年2月，国务院批复《虹桥国际开放枢纽建设总体方案》，确定昆山为虹桥国际开放枢纽北向拓展带的重要节点，并写入"昆山深化两岸产业合作试验区建设""嘉昆太协同创新核心圈""打造浙江大学国际联合学院（海宁）、昆山杜克大学等国际合作教育样板"等事项。

2022年9月，沪苏浙两省一市联合印发《上海大都市圈空间协同规划》，昆山入选12个全球功能性节点，并被赋予全球科技创新和智能制造节点定位。

2023年2月，国务院批复《长三角生态绿色一体化发展示范区国土空间总体规划（2021—2035年）》，将昆山锦淀周三镇正式纳入示范区协调区。

2023年7月，国家发改委印发《关于推动虹桥国际开放枢纽进一步提升能级的若干措施》，国家超级计算昆山中心、虹桥—昆山—相城、嘉昆太协同创新圈、国际互联网数据专用通道等事项被纳入。

2024年7月，长三角区域合作办公室印发《长三角地区一体化发展三年行动计划（2024—2026年）》，明确提出有力拓展城市合作广度和深度，推动上海、南京、杭州、合肥、宁波、苏锡常都市圈联动发展，推进苏州与上海深化一体化发展，推动嘉昆太协同创新核心圈建设等。

2. 昆山制定出台的政策性文件

长三角区域一体化发展，不仅是地理意义上的整合，更是合作机制上的协调，是制度建设层面的探索。2018年以来，昆山牢牢抓住"家门口的机遇"，第一时间明确发展路径，寻求新路超越，先后组建长三角地区合作与发展办公室、融入上海高质量发展专家咨询委员会等机构，先后出台了一系列规划和政策文件。

2018年编制《昆山市对接融入上海三年提升工程实施方案（2018—2020年）》，围绕率先形成无缝对接的规划战略制度、协同融合的创新产业集群、无阻加密的基础设施体系、共享共治的幸福美丽家园和更加有效的对接工作机制五大目标，实施规划战略一体协进计划、基础设施互联互通计划、科创资源对口对接计划、产业要素协同融合计划、环境治理联防联控计划和公共服务同城共享计划六大任务，加快推动昆山全方位、多领域、深层次对接融入上海，努力成为上海打造全球城市功能的门户区、上海改革创新经验复制的先行区、上海科技产业跨区发展的首选区、上海市民生活休闲旅游的共享区，全力打造长三角一体化发展深度融合示范区。

2020年发布实施《〈长江三角洲区域一体化发展规划纲要〉昆山行动方案》，立足昆山在长三角中的优势和地位，紧扣"一体化"和"高质量"两个关键，牢牢把握"创新共建、协调共进、绿色共保、开放共赢、民生共享"的基本原则，以一体化的思路和举措打破行政壁垒，在主动融入长三角一体化发展中释放发展优势、转换发展动能、拓展发展空间，全力做好学习上海、对接上海、服务上海、融入上海文章，率先实现同城化，努力把我市建设成为长三角一体化发展的引领区和高质量发展的样板区。

2022年7月出台《关于打造社会主义现代化建设县域示范 走好新时代"昆山之路"的总体方案》。2022年6月，苏州市委、市政府出台《关于支持昆山打造社会主义现代化建设县域示范 走好新时代"昆山之路"的意见》，要求昆山在区域一体发展、产业创新发展、深化改革开放、现代化城市建设、社会综合治理、实现共同富裕等六个方面进行县域示范。在区域一体发展的县域示范方面，主动融入长三角一体化发展，积极参与"环太湖科创圈""吴淞江科创带"建设,大力推动空间重构、资源重组、品质重塑,加快实现跨区域基础设施互联互通、科创产业深度融合、生态环境共保联治、公共服务普惠共享,率先探索位于城市群和都市圈范围内的县城融入邻近大城市建设发展的新模式新路径。7月,昆山出台实施方案,制定昆山现代产业体系建设、打造现代化一流开发园区、人才科创发展、现代化城市建设、加快建设长三角生态绿色一体化发展示范区协调区、推进昆台融合高质量发展、促进共同富裕、推进城市文化文明建设、构建人与自然和谐共生的现代化、推进治理体系和治理能力现代化、城市安全发展、推进鹿城青年伙伴等12项现代化行动计划,明确25项主要任务,细化形成200项具体项目。

2022年编制《〈虹桥国际开放枢纽建设总体方案〉昆山行动方案》。紧紧围绕《虹桥国际开放枢纽建设总体方案》赋予北向拓展带建设"中央商务协作区、国际贸易协同发展区、综合交通枢纽功能拓展区"的总体定位,全面落实沪苏同城化发展要求,聚焦"建设新城市、发展新产业、布局新赛道",明确"沪苏同城第一站,虹桥北向活力源"的功能定位。"沪苏同城第一站":跳出"县级市思维",打造沪苏同城的功能对接第一站、上海都市圈核心内圈重要功能的第一承载区;打造沪苏同城的要素承接第一站、上海建设双循环战略链接的第一节点;打造沪苏同城的交通连接第一站、上海联系服务长三角的第一中继站;打造沪苏同城的服务链接第一站,支撑上海建设现代化国际大都市的第一新城;打造沪苏同城的制度衔接第一站、长三角地区率先探索区域一体化制度创新的第一标杆。"虹桥北向活力源":打造富有活力的中央商务协作区、富有活力的国际贸易协同发展区、富有活力的综合交通枢纽功能拓展区、富有活力的产业科创承载区。推动形成"一节点、五片区"的功能布局。一节点:苏州国家区域科技创新中心重要节点;五片区:产城融合示范区、产业创新引领区、数字经济实验区、江南文化样板区、特色产业集聚区。

2023年印发《昆山市深度融入长江三角洲区域一体化发展"十四五"规划》,确立发展定位:沪苏同城化的先行示范,上海大都市圈的特色功能性节点,虹桥国际开放枢纽的核心功能承载区,苏州市内全域一体化的引领区。明确构建内聚外联的一体化空间格局,深化推进"东接、西融、北联、南协"区域联动策略,协同推进长三角、江苏省域、苏州市域和昆山板块组团一体化,构建优势互补、错位发展、多点支撑、整体协同的发展格局。向东接轨上海,当好苏州全面对接上海的"桥头堡"。向西融入苏州主城,打造苏州市域一体化科创强引擎。向北联动太仓—常熟,共同打造苏州先进制造增长极。向南协同示范区,打造江南文化样板区。

3. 昆山融入上海大都市圈和长三角的实践探索

"与高手共舞、与强者合作"。与昆山之路的形成相呼应,随着改革开放崛起的昆山具有鲜明的外联内合基因,如何发挥左右逢源优势,通过四方联动不断打破发展边界成为破译昆山发展密码的重要视角之一。作为江苏、苏州对接上海的"桥头堡",昆山深入实施"东接、西融、北联、南协"区域联动发展策略。同时,以花桥国际商务城、阳澄湖两岸科创中心、夏驾河科创走廊、昆山未来城等中心节点,强化串珠成链功能,积极融入"吴淞江科创带"建设,布局国际商务、未来科创、功能总部等高端业态和云计算、大数据等数字产业,打造城市创新核心区和活动中心。

向东接轨上海,积极对接上海大都市圈空间协同规划,深度参与虹桥国际开放枢纽北向拓展带建设,加快建设科技成果转化高地和技术服务中心,打造具有国际影响力的智能制造产业集群,当好苏州全面对接上海"桥头堡"。在推动长三角一体化发展进程中,昆山以联动"小三角"带动"大三角",积极推动毗邻板块协同发展。江苏省昆山市花桥经济开发区与上海市安亭镇、白鹤镇地缘相近、人缘相亲、文化相通,发展理念契合、资源禀赋互补,有着深厚的历史渊源和坚实的合作基础,但因在行政上分别隶属江苏昆山市、上海嘉定区、青浦区,三地在经济、文化、环境、社会等发展和治理中难以完全形成"一盘棋"。2019年5月18日,花桥与上海安亭镇、白鹤镇共同签署《"安亭—花桥—白鹤"城镇圈一体化高质量发展战略合作协议》,三地以城镇圈一体化建设为契机,以党建融合推动一体化发展,加强公共教育资源共享、整合公共医疗资源、打造共同"精神家园",实现民生福祉融合共享,由"三不管"变为"三得利"。2024年5月,《新华每日电讯》以《解码"塘桥河"——长三角省际毗邻区点位观察》为题,分析了以"塘桥河"为代表的省际毗邻区，如何日渐成为高质量发展的标杆、社会治理的样板、生态环境的高地，一个个毗邻区如何成为一个个"增长极"的。

向西融入苏州主城，高标准建设阳澄湖两岸科创中心，与苏州工业园区协同打造界浦河两岸国际高端制造业基地，加快建设产业创新引领区，打造苏州市域一体化发展科创强引擎。以加快推进阳澄湖两岸科创中心建设为牵引，动员昆山高新区与巴城镇在推动科技创新与产业创新深度融合上相互赋能，在培育发展新质生产力上协同发力，加快形成互动、互补、互利的区域发展新格局。昆山高新区与巴城镇有着一衣带水的袍泽情谊、一路相连的交通基础、一脉相承的文化渊源，不仅是守望互助的"金相邻"，更是亲密无间的"好兄弟"，要深化对接双向赋能、携手并进联袂前行，在融合发展的大格局中同频共振、同向发力，共同推动两地经济社会发展迈上新台阶、实现新跨越。

向北联动沿江港口城市，携手太仓共建昆太协同数字经济产业园，积极推进昆太万亿级电子信息产业集群建设，共同打造苏州先进制造增长极。嘉昆太协同创新核心圈打造万亿增长极。嘉昆太协同创新核心圈范围包括上海市嘉定区以及江苏省苏州市昆山市、太仓市，面积约2204平方公里。作为长三角沪宁发展轴的重要节点城市，嘉定、昆山、太仓地理位置毗邻、发展理念契合、资源禀赋互补。六年来，三地乘着长三角一体化发展的"东风"，以协同创新为核心方向，聚焦"党建同圈、规划同圈、交通同圈、科创同圈、产业同圈、人才同圈、生态同圈、民生同圈"通过签订两轮战略合作框架协议、梳理合作项目清单等方式，坚持锻造长板、强化特色，推动科创协同发展、产业协同联动、人才协同赋能，不断提升"破圈"速度、拓展"同圈"维度，持续推动各领域全方面合作升级，形成"一个嘉昆太、万亿增长极"品牌标识，成为长三角一体化高质量发展的重要实践力量。截至2023年底，核心圈生产总值超过9700亿元，规上工业总产值突破19万亿元，战略性新兴产业产值近9900亿元，集聚高新技术企业6700余家，逐渐探索形成省际毗邻地区融合发展新路径、一体化高质量发展新模式。嘉昆太虽是上海和苏州的"边缘"，却是跨区域向"新"而行的"锚点"，三地"同圈"的目标不是仅仅成为地缘相近的"朋友圈"，而是致力于打造一个协同创新核心圈，实现从"跨界"向"无界"、从"相邻"向"相融"的聚合蝶变。

向南协同推进长三角生态绿色一体化发展示范区建设，发布"澄淀"乡村振兴示范片区规划，以昆山旅游度假区为主体，加快"东方湖区"项目建设，形成江南水乡生态人文组团，打造江南文化样板区，打造长三角生态绿色一体化发展示范区协调区。昆山南部三镇即锦溪镇、淀山湖镇和周庄镇，位于昆山市和上海市青浦区交界处，环淀山湖北岸。近年来，昆山提前谋划、前瞻思考、敢闯敢干，作出"主动对接长三角生态绿色一体化发展示范区，整体提升锦淀周一体化发展水平，悉心打造示范区协调区和虹桥商务区配套合作区，做实旅游度假区，建设昆山南部生态宜居滨湖城市副中心"的重大决策。2021年5月，昆山市委市政府印发《关于加快推进锦淀周一体化发展做实旅游度假区的实施意见的通知》（昆委〔2021〕40号），将锦溪、淀山湖、周庄三镇整体纳入昆山旅游度假区管理，正式开启"以区管镇"模式，以"锦秀淀周、第一水乡"为总体思路，打破行政边界，参与共建世界级湖（淀山湖）区。2022年7月，昆山市委市政府印发《关于打造社会主义现代化建设县域示范走好新时代"昆山之路"的总体方案》，指出向南协同推进长三角生态绿色一体化发展示范区建设，以昆山旅游度假区为主体，形成江南水乡生态人文组团，打造江南文化样板区，建设好长三角生态绿色一体化发展示范区协调区。随后，市委市政府印发《昆山加快建设长三角生态绿色一体化发展示范区协调区行动计划（2022—2025年）》，作为昆山市12项现代化行动计划之一。2023年2月，国务院批复《长三角生态绿色一体化发展示范区国土空间总体规划（2021—2035年）》，锦淀周三镇被整体纳入长三角一体化发展示范区协调区。2024年8月，《昆山旅游度假区总体规划（2021—2035年）》公示，规划范围11.53平方公里，含苏淀沪城际走向等，依托上海虹桥国际机场等强化交通联系，规划多个高端旅游项目，旨在创建国家级旅游度假区。如果说，30年前昆山抓住浦东开发开放机遇做大了产业文章，那么现在以"锦淀周"一体化为抓手，融入长三角生态绿色一体化发展示范区建设，则是做足做美生态文章。

4. 昆山积极参与推进市域一体化和省内、国内区域合作实践

围绕苏州、省级和国家层面的一体化和区域合作战略，昆山主动作为，积极担当，作为探索和示范。

在苏州市域层面，主要包括澄湖地区、阳澄湖地区和太仓—昆山—

常熟协同区。2022年12月，苏州召开乡村建设工作推进会，发布《澄湖地区协同发展规划》（下文简称《协同规划》）。澄湖地区位于苏州市吴中区、吴江区与昆山市三大行政板块的交界处，是苏州"四角山水"生态格局的重要一环。《协同规划》将澄湖周边甪直、同里、周庄和锦溪四个乡镇统筹纳入研究范围，共计339平方公里，内容由8个方面组成。《协同规划》围绕"生态澄湖、诗意水乡"总体目标，全力将澄湖地区打造为新时代鱼米之乡样板区、生态价值转换先行区、农文旅联动发展示范区和市域一体化协同发展试验区。《协同规划》提出"一心点睛、一廊串珠、三环相拥"总体发展空间结构：一心为澄湖生态蓝心；一廊为吴淞江生态科创廊道；三环为澄湖碧环、特色新农环以及水乡古镇环。2023年6月，《阳澄湖地区乡村振兴协同发展规划》发布。此规划涵盖阳澄湖所有湖面、岸线和环湖地区主要农林生态空间，河湖湿地面积占52.26%，覆盖苏州工业园区、昆山、常熟、相城的46个行政村（社区）、265个自然村。规划构建了"一环四岛六圈多核"的空间结构，推动产业兴旺、生态宜居、乡风文明、治理有效、生活富裕等多方面协同，着力打造文化赋能型乡村振兴典范、城市群核心区艺术生活湖区、片区化打造中国式乡村现代化典范。2023年6月，苏州市和太仓、昆山、常熟三市共同发布《太仓—昆山—常熟协同区生态循环农业暨农文旅融合发展专项规划》，片区化推进乡村振兴，积极融入苏州市域一体化发展，目标为全力打造新时期乡村振兴典范市域一体化发展样板。太仓昆山常熟协同区位于三地行政板块的交界处，涉及三地9个乡镇（街道），共包含47个行政村（社区），破界描点、串点成线、连线成片，覆盖了三地两两衔接之处面积约300平方公里的区域。规划打破三地行政管辖边界，通过河道、乡村旅游公路、风景路、慢行步道等串联循环农业基地、特色田园乡村、历史文化名村、传统村落等特色资源点，形成融自然、田园、产业、文化于一体的空间连片区域，打造循环农业、农文旅资源要素集聚区。根据规划，太仓、昆山、常熟三地协同区将根据不同资源条件打造各具特色、各有侧重的四大农文旅发展片：太仓璜泾镇—常熟碧溪街道——红色滨江观光片，太仓沙溪镇—常熟支塘镇、董浜镇——古镇文化体验片，太仓双凤镇—昆山周市镇—常熟支塘镇——生态农业游憩片，太仓城厢镇—昆山开发区——城郊融合休闲片。

在全省层面，大力推进与宿迁沭阳合作。2007年，昆山市与沭阳县积极响应"南北挂钩，结对扶持"号召，共同投资成立昆沭高新技术产业园（原昆沭工业园）。近年来，产业园着眼新形势新要求，聚焦重点产业，发力特色产业，形成以健康医疗、新材料产业为主导的特色产业体系。同时，聚焦项目招引，不断壮大园区产业规模，多措并举探索资产招商模式，以现有厂房资源，将引育目标集中到成长性好、投资强度大、经济贡献度高的项目上，实现园区集中集聚集约发展。2023年11月，昆山·沭阳科创飞地共建签约，聚焦沭阳创新发展需求，采取沭阳主导、昆山指导的管理模式，致力于打造产业技术研发、人才合作交流、昆沭联合招商、科技金融投资等平台，加快形成"项目孵化在昆山、成果转化在沭阳"局面。

在国家层面，积极开展产业援疆。2011年以来，昆山紧紧围绕阿图什市社会稳定和长治久安两大任务，累计向阿图什市投入援疆资金39.4亿元，组织实施对口援建阿图什民生保障、产业就业、教育卫生等项目共368项，先后选派援疆干部人才482名，有效提升了阿图什市社会经济发展水平，有力促进了阿图什市城乡协调发展，全力助推阿图什市实现脱贫摘帽和巩固拓展脱贫攻坚成果。其中，产业援疆是增强区域内生发展动力的有效途径。充分发挥昆山招商引资、专业人才优势，重点推进产业援疆，先后投资6亿多元，建成产业园区等项目，吸引企业投资、提升产业水平、增加农民收入。先后投入2亿多元建成昆山产业园电子装配园、阿图什昆山小微企业园、阿湖乡就业创业基地等，新建克州江苏产业园，完成克州江苏产业园昆山片区建设，新建江苏大道等五条道路、6.24万平方米标准厂房，初步形成商贸物流、纺织服装等行业集群。

四 昆山对接和融入长三角的重要启示和示范价值

以开放促发展，以合作谋共赢，昆山的性格是外向的，善于借力、善于合作，是昆山改革开放以来的内在基因。对于昆山之路的内涵，可以有多种解读，其中最重要的基因，是改革开放初期的横向经济联合，最重要的机遇，是把握和抓住了长三角一体化的机遇，探索出一条"不是上海，就在上海"、县级小城通过接轨和融入上海走向世界的成功之路。接轨，是便利的交通条件。融入，是昆山的终极目标，昆山改革发展史就是一部对接融入上海史。在昆山，演绎着一体化发展的 N 种形态，既有跨省域的协同，跨市域的协同，县域内不同镇域之间的协同，环湖区域的协同，现代农业圈、生态绿色圈和科技创新圈的协同，又有融入大城市的示范，与周边县域协同发展的示范，一体化已经进入全方位、立体化、多层级、多圈层的空间时代，为县域协同发展提供了多样化的样本。

1. 对接融入大城市和城市群都市圈，需要找准角色定位、把握现代化发展规律

改革开放初期，在苏南乡镇工业大发展的时期，昆山曾一度是苏州的"小六子"，并没有把握住改革开放先机，但从 1984 年昆山自费创办开发区以来，注重加强横向联合与区域合作，实现了成功逆袭，创造了连续 20 年位居百强县榜首的奇迹，成为最好的自己。从发展逻辑上来看，后发地区的发展起点结构决定了现代化模式的选择水平，必须从最低端的致富开始，而随着经济 GDP 的增长，发展主体的能量得到提升，自主再组织发展结构和发展方向才有可能，自主发展的再次提升又必须诉诸发展主体的交往层次的跃升和扩大，在世界经济交往中重塑自己。改革开放以来，昆山经历了一个从被动发展到自主发展的过程，发展主体自觉意识不断增强，在自身有限的区域内，以空间换时间，压缩重演了世界现代化波澜壮阔的现代化发展历程。在改革开放之初，昆山经济社会发展处于周边县市末端，意味着不能自主地快速发展，而必须因地制宜、因时制宜，只能更多依据外在的发展环境来发展自己、壮大自己。由此昆山从自费创办开发区开始，到走向外向型经济主导的发展模式，都在表明后发地区开启现代化之路必须从第一波即被动输入型现代化开始。昆山通过前期的发展积累，不断提高自身的发展定位，特别是进入 21 世纪以来，昆山在科创驱动、产业层次提升、城乡统筹发展、社会治理创新、生态环境保护等领域逐渐形成了自主发展的亮点和品牌，自主创新发展之路越来越清晰，第二波现代化态势逐渐成型。党的十八大以来，昆山的发展更是进入了快车道，进入了新时代，昆山的新发展实践表明，昆山的现代化之路又在新的转型之中，即从自主输入型现代化向

第三波的自主辐射型现代化转变。[①]

2. 对接融入大城市和城市群都市圈，需要坚持内外协同、与时俱进

20世纪80年代，昆山从实际情况出发，顶住社会非议和压力，选择走横向联合之路，东依上海、西托三线，"借鸡生蛋""借梯上楼""借船出海"，迈出"农转工"步伐。90年代，抓住上海浦东开发开放的战略机遇以及台资企业从"珠三角"向"长三角"大规模扩张的产业潮流，实现了"内转外""散转聚"的历史转变。21世纪以来，随着长三角一体化发展不断深入并上升为国家战略，昆山也积极探索更为深度的"融"理念，创造更多一体化红利。如今，凭借对"融字诀"的深刻理解，昆山提出"东接、西融、北联、南协"区域联动发展策略；以"内聚"强化协同发展，以"外联"拓展战略空间。昆山面对重大战略叠加机遇，在"自转"与"公转"中找准自身新定位：不再简单做产业溢出的承接者，而主动做联动发展的同行人。通过与区域核心城市建立联动机制、加强要素流动，释放区域一体化的澎湃力量。

3. 对接融入大城市和城市群都市圈，需要利益共享、厚植产业特色和根基

"推进区域协同发展，优势产业是最好的落脚点。"在产业链上的深度链接，产业为基垒筑"第一高峰"，是昆山发展的最大底气，是在一体化进程中不迷失自我、赢得战略主动的关键。昆山人凭借对机遇的敏锐把握，巧妙地抓住了产业发展升级的每一个"浪尖"。第一次，20世纪90年代，昆山抓住电子信息产业发展趋势，通过"拆笔记本电脑"招商，坚持"缺什么、招什么"，至今仍保持全球笔记本电脑"三分天下有其一"的份额。第二次，抓住手机智能终端发展机遇赢得黄金发展期，昆山形成近7000亿元规模的电子信息产业集群。现在，新一代智能穿戴产品逐步"飞入寻常百姓家"，正在带来第三次机遇。在昆山，"产业园就是产业链，上下楼就是上下游"，以"链式思维"促进产业竞争力提升，通过建链、强链、延链、补链，发挥集群优势，抢占产业链、要素链、价值链的制高点。昆山产业发展，还创造了许多无中生有的奇迹。以咖

[①] 任平：《新时代苏州精神：三大"法宝"的历史内涵与时代价值》，中国社会科学出版社2021年12月。

啡产业为例，昆山全面打好引龙头、建载体、强集群等"组合拳"，引进了星巴克、路易达孚、三井物产等国际咖啡头部企业，与巴西、菲律宾、哥伦比亚等多个国家和地区建立了咖啡生豆贸易关系，几乎囊括了全国15%的生豆进口和60%的咖啡生豆烘焙量，精心打造"从一颗咖啡生豆到一杯咖啡"的全产业链。目前，昆山正在继续壮大、拉长咖啡产业链条，锚定方向打造立足长三角集"物流分拨中心—平台交易中心—研发制造中心—品牌销售中心"等功能为一体的千亿级咖啡产业集群，融入全球新经济增长。昆山还依托自身产业基础，扩大长三角"朋友圈"。围绕汽车产业，昆山联合嘉定、平湖、温州、太仓，共同发起成立长三角汽车产业创新联盟，强化产业链上下游之间的产学研合作；围绕先进制造、生物医药、消费、高科技四大领域，昆山联合嘉定、温州、太仓和上汽集团，合作发起成立总规模达100亿元的长三角产业升级股权投资基金，通过资本力量引导优质型企业、创新型企业和投资机构落户，促进产业深度融合。

4. 对接融入大城市和城市群都市圈，需要克服内卷、广泛建立更大更多的"朋友圈"

昆山与苏州市域一体化，重新塑造了弱城市与强县域之间的关系模式。内卷，原指一类文化模式达到了某种最终的形态以后，既没有办法稳定下来，也没有办法转变为新的形态，而只能不断地在内部变得更加复杂的现象。内卷是比谁死得最慢，外卷是拼谁活得更好。过去城市竞争，多是单打独斗，而未来则是城市群的一体化、都市圈的同城化，是群狼模式，城市群、都市圈抱团发展成为主流，县域成为区域一体化的核心节点和主要阵地。昆山需要上海，上海也需要昆山，昆山是环沪所有城市中唯一一个高铁和地铁都开通的城市，昆山是所有城市中与上海联动最好的城市。随着县域经济发展的决定要素从"土地"向"产业链""要素链""价值链"转移，县域经济的发展，也正在从"竞争"走向"竞合"。这就要求县域必须以更高的视野、更大的格局来审视自身，要跳出县域来看县域。一方面，一条完整的产业链，很难布局在同一个县，需要多个县发挥自身比较优势，依托产业链进行跨区域合作，在此过程中，必然会产生产业链的"主角"和"配角"之分。一些县域要认清自身现实，要有甘当"配角"的觉悟，要有大局观和全局思维。另一方面，在全球化格局中，竞争早已不是某个地方、某家企业的单打独斗，而是整个区域、整个产业乃至产业链之间的角逐，要将"县域"放在"区域""省域"的"大盘子"里，要到全省、全国乃至全球层面上去竞争，在更好地发展自身的同时，促进经济内循环，更好地服务国家新发展格局的构建。

5. 对接融入大城市和城市群都市圈，需要跳出单向思维、在多个维度同时发力

从一体化和区域协同的方向讲，一体化并不是非此即彼，其维度不是单一的，可以在多个维度上展开，可以组建不同的朋友圈。或者说，一个方向的一体化并不排斥另一方向的一体化。昆山的发展，是向外借力、向内聚力、形成合力的典范。昆山提出，向东接轨上海，当好苏州全面对接上海的"桥头堡"；向西融入苏州主城，打造苏州市域一体化发展创新强引擎；向北联动太仓，共同打造苏州先进制造增长极；向南协同推进长三角生态绿色一体化发展示范区建设，打造江南文化样板区。从一体化的领域上讲，一般先是交通基础设施一体化，然后再到产业一体化，公共服务一体化，再到体制机制的一体化。从最初工业区发展为主的"先产后城"雏形期，到服务于工业生产配套设施逐步完善的"产城互促"成长期，再到目前正积极向城市功能多元化、完善化、综合化方向发展的"产城融合"成熟期，昆山开发区的城市框架、布局、功能、配套等发生了重大变化。昆山开发区通过合理安排生产、生活、生态空间，努力为人民群众创造宜业、宜居、宜乐、宜游的良好环境，获评首批长三角G60科创走廊产城融合发展示范区，一个"产、城、人"有机融合和配套完善的现代化新城已初露峥嵘。

五 昆山深度融入和服务长三角一体化国家战略的战略定位与对策建议

2009年4月，时任国家副主席的习近平同志在江苏调研时指出："昆山的发展现在已经处于一个标杆地位，但是没有停滞不前，还提出这样一些赶超目标，难能可贵。苟日新、日日新，自强不息、止于至善，有这样一种精神，有这样的劲头，我想一定会有一个新的超越。像昆山这样的地方，包括苏州，现代化应该是一个可以去勾画的目标。"近年来，

在发展思路上内联外合，在发展资源上内聚外引，始终在大格局和多圈层空间谋划发展。昆山的眼界始终是开放的，把自身的区位优势转化为发展优势，并且运用到了极致。有人说，"昆山干部身体里面流淌的不是血液，而是汽油。"2022年昆山顺利跻身全国Ⅱ型大城市行列，成为全国70个Ⅱ型大城市之一，其中仅4个县级市入榜，昆山位列第一。昆山是一座没有边框、没有边界的城市，昆山既是世界的和中国的，也是长三角和江苏、苏州的，昆山更是昆山自己的。

世界和中国的昆山：开放型经济是昆山的最大特色，这里集聚了全球80个国家和地区的近1万个外资项目、投资总额超1200亿美元，48家世界500强企业在昆山投资设立项目达108个，以不足全国万分之一的土地面积，引聚了全国近1%的到账外资，创造了全国近2%的进出口。把昆山放在国家开放格局中来谋划，奠定了昆山的区域协作的宏大格局和深厚底蕴。昆山作为上海大都市圈12个全球功能性节点，承担全球特色功能，与江浙其他城市共筑全球功能网络。要打造科技创新功能节点，发挥专业领域的技术引领，建设科技成果转化高地和技术服务中心。要打造智能制造功能节点，聚焦重点平台，推动前沿突破与智能升级，建设更具国际影响力的智能制造产业集群。要让世界在昆山最先看到中国式县域现代化的现实模样，让昆山的现代化道路为全国广大县域探索现代化提供有益借鉴。

长三角和上海的昆山：随着长三角一体化战略的深入推进，昆山的协同发展进入快车道，开启了现代化阶段毗邻大都市县域协同发展的创新创造之路。从当年请进上海"星期六工程师"到成为上海"后花园"，特别是在长三角高质量一体化发展中，昆山全方位对接融入上海，全力打造长三角一体化发展深度融合示范区。如果说改革开放初期的"我要融"主要是单向的"攀附"，那么现在则是"我要融""要我融"并存，在对接融入上海推动自我发展的同时，更好地辐射联动周边区域和服务国家战略，在大城市周边县城发展上做示范。要把融入和服务有机地结合起来，融入更多地强调与国家重大战略的内洽性，服务更多地强调与国家重大发展战略的一致性，融入更多的是个体变成整体的过程，服务是个体如何更好地为整体服务的过程。

江苏和苏州的昆山：如果说改革开放以来，昆山更多的是做好对接融入上海的大文章，随着长三角一体化国家战略的深入推进，随着江苏省域和苏州市域一体化战略的推进，昆山更加注重与兄弟县域的合作，实现了由单一对接上海向全方位融合长三角的转变。从目前看，即将通车的苏州南站和已经开工建设的苏州东站，为昆山与周边地区的融合发展带来新一轮机遇，相信始终走在时代前列具有超前意识的昆山能够很好地把握这些重大机遇，让轨道上的昆山在长三角大格局中发挥更大作用。

昆山的昆山：昆山作为临沪第一站，对外主动融入，抢抓机遇；对内，昆山各板块资源共享、信息互通、梯次互补、协同推进，形成了高质量发展"一盘棋"，也创造了具有昆山特质的内聚外合协同发展模式。昆山有三宝：昆石、琼花、并蒂莲。昆石质地坚硬，古朴敦厚；琼花大如玉盆、连理交枝；并蒂莲茎秆一枝、花开两朵。昆山的发展，彰显了昆石般的坚毅质朴、琼花般的赤诚团结、并蒂莲般的融合共进，彰显了昆山"做最好的自己"的坚定和勇毅。要大力挖掘"昆山之路"精神的时代内涵，从"唯实、扬长、奋斗"到"艰苦创业、勇于创新、争先创优"，再到"敢于争第一、勇于创唯一""敢闯敢试、唯实唯干、奋斗奋进、创新创优"，在继承中弘扬、在传承中创新，走好新时代的"昆山之路"，在深度融入和服务长三角一体化国家战略走在前、做示范。

六 率先探索位于城市群和都市圈范围内的县城融入邻近大城市建设发展的新模式新路径

支持位于城市群和都市圈范围内的县城融入邻近大城市建设发展，是中办国办《关于推进以县城为重要载体的城镇化建设的意见》针对大城市周边县城发展提出的明确要求，是昆山打造社会主义现代化建设县域示范的重要领域。昆山作为长三角沪宁发展轴的重要节点城市，要更加自觉在国家重大战略、省市发展大局中谋划、定位自身发展，积极对标虹桥国际中央商务区和长三角生态绿色一体化发展示范区建设发展，更大力度推进城市规划衔接、综合交通连接、创新集群链接、功能载体对接，做好"左右逢源、南北贯通"文章，努力在区域一体发展中锻造长板、贡献长板，更高质量更深层次服务融入长三角一体化发展。

1. 牢牢把握昆山产业发展的优势，筑牢县域融入更大范围一体化的产业根基

在培育优势产业方面，既要注重与毗邻大城市产业的对接，又要站在世界发展的前沿，在更大的范围内整合资源，聚天下优势产业而用之。以昆台融合发展为例，自1990年第一家台资企业落户昆山以来，先后有5300余家台企"安家"昆山，昆山地区生产总值的30%、工业总产值的50%、利用外资的60%、进出口总额的70%，均来自台资企业贡献。2020年，昆山获批全国首家具有两岸特色的金融改革试验区，国务院批复同意扩大昆山深化两岸产业合作试验区范围至昆山全市，江苏省人大常委会审议通过《昆山深化两岸产业合作试验区条例》，为昆山进一步推进昆台融合发展创造了新机遇。借鉴长三角生态绿色一体化发展示范区，上海青浦、江苏吴江、浙江嘉善两区一县三地，细分赛道，合力发展，同场不"竞技"。青浦重点推介的是软件和信息服务业，吴江瞄准的是算力经济与低空经济赛道，嘉善重点聚焦智能物联产业的经验，在"嘉昆太"一体化发展的过程中更加注重产业的合作与分工。

2. 牢牢把握现代化阶段区域发展规律，多措并举推动县域和苏州市域一体化发展

协调和协同，是现代化的内在特征。正如一个人的成长，不仅要增强自身与周边环境的契合性与互动性，更要注重自身发展的全面性和均衡性，通过内部功能的协同和整合激发更大的发展能量，一方面使县域内各个不同地区域都能够得到更好的发展，另一方面实现内部部分之和大于整体的效应。昆山下辖昆山开发区、昆山高新区2个国家级开发区，花桥经济开发区、旅游度假区2个省级开发区以及8个镇，需要进一步增强规划的系统性、发展的整体性、功能的协同性，通过不同功能区域的排列组织、互联合作，实现整体大于部分之和、石墨变金刚石的效应。

3. 牢牢把握长三角一体化国家战略机遇，以更高的站位和更大的格局来谋划自身的发展

随着长三角一体化高质量发展上升为国家战略，经过多年来的快速发展，目前已进入"多圈层空间"发展阶段。上海大都市圈从"1+8"到"1+13"，包含了长三角一体化区域和长三角城市群区域一半以上的城市，与南京、杭州、合肥都市圈融合发展的趋势更加明显，打造世界

级城市群的态势更加强劲，同时也为昆山的发展带来更多机遇。上海大都市圈空间协同规划将昆山列为全球功能性节点城市，可以说昆山是接受上海溢出效应最直接、最有效的'核心内圈'，昆山在城市规划衔接、综合交通连接、创新集群链接、功能载体对接等方面具有广阔的发展空间，敢于勇闯"无人区"的昆山续写着"昆山之路"新的传奇，用足用好长三角生态绿色一体化发展示范区、虹桥国际开放枢纽建设等战略机遇，争当区域一体发展、产业创新发展、深化改革开放、现代化城市建设、社会综合治理、实现共同富裕"六个示范"，以一域之精彩为全局增添光彩。

4. 牢牢把握中国式现代化进程中的责任使命，率先探索周边县域融入大城市和都市圈的新模式新路径

中国式现代化需要区域现代化。区域现代化，先从大城市开始，然后大城市周边的区域和都市圈与城市群，进而带动全域一体化现代化。一个人能走多远，取决于与谁同行。一个城市能有多大的发展空间，取决于与谁协同。改革开放以来，昆山不断向前而看、向上而攀、向远而行，一直在学习上海、对接上海、融入上海、服务上海，始终在与上海同行，与时代同行，与国家重大发展战略同行。在区域一体化格局中，接壤长三角龙头上海，倚靠最强地级市苏州，昆山占据 C 位，区位优势得天独厚，发展机遇左右逢源，昆山是一个独特的存在。欲借长风便，风从海上来。昆山的每一步发展、每一次转型都离不开上海的溢出、辐射和带动，昆山与上海形成强烈的磁场效应，实现从"跨界"向"无界"、从"相邻"向"相融"的聚合蝶变，共同绘制浑然一体的山海图景，协同演奏浑厚有力的山海乐章，携手续写新征程上新的山海传奇，率先形成周边县域融入大城市和都市圈的新模式新路径，为中国式现代化区域协同和县域发展作出示范和引领。

第七章

跨区域协同视角下省域都市圈化

近年来，广东、浙江、山东、湖北等部分省份围绕中央关于区域协调发展、推动形成高质量发展区域经济布局等相关部署要求，根据国家发改委关于培育发展现代化都市圈的指导意见，将全省主要城市纳入不同的都市圈、都市区或经济圈，持续推进都市圈内部和不同都市圈之间的协同，以省域主要区域都市圈化推动省内全域一体化、省域现代化。

第一节 广东：以五个都市圈连通全省域

2023年8月，国务院批复《广东省国土空间规划（2021—2035年）》（以下简称《规划》）。批复指出，广东省是改革开放的排头兵、先行地、实验区，是向世界展示我国改革开放成就的重要窗口。在城镇空间安排上，《规划》提出完善"一群五圈"城镇空间格局，推动珠三角城市群高质量发展，打造广州都市圈、深圳都市圈，促进珠江口西岸、湛茂地区一体化和汕潮揭同城化发展，培育更多高质量发展的增长点增长极。在支撑粤港澳大湾区建设、促进珠三角区域空间协调发展方面，《规划》进一步细化并明确区域空间格局和功能分工，提出强化港深、澳珠合作，积极对接香港"北部都会区"，加快广佛同城化建设，引导重点发展平台、科技创新节点沿重要交通廊道集中布局，强化轴带支撑作用，促进跨界地区空间协调布局，提升大湾区整体实力和全球影响力。《规划》提出，大力推进广深港、广珠澳两条科技创新走廊建设；聚焦环珠江口地区，集中资源打造100千米"黄金内湾"。

一 广东都市圈建设的推进过程和基本情况

2008年12月，国务院批复《珠江三角洲地区改革发展规划纲要（2008—2020年）》，提出到2020年，"形成粤港澳三地分工合作、优势互补、全球最具核心竞争力的大都市圈之一"。2009年4月，广东省委省政府出台贯彻实施决定，提出以广州、佛山同城化为示范，积极推动广佛肇（广州、佛山、肇庆）、深莞惠（深圳、东莞、惠州）、珠中江（珠海、中山、江门）经济圈建设。

2020年4月，广东省发改委等六部门印发《广东省开发区总体发展规划（2020—2035年）》，提出"适应珠三角核心区功能拓展和空间拓展的需求，推动广州都市圈（包括广州、佛山、肇庆、清远、云浮和韶关）、深圳都市圈（包括深圳、东莞、惠州、河源和汕尾）、珠江口西岸都市圈深度融合"，明确了广州、深圳都市圈的范围。2020年5月，广东省委省政府印发《广东省建立健全城乡融合发展体制机制和政策体系的若干措施》，明确提出要"科学制定广州、深圳、珠江口西岸、汕潮揭、湛茂都市圈发展规划，构建协同发展机制"。

2021年4月，《广东省国民经济和社会发展第十四个五年规划和2035年远景目标纲要》发布，提出构建"一核一带一区"区域发展格局和优化"一群五圈"城镇化空间布局。"一核一带一区"区域发展格局主要包括：一核，推动珠三角核心区优化发展；一带，推动沿海经济带东西两翼地区加快发展；一区，推动北部生态发展区绿色发展。同时，推动"一核""一带""一区"协同联动发展。优化"一群五圈"城镇化空间布局，主要是指增强中心城市和城市群、都市圈经济和人口承载能力及资源优化配置等核心功能，提升城市品质，加快形成以城市群为主要形态的增长动力源。一群，即加快建设珠三角世界级城市群。按照网络化、一体化的城镇空间布局要求，推动形成珠三角地区分工有序、功能互补、高效协同的区域城市体系。加快制度创新和先行先试，打造国际一流市场环境，构建内联外通现代化基础设施网络，提升发展能级和核心竞争力，建设全球科技创新高地、世界级产业集群和开放合作高端平台，全面建成具有国际影响力和竞争力的世界级城市群。"五圈"，即构建现代化都市圈体系。培育壮大广州、深圳、珠江口西岸、汕潮揭、湛茂五大都市圈,强化都市圈内市政基础设施协调布局,推进都市圈内城市间产业分工协作,强化生态环境共保共治,推进公共服务共建共享。增强广州、深圳中心城市能级,积极发挥核心引擎功能,辐射带动广州、深圳都市圈内城市加快发展。强化珠海作为珠江口西岸核心城市定位,加快推动珠中江协同发展,联动阳江协同建设粤港澳大湾区辐射带动粤西地区发展重要增长极。强化汕头、湛江省域副中心城市和沿海经济带重要发展极功能定位,以汕头为中心大力推进汕潮揭同城化发展,联动梅州都市区协同发展,积极参与粤闽浙沿海城市群建设,打造链接粤闽浙沿海城市群与粤港澳大湾区的战略枢纽;以湛江为中心推动湛茂一体化发展,全方位参与北部湾城市群建设,积极融入粤港澳大湾区、海南自由贸易港、"一带一路"建设等国家重大发展战略,打造国家重大战略联动融合发展示范区。《规划》以专栏形式,明确了五大都市圈建设重点。

2021年12月,《广东省新型城镇化规划(2021—2035年)》发布。此规划提出,优化"一群五圈"城镇空间格局,加快形成中心城市辐射都市圈、都市圈引领城市群、城市群带动区域高质量发展的空间增长动力新机制;强调推动五大都市圈融合发展,加强跨都市圈合作,破除制约各类资源要素在城市间、都市圈间自由流动和高效配置的体制机制障碍,共建五大都市圈融合发展格局,推动形成优势互补、高质量发展的区域经济布局,以粤港澳大湾区建设为纲,充分发挥好跨江通道作用,加快推进广州、深圳、珠江口西岸三大都市圈市场规则、基础设施、公共服务、产业平台、生态保护等全方位对接,实现深度融合、共建共享,推动珠三角核心区优化发展,带动环珠三角城市"融湾"发展。做优做大珠三角城市群,强化汕潮揭、湛茂都市圈与广州、深圳、珠江口西岸三大都市圈互动,促进设施互联、功能对接、产业互补、生态共保和市场共享,积极融入粤港澳大湾区建设,引领东西两翼地区加快发展,五大都市圈携手共筑北部环形生态屏障和粤港澳大湾区外围生态屏障,协同推进海洋开发与保护,共建南部海洋生态保护链,构建"中心引领、环珠崛起、两极腾飞、绿屏拱卫、蓝色拓展、全域美丽"的全省空间发展格局。

2022年5月,广东省第十三次党代会报告提出,要提升一体化水平,把珠江口东西两岸融合发展作为突破口,深化基础设施、产业发展、社会治理等对接融合，推进粤港澳大湾区珠江口一体化高质量发展试点，着力打造环珠江口 100 千米 "黄金内湾"，带动广州、深圳、珠江口西岸三大都市圈协同发展、聚势腾飞。做强东西两翼新增长极，提升汕头、湛江省域副中心城市综合实力，支持汕头参与粤闽浙沿海城市群建设，推动湛江进一步对接海南自由贸易港、北部湾城市群和西部陆海新通道等建设，支持汕头国际风电创新港、阳江国际风电城、茂名绿色化工和氢能产业园、揭阳大南海石化工业区等建设，增强汕潮揭都市圈、湛茂都市圈发展动能，让东西两翼更强劲舞动起来。

2022 年 7 月，广东省自然资源厅颁布《广东省都市圈国土空间规划协调指引》（以下简称《指引》）。《指引》指出，在省级和相关市级国土空间规划编制方案基础上，加强都市圈发展战略和空间格局的统筹，上下联动共同提出都市圈整体发展愿景、空间格局和重点领域的协调要点，形成五大都市圈国土空间规划协调的方案和结构性指引，以协调先行推动都市圈国土空间规划编制。《指引》明确了总体原则和协调范围，并对五大都市圈从空间格局、生态系统与农业空间领域协调、交通系统领域协调、公服设施领域协调、产业领域协调等五个方面加以指引。在协调范围方面，根据人口、用地、设施关联、生态连通、空间治理等因素综合识别各都市圈在国土空间规划中需要重点协调的地域空间范围。《指引》中多次提到黄金内湾：在广州南部，以万顷沙联围湿地等滨海生态空间为依托，构建广州都市圈南部珠江口生态湾，支撑环珠江口黄金内湾建设。深圳都市圈和广州都市圈共同支撑 "黄金内湾" 建设。着力打造环珠江口 100 千米 "黄金内湾"，加强珠西都市圈与广州、深圳等城市联系。

2023 年 8 月，国务院批复《广东省国土地空间规划（2021—2035 年）》，指出构建 "一核两极多支点" 开发利用格局。其中，"一核" 指的是强化珠三角核心的引领带动作用，推动广州、深圳双城联动，推进珠江口东西两岸融合发展，携手港澳共建国际一流湾区和世界级城市群，形成带动全省发展的主动力源；"两极" 是指支持汕头、湛江建设省域副中心城市，培育汕潮揭都市圈和湛茂都市圈，把东西两翼地区打造成全省新的增长极，与珠三角沿海地区共同打造世界级沿海经济带。"多支点" 则是建设若干个重要发展支点。其中，增强汕尾、阳江的战略支点功能，打造珠三角产业转移承载地、产业链延伸区和产业集群配套基地；增强韶关、清远、云浮、河源、梅州等北部生态发展地区地级市中心城区的综合服务功能，进一步提升中心城区人口和产业承载能力。《规划》提出，推进都市圈协同一体发展。以超大特大城市以及辐射带动功能强的大城市为中心，以1小时通勤圈为基本范围，建设广州都市圈、深圳都市圈、珠江口西岸都市圈、汕潮揭都市圈、湛茂都市圈五个现代化都市圈。以都市圈为主体形态推动强核筑带、带动北部融湾，促进城际空间功能协同一体。

2023年10月（12月20日公开发布），广东省人民政府以粤府〔2023〕92号文印发《广州都市圈发展规划》《深圳都市圈发展规划》《珠江口西岸都市圈发展规划》《汕潮揭都市圈发展规划》《湛茂都市圈发展规划》。规划期为2023—2030年，展望至2035年。其中，广州都市圈、深圳都市圈发展规划分别由广州、深圳市政府会同广东省发展改革委牵头编制，并经国家发展改革委衔接函复，珠江口西岸、汕潮揭、湛茂都市圈发展规划由广东省发展改革委牵头编制。这表明，广州都市圈、深圳都市圈成为国家级都市圈。据统计，广东五大都市圈面积9.26万平方千米，常住人口1.08亿，2022年GDP12.08万亿，占全省比重分别51.5%、85.3%、93.6%（见表7.1）。

表7.1　　　　　　　　　广东五大都市圈基本情况

名称	土地面积	2022年GDP	2022年常住人口	区域范围
广州都市圈	约2万平方千米	4.46万亿	3257万	广州市、佛山市全域，肇庆市的端州区、鼎湖区、高要区、四会市，清远市的清城区、清新区、佛冈县。《规划》有关任务举措涉及清远英德市和云浮、韶关部分地区
深圳都市圈	16273平方千米	4.9万亿	3415万	由深圳、东莞、惠州全域和深汕特别合作区组成，《规划》有关任务举措涵盖河源市和汕尾市部分区域

续表

名称	土地面积	2022年GDP	2022年常住人口	区域范围
珠江口西岸都市圈	2.1万平方千米	1.3万亿	1435.3万	珠海、中山、江门、阳江四市所辖行政区域
汕潮揭都市圈	10611平方千米	6591亿	1375万	汕头、潮州、揭阳三市全域，梅州都市区为联动发展区
湛茂都市圈	2.47万平方千米	7617亿	1327万	湛江、茂名两市全域

二 广东都市圈的发展定位和空间布局

广东将五大都市圈分为单核型都市圈和均质型都市圈两类。单核型都市圈包括广州、深圳都市圈。对于单核型都市圈，由于中心城市带动能力的增强和都市圈的扩容，命名上不再使用AA制的方式，而是直接用中心城市来命名，有利于更好地突出广州、深圳中心城市的核心带动作用。均质型都市圈包括珠江口西岸、汕潮揭、湛茂都市圈。

对于五个都市圈，空间指引中将结构模式分为三类，其中广州都市圈为"强核心簇群式"结构，深圳都市圈、湛茂都市圈为多中心分布式结构，珠西都市圈、汕潮揭都市圈为"多中心环布式"结构。

根据《指引》，各个都市圈的空间布局模式和空间布局的主要内容如表7.2所示。

表7.2　广东省五个都市圈空间布局模式及主要内容一览表

都市圈名称	空间布局模式	空间布局主要内容
广州都市圈	构建"一核六极、十字主轴、网络辐辏"的"强核心簇群式"结构	"一核"以广州中心区为主核、佛山中心区为副核的广佛核心区，打造多中心的都市圈内圈层，"六极"即培育六组外围圈层联动组团，强化广深港、广珠澳科技创新走廊"十字主轴"，依托轨道站点培育发展产业社区、城镇节点

续表

都市圈名称	空间布局模式	空间布局主要内容
深圳都市圈	构筑"一主两副七廊多节点"的多中心分布式结构	"一主"即由深圳福田、罗湖、南山、宝安组成的都市圈核心区,"两副"即东莞和惠州中心区。"一主两副"核心区是深圳都市圈经济增长和综合服务的核心,七条复合交通走廊,串联"一主两副"外的重大湾区级功能节点
珠西都市圈	构建"一极三核多节点、内联外接多轴带、蓝绿网络高品质"的"多中心环布式"结构	"一极"是珠海中心城区及横琴粤澳深度合作区,"三核"是中山城区、江门城区、珠海高栏港与江门银湖湾形成的三个发展核,提升一极三核发展能级,承载区域高端功能。"多节点"包括珠海、中山、江门等重要城市和产业功能平台,以蓝绿网络共育山水林田湖草生命共同体
汕潮揭都市圈	空间拓展模式为多中心环布式,构建"一核两轴两带"的培育核心格局	以廊道式交通通道串联,打造"紧凑型组合城市+开敞型区域"都市圈空间形态。"一核"即汕头、潮州和揭阳主城区组成的组合核心区域,"两轴"即沿海发展轴和汕揭梅发展轴,"两带"即榕江生态带和韩江生态带
湛茂都市圈	构建"双核两廊多节点"的多中心分布式结构	"双核"即湛江、茂名两市中心城区,"两廊"包括以广湛客专、深湛铁路、高快速路等串联两市中心城区、湛茂空港经济区、湛江临港大型产业集聚区等形成的新兴产业带,以及由高快速路、滨海旅游公路等串联滨海旅游资源、重点平台形成的特色滨海服务带

注:本表根据《广东省都市圈国土空间规划协调指引》整理。

根据广东省发布的五大都市圈发展规划,各都市圈的总体发展格局如下。

广州都市圈:以广州为中心,以广佛核心区为引领,以肇庆、清远中心城区为发展极,依托主要交通廊道,构建"一核两极四轴"的都市圈总体发展格局,深化与深圳都市圈和珠江口西岸都市圈的合作联动,形成核心引领、轴带支撑的都市圈发展格局。

深圳都市圈:增强深圳中心城市核心竞争力和辐射带动能力,加快提升东莞、惠州副中心发展能级，高水平建设深汕特别合作区增长极，形成"一主两副一极四轴"的都市圈总体发展布局，实现中心引领、轴带支撑、协同联动。

珠江口西岸都市圈：以区域协调、功能互补、辐射拓展为导向，以珠海为核心，以中山、江门、阳江为增长极，构建"一核三极、两圈四轴"的都市圈总体发展格局，实现核心引领、轴带支撑、圈层拓展。

汕潮揭都市圈：完善区域交通运输基础设施，强化中心城市的集聚辐射能力和综合服务功能，形成陆海统筹、圈层拓展的城镇发展走廊，构建"一心两极、三环五射"的多中心、网络化都市圈总体发展格局。

湛茂都市圈：加强"双心"协同引领，发挥"极点"一体联动作用，深度融入西部陆海新通道，加强内外轴向拓展，扩大都市圈经济发展腹地，推动陆海统筹、圈层发展，构建"双心一极点六轴三圈层"都市圈发展格局。

根据规划文本，将各都市圈总体发展格局具体内容如表7.3所示。

表7.3　　广东省五大都市圈总体发展格局一览表

都市圈名称	总体发展格局具体内容
广州都市圈	一核两极四轴：广佛核心区，肇庆、清远城区，广佛肇发展轴、广清发展轴与深圳都市圈联动发展轴和与珠江口西岸都市圈联动发展轴
深圳都市圈	一主两副一极四轴：深圳主中心，东莞、惠州副中心，深汕特别合作区增长极，深莞穗发展轴、深莞惠河发展轴、深惠汕发展轴与珠江口西岸都市圈协同发展轴
珠江口西岸都市圈	一核三极、两圈四轴：珠海核心和中山、江门、阳江增长极，以珠海为中心的紧密合作圈和协同发展圈，创新集聚发展轴、沿海经济发展轴、中（山）江（门）阳（江）至深圳发展轴、阳江至云（浮）广（州）发展轴
汕潮揭都市圈	一心两极、三环五射：汕头主中心和潮州、揭阳重要增长极，环汕头湾协作轴、环潮揭协作轴、环惠来—饶平协作轴、汕潮揭至粤港澳大湾区协作轴、汕潮揭至粤闽浙沿海城市群协作轴、汕揭至梅州协作轴、汕潮至赣闽协作轴、潮普至河源、汕尾协作轴

续表

都市圈名称	总体发展格局具体内容
湛茂都市圈	双心一极点六轴三圈层：湛江主中心、茂名副中心、空港经济区极点，湛茂一体化发展轴、湛茂—粤港澳大湾区发展轴、湛茂—广西北部湾经济区发展轴、湛茂—海南自由贸易港发展轴、湛茂—桂黔川渝发展轴、湛茂—桂湘鄂发展轴，一体化核心圈、紧密协作圈和提升拓展圈

三 广东都市圈推进的过程和举措

广州都市圈。2009年3月，广州和佛山签署《广州市佛山市同城化建设合作框架协议》及两地城市规划、交通基础设施、产业协作、环境保护4个对接协议。6月，广州、佛山、肇庆3个城市签订了《广佛肇经济圈合作框架协议》。2014年1月，《广佛肇（怀集）经济合作区发展总体规划（2013—2030年)》印发，广佛肇合作从而上升为省级发展战略。2015年10月，广州市花都区与佛山市三水区、广州市番禺区与佛山市顺德区分别签署《共建广佛同城化合作示范区框架协议》，携手共建示范区。2016年，广佛肇城际铁路正式开通运营。2016年11月，广佛两市提出打造"超级城市"，共同参与全球竞争。2017年9月，广佛两市共同印发《广佛同城化"十三五"发展规划（2016—2020年)》。2018年，广州和佛山两地政府正式签署框架协议，在12大领域开展合作，重点打造三大合作板块，把广州南站片区、荔湾国际科技创新产业区、东沙片区及佛山禅南顺高端创新集聚区共约153.5平方千米区域作为示范区。2020年，根据广东省有关部门规划，在广佛肇的基础上增加清远、云浮和韶关，名称正式确定为广州都市圈，并提出相关目标：到2030年，广州都市圈综合实力显著增强，一体化建设取得显著成效，国际化水平显著提升，基本形成空间结构清晰、城市功能互补、要素流动有序、产业分工协调、交通往来顺畅、公共服务均衡、环境和谐宜居的现代化都市圈。

深圳都市圈。2009年2月，深莞惠三市召开第一次联席会议，宣布正式启动珠江口东岸地区经济一体化战略。9月，三市第三次联席会议审议通过深莞惠《规划一体化合作协议》《社会公共服务一体化合作框架协议》等。2011年，广东省委、省政府批复设立深汕特别合作区，三市第五次联席会议上提出在深圳市龙岗区坪地街道、东莞市清溪镇和惠州市惠阳区新圩镇间三市接壤处建设坪新清产业合作示范区，标志着深莞惠合作走向纵深。2013年8月，深莞惠三市召开第7次联席会议，审议通过了《深莞惠区域协调发展总体规划（2012—2020）》。2014年10月，深莞惠经济圈扩容，形成"3+2"（深莞惠+汕尾、河源）模式。2016年5月，深圳宣布实施"东进战略"。2016年11月，惠州市实施"海绵行动"。2017年9月，广东省委、省政府正式确认深汕特别合作区纳入深圳市"10+1"区域管理体系。2018年4月，深莞惠经济圈（3+2）党政主要领导联席会议提议，推动在东莞、惠州临近深圳地区划出一定区域，规划建设跨行政边界的功能协调、产业互补、成果共享的"深莞惠区域协同发展试验区"。2020年，深圳都市圈名称正式确立，范围包括深莞惠河汕五市。2021年6月发布的《深圳市国民经济和社会发展第十四个五年规划和二〇三五年远景目标纲要》这样描述深圳都市圈：规划建设深圳都市圈。制定实施深圳都市圈发展规划，以深莞惠大都市区为主中心，以深汕特别合作区、汕尾都市区、河源都市区为副中心，形成中心引领、轴带支撑、圈层联动的发展格局。统筹推进都市圈基础设施建设，加密都市圈交通网络，与周边城市构建半小时交通圈。2022年4月《深圳市国土空间保护与发展"十四五"规划》发布，再次调整了深圳都市圈各区域的定位，新表述是：优化深圳都市圈空间结构与功能布局。持续巩固和增强深圳作为都市圈中心城市的核心竞争力和辐射带动能力，加快提升东莞、惠州副中心发展能级，高水平建设深汕特别合作区，形成"一主两副一区四轴"的都市圈总体发展布局，实现中心引领、轴带支撑、协同联动。到2030年，深圳都市圈综合经济实力跃上新的大台阶，优势互补的区域发展格局基本形成，一体化合作机制基本建立，国际化水平显著提升，初步建成具有较高国际知名度的国际化大都市圈。

对于珠江口西岸、汕潮揭、湛茂三个均质型都市圈，2021年，广东省印发《关于支持珠海建设新时代中国特色社会主义现代化国际化经济特区的意见》《关于支持汕头建设新时代中国特色社会主义现代化活力经济特区的意见》《关于支持湛江加快建设省域副中心城市打造现代化沿海经济带重要发展极的意见》，大力支持珠海、汕头、湛江省域副中心城市建设，打造现代化沿海经济带重要发展极，带动都市圈内其他城市协同发展（见表7.4）。

表7.4　　　广东省域副中心城市建设的目标与协同重点

城市	定位	协同的主要内容
珠海	建设新时代中国特色社会主义现代化国际化经济特区	全力建设横琴粤澳深度合作区。支持珠海创新粤澳合作开发横琴模式，建立共商共建共管的体制机制。推动建设粤澳跨境金融合作（珠海）示范区。 深化珠海与澳门合作。有序推进澳珠连通工程，争取国家支持珠海规划建设城际市域（郊）铁路。 提升澳珠极点辐射带动能力。规划建设粤港澳大湾区（珠西）高端产业集聚发展区。研究推进珠海、中山接壤片区协同发展，深化珠海与阳江对口帮扶。加快大桥经济区建设，承接港澳物流、供应链服务等现代服务业。强化珠江口西岸都市圈与广州都市圈、深圳都市圈协同发展，规划建设深珠合作示范区，推动珠江口东西两岸融合互动发展
汕头	建设新时代中国特色社会主义现代化活力经济特区	建立健全深圳与汕头深度协作机制。充分发挥深圳、汕头两市比较优势，引领深圳都市圈和汕潮揭都市圈融合互动发展。加强两市区域重大平台及各个层面的合作。探索建立两市科技资源开放共享机制，打造协同创新生态体系。加强两市金融合作，加快建设深圳证券交易所汕头基地。支持两市以市场化方式创新开展产业合作，探索共建产业园，推动汕头战略性新兴产业发展。支持深圳"创新+""设计+"赋能汕头传统优势产业
湛江	加快建设省域副中心城市打造现代化沿海经济带重要发展极	建立健全广州与湛江深度协作机制。推动广州支持湛江教育、医疗、金融、人才、科技创新等领域加快发展。支持两市在空港、海港、轨道交通等方面开展务实合作。推动广州港与湛江港建立分拨中转合作机制。强化两市在重化工业产业链、供应链方面的合作，支持广州在湛江建设新能源汽车产业基地。推动两市加强县域合作，建立产业园区共建机制，促进产业集团式承接和集群式发展。 加快融入粤港澳大湾区建设。支持500强企业、省属国有企业和粤港澳大湾区知名企业落户湛江。支持湛江与珠三角各市加强产业链分工协作，与粤港澳大湾区深化产业共建与科技创新合作，与深圳在科技创新、海洋经济、资本市场等领域深化合作，与珠海、佛山、东莞、江门等地在高端装备制造、精细化工等产业开展深度合作。加快建设湛江服务粤港澳大湾区的"菜篮子"

第二节　浙江：以四大都市区撬动都市圈

2023年12月，国务院批复《浙江省国土空间规划（2021—2035年）》（国函〔2023〕150号），指出：浙江省是长江经济带发展、长三角一体化发展战略的交汇区，是中国式现代化的先行者。推进长三角生态绿色一体化发展示范区建设，以杭州、宁波都市圈为重点，大中小城市和小城镇为支撑，构建多中心、网络化、集约型、开放式、绿色化的区域一体空间布局。

一　着力打造四大都市区和四大都市圈

根据2016年国家发改委发布的《长江三角洲城市群发展规划》，长三角五大都市圈，浙江有杭州和宁波两个都市圈。2017年浙江省第十四次党代会以来，浙江以大湾区为空间特征，以大花园为普遍形态，以大通道为发展轴线，以大都市区为发展极，统筹推进大湾区大花园大通道大都市区建设。大湾区是现代化浙江的空间特征，总目标是"绿色智慧、和谐美丽的现代化世界级大湾区"，突出对接上海、聚焦杭甬一体化发展，构筑"一港、两极、三廊、四新区"的空间格局。"一港"：高水平建设中国（浙江）自由贸易试验区，争创自由贸易港；"两极"：增强杭州、宁波两大都市区辐射带动作用，带动环杭州湾经济区创新发展、开放发展、联动发展；"三廊"：以高新区、高教园、科技城为依托，加快建设杭州城西科创大走廊、宁波甬江科创大走廊、嘉兴G60科创大走廊；"四新区"：谋划打造杭州江东新区、宁波前湾新区、绍兴滨海新区、湖州南太湖新区。大花园建设范围是浙江全省，核心区是衢州市、丽水市，形成"一户一处景、一村一幅画、一镇一天地、一域一风光"的全域大美格局，建设现代版的富春山居图。大通道建设，到2022年，浙江省率先基本实现交通运输现代化，基本建成省域、市域、城区"三个1小时"交通圈。大都市区建设以推进杭甬（杭州宁波）一体化发展为主轴，全力建设杭州、宁波、温州、金华—义乌四大都市区，是大湾区的主引擎、大花园的主支撑、大通道的主枢纽。

在空间形态上，全省规划建设杭州、宁波、温州、金义四大都市区，以全省79%的土地面积，集聚94%的人口，创造96%的经济总量，总目标直指"世界级"，即努力成为长三角世界级城市群一体化发展金南翼，具体目标是打造参与全球竞争主阵地、打造长三角高质量发展示范区、打造浙江现代化发展引领极，远期目标是建设成为"七个城"——充满活力的创新之城、闻名国际的开放之城、互联畅通的便捷之城、包容共享的宜居之城、绿色低碳的花园之城、安全高效的智慧之城、魅力幸福的人文之城。在建设四大都市区的基础上，以环杭州湾、甬台温、杭金衢、金丽温四大城市连绵带为轴线辐射拓展，推进杭绍、杭嘉、甬绍、甬舟、嘉湖一体化，杭州都市圈、宁波都市圈、温州都市圈、金义都市圈建设，着力形成"强化四核、联动四带、辐射四圈"网络型城市群空间格局。

2021年3月，浙江印发《关于推进大都市区建设共建省内一体化合作先行区的指导意见》，明确"杭绍、甬绍、甬舟、嘉湖、杭嘉"五个一体化合作先行区，积极建立一体化发展联席会议制度、跨区域要素统筹机制，因地制宜确定合作模式，充分发挥科技研发、总部经济、港口交通、生产配套、文化旅游、空间资源等比较优势，强化产业分工协作和强链补链延链，优化生产力布局，实现交通、教育、医疗等公共服务共建共享，推动生态环境共保联治。

2021年5月，《浙江省新型城镇化发展"十四五"规划》印发，提出高水平构建大中小城市协调发展的城镇化新格局。以大都市区建设为引领，突出唱好杭州、宁波"双城记"，提升区域中心城市能级，强化县城的重要载体作用，推进小城镇特色发展，构建大中小城市及小城镇协调发展的新型城镇化格局，打造长三角世界级城市群金南翼。构建以大都市区为主体形态的"四核四带四圈"空间布局。提升杭州、宁波、温州、金义四大都市区核心区的极核功能，加快周边县域经济接轨融入都市区经济，打造长三角城市群中心城市和重要增长极。构建贯通大都市区的北部环杭州湾、东部甬台温、中部杭金衢、南部金丽温四大城市群连绵带，形成省际互联、省内互通的"井"字形网络化城镇化布局。以四大都市区为中心，紧密联动周边大中小城市和小城镇，构建辐射全省、带动省际相邻区域的都市圈。深入实施大都市区建设行动。推动人才、科技、产业等高端要素向都市区集聚，加快形成吸引全球高端要素和优质资源的强大引力场。积极参与上海大都市圈规划建设，提升杭州、宁波两大都市圈在国家级都市圈中的地位和能级，增强杭州、宁波、温州、金义四大都市区在长三角世界级城市群中的功能作用。

根据《浙江省国土空间总体规划2021—2035》征求意见版（国务院批复版本尚未公开），浙江要高能级推进新型城镇化，建设长三角一体化和国内国际双循环的新枢纽。省域城镇空间格局为"一湾双核、四极多群"。一湾：环杭州湾环现代化都市连绵区。双核：杭州、宁波—舟山双核，其中杭州打造成具有国际影响力的国家中心城市，宁波—舟山打造成港城联动的国际海洋中心城市。四极：以杭州、宁波、温州、金义四大都市区为主体的城镇发展极。多群：嘉兴、湖州、绍兴、衢州、舟山、台州、丽水等以设区市为中心的城镇集群。

二 四大都市区建设规划情况和合作重大平台

2019年2月21日，浙江省政府新闻办举行浙江省大都市区建设新闻发布会，明确了四大都市区的规划辐射范围。2021年5月，《浙江省新型城镇化发展"十四五"规划》进一步明确了各都市区行动目标，现将相关内容综合整理如表7.5所示。

表7.5　浙江四大都市区规划辐射范围和功能定位行动目标一览表

	规划范围	辐射范围	功能定位	行动目标
杭州都市区	杭州市域、湖州市域、嘉兴市域、绍兴市域	以杭州都市区为核心，构建辐射全省乃至省际相邻区域的杭州都市圈，推动衢州等地有机融入	建设以数字经济为特色、独特韵味别样精彩的世界名城，重点打造杭州城西科创大走廊、钱塘江金融港湾、沿湾智造大走廊等功能平台	以数字经济为特色，发挥其独特韵味、别样精彩世界名城的辐射作用，建设具有全球影响力的数字经济中心、"互联网+"科创中心、国际金融科技中心、国际文化创意中心、国际重要的休闲旅游中心和长三角世界级城市群的核心增长极

续表

	规划范围	辐射范围	功能定位	行动目标
宁波都市区	宁波市域、舟山市域、台州市域	以宁波都市区为核心,涵盖绍兴嵊新组团,加强甬绍舟台紧密联动,构建海洋与内陆腹地双向辐射的宁波都市圈	建设以开放创新为特色的国际港口名城,重点打造义甬舟开放大通道、北翼产业制造大走廊、甬江科创大走廊、环象山港—三门港—台州湾海洋经济平台等功能平台	打造以开放创新为特色的国际港口名城,以深化宁波舟山港一体化为重点,建设全球综合枢纽、国际港航贸易中心、国家智造创新中心、亚太文化交往中心、幸福宜居美丽家园
温州都市区	温州市域、青田县	以温州都市区为核心,涵盖乐清湾区域,构建与台州、丽水紧密联动的温州都市圈	建设以国际时尚智造为特色的中国民营经济之都,重点打造环大罗山科创走廊、沿海先进智造产业带、西部生态休闲产业带、世界华商综合发展试验区等功能平台	打造以国际时尚智造为特色的中国民营经济之都,建设中国时尚产业智造中心、华商华侨综合发展先行区、东南沿海医疗康养中心、全国性综合交通枢纽城市、东南沿海区域中心城市
金义都市区	金华市域、缙云县	以金义都市区为核心,构建与衢州、丽水紧密联动的金义都市圈	建设以丝路开放为特色的世界小商品之都、国际影视文化之都,重点打造金义科创廊道、义乌跨境电子商务区、金义国际陆港新区及快递物流中心、金义综合保税区、横店影视产业集聚区等功能平台	打造以丝路开放为特色的世界"小商品之都"、国际影视文化之都、创新智造基地、和美宜居福地

《浙江省新型城镇化发展"十四五"规划》提出，实施大都市区同城化"五个一"工程。推动形成空间规划"一张图"，加快建设轨道交通"一张网"，逐步实现同城服务"一个圈"，统筹形成平台布局"一盘棋"，探索建立生态建设"一本账"，推动都市区中心城市与周边中小城市和小城镇同城化发展。

三 加快省内一体化合作先行区建设

2021年3月，浙江制定出台《推进大都市区建设共建省内一体化合作先行区的指导意见》，引导土地、环境容量等要素资源向一体化合作先行区集中配置。加快建设杭绍、杭嘉、嘉湖、甬绍、甬舟等一体化合作先行区，率先形成环杭州湾区域一体化发展格局。探索甬台等其他跨行政区协同板块一体化。

（一）省内一体化合作先行区建设内容

1. 杭绍一体化合作先行区

积极落实杭绍"1+4"合作框架协议、萧山区与柯桥区友好城区合作协议，聚焦江南—柯桥、萧南—诸暨等板块，打造钱塘新区、萧山益农板块、滨海新区等平台，谋划杭绍临空经济一体化发展示范区，积极申报杭州空港综合保税区，实施机场快线、杭绍城际线等地铁轨道建设项目。

2. 杭嘉一体化合作先行区

拓展和完善两市政府多层次的协调联动机制，形成高层对话常态化、专门机构常设化和部门对接组织化的长效机制。加快余杭、海宁合作开发区块规划建设，延伸杭州城东产业智造走廊，主动承接临平、钱塘新区城市功能，加快打造产业合作平台。

3. 嘉湖一体化合作先行区

在两市毗邻地区乌镇西北部和练市东北部划定60平方千米左右区域，以数字经济为主攻方向，打造"练市—乌镇"嘉湖一体化合作先行区。重点布局"互联网+"数字经济、"旅游+"产业链中下游相关配套项目，推进嘉湖一体化合作先行区的先行启动区建设。复制长三角生态绿色一体化发展示范区创新经验，深化两地在党建人才、科技产业、教育医疗、联合执法等领域合作，加快苏台高速、水乡旅游线等一批重大交通项目建设。

4. 甬绍一体化合作先行区

以甬绍两市毗邻区域为重点，聚焦设施互联先行，深化科创、开放、文旅、生态、公共服务等五大领域合作。立足余奉—嵊新、余慈—上虞、前湾新区—滨海新区等重点区域，加强空间策略、功能布局、产业协作、重大基础设施等规划对接和实施协同，重点打造前湾新区—滨海新区高端产业协作联动区、甬绍四明山生态文旅休闲体验区、义甬舟开放大通道甬绍合作先行区三大联动区块。

5. 甬舟一体化合作先行区

以六横、金塘及周边海域为载体对先行区进行整体设计。近期聚焦六横小郭巨围垦等重点区块，选取适当范围先行启动，远期进一步谋划拓展合作区开发范围。充分发挥省级统筹协调作用，探索建立"领导小组＋管委会＋投资公司"的管理架构。

6. 甬台一体化合作先行区

加强宁海、象山与三门协作，建立健全常态化的协作机制。协同推进规划编制，谋划三门湾共同开发路径。协同推进产业合作，共同建设、运营产业合作平台，统筹布局一批甬台合作产业项目。

（二）省内一体化合作先行区建设模式

浙江推进大都市区建设共建省内一体化合作先行区，因地制宜确定合作模式。结合地方需求诉求，注重调动各方积极性，各扬所长、求同存异、趋利避害，选择管用可行的合作模式。

1. 委托主导型

适用于经济社会发展水平差异大、资源互补性强的合作各方，可以不改变行政管辖权为前提，采取委托授权方式，由一方全面主导合作区建设，并落实互利共赢的收益共享机制。

2. 统筹合作型

由合作各方共同划定空间区域，以成本共担利益共享机制为前提，共同组建管委会或投资开发公司、统一规划建设管理，建立较为紧密的跨区域统筹开发模式。

3. 协同对接型

以跨区域板块一体化规划和签订多领域合作协议为主要内容，探索开展跨区域交通对接、生态共治、产业协同、服务共享等规划协同和项目对接机制。

4. 飞地共享型

适用于空间板块不毗邻，为满足跨区域产业合作、资源共享需求，通过购买、租赁或转让等市场化手段互设产业、人才、创新飞地等，增强资源要素优化配置和互动。

四　杭州都市圈与嘉湖一体化发展

2007年5月，杭州都市经济圈第一次市长联席会议召开，标志着杭州都市圈启动建设。2010年，浙江省政府批复《杭州都市经济圈发展规划》。2014年，国家发改委批复杭州都市圈经济转型升级的综合改革试点。2016年，《长江三角洲城市群发展规划》明确了杭州都市圈的范围，包括杭州、嘉兴、湖州、绍兴四市。2018年以来，浙江大力推进大湾区、大花园、大通道，大都市区"四大建设"，其中四大都市区分别命名为杭州、宁波、温州、金义都市区等。杭州都市区核心区包括杭州全市、湖州的德清、安吉，嘉兴的桐乡、海宁，绍兴的越城区、柯桥区、上虞区和诸暨市，规划范围与长三角城市群规划给定的杭州都市圈区域相同。2018年10月，杭州都市圈第九次市长联席会议召开，浙江省衢州市、安徽省黄山市正式加入杭州都市圈，发展成为跨省都市圈。

《杭州市新型城镇化"十四五"规划》相关内容如下：在发展基础上，以衢州、黄山加入杭州都市圈为标志，杭州打开西进南拓大通道，构筑起参与长三角高质量一体化新版图。城市发展空间格局加快由"西湖时代"迈向"钱塘江时代"，拥江发展态势初步形成。在发展目标上，积极推动杭州都市圈同城化建设，增强都市圈的辐射带动力和综合竞争力。在发展重点上，高水平构建新型城镇化空间格局，全面融入长三角区域一体化发展，包括高水平打造杭州都市圈，主动服务对接大上海，唱好杭州、宁波"双城记"三个方面。在高水平打造杭州都市圈上，落实大都市区同城化"五个一"工程，主动构建贯通大都市区的杭金衢城市群连绵带，打造长三角城市群中心城市和重要增长极。落实杭州都市圈发展规划，加快一体化合作先行区建设，推进杭州与湖州、嘉兴、绍兴等地区的"1+4"系列协议，深化杭衢山海合作升级版建设。

与此同时发布的《杭州市经济体制改革"十四五"规划》提出，支持宣城市融入杭州都市圈发展，积极拓展经济腹地。从这个意义上说，杭州的都市圈发展还处于大都市圈的思维。因为有杭州都市区，杭州没有像其他城市一样，根据国家发改委有关要求对都市圈的范围进行调整和瘦身。《杭州市国土空间总体规划（2021—2035年）（草案）》公示，引领杭州都市圈协同发展，包括推动都市区域毗邻区块同城化，构建钱塘江生态经济带，建设杭衢黄省际旅游合作示范区。

2023年8月，在杭州市十四届人大常委会第十三次会议上，杭州市人民政府作了关于《杭州市国民经济和社会发展第十四个五年规划和二〇三五年远景目标纲要实施情况中期评估报告》的说明，其中提到"杭州都市圈规划获得国家批复，都市圈向心力不断凝聚"，标志着又一个国家级都市圈"非正式"的发布被批复，但杭州都市圈的具体范围和发展规划文本一直没有向社会公布。2024年3月，《绍兴市融杭发展规划》发布，所附的一张区位图"非正式"官宣了杭州都市圈的规划范围，并不包括之前已经加入都市圈的衢州市和黄山市，只保留原来的杭州市、嘉兴市、湖州市和绍兴市，而且，这四市也不是全部纳入杭州都市圈，主要包括杭州市11个区、县和嘉兴、湖州、绍兴各4个区、县，共计23个县级行政区，总面积约2.2万平方千米。也就是说，四个市都有一些县级单元没有被纳入杭州都市圈范围，即使是中心城市杭州，也有建德市和淳安县没有被纳入。这充分体现了国家发改委确定都市圈范围的原则，以"1小时通勤"为半径，面积大都在2万平方千米左右。

2019年年初，浙江省政府工作报告中提出"加快推进嘉兴湖州一体化建设"。7月，湖州市党政代表团到嘉兴考察，双方签订《嘉兴市和湖州市一体化发展战略合作框架协议》，共同打造践行新发展理念的示范区、长三角一体化发展的样板区、沪浙苏皖创新合作的试验区、浙江省"四大建设"的先导区，两地将在共编协同发展规划、共建互联通达交通、共促文旅融合发展、共筑产业协作平台、共推科创走廊建设、共享优质公共服务、共保生态环境质量、共抓社会治理合作八个领域展开一体化合作。11月，嘉兴与湖州签订了嘉湖一体化"五个一"标志性工程合作备忘录。"五个一"："一规"，指统一两地的"十四五"经济社会发展规划；"一联"，指交通一体化；"一区"，指嘉湖一体化先行区；"一园",指以练市高新技术产业园区及乌镇互联网会展中心的核心区域为依托,共同打造数字经济、互联网、高端装备产业,作为两地先行区的启动区和重点产业合作平台;"一带",指毗邻地带跨界生态环境联治联防联控。两市确定建立联席会议机制、专项推进机制,确立33个重点项目。两地发改部门还签署了共同打造城乡融合发展新高地宣言,南浔区与桐乡市签署了一体化发展战略合作框架协议。

2019年12月19日,国家发展改革委、中央农村工作领导小组办公室等十八部门联合印发《国家城乡融合发展试验区改革方案》,并公布11个国家城乡融合发展试验区名单,嘉兴与湖州以嘉湖片区整体入选国家城乡融合发展试验区。

2021年8月,嘉兴、湖州两地联合印发《嘉湖一体化合作先行区建设方案》,明确桐乡市乌镇镇西北部和南浔区练市镇东北部毗邻地区划定69.3平方千米区域为嘉湖一体化合作先行区,分布在先行区北部的区域将组团形成互联网人文科创走廊、中部美丽宜居生态走廊及南部数字经济智造走廊三大廊道,形成嘉湖智谷、嘉湖芯园、互联网创新、古镇水乡文旅及国际会展、生态农旅、未来生活等功能组团,突出先行区三生融合及产城融合的功能特征,推动优势产业集群化协同化发展,为全省区域一体化合作提供嘉湖方案和示范样本。该《建设方案》明确,练市及乌镇各划定5.5平方千米左右范围作为嘉湖一体化合作先行区的先行启动区。

第三节 山东:在三大经济圈中培育都市圈

2023年9月,国务院批复《山东省国土空间规划(2021—2035年)》,一方面,强调构建支撑新发展格局的国土空间体系。加强山东半岛城市群与沿黄省份的协调联动,推动黄河流域生态保护和高质量发展,对接京津冀协同发展和长三角一体化发展,衔接粤港澳大湾区建设和东北全面振兴,建成国内大循环的战略节点和国内国际双循环的战略枢纽。另一方面,构建支撑新发展格局的国土空间体系,发挥山东半岛城市群龙头带动作用,完善济南都市圈、青岛都市圈核心功能,加强省会、胶东、鲁南地区协调发展,培育高水平创新空间,推进新旧动能转换。

一 关于国家城市群和重大区域发展战略中的山东空间格局

2017年1月,山东省人民政府批复省住房城乡建设厅报送的《山东半岛城市群发展规划(2016—2030年)》(鲁政字〔2017〕12号),在战略目标上定位为我国北方重要开放门户,京津冀和长三角重点联动区,国家蓝色经济示范区和高效生态经济区,环渤海地区重要增长极,并分别提出2020年、2030年建设目标。在城市群空间格局上,提出全面对接融入国家区域发展战略,做优做强济南都市圈和青岛都市圈,支持济南、青岛建设国家中心城市;引导烟威、东滨、济枣菏、临日都市区有序发展,积极培育新生中小城市;提升重要轴带要素集聚水平,增强网络节点支撑能力,构建"两圈四区、网络发展"总体格局,即济南都市圈、青岛都市圈,烟威、东滨、济枣菏、临日四个都市区。

2021年12月,山东省人民政府印发《山东半岛城市群发展规划(2021—2035年)》(鲁政发〔2021〕24号)。2021年初确定的名称为《山东省中长期战略发展规划(2021—2035年)》(以下简称《规划》)。《规划》以2021年10月习近平在山东考察时提出的"三个走在前"(在服务和融入新发展格局上走在前、在增强经济社会发展创新力上走在前、在推动黄河流域生态保护和高质量发展上走在前)等为主框架,规划明确山东半岛城市群覆盖山东全域16市,在战略定位上明确服务和融入新发展格局引领区,全国重要的经济增长极,黄河流域生态文明建设先行区,文化"两创"新标杆,改善民生共同富裕典范,并分别提出2025年、2035年城市群发展目标。在发展格局上,一是推进济南、青岛能级跃升,提高济南首位度,增强青岛引领力,强化济青双城联动。二是加快三大经济圈一体化发展,做强省会经济圈,支持济南建设黄河流域中心城市;提升胶东经济圈,支持青岛创建全球海洋中心城市;振兴鲁南经济圈,打造乡村振兴先行区、转型发展新高地、淮河流域经济隆起带;促进"三圈"协同互动,依托济青、鲁南通道和沿黄生态带,打造三大济青科创制造、沿黄文化旅游生态、鲁南物流能源"黄金廊带"。三是深度融入国家重大区域战略,引领黄河流域高质量发展,推动构建沿海超级城市群连绵带。

2022年2月,中共山东省委、山东省人民政府印发了《山东省黄河流域生态保护和高质量发展规划》，支持济南争创国家中心城市，支持青岛建设全球海洋中心城市，重点加快推动济泰同城化、济淄同城化、济德同城化。该《规划》在强调生态保护的同时，强调优化提升"一群两心三圈"布局。一群，即包括省域全境在内的半岛城市群。两心，即持续提升济南青岛两个核心城市能级。一是实施"强省会"战略，支持济南建设"大强美富通"现代化国际大都市，争创国家中心城市。加快推进济南北跨进程，开展绿色数据中心建设，加快建设国家健康医疗大数据北方中心、国家生态环境大数据超算云中心，促进大数据、人工智能和实体经济融合发展，建设科创济南、智造济南、文化济南、生态济南、康养济南，提升城市核心竞争力和辐射带动力。二是支持青岛建设开放、现代、活力、时尚的国际大都市，建设全球海洋中心城市。充分发挥青岛黄河流域重要开放门户、区域性国际航运中心、对外开放桥头堡、东部沿海重要的创新中心、沿海重要中心城市等综合功能，依托中国（山东）自由贸易试验区、中国—上海合作组织地方经贸合作示范区等国家战略平台，大力发展海洋经济、数字经济、枢纽经济、目的地经济，打造世界工业互联网之都、国际航运贸易金融创新中心。支持青岛西海岸新区进一步开放创新，引领高质量发展。三圈，即加快三大经济圈融合一体发展。省会经济圈以济南为中心，重点加快推动济泰同城化、济淄同城化、济德同城化，打造全国数字经济高地、世界级产业基地、国际医养中心和国际文化旅游目的地。胶东经济圈以青岛为中心，重点加快推动青潍日、烟威一体化进程，协同建设具有世界先进水平的海洋科教人才中心，打造具有全球影响力的海洋创新中心、对外开放枢纽和黄河流域开放门户。鲁南经济圈协同联动，重点发展高效生态农业、商贸物流、新能源新材料等产业，打造乡村振兴先行区、转型发展新高地、淮河流域经济隆起带。牢固树立"一盘棋"理念，推进三大经济圈之间、各城市之间统一规划、分工协作、特色发展。发挥省会经济圈在黄河流域新旧动能转换先行先试优势，突出胶东经济圈黄河流域重要开放门户和陆海交通走廊功能，放大鲁南经济圈在转型发展等方面作用，建立协同推进机制。

二 山东半岛城市群格局下的省会、胶东和鲁南三大经济圈

为实施区域协调发展战略,加快建立区域协调发展新机制,推动省会、胶东、鲁南三个经济圈一体化发展,打造全省高质量发展强劲引擎,2020年上半年,山东先后出台《贯彻落实〈中共中央、国务院关于建立更加有效的区域协调发展新机制的意见〉的实施方案》《关于加快省会经济圈一体化发展的指导意见》《关于加快胶东经济圈一体化发展的指导意见》《关于加快鲁南经济圈一体化发展的指导意见》。其中,省会经济圈包括济南、淄博、泰安、聊城、德州、滨州、东营7市,重点打造黄河流域生态保护和高质量发展示范区、全国动能转换区域传导引领区、世界文明交流互鉴新高地。胶东经济圈包括青岛、烟台、威海、潍坊、日照5市,重点打造全国重要的创新中心、航运中心、金融中心和海洋经济发展示范区。鲁南经济圈包括临沂、枣庄、济宁、菏泽4市,重点打造乡村振兴先行区、转型发展新高地、淮河流域经济隆起带。2021年8月,山东省发展改革委印发《省会经济圈"十四五"一体化发展规划》《胶东经济圈"十四五"一体化发展规划》《鲁南经济圈"十四五"一体化发展规划》,形成"1个实施方案+3个指导意见+3个规划"区域协调发展政策体系。指导意见和有关规划,对于三大经济圈的划定范围和格局如表7.6所示。

表7.6　　省会、胶东和鲁南三大经济圈划定范围和格局

名称	省会经济圈	胶东都市圈	鲁南经济圈
范围	济南市、淄博市、泰安市、聊城市、德州市、滨州市、东营市全域,陆地面积约6.09万平方千米,海域面积约6700平方千米	青岛、烟台、潍坊、威海、日照五市全域,陆地面积5.2万平方千米,海域面积13.3万平方千米	临沂、枣庄、济宁、菏泽等4市,总面积4.52万平方千米,常住人口3202.8万人
格局	构建"一心两圈层、一带两枢轴"发展格局	陆海统筹,构建"中心引领、轴带展开、湾区带动、多点支撑"的发展格局	"一轴带动两区引领,三带协同,四廊支撑"的发展格局

续表

名称	省会经济圈	胶东都市圈	鲁南经济圈
具体布局	一心：省会核心，支持济南建设"大强美富通"现代化国际大都市。两圈层：内核圈层即以济南为中心，率先推进济淄、济泰同城化，联动圈层，加强济南与周边各市的全方位对接和融合互动，辐射带动聊城、德州、滨州、东营全域协同发展。一带：沿黄文化旅游生态带。合力打造中华文化标识集聚带、绿色生态走廊、特色产业发展带。两枢轴："泰安—济南—德州"发展枢轴和"淄博—济南—聊城"发展枢轴	中心引领：发挥青岛特色优势，建设国际知名的青岛都市圈。轴带展开：依托交通轴、海岸带，发挥内接外联作用，打造区域内外联动综合发展廊道，综合发展轴和滨海发展带。湾区带动：依托胶州湾、芝罘湾、莱州湾等改善生态环境，提升城市品质，培育壮大湾区经济，打造现代化魅力湾区。多点支撑：依托若干区域融合战略支点，集聚要素资源，放大平台效应，拓展区域发展空间，增强区域综合竞争力	一轴带动：鲁南高铁（日兰高速）两区引领：临沂新区，菏泽新区。三带协同：沿黄生态经济带，南部山区经济带，岚曹（鲁南段）高速发展带。四廊支撑：济广—德上高速发展走廊，济徐高速（大运河）发展走廊，京沪高铁（京台高速）发展走廊，京沪高速发展走廊

省会经济圈：引领山东半岛城市群一体化发展。推动省会经济圈与胶东、鲁南经济圈分工合作、一体建设、联动发展，构建统筹有力、竞争有序、绿色协调、融合互动的区域合作发展新机制。（1）完善济青联动发展机制。推进济南与青岛交通设施、户口迁移、就业社保、教育文化、医疗卫生、住房保障等共建共享，强化两市互认互通互连互补，携手唱好推动新时代现代化强省建设"双城记"。（2）联动胶东经济圈。加强与青岛港、烟台港、日照港等港口的高效衔接和快速联通，以"济南—淄博—潍坊—青岛—烟台—威海"为主轴，在工业互联网、轨道交通装备、氢能、医养健康、现代农业等重点领域，增强长期技术优势与产品标准话语权，打造济青科创智造廊带。（3）联动鲁南经济圈。以落实黄河流域生态保护和高质量发展重大国家战略为抓手，以"菏泽—济宁—泰安—聊城—济南—德州—滨州—淄博—东营"为主轴，依托京沪、

济郑等高铁带动鲁西、鲁南地区发展,挖掘黄河、大运河、泰山、"三孔"、齐长城等世界级优质文化旅游资源,打造沿黄达海设施联通大通道、科技创新大走廊、产业合作大平台。支持新泰、沂源加快振兴发展,建设新时代革命老区样板。

胶东经济圈:强化区域协同发展突出优势特色。以青潍日、烟威同城化为突破口,促进青烟威海洋经济、青烟潍临空临港经济、青潍日循环经济产业协作带和交界地带融合发展。支持烟台提升新旧动能转换综合试验区核心城市功能,建设现代化国际滨海强市。支持潍坊打造全国农业开放发展高地和国际动力名城,建设现代化高品质城市。支持威海打造中日韩地方合作重要支点,建设宜居宜业宜游精致城市。支持日照打造先进钢铁制造基地、北方能源枢纽,建设现代生态活力港城。联动省会经济圈。以"济南—淄博—潍坊—青岛—烟台—威海"为主轴,唱响济青"双城记",共建济青科创制造大走廊,协同推进新旧动能转换取得突破、塑成优势,构建以"十强"产业为主体的特色优势产业集群,共同打造新旧动能转换最强引擎。支持潍坊寿光、东营广饶跨区域产业融合发展,共同打造绿色化工产业基地。联动鲁南经济圈。强化青岛、日照作为鲁南经济圈出海口功能,依托鲁南高铁、瓦日铁路、新菏兖日铁路、日兰高速公路,构建多式联运集疏运体系,共建进出口商品集散中心。弘扬沂蒙精神,共同推进革命老区振兴发展。支持日照岚山、临沂莒南跨区域产业融合发展,共同打造沿海先进钢铁制造产业基地。

鲁南经济圈:提升对山东半岛城市群发展支撑作用。构筑区域发展新增长极。引导4市发挥优势、突出特色,强化分工合作、错位发展,吸引要素集聚,壮大经济实力,提升区域发展整体水平。支持临沂建设具有国际影响力的综合性物流枢纽、全国性综合交通枢纽城市,高质量发展走在全国革命老区前列。支持济宁建设世界文化旅游名城,打造国家创新型制造业强市、北方内河航运中心。支持枣庄建设资源型城市创新转型示范市,打造京沪廊道智能制造高地。支持菏泽突破发展、"后来居上",打造鲁苏豫皖交界区域性中心城市。推动县域经济均衡发展。加快发展特色小(城)镇。推进鲁南经济圈与省会和胶东经济圈联动发展。积极对接省会经济圈,充分利用省会经济圈人才、技术优势,深入推进与省会经济圈人才进区、进校、进企等方面的合作,在科技创新、商贸物流等方面错位发展，优势互补。联动胶东经济圈，强化与青岛港、日照港等重要港口合作，推动与胶东经济圈共享金融、科创、对外开放优势政策，畅通港口腹地交通通道，加快通关一体化进程，实现陆海联动。

三 关于济南、青岛都市圈

2017年1月，山东省人民政府批复省住房城乡建设厅发布的《山东半岛城市群发展规划（2016—2030年）》，总体布局"两圈四区"，对两个都市圈发展做了比较详细的规划。其中，济南都市圈由济南、淄博、泰安、莱芜、德州、聊城6市及滨州市邹平县构成。以济南为发展核心，加快推进济南都市圈一体化和同城化，优先推进济淄泰莱一体化建设，将济南都市圈建设成为山东半岛港口群向中西部腹地延伸的枢纽区域，环渤海南翼具有国际竞争力的科教研发、高新产业基地和国家创新发展高地，黄河中下游地区高度一体化的城镇密集区。增强济南辐射带动能力。建设完善"两个圈层"。以济南为中心，分别以70千米和150千米为半径，形成紧密圈层和辐射圈层。紧密圈层以济南中心城区为核心，包括济阳、商河、平阴、莱芜市区、齐河、禹城、临邑、肥城、邹平、泰安市区等区域，依托高速铁路、城际铁路、高速公路等骨干交通，构建圈层式交通体系，推进济南都市圈同城化发展。辐射圈层包括淄博、德州、聊城等城市以及茌平、东阿等县城，重点推动淄博建成全省东西部融合发展的重要连接枢纽，德州、聊城建成统筹跨越和生态低碳发展高地，打造京津冀协同发展示范区。青岛都市圈由青岛、潍坊2市和烟台市、莱阳市、海阳市构成。加快提升青岛国际化水平，深度融入全球城市网络，促进青岛、潍坊协同发展，建设开放合作、陆海统筹、具有较强国际竞争力的都市圈，成为东北亚地区国际合作枢纽之一，中国海洋产业创新基地，全省发展核心引擎。提升青岛国际化水平。依托开放优势，紧抓山东半岛蓝色经济区、西海岸新区等建设机遇，着力提高青岛城市创新能力，突出发展蓝色经济，努力扩大双向开放，建设国家东部沿海重要的创新中心、东北亚国际航运物流中心、海洋产业先行区及国际海洋科研教育中心、国际滨海旅游度假胜地。促进潍坊城市功能升级。抓住"蓝黄"两区建设机遇，加快提升中心城区功能，协同滨海新区、寿光、昌乐、安丘、昌邑、峡山组团，推进"七城一体"组团型城市建设，促进东南翼高密、诸城和西南翼青州、临朐迅速壮大，将潍坊市建设成为环渤海地区重要的骨干城市。

2021年12月，山东省人民政府印发《山东半岛城市群发展规划（2021—2035年）》，2022年2月，山东省委省政府印发《山东省黄河流域生态保护和高质量发展规划》，这两个规划在区域布局方面都是以三大经济圈为主，没有提及济南、青岛都市圈。

2021年7月，《山东省国土空间规划（2021—2035年）》向社会公开征求意见，提出双中心引领城市群发展。增强济青两大中心城市的辐射带动能力。支持济南建设黄河流域中心城市、青岛建设全球海洋中心城市，增强区域引领和辐射带动能力，打造具有强大动能和核心竞争力的高质量增长极，引领山东半岛城市群发展。以济南为中心，大力推动济淄、济泰、济德同城化，联动聊城、滨州、东营等周边城市一体化发展，建设全国数字经济高地、世界级产业基地、国际医养中心和国际文化旅游目的地，打造有较强影响力和竞争力的济南都市圈。以青岛为中心，协同潍坊、日照等城市联动发展，建设具有全球影响力的海洋科创中心、对外开放枢纽和黄河流域开放门户，打造国际知名的青岛都市圈。

2022年7月，济南市人民政府印发《济南市新型城镇化规划（2021—2035年）》，涉及都市圈的相关内容如下：济南都市圈规划建设正式启动；今后一个时期，济南都市圈建设将全面提速，2025年取得积极进展，2035年全面建成；培育打造济南都市圈，以济南为中心，以1小时通勤圈为基本范围，编制实施都市圈发展规划，构建便捷高效的通勤圈、梯次配套的产业圈、便利共享的生活圈；发挥济南都市圈、青岛都市圈作用，促进省会经济圈与胶东经济圈开展陆海联动和科技、产业等紧密合作，在户口迁移、就业社保、文化医疗、住房保障等公共服务上实现互认互通。

2024年2月，山东省人民政府印发《济南都市圈发展规划2024—2030年）》（鲁政字〔2024〕34号）。济南都市圈以济南市为中心，与联系紧密的淄博市、泰安市、德州市、聊城市、滨州市共同组成。主要包括济南市全域，淄博市张店区、淄川区、周村区、临淄区，泰安市泰山区、岱岳区、肥城市、临邑县、齐河县、禹城市，聊城市茌平区、东阿县，邹平市，面积约 2.23 万平方千米，常住人口约 1810 万人。在都市圈发展格局上，统筹黄河、泰山两大生态系统，突出"山河交融、中心引领、轴带支撑、全域协调"发展导向，强化济南辐射带动作用，推进济淄、济泰、沿黄轴线展开，推动周边城市与中心城市协同发展，构建核心引领、轴线展开、多点支撑的网络化都市圈发展格局。

《青岛市新型城镇化规划（2021—2035 年）（公众征求意见稿）》提出，打造世界知名的青岛都市圈。促进青岛、潍坊、日照和烟台海阳、莱阳等率先实现同城化发展，推动改革开放先行先试，建设经济发达、生态优良、生活幸福的现代化都市圈。协同建设立体交通体系，畅通青岛中心城区与海阳、日照、高密等周边地区市域（郊）铁路联系。促进青烟海洋经济、青潍临空临港经济、青日循环经济产业协作带和交界地带融合发展，规划建设青岛—潍坊临空临港协作区、莱西—莱阳一体化发展示范区。

2023 年 10 月，山东省人民政府印发《青岛都市圈发展规划》，青岛都市圈正式进入建设落地阶段。根据《中国城市报》相关消息，青岛都市圈是山东省首个获批的国家级都市圈，也是目前国内为数不多的以非省会城市为核心的国家级都市圈。根据该《规划》，青岛都市圈以青岛市为中心，与联系紧密的潍坊市、日照市、烟台市共同组成。主要包括青岛市全域，潍坊市诸城市、高密市，日照市东港区，烟台市莱阳市、莱州市、海阳市，陆域总面积 2.15 万平方千米，2022 年年末常住人口 1558 万人。《规划》提出，打造济青陆海发展主轴、滨海综合发展轴、青烟综合发展轴等都市圈发展廊道，推动周边城市与青岛同城化发展，加快毗邻区域融合发展。发挥青烟潍日毗邻区域经济联系紧密、人文交往频繁的比较优势，推动莱西—莱阳一体化发展先行区、胶州—高密临空临港协作区、平度—昌邑—莱州绿色化工联动区、海阳—莱阳—即墨海洋产业联动区等毗邻区域在规划布局、交通联接、产业协作、政务服务等方面深化合作创新，打造同城化发展若干支撑点。

第四节　湖北：实施三大都市圈建设行动

近年来，湖北为推动区域协调发展，先后提出了"四基地一枢纽"

"两圈两带一群""一芯两带三区""一主两翼全域"等区域发展战略。2022年6月，湖北在省第十二次党代会上提出，完善"一主引领、两翼驱动、全域协同"区域发展布局，健全区域协调发展政策机制，推动中心城市和都市圈高质量发展；加快建设以武汉、襄阳、宜昌为中心的三大都市圈，增强中心城市及城市群等经济发展优势区域的经济和人口承载能力，对过去的区域发展战略进行了集成和深化。2023年4月，湖北省印发《关于加快建设全国构建新发展格局先行区的实施意见》。该《意见》提出十二大行动，其中包括三大都市圈建设行动，作为湖北加快建设全国构建新发展格局先行区、建成中部地区崛起重要战略支点的关键举措，助力解决湖北发展不平衡、不充分的问题，同时，推动产业和人口向优势区域集中，进而带动湖北经济总体效率提升。

为了让都市圈内部活起来、通起来，湖北使用了"硬联通"和"软聚合"两个抓手。一方面，强化基础支撑，把都市圈的综合交通体系建设摆在突出位置，构建快速便捷高效的交通网络。对内，全力畅通内部交通"微循环"，加快打通城市之间的断头路、瓶颈路，打造1小时通勤圈。对外，打通向外交通的"主动脉"，把三大都市圈的区位优势转化为国内国际双循环枢纽链接优势。另一方面，明确都市圈产业协同的主攻方向，做好相对分工，推动产业聚势成链。

一 武汉都市圈

武汉城市圈，又称武汉"1+8"城市圈，是以中国中部最大城市武汉为中心，由武汉和周边约100千米半径范围内的黄石、鄂州、孝感、黄冈、咸宁、仙桃、天门、潜江9市构成的城市联合体。2007年12月，国家发展改革委员会正式批准武汉城市圈为全国资源节约型和环境友好型社会建设综合配套改革试验区。2015年7月，中国人民银行会同国家发改委等部门印发《武汉城市圈科技金融改革创新专项方案》。这是国内首个区域科技金融改革创新专项方案，武汉城市圈成为国内首个科技金融改革创新试验区。2021年12月2日，武汉城市圈同城化发展座谈会召开，要求强化"九城就是一城"理念，全力打造"引领湖北、支撑中部、辐射全国、融入世界"的全国重要增长极。

2022年底，《武汉都市圈发展规划》获国家发改委正式函复，成为第

7个获批的国家级都市圈发展规划（规划全文暂未公开发布）。武汉都市圈以"武鄂黄黄"（武汉都市圈的核心区，包括武汉、鄂州、黄冈、黄石4座城市）为核心，其目标是加快武汉国家中心城市和国内国际双循环的枢纽建设，促进武鄂黄黄共担国际综合交通和物流枢纽、国家制造业中心、国家科技创新中心、专业性金融中心、国际交往中心职能，将武汉都市圈打造成为引领湖北、支撑中部、辐射全国、融入世界的重要增长极。

2023年1月，湖北省推进三大都市圈发展工作领导小组办公室正式发布《武鄂黄黄规划建设纲要大纲》。该《大纲》明确，武鄂黄黄是武汉都市圈的核心区，包括武汉、鄂州、黄冈、黄石4座城市。2021年武鄂黄黄常住人口约2300万人，占武汉都市圈的68%，占全省的近40%；地区生产总值约2.3万亿元，占武汉都市圈的77%，占全省的46.6%。规划多中心组团式城镇用地布局，沿江环湖构建武汉新城组团、武昌组团、汉口组团、汉阳组团、汤逊湖组团、鄂州主城组团、黄冈主城组团、黄石—大冶组团（含黄石新港）8大城市组团。到2025年，武鄂黄黄同城一体化发展取得积极进展，生态环境共保联治水平大幅提升，"一江两屏、南湖北河、沿江布局、湖城相依"的山水城格局更加稳固，城乡人居环境持续改善；城镇空间结构和功能布局更加协调，武鄂黄黄核心区多中心组团式城镇格局初步形成，空间潜力进一步释放；基础设施互联互通水平不断提升，都市圈"3045"时空联系（邻近组团中心之间30分钟可达，汉口、汉阳和武昌三组团至鄂黄黄组团，武汉新城至天河机场45分钟可达）目标初步实现。

2023年3月，武汉都市圈发展协调机制办公室正式印发《武汉都市圈发展三年行动方案（2023—2025年）》（以下简称《方案》）。方案指出，以武鄂黄黄为核心，充分发挥武汉龙头引领作用，推进武汉都市圈基础设施、创新策源、产业协同、对外开放、公共服务、新型智慧、安全发展、生态绿色、要素市场九个领域发展，加快形成空间结构清晰、经济集聚度高、区域竞争力强、城市功能互补、交通往来顺畅、产业分工协调、公共服务均衡、环境和谐宜居、要素流动有序的现代化都市圈格局。将武汉都市圈打造成为引领湖北、支撑中部、辐射全国、融入世界的重要增长极，以武汉都市圈高质量发展推动湖北建设全国构建新发展格局先行区成势见效。

二 襄阳都市圈

2023年3月,襄阳都市圈发展协调机制办公室对外发布《襄阳都市圈发展规划》《加快推进襄阳都市圈高质量发展三年行动方案(2023—2025年)》。襄阳都市圈包括襄阳全市域,国土面积为1.97万平方千米,2021年年末常住人口约527.1万。襄阳都市圈分为核心区和紧密区,核心区为中心城区,紧密区为市域内除中心城区外的区域。辐射带动区为十堰、随州、神农架。联结协作区为南阳,宜荆荆都市圈,武汉、西安、郑州、重庆、成都等城市都市圈。该《规划》构建了"一体两翼四带"的都市圈发展格局。

襄阳都市圈着眼增强都市圈的承载力和辐射带动力,支持襄阳建设全国性综合交通与物流枢纽,国家级农产品交易中心,汉江流域综合服务中心,区域性科技创新中心,全国汽车、装备等先进制造业基地,将襄阳都市圈建设成为引领汉江流域、辐射南襄盆地的核心增长极。作为襄阳都市圈核心城市,襄阳将做好"强心、壮圈、带群、协域"四篇大文章,推动都市圈发展。"强心"即做大做强中心城区,"壮圈"即促进都市圈一体化发展,"带群、协域"就是推动襄阳都市圈与周边地区协调发展。

三 宜荆荆都市圈

2023年3月,湖北省推进三大都市圈发展工作领导小组办公室印发《宜荆荆都市圈发展规划》。宜荆荆都市圈核心区范围包括宜昌市辖区、宜都市、枝江市、当阳市、远安县和秭归县,荆州市辖区、松滋市、公安县、江陵县和荆门市全域,面积3.26万平方千米,2021年年末常住人口约889.8万人(其中市辖区常住人口约365.2万人),地区生产总值8539.3亿元。恩施自治州和宜昌、荆州两市其他区域为协同发展区。该《规划》构建"一轴两带、三角绿心、四大组团"的空间结构,形成三角合围、绿心镶嵌、组团串珠、山水城田有机共生的都市圈空间形态和理想格局。重点建设宜昌东部未来城、宜昌高铁新城、荆州经开区、荆州高新区、荆州关沮新城、荆门高新区、漳河新区7个关键节点。

宜荆荆都市圈着眼强化面向渝东、湘西、鄂西北的区域辐射势能，做大做强宜昌，全面提升城市规模和能级，支持宜昌建设长江大保护的典范城市、荆州建设江汉平原高质量发展示范区、荆门建设产业转型升级示范区，将宜荆荆都市圈建设成为长江中上游的重要增长极。与武汉、襄阳都市圈的单极圈层结构不同，宜荆荆都市圈是沿廊道组团串珠式发展，对三地发展协同性要求更加突出。因此，在创新体制机制方面取得突破，真正实现市场资源优化配置、产业分工协作和发展利益共享，是都市圈建设的关键，下一步要将三市区位优势、产业优势和资源优势加快转化为核心竞争力，共同打造长江中上游重要增长极。

第五节　省域一体化发展模式比较分析

省域一体化，既包括省内重要区域内部的一体化，还包括省内重要区域之间的一体化，是重点区域内部一体化与外部一体化的统一。推进区域一体化建设，必须首先科学认识世界城市群形成发展规律及其发展新趋势。要充分运用国际大湾区一体化发展理论，充分落实长三角一体化发展的最新要求，充分借鉴广佛一体化、深广惠一体化、西咸一体化和长株潭一体化等经验。

一　粤浙鲁鄂四省以都市圈引领省域一体化工作的主要特点

（一）都市圈建设在区域协调发展中的地位更加凸显

相较于此前由国家和省级层面倡导、市级层面具体推动和运作，都市圈建设已经上升到国家层面重点部署、省级党委政府大力推动阶段。把培育发展都市圈作为"十四五"最重要的动力源，高度重视规划、系统谋划发展，以都市圈引领省域一体化发展的时代已经到来。广东设立五个都市圈，将都市圈的范围从珠三角拓展到粤北粤东粤西，由珠三角一体化向泛珠三角发展，实现除梅州市外省域全覆盖。浙江统筹推进四大都市区和四大都市圈建设，将衢州和丽水确定为联动区域，基本实现省域全覆盖。山东三大经济圈包括16个设区市，实现省域全覆盖。

（二）都市圈的深度和广度在不断深化拓展

一方面，粤浙鲁等省份系统谋划都市圈发展，不断赋予都市圈发展新内涵，都市圈的内圈层部分正在朝着深度同城化迈进，比如，广州和佛山、深圳和东莞，地铁等重要基础设施全面贯通，产业合作区建设不断深化。相较于广东和山东的省内全域一体化，浙江的省内一体化更具有层次感和立体感，包括都市区、都市圈和大都市圈等多个层级。另一方面，广州、深圳、杭州都市圈都在不断地吸纳新的成员加入，"朋友圈"在不断扩大，规模"膨胀"势头明显。

（三）都市圈规模有大有小，省域内基本上呈现双子座大都市圈带动小都市圈的格局

从经济总量看，广东深圳、广州都市圈、南京都市圈、苏锡常都市圈都已超过4万亿元，山东胶东经济圈和浙江杭州都市圈在4万亿元左右，山东省会都市圈超过3万亿元，宁波都市圈在2.5万亿元左右，鲁南经济圈和珠江口西岸（珠海、中山、江门、阳江）分别为1.73万亿元和1.3万亿元，浙江的温州、金义和广东的湛茂、汕潮揭都市圈经济总量都在0.7万亿元左右。从都市圈的规模和实力看，广东、浙江的差距都很大。有些都市圈，只是规划和概念上的都市圈，无论是城市规模，还是经济发展水平，目前都远远没有达到都市圈的标准。这表明，都市圈并不一定要等成熟后再建设，是需要并且可以规划和培育的。

（四）都市圈发展动力多元，既有地方积极主动的探索，更有省级层面自上而下的推动

从协调主体看，此前更多的是省级层面的倡导、中心城市的带动和圈内城市的共同推动，比如，广州佛山肇庆三市合作文件，由三市政府会签，以广州市政府的名义发布。从目前态势看，省级党委政府层面政策和领导推动的力度在不断加大。在组织机构和推动机制上，广东明确要制定五个都市圈发展规划，浙江成立推进"四大建设"工作联席会议办公室，每年发布大都市区等建设要点。山东出台的指导意见明确，在领导体制上，三大经济圈一体化发展由省新旧动能转换综合试验区建设领导小组负责统筹指导和推进。在工作机制上，省会经济圈、胶东经济圈强化济南、青岛的龙头地位，分别由济南市、青岛市牵头建立议事协调机制和联席会议制度；从经济圈内各市抽调工作人员，分别在济南、青岛集中办公，开展日常工作。而经济实力较弱、龙头城市不明显的鲁南经济圈，一体化发展联席会议由临沂、枣庄、济宁、菏泽4市市委书

记依次轮任召集人，4市抽调人员组成联席会议办公室，在轮值市集中办公，办公室主任由轮值市发展改革委主任担任。

二 关于省域一体化发展的基本认识

（一）一体化发展的梯度和动力机制

广东的两个城市群一体化发展梯度分明，后加入地区拥有较大的纵深发展空间，能够为中心城市的能级提升提供腹地。在同城化和一体化方面，如果从距离和发展水平上讲，甚至比不上苏锡常一体化的优势。宁镇扬三个市，虽然经济总量差距较大，但综合版图面积、人口规模和人均GDP差距并不大，明显低于苏锡常，略低于深莞惠，比广佛略高，属于相对均衡的一体化。正是由于这个原因，在南京发展能级没有达到足够大、发展空间比较富余的情况下，资源流动的动力机制相对较弱。

（二）一体化发展的过程和优先顺序

国内主要一体化地区，渐进一体化的趋势明显。从地域上讲，先是广佛一体化，再到广佛肇一体化和广清一体化，以广州为中心一体化的范围逐步扩大。在宁镇扬一体化中，南京要继续推进江南江北的一体化、主城六区与周边区域的一体化，这是增强南京对镇扬带动力的重要前提。从三个城市一体化的优先顺序上，宁镇一体化的条件比较成熟，南京的六合地区与扬州一体化的趋势也比较明显。另外，一体化并不是非此即彼，其维度不是单一的，可以在多个维度上展开，可以组建不同的"朋友圈"。或者说，一个方向的一体化并不排斥另一方向的一体化。通过宁镇扬一体化，构建大南京都市区，以省内一体化的宁镇扬，带动包括淮安和安徽东部城市在内，形成大南京都市区。在更高的层面，融入扬子江城市群、长三角一体化和长江经济带。

（三）一体化发展的模式和推进形式

广佛和深莞惠主要是在广东省2008年出台的《珠三角一体化发展纲要》推动上实施的，在省级和各有关城市分别设有珠纲办，即珠三角规划纲要办公室，作为具体的推进机构。在长株潭地区，主要是推动载体，是2007年批准的"全国资源节约和环境友好型社会建设综合配套改革试验区"。西咸一体化推进的载体主要是国家级新区。相比较而言，宁镇扬一体化推进，主要是在长三角一体化的背景下推进的，缺乏国家和省级重大战略的有力支撑。从政府推动的力度和频率看，包括出台一体化总体规划、专项规划、相关文件，成立专门的组织架构和办事机构，宁镇扬的力度都需要进一步加大。相较于省级层面自上而下的推动，市场化程度相对较高的广州，更多是采用协作的形式，由三市政府共同签署、以广州市政府文件发布的形式，有利于一体化城市各相关主体充分博弈，更具有针对性和可操作性。

（四）一体化发展的尺度和程度制度

从纵向层级上讲，长三角、京津冀一体化，是省际层面的一体化，扬子江城市群、杭州湾大湾区，是城市群层面的一体化，宁镇扬等主要是都市圈层面的一体化。从一体化的领域上讲，一般先是交通基础设施一体化，然后到产业一体化，公共服务一体化，再到体制机制的一体化。实现区域一体化，不能停留在浅层次，需要走进深层次、深水区，在关键领域和体制机制上走向"一体"。推动区域在关键领域实现一体化，关键是改革体制完善机制，画出最大"同心圆"互利共赢，找出最大"公约数"消除障碍。

（五）一体化发展的核心城市带动

区域一体化是集聚扩散的过程，前期资源向优势地区集聚，后期资源将向周边地区外延。就经济发展规律来看，国际公认一个国家的城镇化率达到50%以上，就进入大城市群时代。目前中国城市化率在57%左右，正处于大城市群发展的窗口期。现在城市之间的竞争不再是单打独斗，更多是组团竞争，即谁能够占领高地、谁就能够引领未来。同样是2009年，广东提出深广惠一体化，形成《深圳、东莞、惠州规划一体化合作协议》，每年实施项目化推进，进展非常快。轨道交通方面，深圳的20号线正在建设，将与东莞的2号线连通，直达深圳宝安机场；深圳6号线即将与东莞1号线连通，直达深圳北站；深圳的13号线与东莞3号线连通，直达深圳湾口岸，这些大动作让东莞和城市能级快速提升。由此我们看出来区域板块热度，依赖于一体化推进，一体化推进离不开核心城市带动，核心城市带动必然能够汇集一体化层面。

三 国家发改委批复都市圈与地方自主建设都市圈的有效衔接

由于对于现代化都市圈的认识和研究还是一个动态的过程，实践中对于现代化都市圈的推进更具有探索性，国家发改委等部门对于地方都市圈的发展特别是规划的批复持谨慎态度，而地方在都市圈建设方面又有着比较高的热情，形成国家批准规划的都市圈建设与地方自发推动的共存的局面。各种渠道显示，虽然国家发改委批复了超过10个都市圈，但都市圈发展规划由国家发改委官宣、省级人民政府公开发布的只有5个。因此，在都市圈推进的过程中，要注重国家发改委正式批复的现代化都市圈与部分省份自主建设的都市圈之间的有效衔接。

现代化都市圈的设立，要坚持有限边界原则，不能一味地摊大饼。现代化的都市圈的设立，要坚持有限数量原则，不能过分扩大都市圈的范围，但也不宜因此对周边的城市进行拆分，导致相对于组成城市的都市圈的碎片化。目前国家发改委批复的都市圈构成模式，更多的是从交通和人口经济联系等方面，在控制体量的基础上确定的，除了一两个中心城市，其他设区市都是部分县级单位加入，就设区市行政区域来说，具有不完整性。由于现代化都市圈构成单位更多的是以县级行政区域为单位，因此，现代化都市圈是中心城市与周边城市部分区域的协同，而非周边城市的总体协同。笔者认为比较理想的是，严格控制都市圈内成员城市的数量，但原则上成员城市应当被整体纳入都市圈而不是局部。对都市圈的边界的确立，应建立一种动态的调整机制，随着交通条件的改善和经济联系的加强，都市圈的范围也应当相应地进行调整。

现代化都市圈在规模体量上不断瘦身，在治理重心上不断下移，在体制机制上日益强化中心城市的作用。上海大都市圈与国家发改委批复的其他都市圈最大的不同在于，是以上海直辖市为引领，以设区市为成员单位，更加体现了成员城市的平等性。包括在制定规划的过程中，以上海牵头为主，分领域的规划由相关设区市牵头制定，有利于充分调动成员城市的积极性。现代化都市圈与区域一体化联盟同时推进，区域一体化发展城市联盟要以现代化都市圈为重要内核。

疫情防控对现代化都市圈，特别是对都市圈周边的城市区域形成了比较大的挑战，在疫情面前，部分城市之间友情的小船说翻就翻，多年来努力打破的城市之间的无形边界变成了有形壁垒。依托紧靠中心城市的区位优势、大力发展房产地经济的模式受到了比较严峻的挑战，凸显了畸形的都市圈发展的不可持续性，对都市圈的发展提出了更高的要求，特别是在如何突破行政壁垒等方面需要更多的探索。

现代化都市圈建设，是"国之大者"，有利于增强大国回旋的余地与中国经济发展的韧性。构建新发展格局、促进双循环畅通，结构调整是一个重要的方面，既包括产业结构、经济结构的调整，还包括城市结构、城乡结构的调整，在结构调整中激发现代化建设新潜能，由中心城市带动到现代化都市圈带动，以现代化都市圈引擎中国式现代化。现代化都市圈与现代化进程相适应，不能操之过急，不能泛化扩大化，但现代化都市圈的理念可以拓展，将现代化都市圈理念运用到中心城市和县城，构建现代化城市圈、现代化城镇圈，通过城市、城镇空间的结构性调整，持续激发中国式现代化区域协同的空间动能。

第 八 章

跨区域协同视角下的
江苏省域一体化

本章主要着眼于中国式现代化的区域协同,以江苏为观察和研究样本,回顾江苏区域协同发展历程,分析江苏现代化都市圈格局演化,重点就南北沿江地区协同发展、扬州泰州毗邻地区协同发展等进行分析,探讨跨区域协同视角下江苏省域一体化的路径。

第一节 江苏区域协同发展历程回顾[①]

围绕江苏省区域发展,学者们主要从发展战略、体制机制、空间结构等方面进行了研究。总体战略方面:桑学成、储东涛(2015)认为,江苏区域协调发展,先后经历了南北发展方针、区域共同发展战略和区域协调发展战略三个阶段。孙月平(2011)分析了江苏实施区域协调发展战略的战略重点及推进策略等。体制机制方面:车冰清、朱传耿等(2012)认为,构建经济社会协调发展机制应包括体制同步、空间组织、科技合作、政策援助和环境治理5个方面。章寿荣(2018)认为,江苏必须通过强化科技进步机制塑造区域现代化的动力优势,通过强化开放发展机制营造区域现代化发展的市场环境,通过强化制度创新机制构建区域现代化发展的制度保障。空间结构方面:储东涛(2016)认为,江苏在推动区域协调发展中要抓住重大机遇,对接国家战略,重塑经济地

[①] 参见刘德海、刘西忠《改革开放以来江苏区域发展的历史进程与经验启示》,《现代经济探讨》2018年第6期。

理，拓宽发展空间。徐康宁（2017）认为，新时期，区域发展要体现更高的要求，要从战略上谋划区域功能的总体布局。刘志彪（2001）认为，区域间实施积极的产业政策，促进苏南、苏中、苏北三大区域共同协调发展，具有重要的现实指导意义。

一 改革开放以来江苏区域发展的历程

区域发展的理论和实践表明，区域发展过程是一个"均衡—非均衡—均衡"不断交替的动态过程。江苏作为我国经济最发达地区，其内部区域发展也经历了均衡和非均衡相互交替的发展过程。[①] 改革开放以来，江苏高度重视省内区域间发展不平衡问题，在不同时期采取了不同的发展战略。归结起来，可以概括为以下四个阶段。

（一）改革开放之初"苏南率先突破"的非均衡发展时期

1978年年底，党的十一届三中全会拉开了我国改革开放的序幕，苏南地区率先突破计划经济体制的束缚，借助国家政策向东南地区倾斜和"靠江靠海靠上海"的区位优势快速发展，尤其是苏南的乡镇企业异军突起，形成了享誉全国的"苏南模式"。而同一时期的苏北地区仍以农业经济为主，工业发展相对落后，苏南和苏北地区之间的差距不断拉大。在这一时期，为改变苏南、苏北发展不平衡的问题，1984年，省第七次党代会首次提出"积极提高苏南，加快发展苏北"的方针，将苏南和苏北发展统筹起来。省第八次党代会强调继续贯彻"积极提高苏南、加快发展苏北"的方针，深入探索共同发展之路。然而，在强大的市场机制作用下，苏南地区和苏北地区之间发展差距日渐拉大的状况并未得到有效扭转。数据显示，"1978年，苏南、苏中、苏北三大区域人均GDP之比是2.8∶1.6∶1，1993年扩大为4.4∶2.1∶1"[②]。

（二）着眼于缩小南北差距的"区域共同发展"战略时期

1992年年初，邓小平同志发表南方谈话。随后，党的十四大正式确

[①] 魏晓峰：《江苏"区域共同发展战略"的形成、实施与评价》，《商场现代化》2005年第24期。

[②] 桑学成、储东涛：《走向区域协调发展——江苏区域协调发展战略的实施及其演进》，中央党史出版社2015年版，第31页。

认我国实行社会主义市场经济，十四届三中全会通过《关于建立社会主义市场经济体制若干问题的决定》，标志着我国改革开放和社会主义现代化建设进入了新阶段。着眼于解决区域经济发展差距日渐拉大的问题，践行邓小平同志提出的"最终共同富裕"论，江苏在1994年省第九次党代会上正式提出"区域共同发展"战略。随后，江苏出台一系列促进共同发展的举措。"提出并实施'海上苏东''淮北致富'两项区域工程。省政府还通过推动实施优化生产力布局、努力发展优势产业和特色产品，来推动区域共同发展（1996）、实施南北合作产业转移示范工程（1997）、全面推进农村小康和现代化建设工程（1998）、启动'南北挂钩、对口协作'工程（1999）。"[1] 在区域共同发展战略和分类指导方针的指引下，江苏区域经济发展差距有所缩小。"1993年，苏南、苏中、苏北三大区域人均GDP之比是4.4：2.1：1，到2000年缩小为3.4：1.5：1。"[2]

（三）以"两个率先"引领区域协调发展时期

进入21世纪以后，省第十次党代会提出"深入实施区域共同发展战略"。同时，结合中央对江苏提出的"率先全面建成小康社会化、率先基本实现现代化"的目标要求，2003年省委第十届五次全会正式提出"两个率先"的奋斗目标。2006年，省第十一次党代会提出"在更高层次上统筹区域发展，形成优势互补的区域发展新格局……促进苏南加速提升、苏中加速崛起、苏北加速振兴"。2010年，江苏省委在《关于制定江苏省国民经济和社会发展第十二个五年规划的建议》中强调："把区域共同发展战略深化为区域协调发展战略，构建三大区域优势互补、互动发展机制，逐步缩小区域发展差距，全面提升区域协调发展水平。"2011年，省第十二次党代会正式确立"区域协调发展"战略。从"区域共同发展"战略到"区域协调发展"战略，体现的是发展理念的深化和升华，不仅强调全省不同区域都要发展，最终实现共同富裕，而且强调不同区域、不同产业、不同领域的发展要具有协调性。

---

[1] 魏晓峰：《江苏"区域共同发展战略"的形成、实施与评价》，《商场现代化》2005年第24期。

[2] 桑学成、储东涛：《走向区域协调发展——江苏区域协调发展战略的实施及其演进》，中央党史出版社2015年版，第31页。

（四）党的十八大以来"更高次的区域协调发展"时期

2014年，习近平总书记视察江苏时提出建设"强富美高"新江苏、在五个方面迈上新台阶的要求。以"强富美高"新江苏为目标指引，2015年，省委在《关于制订江苏省国民经济和社会发展第十三个五年规划的建议》中强调，继续实施区域协调发展战略，将全省三大区域发展与全国区域发展总体布局紧密结合，在更高平台上加快区域发展，进一步优化区域结构，提高协调发展水平。2016年，江苏省第十三次党代会提出，"在更高层次统筹区域发展"。在这一时期，江苏开始强调主体功能区建设。2017年5月，在《江苏省主体功能区规划》基础上，江苏正式提出"1+3"重点功能区战略："1"即扬子江城市群，"3"包括沿海经济带、江淮生态经济区和淮海经济区。"1+3"重点功能区战略旨在打破传统的苏南、苏中、苏北三大板块的地理分界和行政壁垒，从行政区经济转向功能区经济，推动各区域之间分工协作、优势互补、特色发展。2019年7月，省委十三届六次全会提出，重点推进产业创新一体化、基础设施一体化、区域市场一体化、绿色发展一体化、公共服务一体化、省内全域一体化在内的六个一体化，旨在打破传统的苏南、苏中、苏北三大板块的地理分割和行政壁垒，从行政区经济转向功能区经济，推动各区域之间分工协作、优势互补、特色发展。

改革开放以来，江苏区域发展的历程，还可以根据五年规划这条线索来进行梳理。

从改革开放到"八五"计划，"苏南率先突破"的发展时期。改革开放后，我国实施区域优先发展政策，把沿海地区经济发展放在突出位置。在20世纪80年代初，江苏提出"积极提高苏南，加快发展苏北"方针，苏南成为投资和建设的重点，乡镇企业异军突起，形成了享誉全国的"苏南模式"，在"七五"时期形成了由沿海开放城市—沿海经济开放区—其他开放地区的多层次、有重点的对外开放格局。在"八五"期间，江苏坚持分类指导，一手抓好经济较发达地区，"加快开发沿海，重点发展沿江，积极建设东陇海沿线"，一手抓好以淮北为重点的经济薄弱地区，分别制定了沿江地区和淮北地区发展规划。

从"九五"计划到"十一五"规划，着眼于缩小南北差距的"区域共同发展"战略时期。1995年中共十四届五中全会把"坚持区域经济协调发展，逐步缩小地区发展差距"作为今后 15 年我国经济和社会发展必须贯彻的一条重要方针。1996 年初，"九五"计划把全省 11 个地级市划分为沿江、淮海两个经济区域，提出重点实施"海上苏东""淮北地区致富"两大跨世纪工程，推进城乡一体化。2001 年初，"十五"计划提出实施城市化战略，重点建设南京、苏锡常和徐州三大城市圈，并依据区域发展不平衡、梯度特征明显的省情实际，将全省划分为苏南、苏中、苏北三大区域，继续实施"海上苏东"工程，促进区域共同发展。2006 年初，"十一五"规划提出，依托南京、苏锡常和徐州三个都市圈，加快建设沿江城市群，积极推动东陇海城市发展，并提出苏南提升、苏中崛起、苏北振兴的分类指导目标。

从"十二五"规划至今，以新发展理念引领区域协调发展时期。党的十八大之后，习近平总书记多次强调要继续实施区域发展总体战略，并通过缩小发展单元、实施更加精准的政策促进区域协调发展。2011 年年初，江苏"十二五"规划提出，提升发展长江三角洲（北翼）核心区城市群，培育三大区域发展新优势，积极推进长江三角洲一体化进程，实施主体功能区战略，构建"核心（长江三角洲北翼核心区）优化、双带（沿海和东陇海发展带）重点、多极拓展"的建设开发空间布局。2016 年初，江苏"十三五"规划强调，在更高层次上推进区域协调发展。统筹实施苏南、苏中、苏北地区和沿沪宁线、沿江、沿海、沿东陇海线经济带战略组合，推进沿运河地区加快发展，培育国家级江北新区等区域经济增长点和淮河生态经济带等增长极，打造长江经济带建设先行先导地区，全面融入国家区域发展总体布局。2017 年 5 月，在《江苏省主体功能区规划》基础上，江苏提出"1+3"重点功能区战略。2019 年 7 月，省委十三届六次全会提出，重点推进包括省内全域一体化在内的六个一体化，旨在打破传统的苏南、苏中、苏北三大板块的地理分割和行政壁垒，从行政区经济转向功能区经济，推动各区域之间分工协作、优势互补、特色发展。

从改革开放之初到"十四五"时期，江苏的区域发展战略注重中国特色社会主义理论的引领，新发展理念、主体功能区战略和以人民为中心的发展思想等，在规划中越发得到鲜明的体现；从"区域共同发展"战略到"区域协调发展"战略，体现的是发展理念的深化和升华，不仅强调全省不同区域都要发展，最终实现共同富裕，而且强调不同区域、不同产业、不同领域的发展都要具有协调性。

二 改革开放以来江苏区域发展的多重特征

改革开放40多年来，江苏区域经济发展取得了显著成效。总体来看，江苏的区域发展既体现了鲜明的时代共性，又彰显了鲜明的创新个性。

（一）与国家重大发展战略相呼应

纵观40多年来江苏区域发展的历程，可以发现，江苏区域发展战略与国家区域发展战略之间存在着高度的关联性，这种关联既体现为一种呼应、补充和细化，也体现为一种超前、示范和创新。

一方面，江苏区域发展战略始终坚持以国家区域发展战略为重要指导，始终与国家区域发展战略的总体部署保持一致。"七五"计划时期，中央将全国划分为"东中西"三大地带，"十一五"与"十二五"期间，三大地带演化为东、中、西和东北四大板块，并相继实施了针对不同板块的发展战略。江苏根据省情实际，在改革开放之初实行"苏南苏北二分法"，后期又增加苏中板块，演化为"苏南苏中苏北"三个板块。"江苏实行的苏南、苏中、苏北三大经济区域的划分及其分类指导的生产力布局，与全国东中西三大经济地带的划分及其因地制宜的生产力布局十分相似……江苏提出的三沿、四沿（三沿：沿沪宁线、沿长江、沿东陇海线；四沿：三沿+沿海）发展战略，与国家实施的三沿（沿海、沿长江、沿陇海—兰新铁路线）发展战略有着极大吻合。"[①] 因此，江苏区域发展的梯度格局，与国家"四大板块"的区域发展格局是相呼应的，是国家区域发展战略在江苏省域内部的一种细化和体现。

另一方面，江苏在国家区域发展战略中积极作为、创新示范，不断充实和丰富国家区域发展战略。比如，在贯彻东部率先的区域发展战略中，江苏勇于争先，成为全国区域发展的排头兵。邓小平同志在南方谈话中就曾提及，"比如江苏等发展比较好的地区，就应该比全国平均速度快"。这既是对江苏发展的责任期许，也是对江苏发展作为和发展成绩的

---

① 沈正平：《改革开放以来江苏省区域发展战略的实践探索与理论思考》，《中国地理学会》2017年学术年会。

肯定。再比如，近年来，江苏推出"1+3"重点功能区战略，打破了传统的以行政区划为基础的划分方法，将此与"一带一路"、京津冀协同发展、长江经济带建设为代表的新一轮国家战略联系起来看，在发展理念上高度契合，彰显了功能协调与区域协同的战略思维。由此而言，江苏的区域发展战略不仅是国家区域发展的高度缩影，也在一定程度上充实和丰富了国家区域发展战略。

（二）与江苏的三次转型相对应

改革开放40多年来，江苏发展经历了"由农到工""由内到外""由大到强"的三次转型，拉动了江苏经济高速腾飞，也对江苏的区域发展产生了深刻影响。一定意义上，江苏的区域发展与其三次转型紧密相联。

第一次转型是20世纪80年代，以发展乡镇企业为标志，实现了从农业大省到工业大省的转型。在这次经济转型中，以苏南为代表，无锡、武进、常熟、江阴积极从上海等地引进专业人才，使乡镇工业经济与相对先进的科技文化及较灵活的市场制度相结合，形成了享誉全国的"苏南模式"，推动了苏南崛起。在此期间，江苏的区域发展呈现明显的"南北两大板块"的格局。根据这一情况，省第七次党代会提出了"积极提高苏南、加快发展苏北"的方针，省第八次党代会又推出一系列举措落实这一方针。

第二次转型是20世纪90年代，以发展外向型经济为动力，实现了由封闭半封闭到全方位开放的转型。此次转型，依然以苏南地区为主阵地。以上海浦东开发开放和邓小平南方谈话为契机，各类企业实行改制，外向型经济在江苏迅速发展起来，江苏经济开始走向国际化，苏南地区涌现了"两个文明"一起抓的张家港发展模式、以对外招商引资为特色的昆山模式等。这一时期，面对省内南北差距不断扩大的状况，省第九次党代会提出了"区域共同发展"战略，并开始向苏中、苏北地区倾注更多的资源和政策支持。

第三次转型是2011年以来，以创新驱动为发展主动力，实现从经济大省向经济强省的转型。此次战略转型，是江苏进入"十二五"，针对全省区域发展不平衡、经济增长粗放、资源环境约束趋紧等问题而确立的。与之相对应，三大区域发展更加注重创新驱动，比如，苏南地区大力推进国家自主创新示范区建设；更加注重协同联动，苏中地区着力推进陆海统筹、跨江融合、江海联动发展；更加强调生态保护，建设江淮生态经济带。此后，江苏省实施"1+3"重点功能区战略，是与"经济大省"向"经济强省"攀升过程中必须转换发展动能、优化经济结构、创新发展方式等要求相适应的。

（三）与空间发展的规律相适应

改革开放之初，国家逐步开始从计划经济向市场经济转轨，市场体系尚未完全建立起来，政府是推动区域经济发展的主动力。这一时期，江苏的区域经济发展体现了鲜明的行政区划性。比如，江苏传统意义上的苏南、苏中、苏北三大板块的划分，既是发展水平的区分，也是行政区划和地理分界上的区分。然而，随着社会主义市场经济体制不断健全完善，市场逐渐成为资源要素配置的决定性力量，行政因素的推动力逐渐降低，甚至演化成为行政壁垒，阻碍了生产要素的跨区域流动。这时，就需要打破行政区划的分界，不能简单地以行政区划作为区域经济发展的政策单元。基于此，2014年江苏省政府印发《江苏省主体功能区规划》，根据资源环境承载力、发展潜力和开发强度，将全省陆域国土空间划分为优化开发、重点开发、限制开发和禁止开发四类区域。2017年5月，在这一规划基础上，江苏进一步提出"1+3"重点功能区战略。"从空间布局看，'1+3'功能区与各地主体功能定位要求十分吻合，而且突破了主体功能区以行政区为单元的类型分区局限"[①]，有助于促进不同区域之间功能协调、融合发展。

三 改革开放以来江苏区域发展的经验启示

中国特色社会主义进入新时代，为江苏区域发展标注了新的时代背景。站在改革开放40余年的新起点上，江苏要紧密结合国家"四大板块+三大支撑带"的战略布局，在更高层次上推动全省各区域协调发展、协同发展、共同发展，更好地推动高质量发展走在全国前列，更好地支撑"强富美高"新江苏建设。

---

① 陈雯、孙伟：《"1+3"功能区战略助推区域协调发展》，《新华日报》2017年8月16日第12版。

(一) 在发展思路上，坚持协调和共享发展

习近平总书记指出，"协调发展是制胜要诀"[①]。纵观改革开放40余年来江苏区域发展的历程，始终注重协调发展和共享发展。协调发展不等于均衡发展和平衡发展，"协调发展的精髓在于非冲突性和对抗性，避免交流、互动的障碍，既包括量的均等，也不排斥非均衡的良性互动"[②]。共享发展强调的是发展为了人民、发展依靠人民，通过发展实现人民群众福祉的最大化。更加坚定地推进区域协调发展，就是要推动全省各个发展板块和功能区各展优势、特色发展，有效联动、协同发展；就是要深度融入国家战略，在"一带一路""长江经济带""长三角一体化"中发挥更大作用；就是要破除行政区划分割对生产要素流动的阻碍作用，实现生产要素在全省范围的自由流动。更加坚定地推进共享发展，就是要努力推动城乡一体发展，把工业与农业、城市与乡村、城镇居民与农村居民作为一个整体，统筹起来布局；就是要推进基本公共服务均等化，让农村居民和城市居民都能够享受到高水平的教育、医疗、养老等公共资源和服务；就是要大力实施乡村振兴战略，实施促进农民增收、农村基础设施建设、乡村教育提升、健康乡村建设等行动，让农民群众有更多的获得感、幸福感。

(二) 在发展动力上，重视政府推动与尊重市场规律结合

推动区域经济发展，需要统筹发挥好市场"看不见的手"和政府"看得见的手"的作用。改革开放40余年的历程，就是把市场机制和政府作用有效结合起来，并且更加注重发挥市场作用的过程。江苏要推动区域经济发展，必须把注重政府推动和尊重市场规律结合起来，打造市场和政府"双强引擎"。打造"强市场"，就是要"使市场在资源配置中起决定性作用"，充分尊重和激发企业、企业家的主体作用，大力培育一批创新型苏商群体，大力弘扬新时期"四千四万"精神；就是要尊重市场和民间创新精神，更新政府的经济管理理念，减少政府对市场创新和民间创新的不必要干预，推动新经济、新业态、新模式加速涌现。打造

[①] 习近平：《在省部级主要领导干部学习贯彻党的十八届五中全会精神专题研讨班上的讲话》，《人民日报》2016年1月19日第1版。

[②] 王国平：《协调发展理念"新"在哪里》，《解放日报》2016年5月10日第10版。

"强政府",就是要求政府肩负职责,在公共服务、社会治理、社会保障等领域切实作为;就是要求政府发挥职能,在推动供给侧结构性改革、优化产业布局等方面更好地发挥宏观调控作用,有效监督、规范管理;就是要求政府优化服务,进一步强化"店小二"意识,为企业和市场主体服务,进一步强化"公仆精神",为人民群众服务。

(三)在发展重点上,坚持放大优势,推动特色发展

推动区域协调发展,必须坚持因地制宜、分类指导的原则,根据不同区域的情况确立不同的发展模式,激发各区域板块发展的内生动力,走出各具特色又相互促进的协调发展之路。科教资源丰富、人才资源密集、与全球市场联系紧密的苏南和沿江地区,要积极借助苏南国家自主创新示范区这一重要平台,向产业链和创新链的高端攀升,大力发展战略性新兴产业,在全省区域和产业发展中发挥引领带动作用。地处苏北内陆地区的徐州、宿迁、淮安等地,则要充分挖掘利用交通区位优势、生态环境优势、资源要素低成本优势,改变"跟随发展"的思维定式,树立"同台竞技"的自觉意识,打造良好的营商环境,吸引生产要素加快集聚。拥有丰富海洋资源的连云港、盐城、南通等地,则要大力推进沿海开发,发展海洋经济。要加快推进沿海地区基础设施建设,努力创新体制机制,实现港产城联动发展。要坚持陆海统筹、江海联动,整合沿江、沿海两种资源,以江撑海、以海带江,形成江苏海洋经济新优势。要发挥江苏海洋经济腹地广阔的优势,把沿海大开发与沿东陇海线、淮河生态经济带统筹起来,努力拓展蓝色经济空间。

(四)在发展路径上,坚持由点到线到面,把城市群作为主体形态

在区域发展过程中,只有不断通过空间战略布局的调整,加强分工协作,打破行政区划所带来的发展壁垒,才能实现整体功能优化,促进区域融合发展。整体来看,江苏区域发展的过程中始终注重优化空间战略布局、促进区域协调发展。江苏推动区域发展,要坚持由点到线到面,实现轴线带动与城市群结合。"实施'板块'与'轴带'、城市带相结合的战略,有利于同时发挥并联和串联效应,构建网络化的区域发展格局,形成高效节能的'集成电路',推动区域协调发展提质

增效。"① 江苏要加强纵向经济轴带建设，通过沿海大开发、江淮生态经济带、大运河文化带等战略举措，密切各板块之间的经济联系度，把苏南、苏中、苏北三大板块贯通起来，强化苏南、苏中、苏北三大板块的整体开发效应，提高大融合、大开放格局下的要素集聚和资源配置能力，促进生产要素在不同板块之间顺畅流动。要发挥扬子江城市群的"龙头"带动作用。在内部，推动扬子江城市群形成更加密集的跨江交通网络、跨江同城化、跨江城市带发展格局，带动江苏沿江城市一体化发展。在外部，积极对接上海都会区、杭州湾城市群以及皖江城市带，推动扬子江城市群与周边城市群联动发展，把扬子江城市群打造成为带动全省和其他区域发展、引领江苏面向国际化开放发展的重要门户。

四 推动形成与现代化发展要求相适应的"十四五"省域一体化发展新布局

习近平总书记指出，"协调既是发展手段又是发展目标，同时还是评价发展的标准和尺度，是发展两点论和重点论的统一，是发展平衡和不平衡的统一，是发展短板和潜力的统一"②。推动"十四五"江苏区域协调发展，要坚持以习近平新时代中国特色社会主义思想为指导，着眼于从高水平全面小康到现代化的时空转换这一大背景，胸怀两个大局，突出协调发展主题，着力推动高质量发展、高效能治理、高品质生活，构筑省域一体化发展新布局。

以增强省域一体化发展新优势为主攻目标。当前，江苏推动区域协调发展，要坚持由点到线到面，实现轴线带动与城市群结合，按照客观经济规律调整完善区域政策体系，重点规划建设若干个现代化都市圈。在省级层面积极推进出台南京都市圈发展规划的基础上，制定苏锡常、淮海经济区和通泰盐都市圈等专项发展规划。把江苏"十四五"国民经济和社会发展规划，与江苏主要都市圈发展规划、江苏各项专业发展规划、江苏各城市发展规划有机贯通起来，增强江苏参与新一轮区域发展

---

① 参见笔者《行政板块、发展轴带与城市群联动研究——兼论江苏区域协调发展格局重塑》，《南京社会科学》2016年第9期。

② 《习近平总书记重要讲话文章选编》，党建读物出版社、中央文献出版社2016年版。

的新优势,提升江苏发展新动能。

以推动形成高质量的区域布局为鲜明特色。以城市空间布局调整为基础,以产业链的优化调整为重点,统筹中心城市与支点城市、粮食生产与生态安全、城市发展与乡村振兴,加速经济内循环,打造高质量发展的强磁场。要跳出一体化就是一样化的思维误区,发挥各个区域的比较优势,促进各类要素合理流动和高效集聚,增强创新发展动力,加快构建高质量发展的动力系统。要通过现代化都市圈建设等手段,把各自独立发展的一群城市,转化为分工合理、相互贯通的发展共同体,多维度多形态多层次推动新型城市化和新型城镇化,以省域一体化助推长三角高质量一体化,在全国区域协调发展大局中有更多担当作为。

以逐步实现高效能的空间治理为显著标识。推动省域一体化,关键是推动一体化体制机制创新,形成跨区域的高效能空间治理体系,推动省域治理体系和治理能力现代化。要通过体制机制创新,着力破除行政壁垒和跨区域物理隔阂,促进生产要素发生化学反应,实现"$1+1+1>3$"的放大效应。要推动省级治理的重点由设区市点上的治理向不同设区市之间的组团治理特别是现代化都市圈治理跨越,由以政府为主导的层级治理向政府间合作治理跨越,由以行政手段为主向以经济、社会和法律手段为主跨越,强化不同城市之间的分工合作与协同,形成高效有机的发展共同体。

以努力创造高品质的生活空间为价值依归。习近平总书记明确提出区域协调发展的三大目标:基本公共服务均等化,基础设施通达程度比较均衡,人民生活水平大体相当。人民生活高品质,既是省域一体化发展的价值追求,也是"十四五"江苏开启现代化新征程的重要体现。在我国社会主要矛盾中,如果说不充分更多的是一个时间概念,那么不平衡更多的是一个空间概念,从不平衡到平衡,更需要一个空间调整的过程。要善于把发展落差变为发展空间,统筹生产生活生态布局,实现全省范围内资源要素的优化配置,要以通勤的便利化和公共服务均等化为主要标志,以美丽江苏为底色,持续优化省域空间布局,让发达和欠发达地区的人民,能够共享改革发展的成果,能够共享幸福美好生活。

第二节　江苏现代化都市圈格局演化

江苏是全国探索都市圈建设的先行者。2000年7月，省委、省政府召开全省城市工作会议，会议要求通过强化南京、苏锡常、徐州三大都市圈的功能，更好地带动全省城镇的快速发展。2002年2月，经国务院审查同意，建设部行文批复《江苏省城镇体系规划（2001—2020）》，全省城镇发展要以南京、徐州和苏锡常三个都市圈为战略重点，逐步使人口和产业向各级城镇合理集聚。此后，江苏省政府相继批准苏锡常都市圈规划、南京都市圈规划、徐州都市圈规划，规划期为2002—2020年。2021年2月，南京都市圈成为我国第一个由国家发改委正式批复规划的都市圈。

一　《江苏省国土空间规划2021—2035年》中的江苏都市圈

2023年7月，国务院批复《江苏省国土空间规划（2021—2035年)》（国函〔2023〕69号），江苏成为第一个省级国土空间规划获批的省份。批复指出：以扬子江城市群、沿海城镇带和南京都市圈、苏锡常都市圈、淮海经济区中心城市为主体，建设全国制造业高质量发展示范区，支撑长三角G60科创走廊建设，引导各类开发区功能复合和节约集约用地，完善城镇密集地区公共服务设施配置，促进城镇空间高质量发展。

2023年8月，《江苏省国土空间规划（2021—2035年)》全文公开。规划正文共11章，都市圈的相关内容主要体现在第三章第三节，构建"两心三圈四带"的国土空间总体格局，深化落实"1+3"重点功能区，形成"生态优先、带圈集聚、腹地开敞"的"两心三圈四带"的国土空间总体格局。"两心"，指太湖丘陵生态绿心、江淮湖群生态绿心。"三圈"，指南京都市圈、苏锡常都市圈、淮海经济区（徐州都市圈），"四带"指扬子江绿色发展带、沿海陆海统筹带、沿大运河文化魅力带、陆桥东部联动带。第六章第一节，优化带圈集聚、协同发展的城镇空间，以扬子江城市群、沿海城镇带和南京都市圈、苏锡常都市圈、淮海经济区为主体，有序构建多层次、多中心、网络化的城镇体系，促进全省城镇空间高质量发展。第十章第一节，推动合作共赢的省际协调发展，推进与"一带一路"沿线地区深入合作；共同促进长江经济带绿色发展；积极推动长三角区域一体化高质量发展；深度融入上海大都市圈，共建卓越的全球城市区域；加快与浙江绿色创新协同，共建宁杭生态经济带；强化与安徽跨界协同，共建跨省都市圈；推进与山东、河南互联互通，加速淮海经济区崛起。在整个空间规划中，都市圈一词共出现53次，是出现频率比较高的词语。现将与南京都市圈、苏锡常都市圈和淮海经济区相关内容摘要整理如下（见表8.1）。

表8.1　　南京都市圈、苏锡常都市圈和淮海经济区相关内容

名称	总体空间协同	城镇空间协同	省际协调发展
南京都市圈	更大力度、更高质量推进。提高南京城市能级，带动周边城市发展，打造开放包容、协同发展的跨区域都市圈典范。探索跨界山体湖泊协同治理	中心城市带动、聚焦同城化。提升中心城市科技创新、产业支撑、资源组织、服务保障能力，增强交通枢纽辐射能力，构建承东启西、连南接北的交通通道，带动都市圈整体实力和竞争力提升	强化与安徽跨界协同，共建跨省都市圈。加快南京都市圈跨省协调，促进顶山—汊河等苏皖跨界毗邻地区联动协同，共建跨省跨市毗邻合作区
苏锡常都市圈	深度融合、一体发展。深度融入上海大都市圈，建设接轨上海、联系周边、辐射长江以北的现代化都市圈。引导毗邻地区协同发展	网络化链接、一体化整合。加强中心城市和交通枢纽之间的快速互联互通，探索城乡建设用地增减挂钩在都市圈内调剂使用。共建太湖湾科技创新圈，共同打造江南水乡古镇（村）世界级旅游目的地	深度融入上海大都市圈，共建卓越的全球城市区域。支持苏州、无锡、常州、南通深度融入上海大都市圈建设，对内紧密一体、对外链接全球，加速融入世界网络，协同共建卓越的全球城市区域

续表

名称	总体空间协同	城镇空间协同	省际协调发展
淮海经济区	加力赋能、协同发展。着力提升徐州淮海经济区中心城市发展能级,增强产业支撑、创新引领、枢纽联系等能力和水平,以中心城市辐射带动周边地区圈层发展,引领淮海经济区快速崛起	强化中心城市、促进联动发展,增强徐州淮海经济区中心城市综合竞争力。引领淮海经济区老工业基地和资源型城市全面振兴转型,促进县城、重点中心镇等发展。创新省际毗邻地区协同发展长效机制	推进与山东、河南互联互通,加速淮海经济区崛起。共同推进沛县—微山县微山湖湖西地区等苏鲁跨界毗邻地区空间协同,完善基础设施对接

二 关于推进宁镇扬一体化共建"大南京都市区"的思考[①]

为顺应以城市群为主体形态推进城市化的大趋势,发挥南京特大城市带动作用,推动宁镇扬板块一体化发展,促进沿江城市集群发展、融合发展,建议以建设江北新区为契机,将南京打造成为具有全球影响力的龙头城市,在此基础上聚合镇江和扬州,共同打造"大南京都市区"。

(一)宁镇扬一体化的明显进展与突出问题

自省第十三次党代会对宁镇扬一体化建设作出部署以来,省市高度重视,社会积极参与,跨界相向发展的态势明显,资源融合需求和社会认同感持续增强,具有一体化的良好基础并且取得了明显进展。但从总体上看,还存在力度不够大、步伐不够快、效果不够明显等问题。

一是总体布局缺乏高位协调。宁镇扬同城化规划早在 2014 年已经出台,但总体而言还停留在规划确定的方向和原则指导层面。宁镇扬三市间虽然签署了诸多合作协议,但由于缺乏高位协调,往往停留在概念层面。三市之间,宁镇、宁扬合作的热情较高,相继开展了一体化规划研究,但镇扬合作热情相对不足,难以形成有效闭环。

二是产业对接缺少有效载体。据统计测算,三市产业结构的相似系数在 0.8 以上,互补性比较弱。特别是在共建产业合作载体方面进展不

[①] 本部分为 2018 省发改委重要课题《推进宁镇扬一体化的战略重点与关键路径研究》阶段研究成果,课题主持人:省社科联原党组书记、常务副主席张颢瀚,笔者为主要执笔人。

大，扬州仪化与南京扬子江化工园区整合，地方政府的利益分割一直难以解决。

三是公共服务难以实质突破。三市公共服务设施自成体系，基础设施共建共享相对不足。比如，扬州仪化水厂规模富余20万吨，而江北新区因供水需求缺口较大要新建水厂。尽管镇扬两市现有通勤成本较高且不方便，都有建设具有通勤功能的免费过江通道或轨道交通的愿望，但两市道路等级不对等，缺少上位规划支持。

四是南京带动镇扬的"马力"不够大。与合肥杭州等省会城市相比，南京交通枢纽地位优势不够明显，特别是在以省会城市为中心建立辐射全省的交通体系方面。南京禄口机场与省内其他机场共九个机场的吞吐量都不及杭州萧山机场。

五是与国内一体化地区的差距明显。同样是2009年，广东提出深广惠一体化，每年实施项目化推进。在轨道交通方面，东莞将与深圳全面联通，直达深圳北站、深圳湾口岸和深圳宝安机场。在联合国人居所发布的《全球城市竞争力报告2017》中，东莞已经位居中国前20强城市的第十位（杭州、苏州、南京分别列第9、第14和第16位）。

（二）推进宁镇扬一体化、共建大南京都市区的战略定位

随着长江经济带战略的深入推进，安徽、湖北等中部地区省份通过行政区划调整、枢纽城市建设等方式做大做强省会城市，同时，通过加快合肥经济圈、武汉城市圈等区域城市群建设，全面对接长江经济带，打造长江经济带"脊梁"。做强做大南京，首先要将南京打造成为具有全球影响力的龙头城市，在此基础上聚合镇江和扬州，合力打造"大南京都市区"。在推进和实现宁镇扬一体化的过程中，要坚持政府推动和市场驱动相结合，大同城化与小同城化相结合，线性推进与板块推进相结合，超前规划与循序推进相结合。

对大南京都市区在不同层面进行定位。全球国际层面，在南京现代化国际性人文绿都、镇江山水园林城市、扬州世界文化旅游名城三张名片的基础上，主打旅游、文化、创新三个品牌，建设具有著名国际竞争力的旅游文化创新都会区。国家战略层面，以长江经济带和长三角城市群建设为背景，充分发挥并放大南京的科教创新优势，打造创新与产业转型升级的引领区，国家生态科技与文化创新融合示范区，形成更具吸

引力和磁性的中心。全省1+3功能区战略层面，充分发挥南京的龙头作用和发动机功能，合力打造江苏全省经济发动机、重心区和新中心发展极，形成跨江发展融合发展、带动江淮生态经济区的龙头区域。

(三) 推进宁镇扬一体化、共建大南京都市区的战略重点

以快联快通为目标，构建层次化、一体化的基础设施体系。重点推动主枢纽、主景区、主城区之间的快联快通，尽快形成3011交通圈，即30分钟快速通勤圈，1小时休闲旅游生活圈，1小时生产要素物流圈。合理规划建设扬子江城市群高铁环线，注重其对宁镇扬一体化的带动作用。在大交通格局中把扬州和镇江建成南京的大外环，把禄口机场作为大外环上面的一个节点。科学规划跨江通道的总体数量，优先建设对于促进跨江融合促进作用大、效果明显的通道。充分考虑财政承受能力，科学预估收缩型社会可能带来的人口流动变化，建立与社会发展需要相适应的城市交通枢纽及其连通方式。建议进一步拓宽思路，探讨借助现有交通体系进行改造以实现快速通达的可能性：宁扬之间，可深化研究宁启铁路复线改造后的功能提升；宁镇之间可论证沪宁老电气化铁路剩余运能挖掘，力争以较低成本满足公众通勤化需求。

以协作协调为目标，构建特色化、一体化的优势产业体系。着力推进产业同构产品异质，共同打造国际级的石化产业群、汽车产业群，构建江苏现代服务集聚中心、宁镇扬科技创新的示范区、科技创新示范区。建议借鉴深圳创新经验，实施一些优惠政策，发挥三市科教资源特别是南京的科教资源优势，用活南京作为国家科技体制综合改革的试点城市等政策，建立宁镇扬国家级创新性区域合作实验区，共建国家级、世界级科技创新平台。借鉴美国101公路、128公路创新带的经验，利用G312国道集聚宁镇地区75%的211高校、60%国家级开发区、51%国家级企业孵化器以及23%国家级众创空间和25%的科研院所优势，把江北新区、南京主城区、南京仙林、镇江句容和镇江主城区的创新资源链接整合起来，打造312创新发展带。建立柔性边界发展机制，充分发挥界地飞地在融合发展中的作用。借鉴雄安新区理念，优化融合栖霞、句容、仪征和六合相邻区域，采取共筑新城模式，合作共建一体化的示范区，打造与三市主城市相呼应的新城，形成大南京都市区的区域新中心。

以互促互动为目标，构建品牌化、一体化的旅游开发体系。发挥旅

游业在宁镇扬合作中的先导优势，共同打造"国家智慧旅游示范区"，形成宁镇扬国际旅游联合体。整合城市节庆活动，比如南京的名城博览会、秦淮灯会、国际梅花节、森林音乐节，镇江的苏台灯会、江苏航空体育旅游季，扬州的"烟花三月"国际经贸旅游节、世界运河名城博览会等，推动旅游要素融合，打响"宁镇扬"旅游区域品牌。培育高邮、句容、高淳等生态旅游服务基地。推广发行"宁镇扬游园年卡"，促进三市市民旅游享受同城待遇。推进宁镇扬高校资源合作，共同打造国内知名的一流旅游学院。

以共建共享为目标，构建标准化、一体化的公共服务体系。建立宁镇扬统一的就业服务信息平台，促进优质教育资源共享，推进三市医疗机构合作办院、设立分院、组建医疗集团。探索建立社会保险信息及服务共享机制和异地养老服务标准化体系。推动公共图书馆文献资源共建和服务协作，鼓励体育场馆双向免费开放。开展社会治安综合治理合作，实现食品药品安全等行业监管联合执法合作。

以联防联治为目标，构建制度化、一体化的生态环境体系。作为全国生态环境管理制度综合改革和垂直管理改革的试点省份，要进一步加大改革力度，在南京大都市区探索建立一体化的环保组织体系。要按照共抓大保护、不搞大开发要求，合理构筑沿江生态岸线。借助江淮生态大走廊战略和江淮生态经济区建设，调低扬州北部重化工业的比重，把生态补偿落实到位。抓住省园博会、世园会机遇，推进沿江北岸生态廊道建设。加强宁镇山脉保护，畅通沿江南岸生态廊道，打造国家级生态公园。

（四）推进宁镇扬一体化、共建大南京都市区的战略举措

增强大南京都市区的宏观统筹，提升规划的科学性。在协调机制上，坚持顶层设计、宏观协调与区域内各级政府协商合作相结合，把宁镇扬当作一个城市来经营，注重不同区域之间的功能区分和对接衔接。站在更高层面制定实施交通、环保、生态、基础设施专业规划，超前谋划2030、2040年甚至2050年发展。增强边界合作，注重城市之间的跨界发展，减弱长江水系等对发展要素的"切变"效应，努力把地理分割线变成经济协作线。

增强大南京都市区的内部协调，提升协作的积极性。通过行政区黏

合，加快建设江北新区，发展镇江、扬州跨江组团，建设双子城，加强主城区、主枢纽、主景区之间的联系，在宁镇扬一体化大格局中形成闭环，打破束缚宁镇扬一体化发展的最大瓶颈，共建经济社会联系紧密的大南京都市区。

增强大南京都市区的组织领导，提高制度的权威性。建议将宁镇扬同城化协调小组上升为大南京都市区建设领导小组（可与扬子江城市群领导小组合署办公），由省领导任组长，设立常设机构，加强顶层设计，主动谋划领导、组织推进。建立三市高层领导协作运行组织机制构架，开展交通、领导、产业、机构、监督等方面的实质性深度协调工作。建立宁镇扬同城化基金（采取"1＋3"的模式组建，"1"是指省政府拿出部分引导资金，"3"是指三市按比例交纳），由基金理事会实施领导，用于重大公共项目建设。

增强大南京都市区的多元参与，提升文化的凝聚性。鼓励多元主体参与，形成政府、企业、社会、民众共建大南京都市区的良好氛围。在认真总结三市传统文化共同特征的基础上，通过历史文化的挖掘、现代文化的弘扬、城市文化的培育、社会文化的营造，共同提炼大南京都市区的核心文化和品牌标识，增强建设大南京都市区的社会认同，形成促进一体化发展的良好文化氛围。

三 关于加快推进徐州都市圈建设的思考

《江苏省国民经济和社会发展第十四个五年规划和二〇三五年远景目标纲要》明确提出，"提高徐州淮海经济区中心城市能级，推进老工业基地和资源型城市全面振兴转型，深入建设国家产业转型升级示范区，支持创建国家可持续发展议程创新示范区，引领徐州都市圈成为策应国家区域重大战略的新兴增长极"。在《江苏省国土空间规划（2021—2035年）》（公开征求意见版）中，无论是"两心三圈四带"的国土空间总体格局，还是构建"三圈两带"城镇空间格局，包括相关的示意图中，使用的均是徐州都市圈。在规划文本正式公布时，徐州都市圈被替换为淮海经济区。鉴于淮海经济区在《淮河生态经济带发展规划》有明确的界定范围，包括苏鲁豫皖四省十市，很有必要使用"徐州都市圈"概念，并明确其范围主要包括徐州、连云港和宿迁三市，以有利于省域一体化的推进。

(一) 建设徐州都市圈的基础优势

2017年，国务院批复《徐州市城市总体规划（2007—2020）》（2017年修订），明确"徐州是国家历史文化名城，全国重要的综合性交通枢纽，淮海经济区中心城市"，强调"加强市区内空间管控，强化对所辖市、县和重点镇的规划引导，推进城乡一体化和基本公共服务均等化。进一步加强与淮海经济区相关城市的联动，服务江苏省域整体发展"。

2018年11月，经国务院批准，《淮河生态经济带发展规划》印发。空间布局为"一带"：指淮河干流绿色发展带，"三区"：指东部海江河湖联动区、北部淮海经济区、中西部内陆崛起区。北部淮海经济区包括徐州、连云港、宿迁、宿州、淮北、商丘、枣庄、济宁、临沂、菏泽等市，着力提升徐州区域中心城市辐射带动能力，发挥连云港新亚欧大陆桥经济走廊东方起点和陆海交汇枢纽作用，推动淮海经济区协同发展。培育区域中心城市。推进产城融合，引导人口集聚，增强淮安、盐城、徐州等区域中心城市辐射带动能力，优化市辖区规模结构，力争到2025年培育形成若干主城区常住人口300万以上的城市。依托合作基础和区位优势，支持徐州—连云港—宿迁—宿州—淮北—商丘—济宁—菏泽—枣庄联动发展。

2019年12月，中共中央、国务院印发《长江三角洲区域一体化发展规划纲要》。加强长三角中心区与苏北、浙西南、皖北等地区的深层合作，加强徐州、衢州、安庆、阜阳等区域重点城市建设，辐射带动周边地区协同发展。

2021年11月26日，国家发改委公布《"十四五"特殊类型地区振兴发展规划》，其中明确提出"支持徐州、洛阳、襄阳、长治等城市建设省域副中心城市"，同时，把徐州市整体列为产业转型升级示范区，把徐州装备与智能制造产业列为资源型地区接续替代产业培育发展重点。11月30日，国家发改委、科技部、工业和信息化部、自然资源部和国家开发银行五部门联合下发《"十四五"支持老工业城市和资源型城市产业转型升级示范区高质量发展实施方案》，对规划的相关内容进行细化，主要包括：支持徐州等城市夯实制造业基础，加快建设省域副中心城市和全国性综合交通枢纽，增强辐射带动周边地区发展的能力。推动示范区城市加强与长三角一体化发展、长江经济带发展等区域重大战略的对接合作，因地制宜建设城市群节点城市、先进制造业基地、商贸物流中心和区域专业服务中心。加快跨区域开放通道建设，衔接落实国家级铁路发展规划，有序规划建设客流密度较大、路网功能较突出以及有需求支撑的铁路，支持有条件的城市改造利用既有铁路开行城际或市域（郊）列车。支持示范区城市主动融入共建"一带一路"，支持符合条件的城市申请设立综合保税区和对外开放合作园区。在严格保护永久基本农田和生态保护红线、节约集约用地的前提下，支持相关省（区、市）对省域副中心城市适当增加用地指标，赋予更多土地管理权限。国家开发银行对示范区城市建设省域副中心城市和全国性综合交通枢纽的基础设施、城市更新改造和产业园区建设项目给予优先支持。

2021年12月，国家发改委印发《沪苏浙城市结对合作帮扶皖北城市实施方案》，组织沪苏浙有关市（区）结对合作帮扶皖北地区各市，努力构建产业、技术、人才、资本、市场等相结合的结对合作帮扶工作格局，进一步激发皖北地区内生发展动力，不断缩小长三角区域内经济社会发展差距，实现长三角更高质量一体化发展。综合考虑资源禀赋、产业特色、发展水平、合作基础等因素，帮扶城市包括上海市3个区、江苏省3个市、浙江省2个市，受帮扶城市包括安徽淮北等8个市，其中徐州市帮扶淮北市。

2022年7月，《国务院关于同意徐州市建设国家可持续发展议程创新示范区的批复》（国函〔2022〕69号），同意徐州市以创新引领资源型地区中心城市高质量发展为主题，建设国家可持续发展议程创新示范区，对推动淮海经济区和同类地区产业转型升级、动能接续转换、生态修复治理形成示范效应。

（二）徐州及周边城市对建设徐州都市圈的相关部署

《徐州市国土空间总体规划（2021—2035年)》（草案公示稿）提出，深化区域协同，共建省际同城联动示范区。

第一，提升节点城市的枢纽功能。打造国家承南启北，促进区域均衡发展的重要节点。徐州地处中国南北分界的黄金地区，陇海铁路、京沪铁路两大通道在此交汇，是沟通南北经济、交通的重要枢纽，是江苏西向开放的门户与桥头堡，双循环的重要支点。强化国家综合交通枢纽地位。在既有京沪、陇海国家通道的基础上，加强以徐州为中心，向菏泽、临沂、阜阳、盐城等方向的区域通道建设，形成"八向"辐射的综合交通运输通道。整合空港、河港、陆港，构建公、铁、水、空国际级立体交通门户。

第二，深化淮海经济区协同发展。一是提升淮海经济区在国家战略中的地位。加强淮海经济区协同发展，探索构建协同发展机制，提升淮海经济区在国家的地位。立足沿海发展带，依托长三角，服务中西部，从缩小区域发展差距的角度，支持淮海经济区的发展；将淮海经济区建设成为连接南北、沟通东西的重要经济增长极和省域边缘区域联动发展样板区。二是推动区域交通设施协同共建。加强淮海经济区内部主要城市的交通联系，强化徐州的区域辐射能力。三是强化生态环境协同治理。以水土保持、水源涵养、生物多样性维护为主，加强区域山脉整体保护。上下游联动共建故黄河、大运河、沱河、沂河、沭河五条区域生态廊道。完善区域水污染防治河水资源调配体系。四是深化文旅合作共建文化高地。淮海经济区文化旅游资源丰富。深化文旅合作，构建"一心三线"的区域文化旅游体系。"一心"是徐州基于交通枢纽优势，建设区域旅游中转接待中心。"三线"为北线一城两汉三孔之旅；东线楚韵汉风、神山名人之旅和西线古城古汉文化之旅。五是完善区域国土空间规划的衔接机制。

第三，推进徐州都市圈同城化发展。一是优化都市圈空间格局。构建"一心、三带、五组群"的都市圈空间结构。徐州市辖区，京沪协同创新发展带（枣徐宿），东陇海开放共享发展带，大运河绿色文化发展带；丰沛组群，枣滕微组群，邳新组群，宿迁睢宁组群，宿淮组群。二是交通支撑都市圈同城化发展。建设"123"小时交通出行圈。徐州都市圈交通圈1小时通勤圈，淮海经济区城市群2小时通达，国内主要城市群3小时基本覆盖。构建城际/市郊铁路复合通道。高速公路从互联互通到直连直通。三是打造省际交界地区"生态保护共同体"。围绕"两湖、三河、多脉"建立跨行政区协作的生态保护机制。四是建设省际交界地区协同治理典范。主要包括遵循市场经济规律，打破行政区划壁垒，大胆创新、先行先试，促进市场统一开放。设立淮海经济区合作发展基金。建立区域产业协同发展机制。实现区域合作水平和层次的新跨越，推动欠发达地区转型发展，建设省际协调治理试验区。探索建立跨行政区水资源和土地资源开发利用、生态环境保护和生态补偿机制。

安徽省宿州市相关规划提出，主动对接"合肥都市圈""南京都市圈"，全方位融入淮海经济区协同发展。积极对接徐州、淮北等城市，推进轨道交通、城市快速路等基础设施和公共服务设施共建共享，促进社会事业融合发展，加强区域生态环境联控联防，构建便捷高效的都市通勤圈、优质生活圈、功能疏散承载地，打造"徐宿淮"城市组团核心增长极、淮海经济区副中心城市。依托宿州徐州现代产业园等共建园区，积极参与徐州装备制造、机械电子、新材料等产业集群建设，协同打造若干世界级产业集群。

安徽省淮北市相关规划提出，依托徐州作为淮海经济区中心城市的辐射带动，主动融入徐州都市圈，强化淮北、徐州两地经济合作和联系，拓展与宿州、宿迁、连云港、济宁、菏泽等城市经济合作，推动淮海经济区协同发展。加强区域交通基础设施互联互通，提升区位交通优势，协同完善区域公路、铁路、水运、航空等综合交通体系，共建"一小时都市圈"。在轨道交通方面，利用符夹铁路，从淮北火车站与萧县对接，连徐州至萧县铁路4号线，连接徐州。

江苏省连云港市相关规划提出，深化与淮海经济区核心城市产业、商务、金融、人才等多领域合作，打造便捷出海通道，建设服务淮海经济区核心区对外开放的重要枢纽。加快与徐州陆港、淮安空港等苏北关键交通物流节点合作，共同组建跨区域多式联运联合体。连云港市国土空间规划，在区域协调部分，一是强化与"一带一路"沿线城市协作，深化"一带一路"交流合作，强化与中西部区域中心城市的联系，积极参与淮海经济区建设，二是全面融入长三角区域一体化，推动长三角海港协同体系，加强省内外海洋经济协作，深度嵌入长三角产业链条，融入长三角特色旅游体系；三是全面推进向海发展，协同南通、盐城共绘江苏向海发展蓝图，强化苏鲁滨海文旅互补式联动，深化与青岛、日照海洋经济协作。

宿迁市在2021年年初发布的"十四五"规划纲要中，提出强化同徐州、连云港、淮安等周边城市分工与协作，推动宿迁内河港与徐州陆港、淮安空港、连云港海港四港联动。在2021年年底发布的《宿迁市国土空间总体规划（2021—2035年）》意见建议公告中，强调深化区域协同融入长三角一体化发展网络，包括三个方面：第一，衔接"一带一路"大通道，构建"徐州—宿迁—连云港"区域发展走廊。第二，链接长三角核心区、融入长三角新兴产业链。第三，融入徐州都市圈，一是促进基础设施互联互通，融入徐州都市圈轨道网，提升徐州城区—宿迁城区—沭阳城区的交通链接能力。二是促进生态环境共保。加强生态跨区域共保，围绕骆马湖、大运河、故黄河等重点区域，强化生态环境。推动区域环湖、跨流域的生态共治。探索跨区域生态保护机制，将环骆马湖地区作为协同治理典范。三是促进产业错位协同。强化宿迁和徐州互补错位发展，构建徐州重工业、宿迁轻型工业的制造业格局，共同打造长三角北部重要的生产基地。依托宿迁信息服务业特色，构建徐州综合服务、宿迁专业化服务的服务业发展格局。四是促进跨界联动共建，衔接徐州都市圈建设要求，协同睢宁打造宿迁组群。提升跨界服务能力，实现高等级公共服务设施跨界共享。做好跨界地区道路联通，在临界地区，共建沙集电商功能区。

从其他公开的渠道，没有找到徐州都市圈更多的信息。从国土空间规划的情况，参照国家发改委批复规划时徐州都市圈的范围，应当包括徐州市，宿迁、枣庄、淮北、宿州市区部分和微山县，也就是徐州都市圈交通圈1小时通勤圈的范围。总之，徐州都市圈是长江经济带建设、长三角区域一体化发展与黄河流域生态保护和高质量发展等国家战略的接合区域，是长三角城市群、山东半岛城市群和中原城市群的接合区域。长三角区域一体化，既要推进中心区域城市的一体化，也要推进周边和边界地区的一体化，进一步推进苏皖合作、苏鲁合作，把淮海经济区特别是徐州都市圈建设作为重要内容。

第三节 江苏推进南北沿江协同发展

江苏省委十三届六次全会提出，要把握"先手棋"的历史使命、"一体化"的核心内涵、"高质量"的目标取向、"一盘棋"的实践要求，重点推进产业创新一体化、基础设施一体化、区域市场一体化、绿色发展一体化、公共服务一体化、省内全域一体化"六个一体化"，并强调长三角区域一体化热点在苏南、重点在跨江、难点在苏北，要"三点"并进、区域联动。省委十三届八次全会提出，更大力度融合江南江北、联运沿江沿海、统筹陆地海洋，做优沿江、沿海、沿大运河、沿东陇海线生产力布局，做深做实苏锡常、宁镇扬一体化发展和锡常泰、苏通跨江融合，加快推进省内全域一体化，全方位融入长三角一体化和国内大循环。推动省域一体化战略部署落地，需要着力突破跨江融合这个重点，增强北沿江地区内部及其与南沿江、沿海和苏北地区发展的协同性，形成能够支撑江苏高质量一体化发展的区域新布局。

一　新时代江苏推进跨江融合发展的关键瓶颈和短板

北沿江地区一体化进程缓慢，一方面是因为受北沿江地理条件的限制和内部主动协调发展的积极性不够，另一方面与国家与省级重点战略覆盖程度不够和推进力度不够有关。

（一）从长三角中心区城市分布演化和都市圈发展趋势看，长三角发展重心在南移，在现有都市圈中只有泰州、盐城等少数城市"单身"

1997年长三角城市经济协调会由15个城市组成，江苏沿江8个城市全部在列，占比超过一半，现在长三角中心区27个城市中江苏只增加盐城，占比为三分之一，这表明长三角城市群不仅是向西面安徽方向拓展，更表现了长三角发展重心南移的倾向。浙江省提出要通过四大都市区建设打造长三角世界级城市群的金南翼。近年来，南通提出要建设长三角北翼经济中心，这个中心需要以北沿江和沿海乃至苏北腹地为支撑。目前区域发展进入都市圈时代，都市圈是推动一体化发展的理想尺度空间、现实有效支点和关键实施路径。根据清华大学课题组《中国都市圈发展报告2018》，全国34个都市圈，总面积约占全国的24%，人口占59%，地区生产总值占比高达77.8%。从长三角都市圈发展看，长三角城市群规划五个都市圈，其中江苏有南京都市圈和苏锡常都市圈，共涉及沿江6市。随着长三角一体化国家战略的推进，以上海为核心和苏浙皖省会城市为中心，纷纷建设大都市圈，上海、南京、杭州、合肥4大都市圈，共涉及26个地级市，其中常州、湖州、嘉兴、芜湖、马鞍山、滁州6个城市出现在双都市圈中；盐城、泰州、温州、金华、台州、铜陵和池州7市在长三角中心区却没有被纳入4大都市圈。之前浙江规划建设四大都市区，台州属于宁波都市区，温州和金华分别与丽水的青田、缙云组成温州和金义都市区。最新消息显示，安徽铜陵市有望加入合肥都市圈。在长三角中心区27个城市中，只有江苏的泰州、盐城和安徽的池州不属于任何都市圈，南通属于上海大都市圈但不属于省内都市圈。

（二）从淮河生态经济带发展规划实施情况看，北沿江与沿淮缺少有效对接，东部海江河湖联动区被"忽视"

《淮河生态经济带发展规划》明确了"一带、三区、四轴、多点"的总体格局。其中，"三区"，是指东部海江河湖联动区、北部淮海经济区、中西部内陆崛起区。与北部以徐州为中心的淮海经济区大张旗鼓地推进相比，主要由淮安、盐城、扬州、泰州等市组成的东部海江河湖联动区就"低调"了许多。上述规划提出，东部海江河湖联动区依托洪泽湖、高邮湖等重要湖泊水体，统筹海江河湖生态文明建设，强化与长江三角洲、皖江城市带等周边区域对接互动。规划同时强调，"立足通江达海的交通条件，推动淮安—盐城—泰州—扬州组团发展"。对于如何建设东部海江河湖联动区、推动四市组团发展，推进整个苏中和沿海地区一体化发展，目前省里尚无明确具体的政策支持，四市也没有实质性的组团动作。

（三）从省域一体化发展的要求和省内三大都市圈构成看，北沿江东部和沿海交汇是"盲区"

江苏协调发展的短板在中部，包括横向中部，主要是北沿江地区横向协同能力较弱；纵向中部，常州、泰州、淮安一线贯通带动的能力不强。江苏无论是从纵向还是横向看，缺乏战略的支撑导致中部塌陷的迹象都比较明显，江苏发展四周高、中间低，盆地化、空心化现象明显存在。从某种意义上讲，要实现江苏省域一体化，既要突出跨江融合重点，又要突破苏北发展难点，苏北地区是否能够快速融入长三角，在很大程度上取决于北沿江地区对接南沿江的快速通道能否建立，以及北沿江地区的交通通达程度、连接苏南苏北的程度。因此，北沿江地区的协同，是江苏中部崛起的迫切需要，也是苏北地区融入长三角一体化，接受苏南辐射的现实需要。再从江苏都市圈的布局看，根据2015年7月发布的《江苏省城镇体系规划（2015—2030年）》，其城镇化空间格局为"一带二轴，三圈一极"（沿江城市带、沿海城镇轴、沿东陇海城镇轴与南京、徐州、苏锡常三个都市圈，淮安增长极）。其中南京都市圈包括省内的宁镇扬，徐州都市圈包括省内的徐连宿，再加上苏锡常和淮安，覆盖江苏十个设区市，北沿江的泰州、沿海的盐城和处于沿江与沿海交汇的南通不在其列，成为现代化都市圈发展的"盲区"。

（四）从扬子江城市群发展特别是沿江地区交通等重大基础设施看，北沿江地区明显是"短板"

长期以来，沿江地区不但发展水平存在着明显的落差，而且南沿江的一体化与北沿江的碎片化形成鲜明对比。从重大交通基础设施看，北沿江地区交通以南北为主，东西为辅，东西间的交通密度低、等级差、规划少，北沿江城市之间的联系紧密程度不够。过江通道以公路为主的局限和北沿江地区交通的短板，导致过江通道的通勤作用难以发挥，严重地制约了跨江融合和扬子江城市群一体化发展。根据中设设计大数据研发中心2018年4月开展的机动车过江（不包括隧道）OD调查，从客运出行目的看，全省以公务出差、休闲旅游和探亲访友为主，分别占到总量的43.3%、19.1%和17.4%，上班上学和个人及家庭事务购物分别占10%左右。从南京、镇扬、锡常泰、苏通区段出行频次来看，每周上班上学通勤比例分别为12.5%、4.8%、2.8%、1.9%。

（五）从北沿江地区城市功能定位和发展方向看，多种作用力下导致北沿江地区被"撕裂"

从近年来的发展看，北沿江三座城市之间缺少龙头带动，竞争大于合作，同质化现象比较严重。从区域协作的主攻方向看，南通主要向南，积极对接上海和苏南；扬州主要向西，积极参与宁镇扬同城化和南京大都市圈；泰州东西两头不靠，向南跨江融入苏南暂时遭遇过江通道瓶颈。由于北沿江地区，在"1+3"功能区中分别属于扬子江城市群、沿海发展带和江淮生态经济区，"政策实施的效果是红利叠加，还是各区块各自发展而再次形成对于苏中的政策性的撕裂，需要引起高度的关注"。总之，在北沿江发展的过程中，碎片化现象比较严重，迫切需要战略整合；与外部相对隔离，迫切需要战略链接；北沿江和沿海交界地带都市圈相对缺位，迫切需要战略组团。

二 推进北沿江协同发展的战略方向和着力点

目前,不同都市圈之间的界限变得更加模糊,交叉、重叠、共享的趋势更加明显。城市之间的合作,不再是非此即彼,非东即西,一个城市可以同时加入多个都市圈,进入一个全方位全视角全领域一体化的新时代。近年来,江苏大力实施"1+3"重点功能区战略,同时把建设现代综合交通运输体系作为重中之重,逐渐补齐苏中苏北地区高铁等重大基础设施短板,为推动北沿江地区协同发展、建设现代化都市圈创造了坚实的基础条件。

(一)把北沿江发展上升为江苏发展的重大战略,盘活江苏发展的"棋眼"

无论是从长江经济带、长三角一体化等国家战略发展的演进看,还是从江苏省内发展的现实看,如果以长江为界,南重北轻的现象比较明显,迫切需要用新的视角来看待苏中发展。用北沿江概念代替苏中,一方面要用好长江经济带和北沿江高铁机遇;另一方面,把南京江北新区纳入,充分发挥国家级新区和自贸区的带动作用,借助北沿江高铁的机遇,与苏中三市发展一体化布局,努力推动长三角发展重心进入南北沿江并重的时代。在谋划北沿江发展的过程中,树立大沿江、大沿海的理念,避免沿着江岸线划沿江,靠着海岸线叫沿海,拓展腹地和纵深,打造一体化的北沿江和沿海。特别是连淮扬镇、盐泰锡常宜和沿海高铁与北沿江高铁连接,能够使苏北与苏中地区连为一体,让北沿江和苏北地区能够快速接入上海、南京,融入长三角,壮大长三角地区北翼。要增强北沿江和沿海发展的整体性和协同性,进一步加强北沿江地区内部城市之间的协同,北沿江地区与南沿江、沿海和淮河生态经济带等外部区域的联动,将发展带、城市带与都市圈结合起来。通过网络化的区域布局实现省内全域一体化发展,重塑江苏高质量一体化发展的动力系统,塑造"十四五"江苏区域发展大格局。建议依据各类主体功能定位、发展导向,协同建设扬子江城市群、沿海经济带、江淮生态经济区,在里下河地区探索设立"1+3"功能区合作发展示范平台,建立健全区域互动合作机制,全面提升区域合作水平。

（二）以做强北沿江发展三大支点、大力推进扬泰协同发展为重点，增强北沿江发展的内部协同性

注重北沿江地理、经济、文化三位一体的独特优势，大力培育北沿江内在活力，促进北沿江经济社会发展的一体化和高质量。北沿江地区发展的三个层次：长江北岸，共抓大保护，不搞大开发，继续开展健康长江行动；以G40高速公路沿线和江北新区、扬州、泰州和南通市区连线为重点开发区域，重点建设先进制造业走廊；里下河地区，以保护为主，发展为辅，重点搞好生态修复，保护生态湿地，发展生态经济。在国家有关规划和江苏省的战略部署中，江北新区、泰州和通州湾分别是长江经济带的创新支点、江苏高质量发展中部支点城市、江苏新的出海口和长江经济带战略支点，要通过北沿江一体化发展，把三个支点有效地连接起来，打造北沿江参与长三角一体化发展的新优势。在北沿江协同发展的过程中，扬州和泰州是协同的重点。建议以"扬泰一家亲，同迎天下客"为主线，以扬州泰州国际机场打造国家旅游空港为抓手，以综合交通运输体系连通为基础，以文化、旅游和产业链接和连通为重点，把扬泰作为一个"虚拟城市"来建设，共推江苏中部崛起、扬子江城市群中部隆起。一是共迎天下游客。通过打造"国际旅游航空枢纽"，充分整合扬州泰州的文化旅游资源，吸引国内外游客不但"烟花三月下扬泰"，而且一年四季、春夏秋冬都想来这里走走看看，共同打造美丽江苏样板和世界最佳旅游目的地，塑造国际文化旅游品牌。二是共迎天下商客。围绕现代医药和汽车等领域，梳理产业谱系，壮大产业链条，培育产业集群，推进产业基础高级化、产业链现代化。泰州是长江经济带大健康产业集聚发展试点城市，国家规划明确提出培育"泰州医药健康产业创新中心"，建议扬泰两市协同开展生物健康产业链招商，扬州在引江河西岸邻近区域布局产业发展用地，扩大生物医药研发规模，提高高端医疗器械生产能力，形成产业集群发展优势。三是共迎天下创客。把北沿江建设成为宜游宜居宜创宜业、令天下英才向往神往之地，加大高层次人才集聚力度，增强创新活力。通过推动宁镇扬都市圈的东进，增强扬州与泰州之间的协同，特别是重大基础设施的协同，形成宁镇扬泰都市圈，共同打造北沿江城市带中间地带。2019年年底，扬泰两市的常住人口超过900万、经济总量接近1.1万亿，通过协同发展，形成一座以双

核虚拟城市,把江苏的几何中心变成协同中心和发展重心,把扬子江城市群的塌陷地变为隆起地,重塑江苏发展的经济地理。

(三)以打造北沿江先进制造业走廊和促进江苏中轴崛起为重点,增强北沿江与南沿江发展的协同性

在长三角的江南区域,已经形成从上海(松江)经杭州延伸至合肥的G60科创走廊,目前正打造从上海(嘉定)经苏锡常至南京再延伸到合肥的G42高端智能制造走廊。在长江北岸,江北新区和南通、泰州、扬州等地,在生物医药、海工装备、化工新材料等方面有较强的产业基础,建议省里利用G40高速以及即将开建的北沿江高铁,规划打造北沿江先进制造业走廊(上海浦东—崇明—南通—泰州—扬州—南京江北新区—滁州—合肥),成为与G60科创走廊、G42高端智能制造走廊并行的长三角区域第三条走廊。在现代综合交通运输体系上,补齐江苏北沿江和沿海地区基础设施与长江过江通道建设的"短板",在加快北沿江高铁建设的同时,大力发展江北及沿海城市城际轨道交通,使泰州、扬州、南通、盐城等地与上海及苏南城市深度融合。要通过加强北沿江地区的综合交通,重点建设扬子江城市群的四个环:加快推进北沿江高铁与京沪高铁、南沿江高铁构成"高铁环",由沪陕高速公路(G40)与沪蓉高速公路(G42)构成的"高速环",将328国道打造成北沿江快速干线与312国道构成"快速干线环",推动扬镇宁马铁路东延与沪宁城际和跨江城际形成"城际环",同时超前布局沿江两岸特别是北沿江地区的横向交通干线与过江通道的衔接,通过串联东西、沟通南北,把沿江地区率先建成网络化的综合立体交通走廊和畅达高效的城际综合交通网络,形成高度网络化的交通格局和空间治理结构,加速释放扬子江城市"群效应"。

扬子江城市群的空间形态是以南京、苏州为双核的椭圆形"双黄蛋",存在着明显的"两头胖、中间瘦""腰无力"现象。北沿江地区城市,两端的南通和扬州,分别有端口连接上海、南京,突破的重点是中部,谋划纵向上的突破,推进锡泰合作,加快常泰融合,增强北沿江地区跨江对接苏锡常都市圈的能力,促进扬子江城市群中部和"江苏中轴"快速崛起。从更大范围长三角视野看,目前已经形成以上海为龙头和顶点,沪宁、沪杭、宁杭为三条边的核心发展区,但缺少一条中轴线支撑区域内城市互联互通。从泰州向南,经常州、湖州、杭州连成线,正处

于该核心区中轴线上。这条中轴线，既是江苏发展的纵向中轴，同时也是长三角纵向中轴，向南可延伸至绍兴、温州、福州，向北可延伸至淮安、临沂，既接轨上海，又能促进沿线城市的互联互通，将成为推动长三角一体化发展新的突破口。充分借力加密过江通道等重大基础设施，促进无锡、常州与泰州扬州地区的合作，做强常州、泰州和淮安等江苏纵向中线的三个支点，促进"江苏中轴"快速崛起，东接上海大都市圈、西连南京大都市圈、南通杭州都市圈、北达徐州都市圈。将苏南苏北合作建设示范区的政策复制到北沿江和都市圈内部与都市圈之间，探索新的机制，加速形成沿江苏中轴线布局的产业集群。以泰州、连云港、无锡三市联合组成的"生物医药和新型医疗器械先进制造业集群"成功入围2020年国家级生物医药及高端医疗器械先进制造业集群为契机，打造一城（中华医药城）、一港（连云港中华药港）、一谷（无锡生物谷）格局。同时，以中轴交通走廊衔接苏南丘陵山地和苏北湿地旅游紧密合作，呼应苏皖合作示范区（溧阳、郎溪、广德）建设，打通长三角生态旅游大通道。

（四）以培育发展通泰盐都市圈、增强整体对接上海和苏南能力为重点，着力推动北沿江地区与沿海地区江海联动、陆海统筹

在南京都市圈、苏锡常都市圈和徐州都市圈等具有较好基础的三大都市圈基础上，适应长三角一体化和江苏省域一体化的需要，按照填补空白的思路，新组建通泰盐都市圈，在加强城市之间合作的同时，增强三市整体对接上海和南沿江的能力。目前盐通高铁通车在即，可实现盐城至南通半小时通达，并且北接青盐铁路，南连沪通铁路，向西与徐宿淮盐铁路相接，打通了沿海铁路大通道。目前，泰州至南通动车最短49分钟，盐城到泰州火车100分钟左右，北沿江高铁和盐泰锡常宜城际铁路建成后，时间将缩短到半小时以内，具备都市圈通勤条件。再从经济规模看，通泰盐三市经济总量2019年底2.02万亿元，超过宁波都市圈（1.85万亿元）、鲁南经济圈（1.41万亿元）和由珠海、中山、江门、阳江四市组成的珠江口西岸都市圈（1.1万亿元），更是远超浙江的温州、金义和广东的湛茂、汕潮揭都市圈（经济总量均不超过0.7万亿元）。从打造长三角一体化中心区北翼联合体的角度，打造通泰盐都市圈，对未被纳入中心区的苏北四市形成辐射，同时把"1+3"功能区中扬子江城

市群、沿海发展带和江淮生态经济区三个区域的协作地带，同时以更大更强的能级对接上海。根据国家卫健委发布的《中国流动人口发展报告2018》，盐城、南通和泰州三市与上海苏州联系密切，成为流动人口的主要来源地，分别是上海流动人口的第一（13.73%）、第二（11.49%）、第五（7.51%）来源地，苏州流动人口的第一（29.84%）、第三（7.46%）、第四（7.46%）来源地。通泰盐等城市与上海和苏南的联系本来就比较紧密，集体抱团对接会爆发更加强大的能力。

（五）以里下河生态示范区建设为重点，着力推动北沿江与苏北和沿海地区的生态协同

里下河地区涉及苏中三市（泰州、扬州、南通）+苏北两市（淮安、盐城），面积约1.35万平方千米，承接着共同的历史文化，有着鲜明的生态特征，具备一体规划整体建设的条件。在江淮生态大走廊的基础上，要以共建里下河生态经济示范区为重点，把江淮生态经济区做实，建设好江苏的"绿心地带"。同时，在全省层面统一规划沿江沿海沿湖沿淮沿大运河地区生态保护规划，建设东部海江河湖联动区，加强淮安、盐城、泰州、扬州四市之间的组团效应。进一步健全完善区域流域的生态保护治理体系，进一步探索区域环境总量控制、区域环境补偿政策和科学系统的环境考核体系，更好地利用环境经济手段管理环境。充分利用目前环境监测技术和环境大数据技术，对沿江沿海环境容量进行科学测算，科学规划沿江沿海产业布局和产业转移。建议省人大制定有关里下河地区发展的地方法规，使得全流域治理具有相应的法律依据；成立由省领导牵头的工作委员会，由省相关部门及里下河相关流域地方政府负责人组成，作为流域管理的决策机构，协调解决流域发展中遇到的困难和问题。

第四节　江苏扬州泰州毗邻地区协同发展[①]

都市圈建设，由以自发为主、结盟式推动，向国家和省级层面赋权、以中心城市推动为主转变，中心城市由羞答答状态向理直气壮推进同一

---

① 本节内容为扬州泰州市委研究室委托课题部分成果，课题主要承担者：李程骅、刘西忠，刘西忠为主要执笔人。

个都市圈内毗邻城市的协同。从实践看，在长三角一体化发展国家战略大背景下，各地都在"合纵连横"、突破瓶颈，寻找伙伴、抱团发展。2022年11月23日，苏州无锡两市签订协同发展战略合作协议，聚力"强富美高"新江苏现代化建设，聚焦生态环境联保共治、产业创新集群共建、基础设施互通共融、公共服务一体共享、文旅融合多彩共促五个重点合作领域，合作实施苏锡太湖通道建设、苏南国际机场枢纽能力提升、"轨道上的苏锡"建设等六大战略性合作工程，携手打造长三角高质量协同发展的都市区，共建人和自然和谐相处的太湖世界级魅力湖区、科创产业融合发展样板区、"诗画江南"吴文化高地、共同富裕美好社会现实模样，更大力度服务高水平展现中国式现代化的江苏图景，更宽领域服务建设上海大都市圈卓越的全球城市区域，更深层次服务构建新发展格局。两市还签署共同推进交通基础设施互联互通战略合作协议，苏州市相城区与无锡市锡山区签署"漕湖—鹅真荡"生态绿色一体化协同发展示范区合作框架协议。

当前，随着上海、南京两个都市圈集聚辐射能级迅速提升，极化效应将更加明显，扬州、泰州唯有携手发展，共同做强扬泰一体经济板块，才能在长三角区域一体化高质量发展中有所作为，苏中沿江产业带才能保持强劲势头。因此，在更高层次上推进扬泰协同发展，合力打造高质量发展的苏中战略支点，是扬泰两地融入长三角区域一体化发展的必由之路。

一　扬泰协同发展的现实基础与重要意义

（一）扬泰协同的现实基础

扬州、泰州地处长三角核心区域，襟西带东，承南启北，既是长江经济带与海上丝绸之路的T型咽喉，又是扬子江城市群北翼东西腰部支撑点，区域优势明显，自然禀赋优越，人文底蕴深厚，旅游资源丰富，具有精致、人文、生态、宜居的城市特质。扬泰两市一衣带水、毗邻而居，不仅区位相同、人文相袭，而且产业相连、交通相通，经济文化社会联系十分密切，有难以割舍的渊源，在很多方面具有很强的互补性和相融性，协同发展的基础条件非常深厚，特别是在城市功能互补、基础设施共享、产业合作共赢和生态共保联治方面有较大的合作空间。

1. 扬泰有共同渊源

自古以来，扬泰两地绝大部分时期同属一个行政区。扬泰两市同处长江三角洲北翼，江淮平原南端的苏中地区，是全省"一带两轴"的沿江城市带和沿海城镇带的交汇处，是江苏城镇化建设的重点。两市政府直线距离不到 50 千米，有近 120 千米的边界线，各有 3 个县区相邻，特别是两地的市区，基本上连成一体。

2. 扬泰有共同文化

扬泰地区特有的江淮文化，闻名天下。扬州八怪中郑板桥、李鱓来自泰州。当代以汪曾祺、毕飞宇等为代表的扬泰两地作家，形成了具有鲜明文学地理特色"里下河文学流派"。扬州盐商文化和泰州盐税文化相互映衬，相得益彰。同样的水乡民俗密切两地人员、商务往来，百姓交往已融为一体。

3. 扬泰有共建基础

2019 年年底，扬泰两市常住人口超 900 万，经济总量接近 1.1 万亿。扬泰已经共建了扬泰机场，1 条铁路、2 条高速公路、3 条国道、6 条省道，几十条县乡道路把两市紧密联系在一起。不但长江把扬泰串联在一起，蛛网样的水网更让扬泰不分彼此。扬泰不仅在经济社会发展、城市规划、基础设施和生态建设方面，还有广大的县区间、乡镇间甚至村组间的经济社会等事务，已经和将来需要对接。

4. 扬泰有共同追求

扬州提出的"高质量打造美丽宜居的公园城市、独具魅力的国际文化旅游名城、充满活力的新兴科创名城"——"三个名城"建设目标，泰州提出"一高两强三突出"的战略目标，其共同点都是在全面建设社会主义国家新征程中，实现经济社会高质量发展，建设人民满意的幸福城市。

(二) 扬泰协同的重要意义

1. 扬泰协同发展，是由两地深厚的历史渊源决定的，符合发展规律

1996 年，我省正处在从农业社会到工业社会转变的时期，当时扬州块头比较大。在这一时期，发展的模式主要是行政主导，通过"分"的方式，激发内部活力，分别做大做强。在工业化后期和城市化、信息化

时期，区域之间边界的模糊，城市之间合群、组圈发展成为趋势，扬州泰州之间需要通过"合"的方式，释放区域间的张力，共同做优做强。从近年来城市发展的趋势看，泰州城市发展总体是东进南拓，扬州城市发展总体是东联西优南拓，两市的重大合作主要体现在共建扬州泰州国际机场、共保联治生态环境和共建大运河文化带等方面，在新形势下迫切需要进一步激活自身资源，实行优势互补，共同推动同处于成长发育期的兄弟城市之间合作。

2. 扬泰协同发展，是在大坐标中寻找新支点，加快形成江苏高质量发展的区域布局的需要

当前，高质量、一体化是区域发展的主基调。在长三角地区，有上海大都市圈、南京大都市圈、杭州都市圈、合肥都市圈等，在省内有苏锡常通、宁镇扬区域协调发展单元的精准化。扬州泰州处于江苏南北中轴、东西中轴的支点，唯有携手发展，共同做强扬泰一体经济板块，才能在长三角区域一体化高质量发展中有所作为，苏中沿江产业带才能保持强劲势头。增强区域内部和区域之间发展的协同性，是通往高质量发展的重要路径。

3. 扬泰协同发展，是多层次多维度多向度推动一体化的需要，有利于加速集成不同层次的群效应

区域协同发展并非非此即彼，既需要向着一个方向集中发力，又要向着多个方向同时布局，根据在不同尺度都市圈所处的位置，有针对性地发力。近年来，珠三角大力推进广佛同城、深莞一体；中央定调"成渝双城经济圈"，可见邻近城市的一体化不一定要依托一个中心，也并非三个以上的城市形成一个圆圈才可以。扬州泰州之间可建立小尺度的合作机制，实现抱团发展。从单个城市的规模，无论是扬州还是泰州都难以成为中心城市，唯有扬州、泰州联手打造双核城市组团，才能打破南北板块等级，共同提升北沿江城市能级，打造让人耳目一新的新苏中，江苏发展的新高地，江苏一体化协作的示范区。

二 毗邻城市协同的重点案例与经验启示

兄弟同心，其利断金。具有相同渊源的毗邻城市，协同发展和一体化发展的趋势明显。从国内实践看，广东、浙江和辽宁的做法值得借鉴。

（一）广东：深莞惠一体化

深圳、东莞、惠州三座城市"同根同源"。1979年以前，深圳、东莞同属于惠州惠阳地区。1979年深圳成为我国首批特区城市，由此与惠州分开。1988年东莞也独立设市，与惠州分开。2008年12月，《珠江三角洲地区改革发展规划纲要》正式批复，首次提出深莞惠一体化的发展概念。2009年2月，深莞惠三市召开第一次联席会议，宣布正式启动珠江口东岸地区经济一体化战略，签署紧密合作框架协议。2009年9月，深莞惠三市召开第三次联席会议，审议通过深莞惠《规划一体化合作协议》《社会公共服务一体化合作框架协议》《交通运输一体化补充协议》和《界河及跨界河综合治理专责小组章程》。深莞惠合作走向纵深的标志，是2011年第五次联席会议上提出在深圳市龙岗区坪地街道、东莞市清溪镇和惠州市惠阳区新圩镇间三市接壤处建设坪新清产业合作示范区，定位为深莞惠深度合作先行区、高科技产业服务创新中心。2013年8月，深莞惠三市召开第七次联席会议，审议通过了《深莞惠区域协调发展总体规划（2012～2020）》。2014年10月，深莞惠经济圈扩容，形成"3+2"（深莞惠+汕尾、河源）模式。2016年5月，深圳宣布实施"东进战略"。同年11月，惠州市第十一次党代会报告明确提出，实施"海绵行动"，以交通先行，希望像海绵一样发挥吸纳和挤出双重功能，承接深圳创新资源外溢的同时辐射带动河源、汕尾。2018年4月，深莞惠经济圈（3+2）党政主要领导联席会议提议推动在东莞、惠州临近深圳地区划出一定区域，规划建设跨行政边界的功能协调、产业互补、成果共享的"深莞惠区域协同发展试验区"。试验区地区生产总值、税收存量归当地所有，增量部分由三地政府在协商基础上按比例分成，提升中心城市辐射带动作用。

（二）浙江：嘉湖一体化发展

新中国成立后，设嘉兴专区，后改嘉兴地区，专署驻地先后设在县级嘉兴市、县级湖州市等。1983年，嘉兴地区正式分家，分设地级嘉兴市和地级湖州市。2018年年底，嘉湖地区实现地区生产总值7591.1亿元、常住人口775.3万人、一般公共预算收入805.7亿元，占全省比重均在13.5%左右，基本上构成了省内除杭州、宁波外的第三极。此前嘉兴、湖州发展相对趋缓，特别是相对于环太湖的苏州、无锡，能级明显偏弱。

随着长三角区域一体化发展上升为国家战略，嘉兴正在打造全面接轨上海示范区，湖州正在打造大上海同城化都市圈的西翼门户。有调研报告指出，嘉兴、湖州同处杭嘉湖平原，两地地缘相近、人缘相亲，均位于浙江大湾区规划的"三廊"和"四新区"之中，都被纳入G60科创走廊，若两市依托优越自然禀赋，携手奋进、抱团发展，优势互补、联合联动，着力打造杭州湾第三极，定能再现繁华富庶之胜景，为振兴浙北地区高质量发展和助力长三角一体化建设提供生动实践。2019年年初，浙江省政府工作报告中提出"加快推进嘉兴湖州一体化建设"。7月，湖州市党政代表团到嘉兴考察，双方签订《嘉兴市和湖州市一体化发展战略合作框架协议》，共同打造践行新发展理念的示范区、长三角一体化发展的样板区、沪浙苏皖创新合作的试验区、浙江省"四大建设"的先导区，两地将在共编协同发展规划、共建互联通达交通、共促文旅融合发展、共筑产业协作平台、共推科创走廊建设、共享优质公共服务、共保生态环境质量、共抓社会治理合作八个领域展开一体化合作。11月，嘉兴与湖州签订了嘉湖一体化"五个一"标志性工程合作备忘录。"五个一"，即"一规"，指统一两地的"十四五"经济社会发展规划；"一联"，即交通一体化；"一区"，指嘉湖一体化先行区；"一园"，以练市高新技术产业园区及乌镇互联网会展中心的核心区域为依托，共同打造数字经济、互联网、高端装备产业，作为两地先行区的启动区和重点产业合作平台；"一带"，指毗邻地带跨界生态环境联治联防联控。两市确定建立联席会议机制、专项推进机制，确立33个重点项目。两地发改部门还签署了共同打造城乡融合发展新高地宣言，南浔区与桐乡市签署了一体化发展战略合作框架协议。

（三）辽宁：营口盘锦协同发展

营口、盘锦原本一家，1984年，盘山县脱离营口，成立地级盘锦市（现在的盘山县是1986年重建的），原属营口的大洼县也改归盘锦。2018年，为落实《辽宁沿海经济带三年攻坚计划（2018—2020年）》，有力促进地域间经济要素自由流动、资源高效配置、市场深度融合，营口盘锦两市在六城市人民政府签订《辽宁沿海经济带六城市协同发展行动计划》和《辽宁沿海经济带六城市协同发展框架协议》的基础上，就两市协同发展率先进行主动衔接、深入对接、全面合作，围绕加快促进两市规划、产业、创新、改革、政策、环境的"六个协同",充分发挥两市地理位置相邻、历史渊源深厚、产业关联性强的优势,本着"功能互补、协同发展、共建共享"思路,建立高层的战略机制、两市发改委的协调机制和落实机制,全力推进两市务实合作、协同发展。2018年11月,两市共同出台《关于推进营口盘锦两市协同发展的实施意见》,重点推进27项合作事项落实,其中,近期要加快启动、迅速落实的有19项,长期合作推进的有8项。"营口和盘锦35年前是一家,35年后我们是兄弟,兄弟联手共同发展再创未来,对此我们充满信心。"

广东、浙江和辽宁等地毗邻城市一体化的经验启示我们,推进扬泰协同发展,必须首先科学认识世界城市群形成发展规律及其发展新趋势。区域内城市协同发展的动力,既有外部更高层级行政力量的推动,更需要双方党委政府的魄力和行动。国内主要一体化地区,渐进一体化的趋势明显。一体化并不是非此即彼,其维度不是单一的,可以在多个维度上展开,组建不同的"朋友圈"。相对于省级层面自上而下的推动,市场化程度相对较高的广州,更多是采用协作的形式,由三市政府共同签署、以广州市政府文件发布的形式推进一体化,这有利于一体化城市各相关主体的充分博弈,更具有针对性和可操作性。实现区域一体化,不能停留在浅层次,需要走进深层次、深水区,在关键领域和体制机制上走向"一体",画出最大"同心圆"互利共赢,找出最大"公约数"消除障碍。

三 推进扬泰协同的战略原则与关键路径

（一）扬泰协同发展的战略原则

协同发展,是区域内各单元发展到一定阶段的共同需求。在推进和实现扬泰协同的过程中,需要遵循这样四条原则。

1. 坚持质量第一和务实高效相结合,力争率先突破

要按照省内全域一体化的要求,把扬泰协同放在长三角一体化这一国家战略中来谋划布局。要坚持质量第一原则,突出需求导向、问题导向、效果导向,聚合重点合作项目平台,明确路线图和时间表,打造一批具有重大影响和示范作用的高水平合作成果。要完善协调推进机制,加快构建聚合力、解难题、重结果的区域合作长效机制,在全省乃至全

国率先构建毗邻双城协同发展示范区。

2. 坚持政府推动和市场驱动相结合，用足双强引擎

在同城化的过程中，政府的作用必不可少。扬泰协同发展，既需要大力争取省委省政府和省级部门的大力支持，更需要两市党委政府主动作为，实质性加以推进，同时离不开各个部门和市县层面的积极配合与通力协作。要改变原来对抗性竞争、零和型博弈的局面，建立合作性竞争、正和博弈的格局，在有序的竞争和密切的合作中共同发展，从而实现整个区域发展的帕累托最优。与此同时，协同不是搞拉郎配，不能违背市场规律，需要充分发挥市场在资源配置中的决定性作用，更多采取股权投资和基金等方式进行。

3. 坚持大一体化与小协同相结合，避免顾此失彼

在扬泰协同的过程中，既要致力于推进两城共同发展、协同发展、融合发展、互补发展，又要致力于参与更大范围的一体化和同城化战略，不能顾此失彼，不能因"小"失"大"。在推进的过程中，既要注重内部资源整合能力的提高，又要注重向外对接辐射能力的增强。一方面，两市要积极参与北沿江格局重塑与协同发展的大战略，继续加强与江北新区和南通之间的经济联系，共同做大做强北沿江；另一方面，两市需要以更加积极的姿态参与宁镇扬都市圈一体化和苏锡常都市圈跨江融合发展等大战略，以扬泰融合促进南京都市圈和苏锡常都市圈战略叠加。在规划和建设的过程中，要特别注重城市之间的分工和经济联系，在强调通勤方便性的同时，考虑物流通达性，通过经济联系来带动通勤，增强城市群之间有效人口和人才流动性。

4. 坚持超前规划与循序推进相结合，为未来发展留出空间

扬泰协同发展，不是全面的城市化，并非要将两个城区建成一体，这一方面受发展规划和开发强度的诸多制约，另一方面缺乏现实合理性，即使以相对超前的眼光来看待。特别是在基础设施建设上，要处理好快与慢的关系，集中与分散的关系，当前与长远的关系。避免借协同之名铺摊子、摊大饼，粗放扩张，急于填补两市之间的空隙，造成土地等资源的巨大浪费。加强超前规划，绘出同城化路线图，从基础设施、旅游等比较容易突破的地方入手，打通城际之间的障碍，建立两座城市相通相连的若干节点，形成快速、便捷、一体、

高效的交通网络。

(二) 扬泰协同的关键领域

在多层次、多维度、多领域、多地域一体化的背景下,以"扬泰一家亲,突破北沿江"为主线,以扬州泰州国际机场打造国家旅游空港为抓手,以综合交通运输体系连通为基础,以文化、旅游和产业链接和连通为重点,把扬泰作为一个虚拟城市来建设,推进扬州泰州高质量协同发展,合力打造国际旅游枢纽、长三角北翼产业创新走廊、促进扬子江城市群纵向中轴崛起、江苏横向中线隆起,把江苏的几何中心变成协同中心和发展重心,重塑江苏发展经济地理。

1. 扬泰一家亲,携手打造国际旅游航空枢纽

扬州泰州国际机场 2012 年 5 月建成通航,2016 年升格为国际机场。2019 年完成旅客吞吐量 298 万人次,同比增长 25%,货邮吞吐量 1.24 万吨,在东部机场集团内位列第三,提前 6 年达到总体规划预测目标(2025 年旅客吞吐量 300 万人次)。累计开通国际和地区航线 14 条,运送出入境旅客近 100 万人次,主要连接东北亚、东南亚十多个国家和地区。基于扬州泰州国际机场所在城市扬州拥有"文化旅游名城""世界美食之都""中国运河名城"等名片,中国民航科学技术研究院等业内专家研究论证,初步确定将扬州泰州国际机场定位为全国首个"国际旅游航空枢纽",长三角"旅游门户机场"。这一定位,将进一步彰显扬州泰州国际机场特色,突出机场的支点作用,强化对苏中、苏北及皖东部分地区的辐射服务,助力扬子江城市群建设,大力推动国内外对外交流和经贸合作。为进一步完善扬泰机场的集疏运体系,实现空铁无缝衔接,促进多种运输方式的融合,提出以下建议。

第一,针对扬泰机场缺少平滑、跑道利用率低和航站楼拥挤等问题,加快扬州泰州国际机场二期扩建工程推进建设进度,争取新建 1 条 3200 米的平行滑行道,8.5 万平方米的 T2 航站楼,连接 T1、T2 约 12500 平方米的指廊和扩建停机坪等重点工程。

第二,充分利用宁启铁路既有铁路资源,在宜陵镇引出连络线并在扬泰机场设站,之后继续向东南在丁沟镇适宜位置汇入宁启铁路通达泰州站,同时,做好宁仪扬城际的对接工作,打造北沿江通勤化交通的主动脉,有效提升铁路线网的运营质量和效益。加快推进省道 353、354 建

设，尽快延伸到扬泰机场。

第三，围绕国际旅游航空枢纽的定位，配套建设机场新城，着力打造江苏国际旅客集散中心。推动在扬州泰州国际机场设立旅游咨询中心和集聚中心，主要承担两地旅游产品推广，开发扬泰地区1日游、2日游等精品线路，开通旅游直通车。

2. 扬泰一家亲，携手打造沿江高速环网

利用既有的国（省）干线打造沿江快速干线环。扬州、泰州是沿江区域产业经济的核心区域，当前，"高速公路+普通国省道"是泰州实现市域沟通、城际联系的主要途径，无法有效支撑区域经济社会高质量发展。建议从省级层面综合考虑长江经济带、扬子江城市群等国家和区域发展战略机遇及城市规划、产业布局等影响因素，围绕加快构建现代综合交通运输体系、推动区域交通一体化。携手推进北沿江高铁建设，促进扬子江城市群发展进入南北沿江并重的时代，共同迎接北沿江时代的到来。携手建设北沿江快速干线环。将328国道打造成北沿江快速干线，与312国道构成的"快速干线环"。328国道，起自启东，经如东、海安、泰州、扬州、仪征至南京。312国道，起自昆山，经苏州、无锡、常州、丹阳、镇江至南京。两条国道的快速化改造早已引起沿线各市的高度重视。其中，328国道南京城区段、泰州城区段已基本完成，改线段与扬州段的接点达成共识，仪征段正在施工，六合段、扬州城区段前期研究中，南通段已纳入其市域快速干线网规划；312国道南京城区段、无锡城区段、苏州城区段已完成快速化改造，南京仙林段正在实施快速化改造，镇江段、常州段也已启动前期设计。"快速干线环"的建设，将节约大量土地指标。

"快速干线环"建成后，将与由北沿江高铁与南沿江铁路构成的"高铁环"、由沪陕高速公路与沪宁高速公路构成的"高速环"共同构筑环长江两岸的"高速+快速""收费+免费"的多层次综合立体交通走廊，形成扬子江城市群快速交通骨架网。沿江快速通道的建设，将有效地带动扬州、泰州沿江产业发展，并在沿江率先建成网络化的综合立体交通走廊以及畅达高效的城际综合交通网络，沟通南北、串联东西，提升交通网络通行能力，促进创新要素便捷加速流动，加速形成"群效应"，服务沿江城市群及长三角一体化国家战略。建议两市整体协调项目推进，加快形成长江两岸"快速干线环"，共同积极争取有关方面的政策及资金支持。

3. 扬泰一家亲，携手建设北沿江产业创新走廊

《长江三角洲区域一体化发展规划纲要》指出，江苏要"打造具有全球影响力的科技产业创新中心和具有国际竞争力的先进制造业基地"。一是共同规划打造北沿江产业创新地走廊。长三角区域一体化已经形成了G60科创走廊和G42高端智能制造走廊，分别是从上海（松江）经杭州延伸至合肥，从上海（嘉定）经苏锡常至南京再延伸到合肥。但在长江北线，南通、泰州、扬州在生物医药、海工装备、化工新材料等方面有较强的产业基础，建议省级利用G40高速以及即将开建的北沿江高铁，规划打造北沿江产业创新带，推进扬州与泰州之间的共建共享、产业协作配套、产业联盟打造，共建国家战略性新兴产业基地、先进制造业基地和现代服务业基地。二是推动两地医药产业集群协同建设。泰州医药产业产值连续多年位列全国地级市第一，是长江经济带大健康产业集聚发展试点城市，国家规划明确提出培育"泰州医药健康产业创新中心"。泰州医药高新区引江河东岸目前已布局和建成一批医药高新企业，形成一定规模。建议扬泰两市协同开展生物健康产业链招商，扬州在引江河西岸邻近区域布局产业发展用地，扩大生物医药研发规模，提高高端医疗器械生产能力，为两地产业共建和做大做强产业集群预留发展空间，形成产业集群发展优势。三是共同推进综保区和自贸协作区建设。推动综合保税区资源互通共享。泰州综合保税区与扬州江都区仅一河之隔，建议在扬州引江河西岸邻近区域谋划布局，扩大综合保税区规模和效应，推动两地相关要素资源共建共享。抢抓江苏自贸区建设机遇，推动扬泰两市建立自贸区的协作区，加强制度创新和改革系统集成，建立公平公正、透明可预期的营商环境，进一步增强对外开放的吸引力。

4. 扬泰一家亲，携手塑造国际文化旅游品牌

在文化旅游上，扬州泰州各有一手好牌，如何发展四新经济，配合着共同打好，塑造国际文化旅游品牌，共同打造世界旅游目的地，需要智慧和魄力。一个核心的理念，就是烟花三月下扬泰，共同打造世界最佳旅游目的地。唐朝诗人李白有"烟花三月下扬州"，那个时候的扬州，还是个沿海城市，包括今天的扬州、泰州、南通和南京六合、盐城的部

分地区。建议以古盐运河（老通扬运河）文化带建设为抓手，充分发掘泰州盐税文化、扬州盐商文化的历史渊源底蕴优势，积极编制了规划和行动计划，全力打造老通扬运河（古盐运河）文化带一批标识性重点项目，进一步梳理挖掘核心历史文化资源，激活运河文化遗存，推进两地共建加快古盐运河从"地理空间"向"文化空间"延伸拓展。两市在历史文化名城名镇名村的保护利用方面也有许多相互学习借鉴的地方，就泰州而言，在历史街区保护利用方面需要认真学习扬州市的成功经验。同时，强化文旅融合的合作交流，开展"骑鹤下扬州"与"水城慢生活"的游线一体化规划，共同打造最佳旅游目的地。在"水、绿、文、城"联动发展上，城市特色的营造方面，扬州"花园城市"建设的成果经验值得泰州在申报国家生态园林城市时深入研究学习。支持扬泰共建里下河生态湿地大公园，构建自然湿地保护网络体系，为长三角地区增添绿肺。

四 推进扬泰协同的政策建议与保障措施

（一）加强扬泰协同发展的宏观统筹，提高携手共谋现代化图景的主动性

在协调机制上，坚持顶层设计、宏观协调与区域内各级政府协商合作相结合，把扬泰当作一个城市来经营，注重不同区域之间的功能区分和联接衔接，超前设计两地空间发展规划，形成同城化效应、一体化格局。推动省级层面在创新动力、协同开放、生态环境治理和保护、公共服务共享等方面强化机制建设，建立科学的一体化建设评价体系。站在更加宏观和长远的视角，超前谋划2035年甚至2050年规划，在更高层次上统筹区域发展。

（二）加强扬泰协同发展的组织领导，提高合作机制制度的权威性

推进区域一体化，加强省级层面的政策引导，加大协调力度，建立健全政府、市场、社会共同发力的长效机制。各地要跳出"一亩三分地"思维模式，积极主动地拆壁垒、接通道、搭平台，共同创建区域发展新格局。建立完善扬泰协同发展的协商协调机制，建立两市高层领导协作运行组织机制构架，开展交通、领导、产业、机构、监督等方面的实质性深度协调工作，逐步探索建立公共决策机制、规划协调机制、政策环境协调机制、专项事务协调机制、评估监督机制。要通过加强组织领导

等措施，着力打破区域分割壁垒，通过制定与经济区相适应的跨区域政策，释放板块之间和板块内部的张力，促进经济社会的进一步融合。将两市之间的锦标赛、对抗赛转变为友谊赛、团体赛，加强边界地区的统筹发展，最大限度地规避邻避效应，形成相向而行、合作共赢的局面。

（三）增强扬泰协同发展的文化内涵，提升文化的黏合性

营造一体化的区域文化认同。在认真总结两市传统文化共同特征的基础上，结合时代发展和一体化的需要，共同提炼扬州泰州地区的核心文化和品牌标识。通过历史文化的挖掘、现代文化的弘扬、城市文化的培育、社会文化的营造，增强扬泰协同发展的社会认同，形成促进一体化发展的良好文化氛围。

（四）增强扬泰协同发展的多元参与，夯实合作的微观社会基础

新区域主义以治理理论为基础，强调在跨区域协调发展过程中多元主体的参与，形成政府、企业、社会、民众共同参与推进扬泰协同发展的良好氛围。一是建立网状治理结构。进一步强化多元主体的参与作用，尤其应注重发挥政府部门的综合协调作用、企业的资源配置作用、非营利组织的沟通交流作用、专家学者的参谋咨询作用，从而建立网络状结构的治理协调机制。二是注重借助市场和社会的力量。在项目资金方面，除争取省级、国家层面通过政策性银行支持，鼓励国有企业、大型企业通过PPP合作、股权投资等方面参与协同发展，通过大项目和基础设施的一体化带动经济社会发展的一体化。注重运用市场的力量，推动大型企业，包括国企、民企深度参与，强化扬泰协同的微观基础。三是充分发挥社会组织的作用。在扬泰协同发展中，非政府组织是一种极为有效的制度资源，更有其难以替代的优势，政府组织完全可以与非政府组织合作结成伙伴关系，有望能够利用非政府组织边界模糊、结构灵活、手段弹性、包容性强、成员异质性高等特点，化解政府间合作中存在的种种矛盾和问题。四是充分发挥公众的作用。如果说决策作出前的公众参与是关于实现对行政权行使和区域平等权的监督机制，那么决策作出后的公众参与则是推动区域行政规划、区域行政指导和区域行政协议实施的动力机制。在跨区域合作的过程中，给公众提供更多参与机会，听取公众意见和反馈，促进区域协调发展过程中市场与政府有效互动。

第五节　从发展轴带带动到现代化都市圈引领[①]

"十二五"时期,江苏把区域共同发展战略深化为区域协调发展战略,着力推动三大区域优势互补、互动发展,取得明显成效。但不同板块之间的差距仍然明显,区域发展不平衡、不协调是江苏的一大基本省情,实现更高层次的协调发展仍然面临不少瓶颈制约。除了面临产业同质严重、行政壁垒突出、社会事业不平衡等一般性问题,还存在开放取向单一、内部分化明显等问题。一方面,长期以来更多地注重对外开放、向东开放,对内开放、向西开放不够,与国家重大发展战略的融合度不够,导致江苏区域发展的横向延伸性不够,纵向贯通性不够,三大板块发展之间的融合性不够。江苏的区域发展,不只有南北差距的问题,还有一个中西部地区"塌陷"问题,交通区位的制约和国家重大战略的缺位,导致淮安、宿迁等地发展受到约束,使原本在东西向比较狭窄、生态基础薄弱的中部地区发展更加困难。另一方面,同一板块内分化现象严重,特别是苏中南通进入江苏发展第一方阵,苏北徐州进入第二方阵,经济发展总量和水平的梯次结构被打破,失去了板块内部政策一致性的基础。

当前,江苏区域协调发展的外部条件也发生了重大变化。特别是十八届五中全会提出了"创新、协调、开放、绿色、共享"的新发展理念,我国城镇化进程加速推进和区域发展思路的战略调整,以及国家"十三五"规划、长江经济带发展规划纲要和长江三角洲城市群发展规划的相继出台,作为地处"一带一路"交汇点和长江经济带龙头位置的江苏,既面临着如何抓住机遇、实现更高水平自我发展的艰巨任务,也肩负着带动周边特别是长江中游、苏皖北部更好发展,为全国区域协调发展率先探路的神圣使命,迫切需要江苏优化区域发展战略,调整区域协调发展路径,创新区域协调发展制度,重塑区域协调发展格局。

[①] 参见笔者《行政板块、发展轴带与城市群联动研究——兼论江苏区域协调发展格局重塑》,《南京社会科学》2016年第9期;《以现代化都市圈引领省域一体化》,《新华日报》2020年9月29日第18版。

一 实施行政板块、经济轴带和城市群联动

如果说国家重大战略中的经济轴带动更多的是东西走向，把东部、中部和西部不同的发展区域串起来的话，江苏新一轮重大发展战略，则需要改变横向经济轴带强、纵向经济轴带弱的局面，通过重点发展纵向经济轴带，疏通发展要素的梯次有序转移阻隔，将苏南、苏中和苏北有机贯通起来。在正确看待苏南、苏中、苏北三大板块发展差距的客观性、路径的特殊性的基础上，立足国家"一带一路"交汇点的区位优势和在长江经济带中的重要战略地位，把向东开放与向西开放结合起来，把向北辐射与向南对接结合起来，把向内聚集与向外扩散结合起来，突破传统的以沿海轴线、沿江轴线和沿东陇海线构成的半开放式"π"字形发展格局，探索形成江苏区域协调发展的开放式大"田"字新格局，即以3纵+3横发展轴带为引领、3行政板块+3发展板块为基础、3城市群+3新发展极为支撑、3个承接+3个对接为依托，形成纵向贯通、横向协调、内联外延、联动互动的江苏区域发展的开放式发展新框架、大"田"字多维辐射带动的新格局，补齐江苏发展的短板，促进苏北振兴和中西部发展极的形成。通过块状发展、带状延展和圈层扩散的有机结合，实现区域发展的帕累托最优。

3纵+3横发展轴带：在原来沿沪宁沿江轴带、沿东陇海线轴带和沿海轴带、两横一纵发展轴带的基础上，新增沿京沪高铁轴带（虽然中间大部分不在江苏境内，与沿淮发展轴线的交汇点在安徽蚌埠市）、沿运河轴带和沿淮河轴带等2纵1横发展轴带，形成3纵+3横发展轴带格局。在此基础上，进一步突出绿色发展理念，着力打造江苏2纵3横共五条生态走廊，即沿海生态走廊，沿运河生态走廊，沿淮河生态走廊，沿江生态走廊，苏南西南部生态走廊，形成经济发展带之间的"绿隔带"。

3行政板块+3发展板块：在原来苏南、苏中、苏北三大行政板块的基础上，突破行政界限，通过三条横向发展轴线，对发展区域进行重组，重新构建沿江板块（苏南和苏中南部，对接长江经济带）、沿淮板块（苏中北部、苏北南部，着力打造沿淮生态轴，引领横跨江苏、安徽和河南的淮河生态经济带）和沿东陇海板块（苏北北部，对接"一带一路"）三大板块，以便制定实施更加精准的区域政策。

3城市群+3发展极：开放式的3纵轴3横轴本来可以形成9个节点城市，有可能发展成为城市群的中心。由于部分纵横轴的交点重合，再加上个别交点在省外，从目前看，南京、苏州和徐州3大城市群初具规模，扬州、镇江属于南京城市群，淮安、南通、盐城3市是具有较大潜力的新发展极。

3个承接+3个对接：在国家战略层面，承接新丝绸之路经济带，强化东陇海线的引领效应和连云港的桥头堡效应；承接海上丝绸之路，积极参与和响应国家沿海发展战略和海洋强国战略；承接长江经济带战略和上海的辐射，增强江苏在长江经济带中的龙头效应。注重与周边省份经济区之间的对接与互动，西部与安徽、河南对接，辐射皖江城市带、淮河中上游，南部与浙江杭州都市圈对接，北部与山东鲁南经济带对接，形成相邻省份经济社会协同发展的"雁阵效应"。

二　加强制度建设、完善动力机制

（一）坚持协调互动，增强区域之间的多维对接力

赋予江苏区域发展新内涵，实现多层次、多领域和全方位的区域协调发展。增强与世界经济和国内经济的全方位对接互动，实现区域发展由行政区域内内生驱动到经济区域内内生驱动与外力推动相结合的转变。坚持以国家重大发展战略和规划为引领，把江苏的区域发展放在全国发展大局中来研判，放在国家大战略中来布局，增强全面落实、全方位对接国家重大战略的意识和能力。树立开放思维，对接国家战略，在国家宏观战略大视野中明确自身分工，参与跨区域合作，实现江苏区域战略与国家战略的有机融合。强化主体功能分区的基底作用，统筹规划若干个优化开发轴带，重点开发轴带、限制开发轴带和生态发展轴，以主体功能区引领各类区域的发展。注重发展省际边界经济，积极参与推动边界基础设施的改进，使生产要素流动的渠道更加畅通，拓展江苏经济发展的多维空间和纵深腹地。加强轴线的流通流动能力建设，一方面增强现有轴线的运转能力；另一方面，配合国家和省里的高铁战略，建设与原轴线并行的新的辅助轴线，在生态保护轴带区大力发展低耗能、新能源交通，在不破坏生态环境、不增强生态负荷的情况下，增强轴线的带动、传送和辐射能力。特别是抢抓国家8纵8横高铁规划战略机制，加快

推进江苏特别是南部与中北部贯通的高速铁路建设，破解制约连云港、淮安、盐城、宿迁等地发展的交通瓶颈，以交通枢纽的形成带动新发展极的快速崛起。

（二）坚持板块联动，增强融合发展的多重作用力

加快苏南苏中苏北区域发展与沿江沿海等发展带的良性互动，坚定不移地以创新引领、转型升级为重点推进苏南提升，以融合发展、特色发展为重点推进苏中崛起，以四化联动、开放带动为重点加快苏北振兴。在此基础上，走出地方锦标赛的误区，减少政绩驱动，有效释放板块间张力，实现由竞争为主到合作为主的转变。要逐步淡化苏中的概念，着力推动江苏中北部腹地发展，对苏中地区的南部与北部采取差别化管理的政策。对于苏中地区来说，南部以开发为主，重在跨江产业融合，北部以保护为主，重在跨淮生态合作。建议围绕3条横向发展轴线，打破行政区域，按照发展特征，重新划分江苏发展的三大板块，即沿江板块、沿淮板块和沿东陇海线板块。实施大沿江战略，从战略上谋划沿江地区发展能级整体提升，有效整合沿江苏南、苏中地区的空间资源、发展要素和创新网络的带动作用，进一步优化生产、生活和生态空间布局，深化沿江城市群的内涵发展，合力打造一体化的、跨江融合发展的江苏沿江大都市带。实施大沿海战略，将淮安、宿迁等纳入沿海发展视野和规划，注重沿海向内地的辐射，推进更高层次的陆海联动。实施大东陇海战略，将宿迁等市的发展纳入"一带一路"沿线，增强徐州、连云港的发展潜力和辐射带动能力。坚持江海联动、陆海统筹，在更高层次上推动江苏沿海地区科学发展，将沿海沿江的"L"型格局拓展为以沿海为纵，沿江、沿淮和沿东陇海线为三横的"E"型沿海发展格局。

（三）坚持轴带带动，增强发展轴线的潜能释放力

轴线是开放的，轴带发展，要面向世界，把江苏的小轴线放在世界经济发展的大坐标中和全国经济社会发展的大轴线上来看待，要注重三条轴线的延伸效应，促进生产要素沿着开放的轴带更加畅通有序地流动，增强省内与省外的互动，最大限度地释放江苏区域发展潜力。通过轴线的转动，带动生产要素的流动，激发新的潜能和活力，特别是释放经济薄弱地区的发展活力，把短板拉长，增强区域发展的总体势能。长江三角洲城市群的空间构成，并非以长江为轴两边呈现对称之势，而是主要

集中在长江以南，呈现非常明显的不均衡性。应以长江为对称轴，大力发展沿江经济带，着力推进苏南苏中的融合，力争再造一个具有苏中特色的苏南。南通作为长三角北翼中心城市，要进一步加强与上海、泰州等周边城市以及苏南地区的协调合作，做好区域互联互通和江海联动，增强其对于苏中和沿海的双带动、双辐射作用。以沿海高速和高铁为对称轴，大力发展沿海板块，着力建设海上江苏。以淮河、运河为纵横坐标，拉开江苏中西部以绿色发展为主题的大框架，形成以淮安为中心，辐射宿迁、盐城西部、扬州和泰州北部、安徽中东部等区域，打造江苏新一轮发展增长极。构建由沿淮、沿运河和苏南西南部构成的生态保护带，打造江苏的绿色发展轴、生态智慧谷。一方面要呼应国家重大发展战略，另一方面要结合自身省情，重点打通南北通道，挖掘能够引导生产要素流动的人工"运河"。通过纵向发展轴带的打造，把江苏三大区域板块的发展串联起来，促进生产要素的双向梯次流动，增强苏南板块对苏中和苏北板块经济发展的牵引作用和互动效应，特别是拉近苏南苏北的空间距离，改变政府主导下发展飞地经济形成的"孤雁效应"，为苏南的产业转移、两者共建园区、促进多方对接创造条件。在大型发展板块内部，须确立不同层面的发展轴线，缩小政策单元，增强一级轴带与二级轴带、三级轴带的联动互动，以更加精准的区域政策促进各自的发展和整体融合。强化经济发展轴的动能和势能，拓展经济发展的纵深空间，实现经济轴带沿线不同区域之间的梯次发展、接力发展、接续发展。

（四）坚持城市群拉动，增强中心城市的周边辐射力

城市群的发展，要坚持单中心发展与多中心发展并举，圈层推进结构和链式推进结构并重。一方面，在发展思路和发展空间上，呈现更加开放之势；另一方面，在发展政策和发展制度上呈现更加收敛和融合之势，强调政策落差和互动效应，强调中心城市对周边的拉动作用。尊重城市发展规律，走出城市单一扩张的误区，更加注重城市群和卫星城与特色小镇发展，更加注重解决中心城市的带动问题和城市间发展的协调问题。以南京都市圈和苏锡常都市圈为重点，在更高层次和更深领域加强与长三角其他地区合作，共同建设具有重要国际影响力的世界级城市群。根据沿江城市分布特点，实行"2+1"跨江发展战略，即江南每两

个城市带动江北一个城市，促进江苏沿江发展的一体化，推进宁镇扬同城发展先行示范区建设，加快锡常泰、（沪）苏通经济圈建设，形成南北呼应、协作联动的发展态势，打造江苏沿江大都市带。依托徐州都市圈推动淮海经济区的规划建设，打造苏北地区振兴发展的重要支撑。淮安作为江苏新一轮发展的经济增长极，要坚持把生态经济、绿色经济放在首位，不搞大开发，共抓大保护，真正走出一条不同于传统发展方式的新型绿色崛起之路，不断提高苏北重要中心城市和淮河生态经济带区域中心城市的建设水平。

（五）坚持制度驱动，增强区域协调发展的核心竞争力

区域协调发展，在经过赋予优惠政策、赋权鼓励发展等阶段后，目前已经进入搭建平台合作共赢时期。同时，城市之间的合作，也由城市布局的合作和生产要素的合作，走向更高层面的合作，即制度合作。实现由行政区经济到经济区行政思维的转变，由以行政为界限的经济到根据经济区域来调整行政，通过制定与经济区相适应的跨区域政策，释放板块之间和板块内部的张力，促进经济社会的进一步融合。既要充分发挥市场在资源配置过程中的决定性作用，也要更好地发挥政府作用，打破区域分割壁垒，改变单纯以地理片区划分为主要依据的区域政策制定方式，优化财政税收、土地保障、环境治理、科技创新、人才支撑和规划管理等各类政策资源，推进区域政策统一规范、衔接协调。缩小政策单元，增强区域政策的精准性，实行有差别的区域发展政策，形成与经济发展梯度相适应的政策梯度，构建区域发展的政策有机体。改变单一的和整齐划一的考核指标和方式，将地方锦标赛、对抗赛转变为友谊赛、团体赛，构建协调互动、相互促进的发展共同体，培养一批协调和谐、共建共享发展的团体冠军。跨区域发展，要有综合视角，协调经济、生态、社会等诸多要素，将政府功能更多地聚焦在推进跨区域的公共服务和环境保护上，统筹解决跨区域的交通问题、环境治理问题和人才等生产要素流动问题。在着力促进政府间制度合作的同时，推动政府体制之外的社会合作、民间合作的经常化、规范化、制度化，增强区域协调一体发展的黏合力。

三 以现代化都市圈引领江苏省域一体化

2020年8月,习近平总书记在扎实推进长三角一体化发展座谈会上强调,围绕重点领域和重点区域进行突破,以点带面加快一体化进程,是方式方法创新;实施长三角一体化发展战略,要紧扣一体化和高质量两个关键词,以一体化的思路和举措打破行政壁垒、提高政策协同,发挥各地区比较优势,实现更合理分工,凝聚更强大合力,促进高质量发展。在讲话中,习近平总书记还就提升城市发展质量、增强欠发达区域高质量发展动能等方面提出明确要求。所有这些,为以现代化都市圈引领长三角一体化提供了基本遵循,指明了发展方向。

(一)现代化都市圈对于省域一体化的重要意义

1. 培育建设现代化都市圈,是新时代中央就区域协调发展做出的重大战略部署,是推动形成高质量发展区域布局的必由之路

2018年8月26日,在中央财经委员会第五次会议上,习近平总书记强调,要按照客观经济规律调整完善区域政策体系,发挥各地区比较优势,促进各类要素合理流动和高效集聚,增强创新发展动力,加快构建高质量发展的动力系统,增强中心城市和城市群等经济发展优势区域的经济和人口承载能力,形成优势互补、高质量发展的区域经济布局。2018年9月29日,习近平总书记在深入推进东北振兴座谈会上提出"要培育发展现代化都市圈"。2019年2月国家发改委发布《关于培育发展现代化都市圈的指导意见》,提出8个方面共27条思路举措。2020年7月30日,中央政治局会议提出"要以新型城镇化带动投资和消费需求,推动城市群、都市圈一体化发展体制机制创新",对都市圈一体化发展提出明确要求。根据清华大学课题组《中国都市圈发展报告2018》,全国34个都市圈,总面积约占全国的24%,人口占59%,地区生产总值占比高达77.8%。

2. 培育发展现代化都市圈,是激发经济新动能、推动长三角高质量一体化发展的必由之路

国务院发展研究中心原副主任刘世锦认为,都市圈是中国经济增长最重要的结构性潜能,建议构建一个以都市圈、城市群建设为龙头,产业结构、消费结构转型升级为主体,数字经济、绿色发展为两翼的"1+

3+2"的结构性潜能框架。相对于此前已经规划的由26个城市组成的长三角城市群与规模和体量更小的单一城市或者以中心城市为主的大都市区，以现代化都市圈为主要单元和重要抓手，在规模和层级上更具有其内在的合理性和科学性，既有助于避免单一大城市无序扩张和摊大饼式发展，又有助于先把城市群中基础最好的大都市圈做强，成为城市群发展的先导区和示范区，从而支撑和引领长三角一体化发展。现代化都市圈的建设和联动，是国家规划纲要和三省一市实施方案的重头戏。2019年12月，中共中央、国务院印发《长江三角洲区域一体化发展规划纲要》，从两个层面部署加快都市圈一体化发展：一是以基础设施一体化和公共服务一卡通为着力点，加快南京、杭州、合肥、苏锡常、宁波都市圈建设，提升都市圈同城化水平；二是推进都市圈协调联动，构建上海大都市圈，加强南京都市圈与合肥都市圈协同发展，推动杭州都市圈与宁波都市圈紧密对接，强化南京都市圈与杭州都市圈协调联动，高水平打造长三角世界级城市群。上海、江苏、浙江和安徽出台的实施方案，对都市圈建设分别作出具体部署。

3. 培育发展现代化都市圈，是推进经济高质量发展、人民高品质生活、区域高效能治理，建设美丽江苏的必由之路

培育发展现代化都市圈，有利于提振内需、扩大消费，加速形成国内国际经济双循环，重塑高质量发展的动力系统，推动形成高质量的区域发展布局。培育发展现代化都市圈，有利于缓解大城市病，更好地解决有理想有抱负的青年人"一二线城市容不下肉身，三四线城市放不下灵魂"的难题，在就业质量和生活质量之间趋于平衡。培育发展现代化都市圈，有利于解决跨区域行政治理阻隔的问题，强化都市圈内不同城市之间的分工合作与协同，形成高效有机的发展共同体，从而促进区域间形成更高层面的治理联盟，是探索推进国家治理体系和治理能力现代化的理想空间载体。培育发展现代化都市圈，更是建设美丽江苏的必由之路，江苏省委、省政府发布的《关于深入推进美丽江苏建设的意见》指出，要"完善和落实主体功能区战略，做好区域互补、跨江融合、南北联动大文章，着力形成以都市圈和城市群为主体，以农产品主产区、重点生态功能区为支撑，美丽宜居城市、美丽特色城镇、美丽田园乡村有机贯通的空间形态"，"着力形成以南京、徐州、苏锡常都市圈和沿江、

沿海、沿东陇海线地区城市带为主体形态"。

4. 培育发展现代化都市圈，以都市圈引领省内全域一体化，江苏具有良好的战略储备和基础条件

江苏是全国最早规划建设都市圈的省份。在2002—2003年，省政府就陆续发布了苏锡常、南京和徐州三大都市圈规划。2015年7月，《江苏省城镇体系规划（2015—2030年）》经国务院同意，获住房和城乡建设部批复，要求江苏坚持"协调推进城镇化、区域发展差异化、建设模式集约化、城乡发展一体化"的新型城镇化道路，加快构建"一带二轴，三圈一极"（沿江城市带、沿海城镇轴、沿东陇海城镇轴与南京、徐州、苏锡常三个都市圈，淮安增长极）城镇化空间格局，远期形成"带轴集聚、腹地开敞"的区域空间格局。近年来，江苏一方面大力实施"1+3"重点功能区战略，同时，把建设现代综合交通运输体系作为重中之重，苏中苏北地区高铁等重大基础设施短板正在逐渐补齐，为江苏建设现代化都市圈奠定了坚实的基础。作为经济一体化程度较高、省内城市综合实力普遍较强的省份，在世界面临百年未有之大变局、中国实现"两个一百年"目标历史性交汇时期，江苏通过组建现代化都市圈，把一个个实力雄厚的舰船整合成联合舰队，把散装江苏的能量集中释放，有利于增强抵御风浪的能力和整体竞争力，大大提升江苏区域发展的整体能级。这既是江苏参与新一轮一体化区域布局的迫切需要，更是担负为国家发展探路使命的现实需要。

（二）以现代化都市圈引领江苏省域一体化发展的战略路径

我国的城市化正在从简单"造城运动"转向城市集群发展，正在进入一个都市圈为王的时代。作为全国经济总量第一的广东，制定出台了五大都市圈发展规划。就江苏周边而言，东部的上海正在构建横跨江浙两省的"1+8"大都市圈，南部的浙江重点建设四大都市圈打造长三角金南翼，西部的安徽集中全省之力打造合肥都市圈，北部的山东正在系统谋划推进覆盖全域的三大经济圈建设。江苏要适应长三角一体化发展的新要求和现代化都市圈发展的新形势，通过规划培育和建设现代化都市圈，增强江苏发展的整体性系统性协调性，加快江苏区域发展战略的更新和迭代，打造江苏省内区域高质量一体化发展的新动力、新空间、新高地。

1. 以现代化都市圈发展战略和规划创新，引领江苏省内全域一体化

在省级层面，既要充分认知13个设区市的个性分类施策，又要充分认知全省各大功能区的共性特征，通过建圈、组群增强江苏区域发展的整体性、协调性。各个城市由注重单个城市自身发展思维向注重整个都市圈发展的系统思维转变，建设无界城市，推动形成具有柔性边界的都市圈。要坚持遵循和把握客观经济规律，把优化江苏发展空间布局、培育发展现代化都市圈，作为推动江苏全域一体化的重要突破口和最主要的抓手之一，出台相关意见，研究制定相关发展规划。在省级层面积极推进出台南京都市圈发展规划的基础上，由省发改委指导，中心城市牵头，制定苏锡常、徐州、南通等都市圈发展规划。把江苏"十四五"经济社会发展规划，与江苏重要都市圈发展规划、江苏各项专业发展规划、江苏各城市发展规划有机贯通起来，增强江苏参与新一轮区域发展的新优势，提升江苏发展新动能。鉴于目前已经成立的推进长三角一体化发展领导小组和美丽江苏建设领导小组（均由省委书记任第一组长，省长任组长，领导小组办公室设在省发改委），建议对两者进行整合，同时加挂省现代化都市圈建设领导小组牌子，定期不定期听取各都市圈工作汇报，协调解决有关问题。

2. 以现代化都市圈空间布局创新，拉升江苏省内全域一体化

凸显热点，做深做实苏锡常都市圈，积极参与上海大都市圈建设，打造长三角区域乃至全国一体化发展示范区。突出重点，以跨江通道建设促进跨江融合发展，加快南京都市圈内宁镇扬一体化的步伐，促进苏通、锡常泰等跨江都市圈的形成，建设跨江都市圈，实现扬子城市群与沿海发展带动和江淮生态经济区的大协同。突破难点，以现代交通运输体系建设增强淮河生态经济带与扬子江城市群的对接能力，在稳步推进徐州淮海经济区中心城市建设、促进四省十市共建的同时，以更加务实的态度推动江苏境内徐州都市圈（徐州、连云港、宿迁）发展，为苏北发展赋能。填补盲点，在抓好南京、苏锡常、徐州都市圈的基础上，规划培育由南通、泰州、盐城组成的南通都市圈，更好地对接上海大都市圈和苏南发展，建设长三角城市群北向发展的"蓝色板块"，着力扭转长三角北翼弱小的被动局面。做强支点，充分发挥国家和全省重大战略优势，支持江北新区长江经济带的创新支点，支持泰州建设江苏高质量发

展中部支点城市，支持通州湾建设江苏新的出海口和长江经济带战略支点，连云港成为"一带一路"交汇点建设的"强支点"。充分借力加密过江通道等重大基础设施，促进无锡常州与泰州扬州地区的合作，做强常州、泰州和淮安三个江苏纵向中线的支点，促进"江苏中轴"快速崛起，东接上海大都市圈、西连南京大都市圈、南通杭州都市圈、北达徐州都市圈。以更加开放的视野推进都市圈建设，把发展轴、发展带与都市圈和城市群有机地链接起来，把江苏四沿战略与四大都市圈战略统筹起来，构建江苏省域一体化的"四梁八柱"。通过轴带引领战略和现代化都市圈拓展战略，打造长三角地区网络化发展格局，突破城市之间的刚性边界，增强城市之间的柔性连接和合作，把江苏打造成长三角地区乃至全国省域一体化发展的样板和示范。

3. 以现代化都市圈交通体系和产业体系创新，支撑江苏全域一体化

重大基础设施互联互通和重点产业分工协作是都市圈一体化发展的有形支撑。现代交通体系是现代化都市圈内部和都市圈之间协同的大动脉。现代交通运输体系的严重滞后，特别是高铁在苏中苏北地区的缺位，是现代化都市圈无法形成的最大瓶颈和重要约束。没有现代化的交通运输体系支撑，就没有现代化都市圈的形成。高铁站往往地处偏远，市内交通时间远远大于城际交通时间，是制约都市圈发展的重要因素。借鉴深圳福田区高铁建设经验，推动高铁进城，大力发展城际、市郊轨道交通，缩短通勤时间、大中心城市和中心城区通勤半径。都市圈中心城市与周边城市之间，除非已经发展成为连绵的城市带才适合建设地铁，否则宜建设城际快速铁路来解决主枢纽到主枢纽、主城区到主城区之间的交通问题。城际铁路建设，要坚持以我为主，苏中苏北要加快建设项目进度，尽快补短板，苏南要改变"有路无网"局面，着力在布局和功能的完善提升、强化南京枢纽地位和辐射带动作用上下功夫。通过建设轨道上的江苏，加强主要城市与枢纽城市之间的关联性，更好地带动省内全域一体化发展。随着中心城市能级的不断增加和交通条件的不断改善，都市圈的边界会不断地向周边拓展和延伸。在产业发展上，以推动都市圈内各城市间专业化分工协作为导向，推动中心城市产业高端化发展，夯实中小城市制造业基础，促进城市功能互补、产业错位布局和特色化发展。把都市圈战略与十三个产业集群结合起来，把苏南苏

北共建园区和开发区的经验和做法在都市圈内推广，鼓励实力强大的中心城市跨都市圈建设开发园区，大力发展都市圈内特别合作区和飞地经济。

4. 以现代化都市圈统一市场建设和文化认同创新，驱动江苏全域一体化

形成统一要素市场和理念文化认同，是都市圈发展的内在动力。市场经济发展到一定阶段，特别是跨越中等收入阶段迈向高收入阶段的时候，需要更好地集约，实现规模和集约效应。要坚持市场主导、政府引导，以打破地域分割和行业垄断、清除市场壁垒为重点，加快清理废除妨碍统一市场和公平竞争的各种规定和做法，营造规则统一开放、标准互认、要素自由流动的市场环境，充分发挥市场配置资源在都市圈形成过程中的决定性作用。要强化都市圈发展理念，增强干部和社会公众对抱团组圈发展的认同。都市圈思维是合作而非竞争思维，是共建共享共赢思维，解决问题的出发点更多地由个体向整体转变，由竞争向合作转变，由内部锦标赛向抱团参加更大范围的团体赛转变，由"你们"的局外人心态向"我们"的参与者心态转变。既要有新老朋友组成的松散性合作的大群，更要有三两个要好朋友组成的具有超强凝聚力的小群。要增强"群主"的影响力，增强群成员之间的互动，不要沦为空壳群，更不能演化成"红包"群。要保持整体协调协作的基础上，坚持线上线下互动相结合，鼓励群成员之间的联系，形成都市圈发展能量的正向叠加。以文化作为纽带，增强都市圈内的文化认同、身份认同、区域认同，强化都市圈发展的氛围，形成推动都市圈发展的强大合力。

5. 以现代化都市圈生态生活品质创新，诠释江苏全域一体化

江苏现代化都市圈，是美丽江苏建设的重要载体和生动体现，是江苏人民生活高品质的重要载体和生动体现。统筹生产生活生态布局，实现都市圈范围内资源要素的优化配置，是培育现代化都市圈的重要内容。推进省内全域一体化，需要以主体功能区规划为前提，把所有城市纳入现代化都市圈，并不是所有区域都要搞开发。现代化都市圈，既要有现代工业、现代服务业，还要有现代农业，不但要有现代化的城市，还要有现代化的乡村，不但要有现代化的硬件设施，还要有现代化的高品质生活，要使都市圈内的生态保护的协同和公共服务均等化，建设美丽江苏。

6. 以现代化都市圈体制机制创新，赋能江苏全域一体化

江苏省域一体化的最大的有形阻碍，是长江天堑的阻隔和苏中苏北地区交通网络的阻断；最大的无形障碍是行政区之间竞争的无形壁垒和高墙。不仅要打破交通瓶颈，更应当重点突围无形的壁垒，二者形成强大合力，推动江苏区域发展新能量的集聚、骤增和迸发。充分发挥省级党委政府和有关部门在都市圈发展过程中的重要作用，充分调动中心城市和周边城市两个方面的积极性，形成"省委省政府协调推动＋中心城市带动＋圈内城市合作互动"格局。坚持分类管理，针对都市圈不同的发展阶段，形成不同的政策体系。中小尺度的都市圈与较大尺度的都市圈分层推进，重点在中小尺度都市圈同城化一体化上发力。对于南京都市圈和徐州都市圈而言，短期内重点还是做好宁镇扬淮和徐连宿省内城市之间协同的文章，以小协同带动大协同。在两大都市圈边缘，通过加铆钉的方式，开展小区域的合作，从而带动大区域合作，使区域间联系更加稳固。现代化都市圈，要在尊重政治准则的基础上，重点推进平等合作机制的建立，由大大小小不同的单干户向发展共同体转变，向股份合作制转变，根据经济发展规模和实力分配决策的话语权，画出发展的同心圆。适应都市圈开放性结构特点，建设具有开放特点的体制机制，充分发挥契约制在都市圈中城市之间合作的约束作用。在高质量发展综合考核中，充分体现和强化现代化都市圈的目标导向。对现代化都市圈进行考核，对现代化都市圈内的中心城市作用进行考核，对每个城市在推进都市圈建设进程中发挥的作用和做出的贡献进行考核。

第九章

国家区域重大战略协同视角下生态创新湖区建设[①]

党的二十大报告鲜明提出新时代新征程上中国共产党的中心任务，强调中国式现代化，是人与自然和谐共生的现代化。报告指出，高质量发展是全面建设社会主义现代化国家的首要任务，要深入实施区域协调发展战略、区域重大战略、主体功能区战略、新型城镇化战略，优化重大生产力布局，构建优势互补、高质量发展的区域经济布局和国土空间体系；强调尊重自然、顺应自然、保护自然是全面建设社会主义现代化国家的内在要求，必须牢固树立和践行绿水青山就是金山银山的理念，站在人与自然和谐共生的高度谋划发展，坚持山水林田湖草沙一体化保护和系统治理，推动重要江河湖库生态保护治理，推行草原森林河流湖泊湿地休养生息。党的十八大以来，习近平总书记系统谋划实施了京津冀协同发展、长江经济带发展、粤港澳大湾区建设、长江三角洲区域一体化发展、黄河流域生态保护和高质量发展等区域重大战略。其中，长江经济带发展、黄河流域生态保护和高质量发展战略确立了国家的"江河战略"，京津冀协同发展、粤港澳大湾区、长三角一体化主要布局在东部沿海，在三大区域中心城市北京、上海、深圳周边，沿环白洋淀、淀山湖、松山湖分别落子布局雄安新区、长三角生态绿色一体化发展示范区、松山湖科学城，打造生态创新湖区和区域创新高地。在全面建设社会主义现代化国家新征程上，如何把高质量发展的首要任务与生态文明

[①] 部分内容参见笔者《中国式现代化区域协调发展的新路径：世界级生态创新湖区建设》，《江海学刊》2023年第2期。

的内在要求有机结合起来，在沿大江大河和沿海岸线构建经济带、发展带和城市群等战略的基础上，以现代交通为骨架，以江河湖海为血脉，提升大型湖泊周边城市区域的生态创新功能，形成以美丽生态为底色、以科技创新为硬核的区域协同发展共同体，打造中国式现代化高质量发展新样板新引擎，成为迫切需要研究的新课题。

第一节　现代城市和创新活动的亲水特征

水，孕育着世界万物生命，孕育着人类社会文明。从古到今，城市大多依江河湖海而分布，具有很强的滨水性，因水而生、因水而兴、因水而美，当今世界人类聚居重心仍然在不断地向滨水地区转移。美国环球健康与教育基金会主席肯尼斯·贝林认为："人类所使用的淡水资源，其实只占到地球全部水资源的万分之三，但人类重要的文明发展进程，都是围绕着这万分之三而发生的。"研究发现，世界上经济、社会和文化最发达的区域大多位于滨水、沿海地区，约60%的世界人口居住在距海岸100千米的沿海地区内；超过100万人口的城市中，60%分布于江河湖海地带。美国后现代主义建筑师查尔斯·摩尔曾说过，"滨水地区是一个城市非常珍贵的资源，也是城市发展富有挑战性的一个机会，它是人们逃离拥挤的、压力锅式的城市生活的机会，也是人们在城市生活中呼吸清新空气的疆界的机会"。在不具备相应的交通通达条件时，水特别是大江大河，有可能成为区域间沟通交流的阻隔，在具备通达通勤的条件后，水可以成为跨区域协调发展的纽带，这就是现有许多城市由沿江沿河发展到跨江跨河发展的重要原因。

一　跨区域协调视野下现代城市与水关系的重塑

党的十八大以来，在深入推进五大重大国家战略的同时，不断缩小发展单元，创新发展思路，更加注重区域协调和城乡协调，大力推进现代化都市圈和以县城为重要载体的城镇化，跨区域协同发展呈现一些新的特征，特别是在沿海、沿江、沿河、沿湖区域，以生态为底色、以创新为主题协作协同的趋势更加明显。

(一) 从并联发展到串联发展：跨区域协同发展模式的升级迭代

如果说改革开放初期，更多的是鼓励区域之间的竞争，更多地追求时间红利的话，那么进入现代化新征程，更多的是鼓励区域之间的合作协同，更多地追求空间红利；如果说在全球化时代下，追求更多的是发展外向型经济，区域经济以内生型、并联式为主，城市之间可以各自为战，甚至相互竞争，那么现在进入双循环时代，更多的是外生型、串联式发展，毗邻相近区域之间需要开展深度的区域协作。跨区域发展，经历了跨区域经济协作、跨区域发展协调到跨区域治理协同等不同阶段。当前，从跨区域协同发展的主要模式来看，主要有三种：一是重大轴带引领带动的区域协同发展战略，更多强调的是大江大河、高速铁路、快速通道流动轴的带动，比如，依托黄金水道的长江经济带，依托沪宁、沪杭、宁杭高速铁路快速通道的经济带，依托高速公路建设的G60科创走廊等，更多体现的是线状或者带状合作。二是中心城市引领的区域协同发展战略，更多强调的是发展核的带动，比如城市群和现代化都市圈。区域之间的合作方式，由带状区域之间合作拓展到圈层之间的合作，强化创新节点之间的物理连接，产生更多的化学反应。三是区域协同发展的重点领域，由陆域的协同到水域的协同，水域的协同又包括沿大江大河两岸的协同和沿湖周边的协同，由协同保护向协同发展转变。

(二) 从人定胜天到人与自然和谐：生态文明时代城市与湖泊关系的重塑

从五千多年前第一座城池的形成到今天的高楼林立，我国城市发展经历了农业文明、工业文明、生态文明三个阶段，每一阶段都有着独特的城湖关系，体现了人类对不同自然观的深化认识和规律把握。农业文明时期，受"顺应自然"的天人理念及落后生产力水平的影响，城市发展对于湖泊的作用是一种因天时就地利的小范围的合理利用，城湖关系表现为城市对湖泊资源的依赖，城市发展的趋势是近湖—向湖发展。工业文明时期，受"人定胜天"思想的影响，城湖的相互作用更多体现为城市对湖泊资源的过度利用，甚至成为城市的洗脚盆、污水池，城、湖呈现对立的作用关系，城市发展的趋势是向湖—跨湖发展。生态文明时期，"人地和谐"的生态自然观引导着城湖的相互作用逐渐趋向于均衡，城市对湖泊的开发强度已明显降低，对湖泊的保护力度逐渐加大，城湖关系开始向"和谐共处"的理想状态迈进，城市与湖泊关系由跨湖向协湖转变。① 在新发展理念和生态文明思想引领下，部分城市通过区划调整等手段，使城市向湖而生、沿湖而建，积极推动湖泊生态修复，实现城市与湖泊的融合发展。比如，安徽通过拆分原地级巢湖市，使巢湖成为合肥市的内湖；江苏淮安通过洪泽撤县设区，使淮安成为滨湖城市；太湖周边的苏州、无锡、常州、湖州等城市，不约而同地把目光集中在近湖区域，纷纷推出打造生态创新湖区行动规划。跨湖区协同创新成为生态文明时代区域协同创新的新趋势，中国式现代化进程中跨区域协同发展的新路径。

（三）从大江大河战略到湖泊湿地战略：区域协调发展战略的腹地纵深

习近平总书记指出："继长江经济带发展战略之后，我们提出黄河流域生态保护和高质量发展战略，国家的'江河战略'就确立起来了。"② 党的十八大以来，习近平总书记高度重视湖泊的综合治理和开发利用，在洱海边留下"立此存照"的约定，叮嘱让"苍山不墨千秋画，洱海无弦万古琴"的自然美景永驻人间；在察尔汗盐湖察看现代化机械采盐操作，要求"务必处理好资源开发利用和生态环境保护的关系"；看到滇池生态环境大为改善，强调"只要坚持生态优先、绿色发展，锲而不舍、久久为功，就一定能把绿水青山变成金山银山"，"保护重点湖泊湿地生态环境"，"聚焦河流湖泊安全"，"还给老百姓清水绿岸、鱼翔浅底的景象"。湖泊是地球之"肾"，盛水的"盆"，吃饭的"碗"。在国家海洋强国战略、江河战略体系建立之后，聚焦到跨区域的大型湖泊上，把传统的养殖业优势转化为新时代的科技创新优势，进一步凸显工业后发优势背景下生态优势的先发特征，把大型湖泊作为现代化都市圈协同发展的重要内容，建设美丽湖泊上的都市圈，对于推动跨区域协调战略向纵深发展具有重要意义。相对于国家重大区域发展战略而言，环太湖世界级创新湖区建设，是长江经济带发展的重要部分，是长江经济带由沿江两

---

① 陆涵：《城市空间形态发展与湖泊的关系研究》，硕士学位论文，武汉理工大学，2011年。
② 《大河奔涌，奏响新时代澎湃乐章——习近平总书记考察黄河入海口并主持召开深入推动黄河流域生态保护和高质量发展座谈会纪实》，《人民日报》2021年10月24日第1版。

岸协作向纵深腹地拓展的重要途径；同时也是长三角区域一体化国家战略的重要组成部分和重要标志，是长三角地区上海、南京、杭州、合肥四大都市圈的连接纽带。

（四）从乐业安居到安居乐业：信息时代新地理的发展逻辑

城市因水而兴，因废水而衰。《全球城市史》作者、美国未米学家乔尔·科特金在《新地理——数字经济如何重塑美国地貌》一书中提到，在工业文明时期，哪里靠近港口、公路或者原材料产地，哪里更有钱。而今天最重要的资源已经不再是自然资源，而是获取高技能劳动力，尤其是科学家、工程师和其他专业人士的能力。很多人认为，随着互联网和通信技术的爆炸性变革，以及工作地点的选择更加自由，地点的重要性似乎大大减弱了。但乔尔·科特金发现：恰恰相反，地点从未像现在这样重要，在信息时代，经济从对自然资源或廉价劳动力的依赖中解脱出来，比历史上任何时期都更加需要找到最理想的地点。数字经济时代的城市发展，有个重要的逻辑叫"新地理"。简单来说，在工业文明时期往往是"乐业带动安居"，而在科技文明时期是"安居带动乐业"；"哪里更宜居，知识分子就选择在哪里居住；知识分子选择在哪里居住，人类的智慧就在哪里聚集；人类的智慧在哪里聚集，最终人类的财富也会在哪里汇聚"。从某种意义上说，风景与创新要素之间的相互促进，有风景的地方就有创新，现代社会创新资源更多地向风景好的地方集聚，创新经济就是风景经济，美丽风景与美丽经济、好风景与好前景在现代社会具有很强的孪生性。如果说，在工业文明时代，有产业的地方应有人才集聚，那么在生态和科技文明时代，项目跟着创新走，创新跟着人才走，人才跟着生态走，当然，这个生态既包括自然环境生态，也包括创新生态和服务生态。在当今全球化时代，城市的竞争力要求既要连接全球网络，即流通空间，又要塑造地方特质，即场所空间。而世界湖区顶级的生态环境、景观资源、历史底蕴和浓郁的文化氛围，是吸引创新人才的永恒秘诀。未来的城市发展动力不仅是工业化，还有以宜居生活环境吸引创新人才，从而培育新经济驱动城市发展。特斯拉总部从加州搬到德州，除了加州的高额税收，马斯克的解释是："加州房子太贵了，员工们买不起房子。而德州超级工厂占地2000英亩，濒临科罗拉多河，本质上就是一个生态公园。那里有木板路、有自行车道、有溪流、有鸟、有蝴蝶……最重要的是，那片区域内只有特斯拉（不用因疫情关闭工厂）。"

（五）从创新湾区到创新湖区：世界创新发展风口的拓展

长江三角洲地区，具有通江达海的优势，我们也可以将其理解为一个大的江湾海湾。随着长江经济带发展和长三角一体化战略深入实施，在新发展理念引领下，在长江经济带共抓大保护、不搞大开发的新时代背景下，在数字经济和创意经济时代，如何拓展江湾和海湾的纵深，大力发展生态湖区、创新湖区和湖湾经济，值得我们认真思考。如果说海湾更多地与港口、港城、产业和交通枢纽、大出大进结合得更紧，更多地追求速度和效率，注重产业创新和开放型经济的话，那么湖湾更多地侧重于生态、创新、人文，与生态环境、创新氛围结合得更紧，更多地注重动静相宜，注重基础创新和创新型经济，实现了从产业协同到生态协同、创新协同的跃升。协同发展的重点，从尺度更大的沿海湾区转移到尺度相对适宜的内地湖区，是梯次发展、拓展发展空间的需要。比如上海、天津，浦东新区、滨海新区的发展，近海的空间已经十分有限，城市的发展需要拓展新的空间。上海"十四五"规划：率先探索将生态优势转化为经济社会发展优势的新路径，加强环淀山湖区域生态环境综合治理和功能提升，打造具有影响力的世界级湖区。上海提出五个新城，其中青浦新城更多的是基于生态资源的优势。在京津冀协同发展的进程中，雄安新区的选址，充分考虑了白洋淀的湖泊优势。新发展湖区，大多处于反磁力中心，随着生态环境的吸引和发展资源的集聚，有利于形成新的发展极。华为从深圳到松山湖，高科技企业的成长表明需要更低的发展成本，更好的生产和生活空间，创新资源需要在一个新的场域集聚。从海湾到湖湾，从沿海到沿湖，湖区成为人才和创新的集聚区，成为次级城市群和现代化都市圈的重要链接。新发展理念统领下的现代化城市群，是体现人与自然和谐共生、追求绿色低碳发展价值的宏大空间载体，既是高质量发展的动力源，也是高品质的生活圈、美丽幸福家园的样板。[①]

[①] 李程骅：《中国特色城市群现代化道路的价值引领与实践进路——以扬子江城市群为样本》，《江海学刊》2022年第2期。

二 国内外创新湾区湖区等滨水区的主要经验做法

（一）西方国家现代化进程中沿湖地区生态协同的经验借鉴

西方国家在现代化进程中，由于对自然资源的过度开发利用和粗放式掠夺式发展对环境的大肆破坏，湖泊环境受到严重污染，发展难以为继，甚至导致许多人从湖区逃离。正是意识到人与自然、城市与生态关系的极端重要性，一些地区从治理湖泊入手，重塑城市发展的自然生态，同时，以优美的环境吸引科技创新资源的集聚，开始出现一批生态创新湖区。比如，美国西雅图华盛顿湖区、欧洲的日内瓦湖和博登湖创新湖区、日本的琵琶湖和筑波科学城等。

1. 美国西雅图华盛顿湖区："雷尼尔效应"

19世纪前后，西雅图还是一个靠伐木业发展的城市，但随着时间的推移，其高科技发展加速，波音、微软、亚马逊、星巴克、好市多等多家世界500强公司均环华盛顿湖而聚集，西雅图发展成为一个全球著名的科技中心。同时，更低的生活成本、更优质的生活环境也吸引着越来越多技术企业落户西雅图。比尔·盖茨更是在华盛顿湖区居住了40年之久。生态优先，环湖自行车道、环湖公园系统使西雅图被誉为"翡翠城市"，被《财富》杂志评为"最佳生活工作城市"。科技与服务、产业与生活平衡得恰到好处，众多的跨国公司总部及大型分支机构，以高科技产业为主导，带动湖区发展。目前，西雅图一半以上的人口拥有学士或以上学位。华盛顿湖等大大小小的水域星罗棋布，天气晴朗时可以看到美洲最高的雪山之一雷尼尔山峰，华盛顿大学的教授们由于留恋西雅图的湖光山色，宁意接受较低的工资，也不到其他大学去寻找更高报酬的职位，被华盛顿大学的教授们戏称为"雷尼尔效应"。甚至有种说法，华盛顿大学的教授的工资，80%是以货币形式支付的，20%是由美好的环境来支付的。

2. 日内瓦湖创新湖区："无边界"的差异有序开发与统一管控

日内瓦湖位于瑞士和法国交界，是阿尔卑斯湖群中最大的一个，面积约510平方千米，是以会展、运动、艺术、文化为主要产业，多组团、多功能城镇相连构成的综合性世界湖区、无边界国际旅游目的地。1960年，日内瓦湖因为大量的污水、废水排放，造成了严重的污染，一度成为"死湖"。瑞士和法国通过跨国协调，联合设立了日内瓦湖保护国际委员会，通过了治理与保护公约，州政府层面修改水资源管理相关法律，制订湖河自然恢复计划，打通产业边界开展协作。地方政府层面，成立日内瓦湖保护协会（ASL），发起清洁河流行动（ORP）、日内瓦湖岸清洁行动（OLRP）。在城市风貌控制上，沿湖建筑须退湖30米；建筑式样需统一，颜色要报州政府的"色彩委员会"批准。在产业经济上，"和而不同"的特色产业经济＋共建集群的生命健康产业＋挖掘历史资源、链接古今的人文艺术产业，环日内瓦湖区旅游城镇，各自选择不同的旅游产业发展重点，从而形成了国际会议之都日内瓦、奥林匹克之城洛桑、世界疗养区蒙特勒、世界音乐盒之都圣科瓦、世界文化遗产地拉沃、世界葡萄酒美食城维威、湖景温泉小镇托农莱班、中世纪渔村伊瓦、中世纪最美小镇威尔苏瓦等著名小镇品牌。在资源开发上，秉承"无边界"的差异有序开发与统一管控，以共有资源的整体营销为导向，通过环湖合作、山地合作、山水合作等联动策略，整合资源，统一管理和整体营销，形成主题交通，串联不同区域的目的地，实现"山、水、城、乡"一体化。

3. 欧洲博登湖：湖镇共同发展

博登湖位于德国、瑞士、奥地利三国交界处，面积540平方千米，由三国共同管理，是德国最大的淡水湖，也是知名的"三国湖"。博登湖周边散布着30多个城镇，有220万人在湖区周围居住和工作。1959年，三国成立了博登湖国际保护委员会，专门负责协调保护博登湖的水质。经过20年的努力，博登湖的磷含量降为1959年的1/10，水质达到婴儿食品标准。[1] 博登湖结合湖滨城镇开发了以参观博物馆、历史建筑和遗迹为主的观光文化游，以散步、野营、徒步旅行和山地自行车等为主的体育运动游，以及以参与各城镇特色节日为主的节日庆典游等。博登湖采取湖镇联动模式，将周边城镇囊括进湖泊度假区进行整体开发，从而有效地丰富了湖泊旅游产品种类，同时，建设成熟、完备的旅游基础设施，打造了极其便利的交通组织网络。周边城镇可以通过火车和可载小车的

---

[1] 高晓：《德国、瑞士、奥地利三国共管　博登湖水质达婴儿食品标准》，《环境与生活》2014年第13期。

轮渡，一小时内到达周边大城市，距湖38千米有机场，吸引了数量更多、类型更多样的游客群体。

4. 法国索菲亚科技园：生机与活力并重

该园全称"索菲亚·安得波利国际智慧、科学与技术园"，坐落在法国南部阿尔卑斯—滨海省风景如画的自然保护区内、世界闻名的休闲地带"蓝色海岸"。这里有法国最大的港口——马赛，著名的国际电影城——戛纳，美丽的滨海旅游城市——尼斯，古罗马帝国时代的名城——尼姆，还有世界驰名的赌城——蒙特卡洛。该园区目前吸引了来自60多个国家和地区的1300多家企业和30000多名科研人员，年创税收总额超过30亿欧元。索菲亚科技园注重高科技研发和技术咨询培训等高端产业活动，成为法国高科技交流和新兴企业培植的中心，被称为法国"硅谷"。把园址选在这里，一是因为地处"蓝色海岸"的阿尔卑斯—滨海省多少年来一直靠旅游业为生，经济活动单一，建立科技园区可以优化经济结构；二是因为这里交通便利，距位居法国第二的尼斯国际机场仅20多千米，具备吸引外来企业和外来资金的条件。

5. 日本筑波科学城：人和绿色共存的田园都市

位于东京东北部大约60千米的茨城县土浦市，北依筑波山，东临霞浦湖，自然环境十分优美。这里原来是村落稀少的一片丘陵，日本政府用了十几年的时间，投资上万亿日元，建成一座崭新的、布局井然、规模宏伟的大学科学城，日本所夸耀的"头脑城市"——"筑波研究学园都市"。日本政府于1961年就提出建设筑波科学城的设想，日本前首相田中角荣在他所著的《日本列岛改造论》大学篇中提出：大学密集在大城市，过分集中。应该实行"地方分散"的方针，宜选择"山麓湖畔，阳光充足，绿树成荫，山清水秀的开阔之处"建设"大学科学城"。1963—1973年，日本政府开始主导蓝图建设。首先，设立新技术园区管理机构，明确开发建设与管理主体。同时，制定相关规划与法令，制定研究教育机构的迁建工作计划，成立了筑波大学。日本政府通过"高技术工业及地域开发促进法"，专门举办了筑波世界博览会。进入20世纪90年代，为适应日本老龄化、少子化以及产业结构调整的需要，筑波科学城提出"新筑波计划"，将21世纪的筑波科学城的功能定位为科学技术中枢城市，都市圈内的核心城市，生态、生活、模范城市，2011年筑波正式开启国际战略综合特区建设，构建绿色生活基底，营造国际宜人的生活氛围。筑波科学城农田及公园绿地占总面积的65%以上，在规划之初就秉持了"科学城的建设应该尽可能地使各种活动达到有机的联系"。同时，通过保护自然环境和历史遗产，让科学城的建设能够帮助居民保持健康和文明的生活的规划理念。经过40余年的发展，这里已经成为人和绿色共存的田园都市。以公园作为最主要的绿斑块，将城市溶解在绿色中。筑波市在日本被评价为"舒适生活""安心育儿"的城市之一，有146个城市公园保证了居住者的安全与绿色惬意生活；以绿道连接公园，形成人在画中游的效果；公园之间用全长48千米的步行者专用道路进行连接，既保证了美丽的景观，又使得居住者的安全被重视起来；学院化的布局，彰显园区的学院化气质。

6. 日本琵琶湖：全球重要农业文化遗产

琵琶湖面积大约670平方千米，是日本第一大淡水湖，临近京都、奈良，横卧在大阪和名古屋之间，是日本近年来经济发展速度最快的地区之一。20世纪60年代以来，日本经济高速增长，琵琶湖环境遭到严重的污染与破坏——水质下降、赤潮、绿藻时有发生，浅水区更是漂满了各种生活垃圾。为了应对琵琶湖生态恶化的现象，日本政府全面启动"琵琶湖综合发展工程"，当地政府和居民同心协力，加强对琵琶湖的综合治理和公害防治，采取截污、治山养水和广泛进行环境保护科普教育工作的方法来治理湖泊污染。后来水质明显好转，透明度达到6米以上。1984年8月，以创建更加和谐的人与湖泊环境为主题，滋贺县举办了第一届世界湖泊会议。琵琶湖被列入《湿地公约国际重要湿地名录》，成为全球湖泊水环境治理的范例，琵琶湖地区林—田—湖农渔系统被联合国粮农组织（FAO）认定为全球重要农业文化遗产。当地政府还与联合国环境计划署合作设立技术中心，在高标准的污水处理要求下，催生了本地强大的化工材料、环境技术产业——以制作反渗透膜起家的东丽公司，成为碳纤维材料领域的全球领军者。

（二）中国式现代化视野下国家区域重大战略与生态创新湖区建设的实践探索

如前所述，党的十八大以来，国家和地方在实施京津冀协同发展、粤港澳大湾区建设、长三角一体化发展等区域重大战略过程中，在政府和市场共同作用下,沿或者环白洋淀、松山湖、淀山湖,分别落子布局雄安新区、松山湖科学城、长三角生态绿色一体化发展示范区,逐步成为生态创新湖区和区域创新高地,与此同时,上海、杭州、武汉等城市纷纷实施滨水战略。

1. 京津冀协同发展国家战略与雄安新区

2018年11月,中共中央、国务院明确要求以疏解北京非首都功能为"牛鼻子"推动京津冀协同发展,调整区域经济结构和空间结构,推动河北雄安新区和北京城市副中心建设,探索超大城市、特大城市等人口经济密集地区有序疏解功能、有效治理"大城市病"的优化开发模式。习近平总书记高度重视雄安新区建设,"千年大计"将生态环境保护放在重要位置,反复强调要着力建设绿色、森林、智慧、水城一体的新区:"建设雄安新区,一定要把白洋淀修复好、保护好","当时选址在这,就是考虑要保护白洋淀,而非损害白洋淀。城与淀应该是相互辉映、相得益彰";"先植绿、后建城,是雄安新区建设的一个新理念。良好生态环境是雄安新区的重要价值体现。'千年大计',就要从'千年秀林'开始,努力接续展开蓝绿交织、人与自然和谐相处的优美画卷","蓝天、碧水、绿树、蓝绿交织,将来生活的最高标准就是生态好。"

2018年4月,河北省发布《河北雄安新区规划纲要》,起步区空间布局顺应自然、随形就势,综合考虑地形地貌、水文条件、生态环境等因素,科学布局城市建设组团,形成"北城、中苑、南淀"的总体空间格局。"北城"即充分利用地势较高的北部区域,集中布局五个城市组团,各组团功能相对完整,空间疏密有度,组团之间由绿廊、水系和湿地隔离;"中苑"即利用地势低洼的中部区域,恢复历史上的大溵古淀,结合海绵城市建设,营造湿地与城市和谐共融的特色景观;"南淀"即南部临淀区域,通过对安新县城和淀边村镇改造提升和减量发展,严控临淀建设,利用白洋淀生态资源和燕南长城遗址文化资源,塑造传承文化特色、展现生态景观、保障防洪安全的白洋淀滨水岸线。科学构建城市空间布局,坚持城乡统筹、均衡发展、宜居宜业,形成"一主、五辅、多节点"的城乡空间布局。统筹生产、生活、生态三大空间,构建蓝绿交织、疏密有度、水城共融的空间格局。坚持生态优先、绿色发展,加强白洋淀生态环境治理和保护,雄安新区蓝绿空间占比稳定在70%,逐步恢复白洋淀"华北之肾"功能。2018年12月，河北省印发《白洋淀生态环境治理和保护规划（2018—2035年）》，对流域生态治理进行全面部署。规划从流域治理角度出发，统筹考虑水量、水质、生态三大要素，以白洋淀水质、水生态恢复目标为抓手，通过补水、治污、清淤、搬迁等措施综合治理，全面恢复白洋淀"华北之肾"功能，使"华北明珠"重放光彩。为全面保护白洋淀湿地生态系统，提升白洋淀生态服务功能，规划确定了约96平方千米的生态功能区。规划指出，雄安新区构建"一淀、三带、九片、多廊"生态空间格局，打造蓝绿交织、清新明亮、水城共融的生态城市。

2. 粤港澳大湾区建设国家战略与松山湖科学城

2019年2月，国家印发《粤港澳大湾区发展规划纲要》，主要目标是建成充满活力的世界级城市群、国际科技创新中心。2020年7月，国家发改委、科技部批复同意东莞松山湖科学城与深圳光明科学城共同建设大湾区综合性国家科学中心先行启动区。科学城北接松山湖，南靠巍峨山，呈现背山面湖的山水生态城市格局，总规划面积90.52平方千米，与规划面积99平方千米的深圳光明科学城直接相连，共同构成190平方千米大湾区综合性国家科学中心先行启动区的主体。松山湖科学城拥有8平方千米的淡水湖，14平方千米的生态绿地，300多千米的生态绿道，绿化覆盖率超过60%；建成松湖烟雨等总面积达350万平方米的国家AAAA级旅游景区以及燕岭湿地等总面积约650万平方米的国家城市湿地公园，可谓"半城山色半城湖"。根据《松山湖科学城发展总体规划（2021—2035年）》，松山湖科学城将以打造具有全球影响力的科学城为总目标，努力建成重大原始创新策源地、中试验证和成果转化基地、粤港澳合作创新共同体、体制机制创新综合试验区。遵循"科技共山水一色，新城与产业齐飞""生态与产业并举，创业与宜居并存"的规划理念，松山湖科学城空间布局为"北湖南山、一核四区"。"北湖南山"是指彰显北湖、南山的生态区位特色，保育山湖生态绿核，修复山湖生态联系，建立"双核、多廊"的生态安全格局。依托北湖南山的稀缺景观资源，重点在依山环湖布局科技研发功能，营造一流的科研环境与氛围。"一核四区"是指依托中国散裂中子源等重大科技基础设施打造大装置集聚区为核心，布局大学院所、新材料产业、新一代信息技术与生命科学、深莞科技成果合作"四区",推动产业链、创新链、人才链、生态链等多链融合协同发展。松山湖科学城坚持以"源头创新—技术创新—成果转化—企业培育"创新全链条为"四梁",以重大科技设施、重大科研平台、高水平研究型大学、新型研发机构、科技型龙头企业、高端创新人才、高品质城市配套、一流创新环境为"八柱",部署构建基础科研体系、推动核心技术研发、深化体制机制创新、加强区域开放合作、提升城市综合服务五大实施策略。建设宜研宜业宜居科学新城。加强国际水准的城市环境与基础设施建设,提升公共服务供给能力和水平,与国际国内科创要素高效互联,率先推进科技应用场景建设,科技引领建设运转高效的智慧城市、生态优先打造山水特色的公园城市、以人为本营造人文宜居的科学家园。

3. 长三角一体化发展国家战略与长三角生态绿色一体化发展示范区、淀山湖战略协同区、环太湖战略协同区

2018年11月,习近平总书记在首届中国国际进口博览会上宣布,支持长江三角洲区域一体化发展并上升为国家战略。2019年10月,国家发改委公布《长三角生态绿色一体化发展示范区总体方案》,12月《长江三角洲区域一体化发展规划纲要》公开发布。长三角生态绿色一体化发展示范区横跨沪苏浙,毗邻淀山湖,位于上海青浦、江苏吴江、浙江嘉善三地,面积接近2300平方千米。"水乡客厅"位于沪苏浙交界处,是依托长三角原点,由两省一市共同打造的功能样板区,也是长三角生态绿色一体化发展示范区"核心中的核心"。"水乡客厅"并不是传统意义上的CBD,其立足世界眼光、国际标准、中国特色,以"绿色示范、创新引领、基因传承、交通支撑"为发展策略,力争成为生态绿色高质量发展的实践地、跨界融合创新引领的展示区、世界级水乡人居典范的引领区。"水乡客厅"的格局主要包括"一厅三片",其中"水乡客厅"位于两省一市交界处,从长三角原点向外辐射,实行跨省域统一规划,作为长三角共建的公共空间,面积约35.8平方千米。所谓"三片"是指青浦西岑科创中心、吴江高铁科创新城、嘉善祥符荡创新中心。除了"一厅三片",示范区还在建设"一链三网"。"一链"是蓝色珠链,"三网"包括多层次的轨道交通网络、跨域信息基础设施网络等,通过连路成网、打通经脉推动要素的跨域流动。

在长三角一体化发展大框架下，2022年9月，上海会同江苏、浙江省共同发布《上海大都市圈空间协同规划》。该规划提出，综合考虑太湖等重要生态系统协同的需求，最终明确本轮上海大都市圈范围为"1+8"市域行政范围。规划指出，这里是一个水脉相依、河网密布的生态圈，文化同源、人缘相亲的文化圈，紧密流动、横向联运的功能圈。基于该地区生态资源和江海河湖结构，在网络型空间结构上，上海大都市圈设立环太湖、淀山湖、杭州湾、长江口和沿海地区五个战略协同区，均强调生态、绿色、蓝色、创新等要素，目标均指向世界级。其中，环太湖战略协同区总面积1.3万平方千米，包含苏州、无锡、常州、湖州的16个县（市、区），目标是共建人与自然和谐共处的世界级魅力湖区，在生态方面，共守生态底线，共建绿色湖区；创新方面，加快推进环太湖科创圈建设；人文方面，保护历史文化遗产，彰显差异化文脉与空间特色，塑造多姿多彩的活力湖区；交通方面，填补环湖轨交线网短板，打造多级环湖快速通道。淀山湖战略协同区总面积0.33万平方千米，包含上海青浦区、苏州吴江区、昆山市、嘉兴的嘉善县，目标是共塑独具江南韵味与水乡特色的世界湖区，打造世界级滨水人居文明典范。创新方面，共营临沪发展的创新高地；交通方面，共建快到慢行的零界地区；生态方面，共保天蓝水清的湖畔家园，建设清水走廊与品质水系空间；人文方面，共筑人文宜居的江南水乡，营造都市近郊游的"世界慢湖区"。

环太湖区域内长江经济带发展、长三角一体化发展、G60科创走廊、苏锡常都市圈，长三角生态绿色一体化发展示范区、苏皖合作示范区等国家和区域重大战略在此交汇叠加。2020年11月，在第二届苏锡常一体化发展合作峰会上，苏锡常三市决定共建太湖湾科创带。2020年12月，科技部发布《长三角科技创新共同体建设发展规划》，明确提出支持环太湖科技创新带发展。2021年5月，长三角地区主要领导座谈会上，上海嘉定、青浦，江苏苏州、无锡、常州，浙江嘉兴、湖州和安徽宣城等环太湖城市签订《共建环太湖科技创新圈战略合作框架协议》，提出"四圈一标杆"战略目标，四圈即全球性科技创新策源圈、国际化高端产业引领圈、世界级生态湖区和创新湖区先行圈、高品质未来城市群协同发展示范圈，一标杆即具有国际竞争力和全球影响力的长三角科技创新共同体标杆。苏州"十四五"规划提出，推进长三角生态绿色一体化发展示范区建设，积极融入淀山湖世界级湖区；加快共建环太湖世界级湖区，共同打造环太湖生态创新带，共建环太湖国际旅游目的地等。无锡"十四五"规划提出，把建设太湖湾科技创新带确定为"头号工程"，加强与苏州、常州、湖州、嘉兴等环太湖城市联动，共同打造环太湖科技创新圈。常州"十四五"规划提出，重点推进西太湖科技产业园、西太湖国际健康城，推进太湖湾科创带建设，共建环太湖科技创新圈，开展环太湖生态经济圈政策合作。2022年5月，常州发布《两湖创新区总体概念规划》，围绕"新城市、新产业、新人才"三大主题定位，在滆湖、长荡湖区域打造"生态创新区、最美湖湾城"。浙江省湖州"十四五"规划提出，全面加强与苏锡常合作，共建环太湖高质量发展城市圈；加速湖湾极化崛起，突出南太湖新区核心引擎地位，建设极具魅力的世界级黄金滨湖岸线；等等。

4. 上海、杭州、武汉等城市的滨水发展趋势

上海在发挥滨海优势的同时，重点将一江（黄浦江）一河（苏州河）一湖（淀山湖），打造为世界级滨水区和创新湖区。2021年8月，《上海市"一江一河"发展"十四五"规划》发布，提出将黄浦江沿岸打造成为彰显上海城市核心竞争力的黄金水岸和具有国际影响力的世界级城市会客厅，将苏州河沿岸打造成为宜居、宜业、宜游、宜乐的现代生活示范水岸，实现"工业锈带"向"生活秀带""发展绣带"的转变，将"一江一河"滨水地区打造成为人民共建、共享、共治的世界级滨水区。细化为5个分目标：一是努力打造高品质的滨水公共空间。黄浦江两岸实现新增滨水贯通岸线约20千米，新建滨水大型绿地及公共空间约400公顷。苏州河沿线实现中心城区42千米岸线全面贯通开放，新建滨水绿地及公共空间约80公顷。二是努力打造文化内涵丰富的城市公共客厅。重点推动20余处高等级公共设施建设，推动"一江一河"沿线约33万平方米历史建筑及工业遗存保护和更新利用。三是努力打造城市核心功能的重要承载地。"十四五"期间黄浦江两岸地区推进总量约700万平方米商业、商办楼宇建设及核心产业功能入驻。四是努力打造功能复合的蓝绿生态走廊。五是努力打造滨水地区精细化治理示范区。关于"一江一河"地区的发展，黄浦江沿岸地区主要涉及八个方面共140余项具体任务，苏州河沿岸地区主要涉及六个方面共90余项具体任务。

2001年7月，杭州大剧院破土动工，钱江新城开发建设正式启动，拉开了"城市东扩、旅游西进、沿江开发、跨江发展"的帷幕。从"西湖时代"到"钱塘江时代"，又从"跨江发展"迈步到"拥江发展"，二十年来，杭州城市格局正在改变，新世界级滨水活力区形象初现，钱江新城由1.0迈入2.0新时代。武汉有166个湖泊，水体占市域面积26%，水优势是武汉决胜未来的核心竞争力。围绕着166个湖泊，武汉提出"大湖+"理念，探索"大湖+"环境保护、"大湖+"产业创新、"大湖+"生产生活生态融合等发展模式，提高市民生活品质，吸引全球高效产业、高端人才、顶级企业在汉集聚，向最具宜居品质的滨水生态绿城和世界亮点城市迈进，打造世界城中湖典范。

（三）国内外主要生态创新湖区建设发展的经验启示

世界级生态创新湖区的界定：世界级需要有一定的等级和参照，从等级上来说相当于最高级，从参照上来说要比肩世界最前沿。生态是创新湖区的限定词，也是能够成为创新湖区的前提条件。创新湖区是新发展阶段协调发展的新高地、新动力，是创新经济时代区域分工的必然。这里的创新湖区既包括科学创新、技术创新、产业创新，也包括文化创新、思路创新和制度创新等。将生态人文优势和创新经济进行有机结合，这是对传统风景区转型发展新动力和新模式的一种探索。在这里，如果说发展是第一要务、人才是第一资源、创新是第一动力的话，那么环境则是第一引力，生态环境的质量决定着创新资源与人才的集聚整合融合。国内外主要生态创新湖区建设，给环太湖世界级生态创新湖区的打造带来了有益的启示。

1. 创新活动亲水，新经济在向风景怡人的地区集聚

仁者乐山，智者乐水。亲近自然、依山傍水，是现代创新区域的重要特点。上海张江、安徽合肥、北京怀柔、大湾区综合性国家科学中心，浦东新区、滨海新区、江北新区、雄安新区等国家级新区，大多具有滨海、滨江、滨湖等滨水特征。工业时代以制造业和重型工业为主，滨水具备大型运输的便利和节约运输成本的优势；数字时代以现代服务业为主，轻型经济、智力服务业、产品轻型化或者数字化，不需要大型运输。工业化时代，严重的水污染一度让人们逃离滨水地区。生态化时代，水污染的治理让人们重回滨水地区。从沿海到沿江，从沿河到沿湖，从湾

区到湖区,创新活动和创新经济始终在向水而生,不断地引领着区域发展和社会进步。创新资源向风景优美的地方集中,阳光灿烂山清水秀的山水生态城市更适合创新,一切创新活动都在空气中,把最美的地方留给创新、创业、创造,成为越来越多城市的选择。科学家、工程师、艺术家和设计师等创意阶层的聚集,才能促使"科学"产生美第奇效应。①

2. 生态创新湖区的生态与创新互为条件、融为一体

生态创新湖区,首先是生态湖区,所有的创新湖区都有生态的要求。生态环境治理是湖区发展的前提条件,生态湖区是创新湖区的基础。要成为创新湖区,必须把握创新资源集聚的规律,需要具备相应的条件:第一,必须是淡水湖泊,咸水湖泊利用的难度较大。第二,湖泊周边环境具有相对稳定性,比如一些承担泄洪功能的湖泊,不同季节水位落差较大,如洞庭湖和洪泽湖等,而太湖具有水位和湖泊边界的相对稳定性。第三,湖泊与城市之间有比较近的天然距离。生态湖区是创新湖区的基础和保障,宜居怡人是湖区能够集聚创新资源的第一要素。没有美丽宜居宜创的自然生态和制度创新环境作为基础,亦无法集聚创新资源打造创新湖区,更无法承担集聚创新资源的功能,湖区的比较优势就不复存在。湖区的发展一旦饱和、城市拥挤、生活的舒适感下降,创新资源就有可能向其他地方转移。生态湖区和创新湖区,是一枚硬币的两面。没有生态湖区作为基础,就无法吸引一流的人才,就无法建设创新湖区;没有创新湖区作为目标,整个区域在新的历史阶段创新发展、可持续发展就缺少动力。有风景的地方就有创新,生态湖区向创新湖区的发展,由污染治理,到生态旅游,再到创新创业的转变,从生态涵养到生态价值释放,把协同保护的合力转化为协同创新的合力,把生态优势转化为创新优势,从而实现从发展工业导致污染的恶性循环转向生态治理创新发展的良性循环,从追求眼前的经济效益到追求更加长远的创新效益的转变和跃升。

3. 江河湖海的联通性是生态创新湖区形成的重要条件

长三角区域,珠三角区域,都具有水系发达、江河海高度连通的特

---

① 美第奇效应:以不同学科的交叉和不同领域的交流作为基础的面向未知的创新,以实现思想更加充分和广泛的融合,从而形成多学科、跨领域的交叉思维。

点。与珠三角相比，长江下游的湖泊更加密集，面积更大；与长江中游相比，虽然长江上游的湖泊众多体量也比较大，但由于与海的连通性较弱（需要通过长江，距离较长），因此江河湖海的连通性也不如长三角。从环太湖地区来看，江河湖海所形成的天然连通性，既是江南文化形成的逻辑起点，也是引致江南繁荣的重要线索。在某种意义上，以新的"江河湖海"建构起新的连通性，进一步提升连通能级，充分释放连通所赋予的能量，应该成为长三角高质量创新的起跳点，迫切需要建构起支撑长三角区域高质量创新的新的"江河湖海"[①]。

4. 创新湖区需要具有相对完整的城市功能

生态创新湖区，以创新为主的新型城市形态，体现了以人为中心的发展理念，是生产生活生态的有机统一。其既不同于传统意义上的主城区，也不同于远离主城区的郊区，而是具有重要创新策源功能的创新特区和发展模块。既不能把湖区建设成为生产车间，工作和科研场所，只发展产业建设科研机构，下班后还要长途奔波和跋涉到市区居住，又不能过分开发房地产，把创新湖区变成睡城。创新湖区是城市的有机体，与城市的中心区域既具有紧密的联系，又能够少几分城市的喧嚣和浮躁，保持几分幽静和清闲，使创业者能够静下心来搞研究、搞创新。让水与城重归于好，让创新与生态双向奔赴，创新湖区的发展要多留白。生态湖区创新湖区建设，不是新一轮土地市场和房地产市场的狂欢，而是要控制房地产开发的比例规模，控制建筑物的高度和容积率，保证生态绿地的面积，不喧嚣，不堵车，不拥挤，实现职住平衡，减少通勤压力，避免拥堵等大城市病的发生，确保居住生活工作环境的舒适性。高房价和高税收，对优质人才形成一定的驱赶效应，要考虑到发展的可持续性，不能让今天的发展成为明天的负担，避免硅谷变成"鬼谷"，湖区变成"糊区"。

5. 创新湖区是城市群和都市圈的一种特殊形态

湾区的开放性，在产业发展的过程中更多地考虑运输的便利，可能发展重型工业；湖区的内聚性，在产业发展的过程中更多地考虑创新的

[①] 陈强：《以新的"江河湖海"赋能长三角高质量创新》，《文汇报》2021年1月5日第12版。

环境，包括生活的宜居性，更多地发展轻型工业。跨江的城市，要拥江发展；沿湖的城市，要向湖而兴。与都市圈不同，都市圈需要中心城市的带动，创新湖区更强调城市之间的协同，需要由中心—外围的圈层合作协同的方式，过渡到环湖周边合作协同的方式，由单中心的合作协同方式，转变成多中心的合作协同方式，创新湖区更需要在协调发展的基础上多极化协同发展。要增强湾区与湖区的联动，把线性发展与圈层发展结合起来，以与中心城市相邻或相近的湖泊为基础，通过沿湖城市之间的联系，实现与中心城市的创新区域链接，形成区域中心高地，打造具有特殊形态的城市群和城市圈。

第二节　打造环太湖世界级生态创新湖区

"20世纪看硅谷、21世纪看太湖。"由于我国古代"随山川形便"的行政区划原则，山脉、河流、湖泊等自然地物更多地成为行政区边界。相对来说，以山脉为界，可以共同打造绿地绿心，比如长江中游城市群中部的生态绿心；以江河为界，一些地方着力推动跨江跨河发展；以湖泊为界，周边流域隶属不同的行政区域，协同治理的难度更大也更有意义。近年来，由于生态保护力度的加大，国家在河长制的基础上建立了湖长制，生态协同的机制初步形成，在此基础上推动跨湖区的交通、产业、科技创新协同，也有了更好的生态和体制基础。要着力改变长期以来的"以湖为界"的惯性思维，大力推进跨湖环湖协作，推动河湖长制从协同治理向协同治理与协同发展并重转变，把江和湖由区域之间的边界转化为区域之间合作的媒介，转化为共同打造和维护的品牌，实现由传统生产型湖泊向生态型湖泊演变，由养殖型湖泊向科技型湖泊转变，由观光游览型湖泊向休闲度假型湖泊转变。

一　环太湖区域打造世界级创新湖区的基础优势、规划愿景

太湖流域面积36900平方千米，行政区划包括江苏省苏南大部分地区，浙江省湖州市及嘉兴市和杭州市部分，上海市大部分，在明朝以前属于同一个行政区域。历史上，太湖时期发展繁荣得比较早，农牧渔时代，太湖流域的农业极为发达；到了运河时代，商业流通业兴起，有了

河湾经济，苏州等沿运河城市发展迅速；到了长江时代，工业经济时代，太湖地区大力发展乡镇企业；到了海洋时代，沿海开放，环太湖地区发挥靠近沿海、通江达海的优势，在经济发展中继续保持领跑优势。2008年，太湖蓝藻事件爆发，倒逼环太湖地区加大环境治理力度，推动产业转型升级，特别是沿湖小化工企业的退出和关闭，为生态文明时期太湖重塑发展优势赢得了宝贵机遇。

（一）环太湖区域打造世界级创新湖区的基础优势

有研究发现，长江两岸五大环淡水湖城市群，为何环太湖城市群发展得最好，其中有自然经济、经济地理、发展重心、江河涨落等诸多原因。从目前看，环太湖地区打造世界级创新湖区，具有得天独厚、无可比拟的优势。

1. 综合基础雄厚

环太湖的上海两区与苏浙皖六市区域面积超过4.1万平方千米，2021年全域GDP超过6.1万亿元，整个科创圈以长三角区域十分之一左右的土地，完成了近四分之一的地区生产总值，具有巨大的发展潜力。环太湖公路分属江苏苏州、无锡、常州和浙江湖州两省四市，线路里程416.2千米。在基础设施互联互通方面，国内最长湖底隧道——太湖隧道2021年年底通车，它是苏锡常南部高速公路常州至无锡段的关键控制性工程。通车后，不仅让无锡市区至宜兴车程缩短至半小时，也在苏锡常三市主城南侧形成沪宁间的第二条高速通道。环太湖高铁和城际，正在形成一个环太湖1.5小时轨道交通圈。其北面为沪宁城际、京沪高铁；西面为规划建设中的盐泰锡常宜铁路、宁杭高铁；东面为规划建设的通苏嘉甬铁路；南面为沪苏湖高速铁路。全部建成后，沪宁、盐泰锡常宜、宁杭、沪苏湖、通苏嘉甬等线路衔接，在苏锡常嘉湖五市之间将形成"环太湖轨道交通圈"。

2. 创新氛围浓厚

2021年11月，在第四届长三角科技成果交易博览会上，《2021长三角41城市创新生态指数报告》发布，指标由创新资源、创新产出、产业潜力和环境支撑4个一级指标共计12项二级指标构成，排名前十的城市依次是上海、南京、杭州、苏州、合肥、宁波、无锡、常州、嘉兴和湖州，除省会城市和宁波外，全部是环太湖城市。

3. 生态资源积厚

太湖流域以平原为主，占总面积的4/6，水面占1/6，丘陵和山地占1/6。太湖流域河网密布，湖泊众多，水域面积6134平方千米，河道和湖泊各占一半，面积在0.5平方千米以上的湖泊189个，河道总长度12万千米，平原地区河道密度达3.2千米/平方千米，为典型"江南水网"。太湖三面临江滨海，西部自北而南分别以茅山山脉、界岭和天目山与秦淮河、水阳江、钱塘江流域为界。湖区以东的下游，在苏州、无锡附近有部分海拔200—300米的低山丘陵逼近湖岸外，其他属长江三角洲平原。

4. 文化底蕴醇厚

数千年前，在长江下游的太湖流域就已经出现了丰富的人类活动。新石器时期以来，太湖流域先后经历了马家浜文化、崧泽文化和良渚文化等，是吴文化的发源地，江南文化的最主要和中心区域。在长三角一体化的进程中，三省一市注重加强江南文化的研究，设立了江南文脉论坛和长三角江南文化论坛等交流平台。沿线旅游资源丰富、历史底蕴深厚，共覆盖AAAAA级景区8个、AAAA景区42个，国家级传统村落、特色小镇、历史文化名镇30余个。

5. 战略优势独厚

环太湖区域内长江经济带发展、长三角一体化发展、G60科创走廊、苏锡常都市圈，长三角生态绿色一体化发展示范区、苏皖合作示范区等国家和区域重大战略在此交汇叠加。《长江三角洲区域一体化发展规划纲要》提出，推动上海与近沪区域及苏锡常都市圈联动发展，加强南京都市圈与合肥都市圈协同发展，强化南京都市圈与杭州都市圈协调联动，发展环太湖生态文化旅游，促进都市圈联动发展。

(二) 环太湖区域打造世界级创新湖区的规划愿景

1. 江苏浙江"十四五"规划中的环太湖

江苏省"十四五"规划中，有关"环太湖"的内容：一是积极推动苏锡常共建太湖湾科技创新圈，建立健全科技资源共享、重大研发平台共建和协同联合攻关机制，大幅提升科技创新策源功能；二是共建轨道上的长三角，优化沪宁、宁杭、宁合和沿海运输通道，完善环太湖快速交通圈；三是发展面向长三角地区的休闲旅游和康养产业，共建环太湖生态文化旅游圈；四是沿太湖地区深化全流域系统治理，强化科技创新策源功能，建设世界级生态湖区、创新湖区。浙江省"十四五"规划中有关环太湖的内容，主要包括高水平打造湖州南太湖新区、合力打造环太湖生态文化旅游圈、加快实施嘉兴太湖引水工程、太湖堤岸提标加固工程，建立太湖等重点跨界河湖水环境联防联控机制。实施和构建安全美丽的"浙江水网"，构建高水平水资源配置网、高品质幸福河湖网。

2021年3月，"支持苏州建设太湖生态岛"被纳入江苏省"十四五"规划纲要。5月，江苏省第十三届人民代表大会常务委员会第二十三次会议批准《苏州市太湖生态岛条例》，为太湖生态岛的生态保护和绿色发展提供了法治保障。《条例》共6章35条，提出将太湖生态岛建设成为低碳、美丽、富裕、文明、和谐的生态示范岛，并对资源保护、污染防治和生态修复作出了一系列明确规定。8月1日，《条例》正式施行，开创了省内以立法形式保护太湖岛屿生态先例。

2. 环太湖地市规划中的世界级湖区和科创圈

江苏省苏州"十四五"规划重点强调两个方面的内容：一是推进长三角生态绿色一体化发展示范区建设，积极融入淀山湖世界级湖区。二是加快共建环太湖世界级湖区。推动环太湖地区统筹规划建设，加快在产业创新协作、生态环境共保、文化旅游合作等领域取得实效。以太湖科学城、苏州（太湖）软件产业园等为重要载体，加快自主创新产业整体规模不断发展壮大，共同打造环太湖生态创新带。统筹推进环太湖文旅休闲度假区、大运河文化带建设，共建环太湖国际旅游目的地。

江苏省无锡"十四五"规划提出坚定不移深入实施创新驱动核心战略，把建设太湖湾科技创新带作为"头号工程"，强调高起点规划建设、高强度要素集聚、高效率组织运作、高标准协同联动，完善太湖湾科技创新带"一核十园多点"空间布局。在高标准协同联动部分，提出加强与苏州、常州、湖州、嘉兴等环太湖城市联动，构建科技体制机制贯通、创新资源要素流通、科技基础设施联通、创新链与产业链融通的区域协同创新创业生态体系，共同打造环太湖科技创新圈。

江苏省常州"十四五"规划重点推进西太湖科技产业园、西太湖国际健康城和文化、体育等方面的建设。协同推进太湖湾科创带建设。聚焦智能装备、新材料、生物医药等领域，优化区域产业链布局，加快产业配套合作，共建国家新型工业化产业示范基地、环太湖科技创新圈。

共同研究推出产业集群和科技创新支持政策，加强人才引育政策协同，开展环太湖生态经济圈政策合作。

2022年5月，常州市发布《两湖创新区总体概念规划》。"两湖"是指滆湖、长荡湖，位于太湖西侧，湖面面积分别为167平方千米和87平方千米。"两湖"创新区，规划面积约1485平方千米；核心区面积约56平方千米，确立了一个目标愿景——"生态创新区、最美湖湾城"，构建了"两湖四带，五片八组团"的总体结构，力争构筑面向长三角、面向未来的世界级生态创新湖区，奋力把"两湖"创新区打造为生态之城、秀美之城、科技之城、创新之城、青年之城、未来之城。定位三大主题，即"新城市、新产业、新人才"。新城市，就是围绕秀美生态的品质湖区，打造太湖流域最优水系生境区、国家碳中和实践先行区，探索常州城乡建设的绿色生态新模式。新产业，就是瞄准开放创新的未来湖区，围绕科技策源和高端商务两大主要方向，发展科研机构、实验研发、企业总部、金融贸易等核心功能；提升技术转化、文化旅游、生活服务、现代物流等支撑功能，对标全球的未来产业策源地，培育引领长三角产业科技创新中心的核心区、打造支撑长三角中轴枢纽的区域服务中心。新人才，就是构建青春多元的品质湖区，建设集聚青年人才的"试验场"，成为长三角休闲度假中心的重点区域，为青年人才提供舒适温馨的社区、优质周到的服务、智慧完备的设施、绿色健康的出行、创业创新的载体。

浙江省湖州"十四五"规划把太湖作为战略重点，紧密协作环太湖经济圈。全面加强与苏锡常合作，共建环太湖高质量发展城市圈。加速湖湾极化崛起。突出南太湖新区核心引擎地位，高起点定位、高标准建设，高效开发利用南太湖65千米岸线滨湖区域，建设极具魅力的世界级黄金滨湖岸线。高水平建设沪苏湖绿色产业廊道、宁湖杭生态创新廊道。

浙江省嘉兴"十四五"规划提出，加强汾湖湿地、祥符荡湿地保护和修复，建设著名文化生态湖区，高标准建设"水乡客厅"。强化生态、文化等资源挖掘利用，加快天鹅湖、莲泗荡等建设，优化美化湖荡群湿地环境，丰富完善休闲体验设施，探索生产高效、生活舒适、生态优质的湖区经济发展模式，打造长三角高品质生态休闲湖区。2021年嘉兴市政府工作报告，提出以湖区模式布局平台。依托湖荡河海水系丰富的资源优势，探索一条以 EOD（生态环境导向的开发模式）为支撑的"世界级科创湖区"发展之路。鼓励支持各个县（市、区）谋划布局高水平湖区科创平台，打造嘉善祥符荡、南湖湘家荡、秀洲天鹅湖、海宁鹃湖、海盐南北湖、桐乡凤凰湖等一批科创湖区。推动国家级、省级高新区争先创优，建好张江长三角科技城平湖园、乌镇国家互联网创新发展综合试验区等园区，拓展科创湖区发展的腹地纵深。

二　环太湖区域打造世界级创新湖区的问题短板

一是随着河长制、湖长制的建立健全，关于跨湖区的协同治理机制基本建立，但生态基础还不够稳定，生态保护的任务仍然十分繁重。相对于联动的生态保护机制，协同发展机制特别是协同创新机制，尚未完全建立。二是部分区域开发的强度过大，延续的仍然是传统的城市发展路径，房地产在沿湖地区占的比例过高，交通拥堵等大城市病的迹象已经开始显现。三是基础研究和科技创新的能力还不够强，文化和人文氛围还不够浑厚，没有真正形成具有强大吸引力的创新场域。四是沿湖各市虽已围绕世界级创新湖区建设大显身手，各显神通，但彼此之间缺少协同，更像是大家都拥挤在一个新的赛道上竞争。部分设区市之间空间距离近，但制度距离较远，有关环太湖世界创新湖区的表述不一，规划和方案接轨的程度不高，碎片化的倾向仍然比较明显。

三　从生态协同到创新协同：打造环太湖世界级生态创新湖区的思考建议

环太湖地区打造世界级创新湖区具有得天独厚的条件，要把最好的生态资源留给最优质的项目、企业和人才，将生态优势转化为创新优势，实现生态经济化、经济生态化，打通"两山"转化的新通道。

（一）进一步明晰环太湖世界级生态创新湖区的战略指向

在国家战略、江苏省战略和沿太湖设区市的战略中，有很多概念需要明晰。环太湖科创带、环太湖科创圈、世界级创新湖区等，究竟用什么标识来推动环太湖的发展？环太湖是一个什么样的区域范围？在什么样的层面上、层级上推动？从战略指向上，生态和创新肯定是最重要的。在发展到一定程度的时候，是否可以发展环太湖都市圈？通过创新资源的整合，创新要素的循环，创新链条的打造来推动环太湖地区的整体协同发展。

环太湖世界级生态创新湖区，以太湖为中心，包括东部的淀山湖，西部的两湖和嘉兴邻近太湖的一些湖荡区域。要在长三角区域协同发展的大格局中，以系统思维谋划多重国家战略中的环太湖发展，推动环太湖世界级生态创新湖区与沪宁、沪杭、宁杭等长三角发展轴带，上海、南京、杭州、合肥等现代化都市圈的物理链接与战略契合，在三省一市高质量一体化发展进程中发挥重要的链接作用。环太湖区域应该是长三角区域协同发展的中试区域，长三角生态绿色一体化发展示范区的放大版；长三角重要发展轴带的围合区域，上海大都市圈（苏锡常都市圈）、南京大都市圈、杭州大都市圈和合肥大都市圈的接合区域。从某种意义上说，太湖就是上海大都市圈的内湖，环太湖世界级创新湖区是上海大都市圈的重要组成部分，是长三角世界级城市群的重点和中心区域。要把握生态文明时代湖区更新发展的趋势与城市发展重心转移的规律，把环太湖世界级创新湖区建设与长三角世界级城市群建设有机地结合起来，促进上海大湾区与太湖世界级生态创新湖区互动，拓展湾区的纵深和腹地，打造成长三角一体化发展进程中城市合作发展的重要示范，构建长三角一体化梯次发展的格局。把环太湖世界级创新湖区建设与G60科创走廊建设联系起来，实现一廊一圈战略的有机叠加和有序拓展，在长三角区域形成科技创新循环的闭环，增强环太湖创新活力。在发展模式上，推动廊道经济、轴带经济向板块经济、环带经济转变，线状延伸向沿湖圈层扩展转变。把环太湖世界级创新湖区与现代化都市圈建设结合起来，发挥创新湖区在都市圈形成过程中的节点和链接作用，在苏锡常都市圈的基础上建设环太湖都市圈，把上海大都市圈、南京大都市圈和杭州大都市圈镶嵌在一起，让长三角城市群中心区域高度协同，共同打造以上海为核心、以太湖为绿心的长三角世界级城市群的"硬核"区域。

（二）进一步提升环太湖世界级生态创新湖区的协同特质

世界上领先的创新生态体系，都具有物种丰富、竞争充分、共生进化、新奇涌现等特征。在水网密布、风景优美的地方布局科创平台，是以区域新布局重塑发展新优势的战略举措。打造环太湖世界级生态创新湖区，要保护物理形态上的活水，让环太湖的青山绿水激荡科技文化创新的源头活水，在太湖及其周边形成更多的创新涟漪，更加浓厚的创新空气，将辐射延伸到太湖周边更加宽广的区域。把上海、南京、杭州三个中心城市联接起来，环太湖区域在三角形内部镶嵌一个多边形。相对于长三角生态绿色一体化发展示范区，环太湖区域两区六市的协同，涉及长三角三省一市，面积超过4万平方千米。环太湖科创圈是G60科创走廊的拓展和延伸，其中上海区域由松江区拓展到青浦和嘉定，江苏部分由苏州拓展到苏锡常区域。环太湖世界级生态创新湖区，是环太湖科创圈的核心区域。以长三角生态绿色一体化发展示范区、淀山湖世界级创新湖区为牵引，以环太湖城市为重点，以常州两湖创新区为亮点，加强沿湖城市的协作，把"带"的线性流动与"圈"的循环流动结合起来，在更大范围内形成强大势能，共同构建长三角创新内核。要紧紧围绕全球性、世界级的定位与追求，对标国际最高标准、最高水平，充分发挥上海嘉定、青浦科创中心重要承载区的龙头带动作用，强化苏锡常嘉湖宣六市创新优势，优化环太湖区域创新布局和协同创新生态，深化科技体制改革和创新开放合作，着力提升区域协同创新能力，推动环太湖地区生产集群向创新集群的过渡，增强环太湖周边的城市跨湖区协同创新的能力和能级，开辟长三角跨区域协调发展的新空间，形成"生态越美丽—资源越集聚—发展越兴旺"的良性循环。

（三）进一步拓展环太湖世界级生态创新湖区的协同领域

苏州更多的是发展东太湖和北太湖，无锡更多的是发展北太湖和西太湖，常州更多的是发展太湖西，湖州更多的是发展南太湖。不管是东太湖、北太湖、西太湖、南太湖，都是属于环太湖。不同区域之间，是低层级的同质化竞争，还是更高层次的链条化合作，是碎片化区域的机械拼接，还是系统化区域的有机融合，是分领域分地域各自推进，还是在更高层面力量的整合下协同推进，建设世界级生态创新湖区，需要环湖各市很好地谋划。特别是疫情防控给区域一体化带来了新的挑战，更需要不同的区域之间加强合作。建设世界级生态创新湖区，首先要擦亮以秀水泱泱为基底的生态绿色，使之成为城市高质量发展的"绿心"。认真落实国家发改委《关于加强长江经济带重要湖泊保护和治理的指导意见》（发改地区〔2021〕1617号），以湖泊生态环境保护为突破口，江湖同治、水岸同治、流域同治，推进重要湖泊从过度干预、过度利用向自然修复、休养生息转变，构建完整、稳定、健康的湖泊生态系统。根据湖泊生态系统承载能力进一步调整优化湖区产业结构布局，以水定产、量水而行，积极发展现代服务业，推动区域绿色可持续发展，推行生态环境导向的开发模式。世界级生态创新湖区的发展，从以旅游为主的资源开发到以科技创新为主的新城打造，实现科、产、人、城融合，产业链人才链价值链创新链制度链五链融合，推动环太湖世界级生态创新湖区建设。要树立更加超前的眼光、更高的定位，把握开发的节奏，进一步强化科技人才导向，更多地围绕科技创新、人才创新来配置资源，打造创新的新引擎、发展的新高地，新一轮发展的新发动机，而不是大肆发展低端产业，大肆进行房地产开发。避免将湖区变成传统意义上的城市。

近年来，人们的工作方式发生了变化，工作单位与工作地点的分离开始成为趋势。德国、葡萄牙、意大利等国家开始颁发"数字游牧民签证"，目的是吸引新的远程工作者。在这一背景下，部分高层次人才选择边旅游边工作的方式，将办公地点搬到风景怡人的地方，诞生了一些新的城市形态，其既不同于主城区，也不同于郊区的发展模块。这些地方能够把生活与诗和远方有机结合起来，破解具有创造力的成长型人才"一二线城市容不下肉身，三四线城市装不下灵魂"的难题，成为创新创业人才的理想栖居地。环太湖地区建设世界级生态创新湖区，就要努力打造世界数字游牧民最佳目的地和栖息地，进一步增强创新浓度，强化创新的集聚和溢出效应。

（四）进一步畅通环太湖世界级生态创新湖区的协同路径

跨区协同发展有很多工具，主要包括规划政策、交通设施、地方法规和文化认同等。第一，促进规划政策的协同。目前"十四五"规划正在实施，建议站在长三角一体化国家战略的高度，最大限度地集中环湖城市的最大公约数，共同制定环太湖世界级生态创新湖区三年行动计划，进一步明确各个设区市努力的方向。在规划协同的基础上，加大政策协同、制度协同的力度。第二，促进重大设施的协同。研究发现，城市之间的连通，是城市群和都市圈形成的重要前提，在创新湖区建设中具有重要作用。一方面，通过河道、航道和高速铁路公路，促进水域和城市之间的连通。借鉴海南岛环岛高铁、南昌都市圈环鄱阳湖高铁的思路，建设推动正在修建的沿湖与现有高铁形成环太湖高铁环线，与现有的环太湖公路、高速公路和隧道相互协同，实现环太湖城市交通的网络化、通勤化，把江河湖海的软连通与高铁高速公路的硬连通有机结合在一起。在修建沿湖公路铁路、湖下隧道时，注重对水环境和生态环境的保护，避免硬连通对软连通的影响和破坏。另一方面，在科技创新资源上增强协同性，促进重大科学基础设施共建共享。第三，促进立法方面的协同。江苏省人大分别于2007年3月、2010年9月通过《江苏省太湖风景名胜区条例》《江苏省太湖水污染防治条例》，2011年9月国务院通过《太湖流域管理条例》。近年来，长三角三省一市在协同立法方面积累了一些经验，建议围绕世界级生态创新湖区，由长三角三省一市人大共同制定《环太湖世界级生态创新湖区条例》，通过协同立法来促进环太湖区域的协同发展，为环湖城市在生态创新方面的协同发展提供法治保障。第四，促进文化方面的认同。文化是生态和创新的溶液。文化艺术氛围是孵化创新的重要因素。创新湖区不仅是科技的创新，还有文化的创新，让文化和科技联姻，科技创新与文化创新交相辉映，实现"科技+人文"的完美结合，结出更加丰硕的人文经济之果。通过举办长三角江南文化论坛、江南文脉论坛等促进区域的文化认同，挖掘江南文化基因，打造江南文化品牌，充分发挥文化在一体化进程中的黏合催化作用。

如果说水域连通是软连通，是自然和历史形成的，更悠久，更有文化底蕴；高铁和高速公路是硬连通，是人为改造的，缺少文化底蕴。基于自然基础的是软连通，基于现代技术改造的是硬连通，应促进软连通与硬连通有机结合。重大基础设施，贯通的是血脉，连通的是情感，要坚持空间上的连通性与心理上的连通性相结合，打造文化同源、水脉相依、人缘相亲的现代化都市圈。生态创新湖区的发展，要充分发挥软连通与硬连通结合的优势，构造新的创新空间和创新区域，着力打造一刻钟工作圈、一刻钟生活圈、一刻钟休闲圈，实现快与慢的结合，既要有通向外部的快速通道，又要有相对安静的慢生活，让科技创新人员拥有更多的自由时间，享受文化生活，激发创新能量。

（五）进一步创新环太湖世界级生态创新区的协同机制

回顾现代化都市圈和都市圈的模式，如果说原来的都市圈更多的是强调一种联盟的话，各个城市之间的地位还相对平等，现代化都市圈建设特别强调中心城市的作用，正在由城市联盟、相对分权的股份制向中心城市控股的股份制转变。建设环太湖世界级生态创新湖区，需要在三个层面进一步完善协同创新机制。第一，在三省一市、两区六市层面，2021年5月，长三角三省一市主要领导座谈会形成共识，要共建环太湖科创圈。建议在此基础上，在推进长三角一体化发展的进程中，将环太湖科创圈升级为世界级生态创新湖区，推动更高的省级层面建立联合规划统筹机制，以更加具体的举措和行动持续推进。以生态和创新为主题，通过功能分区，实现生态功能、创新功能与生产功能、生活功能的有机结合，着力培育创新的土壤与创新环境。第二，在苏锡常湖四市层面，建立健全省级层面统筹、苏州牵头协调、周边城市协同的世界级创新湖区推进机制。苏州，集河湾、江湾、海湾和湖湾于一体，在环太湖世界级创新湖区建设过程中，苏州应明确自己的地位和担当。建立苏州与周边城市的联合机制，促进苏州与上海的合作，苏州与锡常地区的合作，苏州与湖州的合作，把环太湖地区协同打造成世界级创新湖区，作为苏锡常都市圈合作的重要内容和重中之重。第三。完善环太湖各市内部各板块的整合机制。如苏州市，需要整合望亭镇，苏州科技城（苏州科学城）、吴中太湖新城、吴江东太湖度假区的科创带，打造环太湖世界创新湖区的先导区域、核心区域、主体区域，增强对其他区域的辐射带动能力。

第三节　推动沿江沿海沿河沿湖协调发展

在习近平总书记的心中，江苏的发展图景应当是诗意江南、绿意盎然的，加强生态环境保护和生态文明建设是总书记对江苏的一贯要求。2013年3月，习近平总书记在参加江苏代表团审议时，引用了唐代诗人白居易的诗句："日出江花红胜火，春来江水绿如蓝。能不忆江南？"盛赞江苏美景，强调江苏要扎实推进生态文明建设。2014年12月，习近平总书记在江苏视察，强调保护生态环境、提高生态文明水平，是转方式、调结构、上台阶的重要内容。2017年12月，习近平总书记到徐州市贾汪区潘安采煤塌陷区考察，强调资源枯竭地区经济转型发展是一篇大文章，要贯彻新发展理念，坚定不移走生产发展、生活富裕、生态良好的文明发展道路。2020年11月，在南通五山地区滨江片区，习近平总书记强调，生态环境投入不是无谓投入、无效投入，而是关系经济社会高质量发展、可持续发展的基础性、战略性投入。在扬州运河三湾生态文化公园，盛赞扬州是个好地方，依水而建、缘水而兴、因水而美，要把大运河文化遗产保护同生态环境保护提升、沿线名城名镇保护修复、文化旅游融合发展、运河航运转型提升统一起来；要确保南水北调东线工程成为优化水资源配置、保障群众饮水安全、复苏河湖生态环境、畅通南北经济循环的生命线。在2023年全国两会期间参加江苏代表团审议时，习近平总书记专门询问太湖的水质，"歌里唱'太湖美'，多美啊！但一想起蓝藻，就起腻了"，"我们讲绿水青山就是金山银山，生态搞不好就不是'金山银山'，反而成了亏钱买卖。"

江苏依水而生、因水而兴，跨江滨海，湖泊众多，水网密布，是唯一一个同时拥有大江、大河、大湖和大海的省份，水域面积占16.9%。长江横穿东西433千米，岸线总长1169.9千米，构成江苏壮丽的横轴；大运河纵贯南北757千米，形成秀美的纵轴；拥有海岸线954平方千米，浩瀚的黄海如同图画中隽永的留白；太湖、洪泽湖面积均超过2000平方千米，如镶嵌在大地上的两只蓝色的眼睛。近年来，江苏大力推进长江经济带发展国家战略的实施，大力推进沿海经济带、大运河文化带、淮河生态经济带等国家规划的实施，大力推进以江、海、河为主轴主线的"1+3"重点功能区战略实施，围绕沿江沿海沿河的保护和发展战略制度体系初步形成。在大型湖泊方面，重点推进太湖治理和洪泽湖保护等，重点推进幸福河湖建设，但有关统筹全省大型湖泊治理和周边区域发展的战略尚未形成。牢固树立绿水青山就是金山银山理念，按照中国式现代化人与自然和谐共生的要求，把高水平保护和高质量发展更好结合起来，坚持以江海河湖联动连通为重点，在全省规划建设一批集生态生产生活功能于一体的生态创新湖区，大力推进美丽江苏、水韵江苏建设，努力建设成为美丽中国示范省、创建全国生态文明试验区，展现中国式现代化区域协调新图景，把江苏建成美丽中国的省域范例，成为迫切需要研究的重大课题。

一 江苏沿江沿海沿河战略的演变

2003年7月15日,江苏省委、省政府印发《关于加快沿江开发的意见》(苏发〔2003〕13号),标志着沿江开发正式拉开大幕。沿江开发区域确定为拥有长江岸线的地区,包括南京、镇江、常州、扬州、泰州、南通6个市的市区和句容、扬中、丹阳、江阴、张家港、常熟、太仓、仪征、江都、泰兴、靖江、如皋、通州、海门、启东15个县(市)。8月22日,省政府《关于印发江苏省沿江开发总体规划的通知》(苏政发〔2003〕94号)以2001年为基期,2003—2010年为规划期,明确沿江开发的目标、任务,对沿江产业、城镇、基础设施、岸线、生态建设和环境保护等提出空间布局方案。2011年9月,省发改委印发《江苏省沿江发展总体规划(2011—2020年)》。2017年以来,江苏大力实施"1+3"重点功能区战略,把沿江八市作为扬子江城市群整体打造,作为江苏省经济发展的主要发动机。坚持把修复长江生态环境摆在压倒性位置,共抓大保护、不搞大开发,着力解决"重化围江"问题,水清鱼跃、岸绿景美的滨江风貌正在再现"春江花月夜"美好景象。

江苏拥有954千米海岸线,海域面积3.75万平方千米。江苏省的海洋经济总体偏弱,与江苏经济大省的地位不相称。统计数据显示,2021年,我国海洋生产总值(海洋GDP)首次实现9万亿元,同比增长8%,超过全国整体增速,在全国排名第六。广东省的海洋GDP依然在全国各省份中领跑,2021年上涨至1.994万亿元,同比增速12.6%,占我国海洋经济总规模比例的22.1%,连续27年位居全国第一。山东省、福建省、上海市和浙江省分别排名第二至第五,海洋GDP分别为1.49万亿、1.1万亿、1.04万亿和1万亿元。针对江苏存在的江强海弱现象,有专家提出,以江命名的江苏,不但要继续放大沿江发展的优势,也要做好沿海和海洋经济的文章,大力建设"海"苏。

江苏对沿海的认识,也经历了一个过程。2007年8月17日,省政府印发《江苏省沿海开发总体规划》(苏政发〔2007〕91号)。随着2009年6月国务院常务会议审议通过《江苏沿海地区发展规划》,江苏省沿海开发正式上升为国家战略。从最开始的连云港、盐城和南通三市,到2017年7月将淮安、泰州、宿迁纳入沿海地区开发整体布局,再到2021

年7月江苏省海洋经济工作会议强调的"全省都是沿海,沿海更要向海",江苏向海发展的意识、向海图强的理念在不断拓展深化。江苏省第十四次党代会提出,全力推进沿海地区高质量发展,加快陆海统筹发展,大力发展海洋经济,着力塑造"缤纷百里"(南通)"生态百里"(盐城)"蓝湾百里"(连云港)滨海特色风貌,努力把沿海地区打造成绿色生态高质量发展经济带。

习近平总书记多次就大运河文化带建设作出重要指示批示,要求保护好、传承好、利用好大运河这一祖先留给我们的宝贵遗产。2019年2月,中共中央办公厅、国务院办公厅印发《大运河文化保护传承利用规划纲要》。江苏提出,要将大运河文化带江苏段打造成高品位、高水平的文化长廊、生态长廊、旅游长廊,打造成历史与现代、文化与生态、自然与景观相得益彰的江苏"美丽中轴"。2021年6月,江苏大运河文化带建设工作领导小组会议决定将盐城、连云港两市纳入,形成"8+3+2"大运河文化带建设工作体系,江苏也成为全国首个大运河文化带全域覆盖的省份。江苏省第十四次党代会提出,高品质推进大运河文化带和国家文化公园建设,使之成为世界文化遗产保护传承利用的典范。如果说江苏围绕沿江、沿大运河、沿淮河和沿海等均形成了比较成熟的省级战略的话,那么此前围绕江苏的主要湖泊的战略更多地停留在保护和治理上。随着保护和治理取得明显的成效,随着苏州、无锡、常州创新湖区思路的提出和打造,迫切需要补齐湖泊战略这块短板,实施新时代江苏的生态创新湖区战略。

二 江苏打造国家生态创新湖区示范区、世界级生态创新湖区的优势

2020年7月,江苏提出沿江沿海沿河沿湖"四沿"联动这一区域空间特色塑造战略,通过保护山水人文资源密集地区,沿江沿河沿湖沿海"四沿"联动,形成各具特色、各展所长、各现其美的美丽江苏区域空间格局。在江苏确定的四沿发展战略中,沿湖(环湖)发展是四沿发展战略的新空间,是江苏在生态文明和创新发展背景下赢得新发展优势的重要增长点。打造国家生态创新湖区示范区、世界级生态创新湖区,打造沿江沿海沿河沿湖协同发展示范区,江苏具有得天独厚的优势,是其他任何省份难以比拟的。

（一）得天独厚的湖泊资源优势

据统计，江苏拥有湖泊面积在全国排第三（第一、第二分别西藏、青海），湖泊拥有率（湖的总面积与全省面积之比）全国第一（安徽、江西分列第二、第三）。江苏拥有面积50平方千米以上的湖泊15个，省内水面总面积0.59万平方千米，均为淡水湖泊。其中，省管湖泊有太湖、洪泽湖、骆马湖等13个。太湖、洪泽湖分别为全国第三、第四大淡水湖，面积分别为2300平方千米、2069平方千米，湖岸线长度分别为393.2千米、365千米。如果说沿太湖地区，是经济繁荣、产业发达、文化灿烂的"人间天堂"，那么沿洪泽湖、高邮湖、骆马湖等地区则共同构成了苏中苏北大地的"绿色肾脏"，共同构成了打造世界级生态创新湖区和国家级生态创新湖区建设示范区的两大支点。

（二）独一无二的江海河湖连通优势

根据江苏官方此前公布的数据，2020年，大运河江苏段货运量约4.95亿吨，约占京杭运河全线货运量的80%，占全省内河货运量的60%，占全省综合交通运输总量的20%。尤其是苏北运河，堪称全世界最繁忙的内河航道，货运密度居世界内河第一，已连续8年货运量突破3亿吨。众所周知，水运是最环保、经济的运输方式。以苏北运河为例，其每吨千米运输成本是铁路的1/4、公路的1/10，2022年与铁路运输方式相比节约社会运输成本82.6亿元，与公路运输方式相比节约社会运输成本248.7亿元。

2023年3月，为充分发挥海江河湖联动的特色优势，紧紧围绕覆盖更广、标准更高、联动更畅、效益更好的现代化水运体系建设，进一步推动运输结构优化调整，打造更具特色的"水运江苏"，江苏省政府印发《关于加快打造更具特色的"水运江苏"的意见》：到2025年，江苏将基本形成"两纵五横"高等级航道网，二级（准二级）及以上航道里程接近1100千米，形成长江干线横贯东西、京杭运河纵穿南北的"十字形"主轴；三级及以上航道里程达到2700千米，通达全省87%的县（市、区）；港口综合通过能力达到28亿吨，集装箱通过能力达到2100万标箱，集装箱近远洋航线基本实现21世纪海上丝绸之路沿线主要国家和地区港口全覆盖。到2035年，建成以长江干线、京杭运河为主轴的二级航道网，二级及以上航道高效覆盖省内国际性综合交通枢纽城市、全国性综合交通枢纽城市、国际枢纽海港。一是加快打造畅通高效的内河航道网。江苏将在现有基础上规划新增苏南运河、宿连航道等二级航道，规划新增二级航道里程1000千米以上，全省二级航道总里程超过2000千米；结合现代水网建设，统筹水资源配置，畅通内河集装箱运输核心通道，基本建成"两纵五横"干线航道网；围绕工业园区、工业集中区、物流园区，推进重点通港达园短支航道建设，提高干支互动效益，充分发挥各层次、各等级航道的组合效能，实现门到门水运服务。二是打造协同一体的长三角世界级港口群北翼。巩固拓展以连云港国际枢纽海港为支撑的亚欧陆海联运出海口，打造以苏州港、南通港为支撑的上海组合港北翼，支持建设盐城港淮河生态经济带出海门户，重点建设10万至40万吨级深水航道和专业化码头，提升煤炭、原油、铁矿石、粮食等战略物资一程接卸能力。到2025年，江苏沿海港口将新增10万吨级以上泊位6个，综合通过能力达到5.1亿吨。三是打造经济开放的水运物流网。水路承担着江苏90%以上的能源和外贸物资运输。《意见》明确，优化集装箱国际海运网络，强化与东亚、南亚及《区域全面经济伙伴关系协定》（RCEP）国家的近洋航线建设，打造"沪太通""沪盐通"等外贸支线通道品牌。到2025年，江苏将新增加密近洋航线15条，基本实现集装箱近远洋航线覆盖60%的重要贸易国家和地区；加密至山东、安徽、河南、江西等周边内陆地区内河集装箱航线，培育形成不少于40条"五定"（定港口、定航线、定班期、定运时、定船舶）班轮航线。

（三）大型湖泊跨界连通优势

江苏大型湖泊，大多具有跨界的特征。这也正是促进跨湖区协同的意义和重要性所在。

江苏省内大型湖泊跨界特征

太湖：位于长三角中心地带，是中国第三大淡水湖，面积2445平方千米，湖泊分属于江苏省苏州、无锡、常州3市以及浙江省的湖州市。

洪泽湖：淮河淤塞而成，是中国五大淡水湖之一，面积2069平方千米，归属江苏的淮安和宿迁两市管辖。

高邮湖：处于江苏省内的中西部，面积780平方千米，湖泊分属于江苏淮安市、扬州市以及安徽滁州天长市管辖。

骆马湖：位于江苏北部，面积375平方千米，该湖也是江苏宿迁市和徐州市的界湖。

石臼湖：位于江苏省西南边角，面积207.65平方千米，湖泊位于江苏省会南京市和安徽省马鞍山市的交界处。

滆湖：因位于太湖西侧，别名西太湖。面积约166.7平方千米，是江苏省常州市和无锡宜兴市的共有湖泊。

微山湖：水面主要归山东省济宁市微山县管理，而湖西滩地（湿地）使用权归江苏所有，其中沛县辖微山湖湖区水面面积约400平方千米（含部分昭阳湖水面面积），湖岸线长62千米；徐州市铜山区辖微山湖湖区水面面积100多平方千米，湖岸线长60千米。

江河湖海的连通性，是江苏更大发展的灵性和活力所在。在推动沿江沿海沿河发展的同时，立足于战略腹地纵深的拓展，立足于发展绿心和创新高地的打造，围绕生态文明发展的要求，大力推动江苏沿湖地区协同发展和生态创新湖区建设战略。从江海河战略并举到江海河湖联动连通，江苏迈向更高层次区域协调。在太湖周边，增强苏锡常与浙江湖州之间的协同；在洪泽湖周边，增强淮安与宿迁的协同；在高邮湖周边，增强扬州、淮安的协同；在骆马湖周边，增强宿迁与徐州的协同。把跨湖区协作，作为江苏跨区域协调特别是江淮生态经济区建设的重要内容。江苏的湖泊，不能仅以小龙虾、大闸蟹闻名，要把生态环境保护与科技创新更好地结合起来，把打造江苏苏北养殖品牌与打造江苏创新品牌有机结合起来，更多地打造生态之湖、创新之湖，打造新的创新高地、发展高地。把沿河与环湖发展更好地结合起来，进一步增强江河湖海的连通能力，不仅要打造轨道上的都市圈，还要打造航道上的都市圈，打造以美丽江苏为底色、美丽经济为支柱的现代化都市圈。把高铁高速的快连通与江海河湖的慢连通结合起来，文化习俗的内连通与政策制度的外连通结合起来，让高层次人才享受更多的自由时间和更惬意的环境，将快节奏与慢生活结合起来，从而产生更多的创新火花和灵感，打造建立在生态和创新基础之上的水韵江苏、美丽江苏，打造具有现代质感的生态文明。

三 江苏推进沿江沿海沿河沿湖联动、生态创新湖区建设的战略规划和部署

江苏沿江，为什么越往下游走，城市（主城区）与长江的距离越远？除南京主城区拥江外，镇江、南通主城区滨江外，越往下游的常州、无锡、苏州，其主城区距离长江越远。扬州、泰州没有选择滨江发展，也是因为主城区距离长江都有一定的距离。主要是长期以来长江天堑的阻隔，在没有过江通道连通的情况下，行政区域只好选择划江而治，从而导致城市并不沿江。江苏向海发展，空间有限，江苏缺少海湾，导致江苏沿海城市不见海，江苏只有"滨海"城市而没有海滨城市。同时，由于湖区的跨界性与历史上湖区治理的难度，湖区大多是发展的洼地。苏北欠发达地区，大多集中在湖区。跨湖区的协调，是江苏协调发展的重要领域。跨江的城市，要拥江发展；沿湖的城市，要向湖而兴。因此，如何做好"水"文章至关重要，要把全省江河湖海作为一个整体来布局谋划，以江河湖海为脉络优化空间格局，站在可持续发展的高度，系统谋划沿江、沿河、沿湖、沿海地区的发展，做到通江达海、江海联动、陆海呼应，着力打造"一带一路"和长江经济带最便捷最经济的出海口，最大限度发挥"水"的作用，助力经济社会又好又快发展。适应世界科技创新中心由湾区向湖区转移的趋势，破解江苏没有海湾的困境。苏州等特别要发挥兼有"四沿"的优势，既沿太湖又沿运河，既靠近长江又临近入海口，在推进江苏沿江沿海沿河沿湖协同、打造环太湖世界创新湖区的进程中"争当表率、争做示范、走在前列"。

近年来，围绕江海河湖的协同和生态创新湖区的打造，从国家发改委等部门开展的相关试点，到上海大都市圈空间协同规划，再到江苏省"十四五"相关规划都有相关的部署。

（一）共建共享沿江沿海沿河沿湖美丽绿轴

按照美丽江苏建设关于强化区域空间特色塑造，沿江沿海沿河沿湖"四沿"联动要求，依托沿线城市滨水绿地空间协调发展，塑造各具特色、各展所长、各现其美的城市滨水区。其中，沿江地区坚定不移推进长江大保护，统筹沿线城市滨江生产、生活、生态空间，通过自然生态修复与景观环境提升，打造水清岸绿、鸟翔鱼跃的长江流域最美岸线；

沿海地区加强自然岸线、滩涂湿地等生态资源保护修复，恢复沿海自然生态植物群落，为鸟类等动物提供栖息地及迁徙廊道，打造一批亲近自然的滨海特色游憩地；沿大运河、淮河、黄河故道等地区充分利用沿线城市自然人文交相辉映的典型特征，依托滨水绿地空间展现各自独特的在地文化，建设高品位的文化走廊和高颜值的生态走廊；沿太湖，沿洪泽湖、高邮湖、骆马湖等地区结合沿线城市滨水区园林绿化建设，围绕生态环境保护和特色空间塑造，打造"产业、文化、旅游"融合发展的特色魅力示范区。[①]

（二）推动重点流域生态环境保护

打造太湖生态修复"样板工程"，建设生态安全缓冲区，大力推进调水通道、骨干河道生态化改造，把滆湖、长荡湖打造成太湖生态前置库。开展南四湖、洪泽湖、高邮湖、骆马湖、白马湖等重点湖库水生态保护与修复，推进河湖生态缓冲带建设，改善湖库富营养化情况，恢复水生生物完整性。推进里下河水韵江苏示范区建设。加强重要生态系统保护与修复。依托江河湖海地理优势，构筑沿江、沿海、大运河、淮河等重要生态廊道，加快丘陵、湖泊等重要生态功能区建设，推进林地、绿地、湿地系统保护与修复，提升生态系统质量和稳定性。推进河湖休养生息，加快重点湖泊区域退田（圩）还湖（湿），实施重塑自然岸线、减少渠底硬化、开展河道护岸生态化改造、打通断头河（浜）等生态修复措施，提高河湖生态系统自净能力。加强湿地保护修复与建设，重点推进盐城沿海湿地、太湖湿地、洪泽湖湿地、石臼湖湿地、高邮湖湿地等重要湿地保护与修复，支持盐城、淮安等城市创建国际湿地城市，到2025年，全省自然湿地保护率达到60%。优化区域绿色发展布局。沿江地区对标世界级城市群，统筹产业转型升级和生态环境保护，强化高质量发展引领示范，建设人与自然和谐共生的绿色发展示范带。沿海地区加强自然岸线、滩涂湿地等生态资源保护修复，深化陆海统筹、江海联动，对标世界一流标准科学布局产业，打造蓝色经济带。沿大运河地区统筹推进文化遗产保护和生态环境提升，实施大运河遗产综合保护整治工程，一体建设高品位、高颜值、高水平的文化长廊、生态绿廊。沿太湖地区深化全流域系统治理，强化生态旅游文

---

① 参见《江苏省"十四五"城市园林绿化规划（2021—2025）》。

化发展和科技创新，建设世界级生态湖区。①

（三）打造"一廊一带一圈"相互支撑的区域创新发展新格局

立足沿海沿江沿湖地区创新禀赋、资源条件和区位优势，加强江海联动、跨江融合，打造沿海科技走廊、沿江产业技术研发带、太湖湾科技创新圈，形成"一廊一带一圈"相互支撑的区域创新发展新格局。落实国家海洋战略，以沿海大通道为轴线，优化南通、盐城、连云港区域创新资源配置，主动构建面向海洋经济的科技创新体系，拓展江苏向海发展的创新腹地，推动沿海科技走廊成为产创融合发展的先行走廊、海洋制造迈向海洋创造的先进走廊。依托长江黄金水道和沿江科技园区密集优势，大力发展新型研发机构，加快科技服务业尤其是研发设计服务业发展，创建一批国家级战略性新兴产业基地和高新技术特色产业基地，加快建设高质量发展的产业创新带，促进"江苏中轴"快速崛起。引导苏南五市、各高新园区选准主攻方向，加强分工配合和创新合作，积极推动苏锡常共建太湖湾科技创新圈，构建以基础研究、原始创新为导向的城市群协同创新共同体。②

（四）构建江海河湖特色服务带

发挥江海河湖经济地理独特优势，与全省江海河湖重点产业带总体空间布局保持一致，积极从服务产业层面推进江海河湖统筹发展，纵深推进区域一体化发展。同时，结合各产业带特色资源条件、产业基础、转型升级要求等，明确沿江地区制造服务带打造制造服务业高质量发展示范区，沿海地区海洋服务带打造我国沿海地区业态高端、特色鲜明的长三角国际海港物流走廊、海洋经济特色区，沿河地区文旅服务带打造中国大运河最繁华、最精彩、最美丽的"江苏名片"，沿湖地区科创服务带打造"八百里太湖"科创高地、创新湖区。③

（五）彰显沿江、沿海、沿大运河、沿湖地区文旅特色，构建省域宜居宜业宜游的全域魅力空间

以水为脉、以文铸魂，发挥江苏奔涌江流、稠密河网、温润湖泊、

---

① 参见《江苏省"十四五"生态环境保护规划》。
② 参见《江苏省"十四五"科技创新规划》。
③ 参见《江苏省"十四五"现代服务业发展规划》。

浩渺海洋的丰富资源优势，构筑大运河文化、海洋文化、长江文化、江南文化等区域文化传承弘扬高地，彰显"水+文化"鲜明融合特质。充分展现"水韵江苏"之美。培育打造沿太湖世界级生态文化旅游区，发挥苏州古典园林世界文化遗产和国家AAAAA级旅游景区、国家级旅游度假区集聚的优势，依托曲径通幽的古典园林、古朴明净的吴韵古镇、传统与创新融和共生的千年古城，打造太湖流域长荡湖、阳澄湖、淀山湖等明珠镶嵌的世界级生态湖区，形成向世界展示中国"最江南"文化的重要窗口。培育打造沿洪泽湖世界级生态文化旅游区。积极融入淮河生态经济带建设，彰显洪泽湖万顷碧波、千年古堰、河工奇观等特有资源禀赋，依托高邮湖、邵伯湖、白马湖、里下河湖荡群密布水网，塑造水乡景观空间肌理，挖掘利用水乡特色浓郁的农耕文化、乡土文化、民俗文化、小说文化等，凸显帆影苍茫、湖荡湿地、垛上水镇、垛田水村意境，打造富有水乡田园韵味的国际生态旅游目的地。[①]

（六）推进苏北五大湖群生态保护示范建设

开展洪泽湖、骆马湖、高邵湖、白宝湖、里下河湖荡群等自然资源调查和保护规划修订，划定红线保护范围，明确功能分区与定位，提升湖泊调蓄供水、涵养水源、净化环境功能。建设五大湖群与骨干河网沿湖沿河生态林带，构建河湖相连、活水长流、山水林田湖草相依的苏北生态大廊道。[②]

（七）加快实施幸福河湖行动，推动沿江沿海沿河沿湖融合协调发展

打造生态灌区，美化人居环境，充分展现河湖生态之美、城乡宜居之美、水韵人文之美。围绕美丽江苏建设目标，推进重点河湖综合治理，大力实施河湖生态复苏与功能提升工程，形成"河安湖晏、水清岸绿、鱼翔浅底、文昌人和"的幸福河湖，建成约100条各具特色的生态示范河湖，营造可享的水生态环境，满足居民高品质生活需求。湖泊生态复苏。开展新一轮太湖水环境综合治理，实施太湖、滆湖、长荡湖、固城湖、里下河湖荡、洪泽湖、骆马湖、高邮湖等退圩还湖工程，完成规划

---

① 参见《江苏省"十四五"文化和旅游发展规划》。
② 参见《江苏省饮用水水源地安全保障规划（2018—2025）》，苏发改区域发〔2018〕1097号。

退圩还湖面积100平方千米以上，推进污染底泥生态清淤，营造有利于水生态复苏的健康湖盆形态，加快湖湾生态湿地带建设，提升调蓄能力和水环境容量。加强太湖水环境综合治理，推进洪泽湖综合治理。协同推进长三角生态绿色一体化示范区建设，打造幸福河湖样板区和协同治理保护先行区。河道生态复苏。加强河道岸线综合整治，全面清理岸线违法占用行为，及时修坡复绿，实施水域岸线生态复苏，推进水源地、调水河口区、水域核心区等水生态涵养区保护，有效维护河道生态环境。长江大保护。巩固长江岸线清理整治成效，完成生态环境问题整改，推进水域岸线生态复苏，提升岸线利用效率和生态品质。大运河文化带建设。开展高品质生态廊道建设，对功能受损岸线进行综合修复，打造一批各具特色的水生态涵养区。划定岸线功能区，塑造大运河沿线有空间、有秩序、有美感的河湖形态，发挥大运河防洪、调水、灌溉、航运、生态等综合功能。①

（八）根据国家部委部署做好相关试点和推广工作

2021年5月、2022年4月，生态环境部先后公布两批生态环境导向的开发模式试点项目，泰兴高新技术产业开发区、徐州市丰县、南京金牛湖周边地区的生态环境导向的开发项目和苏州太湖生态岛农文旅绿色低碳融合发展示范项目4个项目先后入选。以项目实施为契机，进一步推广EOD模式运用，融合生态治理与产业发展，实现生态环境治理经济价值内部化。根据国家发展改革委《关于开展全国第二批流域水环境综合治理与可持续发展试点工作的通知》（发改办地区〔2021〕981号），江苏省洮滆片区入选。2022年2月，江苏省发改委发布《江苏省洮滆片区水环境综合治理与可持续发展试点实施方案（2022—2024年）》，计划通过3年时间，全面推进长荡湖（洮湖）、滆湖"两湖"区域绿色低碳转型和可持续发展，全力打造高水平生态引领区和高质量发展"两湖"创新区。

四 统筹推进跨区域生态创新湖区建设的战略路径

在大力推进江苏沿江、沿大运河与沿海生态协同的基础上，坚持以江海河湖联动连通为重点，以生态环境为根基，以绿色产业为重点，以

---

① 参见《江苏省"十四五"水利发展规划》。

科技创新为动力，统筹推进沿湖地区跨湖区协同，大力加强生态创新湖区建设，在中国式现代化新征程上充分展现江苏区域协调发展、人与自然和谐共生的新图景。

（一）坚持国家和省重大发展战略规划驱动，加强生态创新湖区建设的顶层设计

要站在可持续发展的高度，像呵护生命一样呵护江苏大地上纵横交错的江河湖海，把全省江河湖海作为一个整体，系统谋划沿江、沿河、沿湖、沿海地区发展，做到通江达海、江海联动、陆海呼应，打造以水韵江苏为底色的现代化区域协调范例。把环太湖世界级生态创新湖区上升为长三角一体化重要战略，作为长三角生态绿色一体化发展示范区的放大版。把握生态文明时代湖区更新发展的趋势与城市发展重心转移的规律，把环太湖世界级创新湖区建设与长三角世界级城市群建设有机结合起来，促进环太湖世界级生态创新湖区与周边城市的互动，拓展湾区纵深打造湾区腹地，构建长三角一体化梯次发展大格局。把环太湖世界级创新湖区与现代化都市圈建设结合起来，发挥创新湖区在都市圈形成过程中的节点和链接作用，在苏锡常都市圈的基础上建设环太湖都市圈，把上海大都市圈、南京大都市圈和杭州大都市圈镶嵌在一起。

（二）坚持高水平保持与高质量发展良性互动，充分彰显生态创新湖区建设的价值取向

生态保护是高质量发展的前提。要以高质量发展实现高水平保护，在高水平保护中推动高质量发展，努力实现高水平保护与高质量发展良性互动，把生态优势转化为创新优势。坚持以湖泊生态环境保护为突破口，江湖同治、水岸同治、流域同治，推进重要湖泊从过度干预、过度利用向自然修复、休养生息转变，构建完整、稳定、健康的湖泊生态系统。江苏的湖泊，不能仅仅以小龙虾、大闸蟹闻名，要更多地打造生态之湖、创新之湖，打造新的创新高地、发展高地。借鉴德国、葡萄牙、意大利等国家颁发"数字游牧民"签证的经验，把生态创新湖区努力打造成世界"数字游牧民"最佳目的地和栖息地。

（三）坚持在"1+3"重点功能区战略下差序推动，持续增强生态创新湖区的牵引功能

如果说沿长江、沿大运河、淮河和沿海经济带是贯穿江苏不同区域

发展的轴带和红线,那么,境内数量众多的湖泊和环湖区域就是推进江苏现代化建设的腹地和珍珠,迫切需要串珠成链,大力释放江苏区域协调发展的结构性潜能。在扬子江城市群区域,重点以太湖沿岸的苏州、无锡、常州、湖州近湖区域为主,包括东部的上海与苏州交界的淀山湖区、阳澄湖区,北部苏州与无锡交界的鹅真荡—漕湖区域,西部的常州两湖创新区,南部嘉兴临近太湖的一些湖荡区域,共建人与自然和谐共处的世界级生态创新湖区,形成向世界展示中国"最江南"文化的重要窗口,增强对扬子江城市群建设的辐射牵引功能。在大运河文化带建设国家战略和南水北调国家战略的框架下,系统谋划推进苏北五大湖群生态保护示范建设,开展洪泽湖、骆马湖、高邮湖、里下河湖荡群等自然资源调查和保护规划修订,明确功能分区与发展定位,提升湖泊调蓄供水、涵养水源、净化环境功能,在构建河湖相连、活水长流、山水林田湖草相依的苏北生态大廊道的前提下,逐步提升沿湖区域创新资源的集聚功能。

(四)坚持拓展协同发展的领域和纵深,持续激发生态创新湖区的发展动能

借鉴海南岛环岛高铁、南昌都市圈环鄱阳湖高铁的思路,把江河湖海的软连通与高铁高速公路的硬连通结合在一起,打造以美丽江苏为底色、美丽经济为支柱的现代化都市圈。以水为脉、以文铸魂,发挥江苏奔涌江流、稠密河网、温润湖泊、浩渺海洋的丰富资源优势,构筑大运河文化、海洋文化、长江文化、江南文化等区域文化传承弘扬高地,彰显"水+文化"鲜明融合特质,充分发挥一体化进程中文化的黏合催化作用。借鉴长三角协同立法经验,推动共同研究制定《环太湖世界级生态创新湖区条例》,以协同立法执法促进协同发展,打造建立在生态和创新基础之上的水韵江苏、美丽江苏、具有现代质感的生态文明。

第 十 章

现代化都市圈协同治理的
体制机制创新[①]

党的十九大报告指出，实施区域协调发展战略，建立更加有效的区域协调发展新机制。2018年11月，中共中央、国务院印发《关于建立更加有效的区域协调发展新机制的意见》，强调"坚决破除地区之间利益藩篱和政策壁垒，加快形成统筹有力、竞争有序、绿色协调、共享共赢的区域协调发展新机制"。2020年7月，中央政治局会议提出，推动城市群、都市圈一体化发展体制机制创新。在国家发改委层面，2019年2月发布《关于培育发展现代化都市圈的指导意见》，强调坚决破除制约各类资源要素自由流动和高效配置的体制机制障碍，科学构建都市圈协同发展机制；加快构建都市圈协商合作、规划协调、政策协同、社会参与等机制。2019年以来，国家发改委在发布的新型城镇化和城乡融合发展年度重点任务中，先后强调"建立中心城市牵头的协调推进机制""建立都市圈常态化协商协调机制""健全省级统筹、中心城市牵头、周边城市协同的都市圈同城化推进机制"，现代化都市圈体制机制创新指向愈加明晰。

第一节 现代化都市圈协同治理机制的现实检视

习近平总书记指出，要优化城市群内部空间结构，合理控制大城市规模，不能盲目"摊大饼"。要推动城市组团式发展，形成多中心、多层

[①] 部分内容参见笔者《从城市群到都市圈：跨区域协同治理格局演化与机制创新研究》，《秘书》2022年第2期。

级、多节点的网络型城市群结构。① 近年来，长三角地区构建协同治理体系，国家发改委批复的都市圈规划，为探索现代化都市圈协同治理的体制机制提供了重要的借鉴和参照。

一 从单一方式到多元多维：长三角城市区域合作机制的形成

改革开放以来，我国推进区域整体协调发展的脉络是清晰的。改革开放初期，由于经济发展的起点较低，我国采取的是非均衡的区域发展政策，通过建立经济特区、开放沿海城市，鼓励一部分地区先富起来。20世纪90年代后，我国开始重视区域协调发展问题，进入21世纪，则突出以城市群、都市圈来推动区域的整体发展战略。从2007年至2011年间共批复了43个重点区域规划，2012年，国家发改委批准了10个"国家战略性"的区域发展规划。② 其中，《长江三角洲地区区域规划》形成于2010年5月。

关于区域协调组织模式和机制问题，国内不少专家坚持区域主义的观点，主张建立能够承担跨区域城市群协调职能的权威机构。比如，有专家建议，跨省（区）城市群协调机构由中央政府设立，省（区）内城市群协调机构由省级政府设立，这些机构要能在公共基础设施、土地规划、环境管理、经济发展等方面享有管辖权，而且将逐步制定和实施统一的户籍制度、就业制度、教育制度、医疗制度和社会保障制度。③ 张颢瀚教授认为，通过调整行政区划实现都市圈经济与行政区经济的协调整合，无法彻底解决行政区经济带来的诸多问题，创新区域合作机制、建立整体治理模式，是实现二者协调整合的更具现实性的选择。④ 事实上，在我国的城市群协调组织中，不适宜采取大都市区政府模式或者刚性的制度化行政性体制，一方面这种模式在西方也算不上成功，我国的行政制度与西方国家有明显的区别。由于西方国家的联邦制体制，基层政府拥有较多自主权，增加一个准政府层级对政府运行的效率影响有限，而我国的政府层级有中央、

---

① 习近平：《国家中长期经济社会发展战略若干重大问题》，《求是》2020年第21期。
② 李程骅：《中国城市转型研究》，人民出版社2013年版，第295页。
③ 《中国将再造10个城市群 专家建议建立跨区协调机制》，《南方都市报》2013年6月3日。
④ 张颢瀚：《长江三角洲都市圈经济与行政区经济的矛盾和整合》，《江海学刊》2009年第4期。

省、市、县、乡五个层级，实行省管县、减少层级是改革的方向，不适宜在城市群之上再增加具有准政府职能的管理层级。更重要的是，按照经济区的范围，在合作各方之上再建立一套除已有的上级政权机关以外的立法机构、司法机构和决策机构的组织框架，会涉及我国的《宪法》修改。在现行《宪法》框架内，没有一级政权机构的设立空间。全国人大常委会法工委对不按行政区划设立国家机关的做法，也明确持否定态度。因此，我国区域城市或城市群发展的协调，需要更多地采取非正式制度形式，通过区域行政协议、区域性组织等方式来实现。近年来，我国的一些城市群开始注重协调发展，陆续签订了一些行政契约，在长三角区域已经有21个，泛珠三角区域79个，环渤海区域8个，其他区域16个。区域行政协议作为地方政府机关推动区域经济一体化的法制安排和法制协调，已成为区域经济一体化进程中运用最为广泛的一种法律治理机制。[①]

在区域行政协议和区域性行政组织方面，长三角地区的探索具有一定的典型性。从合作组织和机制的层面看，目前长三角合作已从刚开始的沪苏浙经济合作与发展座谈会制度，以及后来的"高层领导沟通协商、座谈会明确任务、联络组综合协调、专题组落实推进"的区域合作模式，发展为"三级运作、统分结合、务实高效"的区域合作机制框架。主要包括决策、协调和执行三个层面。

决策层为"长三角地区主要领导座谈会"，每年召开一次，由三省一市主要领导参加，主要任务是决定长三角合作的方向、原则、目标与重点等重大问题，审议、决定和决策关系区域发展重大事项，是最高层次的联合协调机制。主要领导座谈会2004年启动，三省市主要领导参加，2008年安徽应邀参加，2011年起，安徽省全面参与泛长三角区域合作并正式成为轮值方，标志着泛长三角区域合作已进入三省一市最高决策层的视野。

协调层为"长三角地区合作与发展联席会议"。2001年由三省市发起，一般每年的第三季度召开一次，按照长三角地区主要领导座谈会轮值顺序轮流承办，由三省一市常务副省（市）长参加，主要任务是做好主要领导座谈会筹备工作，落实领导座谈会部署，协调推进区域重大合

---

① 叶必丰：《区域经济一体化的法律治理》，《中国社会科学》2012年第8期。

作事项。2009年安徽加盟，标志着三省一市的区域合作进入了一个着眼于建立长期性、战略性、整体性区域合作框架的新阶段。在2009年的合作与发展联席会议上，通过了《长三角地区合作与发展联席会议制度》和《长三角地区重点合作专题组工作制度》两个制度文件，为建立健全联席会议制度和促进"协调层"高效运转创造了条件。

执行层包括"联席会议办公室""重点专题合作组"，以及"长三角城市经济协调会（城市经济合作组）"，具体负责推动长三角区域合作工作。一是联席会议办公室。在三省一市发改委内专门设立了长三角办公室，承担联席会议办公室职责，负责提出长三角区域合作重要事项等建议，并检查督促和通报重要合作事项的落实情况。二是重点专题合作组。由业务主管部门牵头成立相应重点专题合作组，主要负责区域合作有关专项工作的实施。目前，纳入合作机制的重点合作专题有交通、能源、信息、科技、环保、信用、人社、金融、涉外服务、产业转移等。三是城市经济协调会（城市经济合作组），其主要任务是推动长三角地区城市间的经济合作。城市经济协调会（城市经济合作组）是长三角发展协调机构的最初始形态，始于1992年长江三角洲14个城市建立的协作部门主任联席会议制度。1997年泰州加入，更名长江三角洲城市经济协调会。2012年4月，长三角城市协调会已成为国内第一个独立办公的区域合作组织，以强化其在市长联席会议闭会期间的协调功能和执行功能。至2013年4月，长三角城市经济协调会共举行13次会议，会员城市扩容至包括上海市、江苏省、浙江省全境以及安徽省的合肥、芜湖5地市共30个城市。

从长三角城市区域协调模式和机制看，突出表现为三个特征：一是架构清晰。长三角区域合作的领域，从内容单一、浮于表层向多元多维、嵌入深层转变；合作手段从形式单一、缺乏弹性向多管齐下、灵活机动转变；协作组织，包括三省一市主要领导、分管领导、省辖市市长和设置在各市发改部门的具体办事机构等多个层面。二是特征鲜明。相对于比较刚性的制度化行政性体制，建立行政联盟、大都市行政区，长三角城市区域合作选择了区域内各地方政府通过倡导方式成立的松散性协调协商组织，合作主要通过具有行政契约性质的行政协议来推动。从目前看，长三角城市区域协调机制，在空间范围和行政等级上存在多层次多边协调和双边协调并存的现象。三是成效明显。近年来，政府层面致力于加强合作共赢，协作的领域不断拓展,正在逐步由经济向社会、生态领域延伸,产生了比较明显的综合效益。中山大学的一份研究报告以 1990 年至 2002 年的长三角城市群为样本进行测算得出,由于长三角城市经济协调会的成立、运行,地方分割对区域协调发展的阻碍作用下降了 45.7%。当然,长三角协作机制尚不够成熟,在运作中也存在思想不适应、行动不协调、措施难落实等问题,需要进一步拓宽视野、拓展思路,在实践中不断探索和发展。

从上面的分析可以看出,长三角地区的区域协调,经历了以上海市为主、各成员城市参与的城市协作阶段,两省一市(安徽加入后三省一市)省级层面协调推动、成员城市落实阶段,再到国家层面的领导小组统筹指导和协调推动阶段,实现了由平面化推进到立体化推进、城市之间的横向协调到省级国家级参与的纵向协调与横向协调相结合的转变。在长三角区域,都市圈作为长三角城市群的亚形态,在长三角一体化进程中发挥着重要作用。

二 国家发改委批复规划语境下现代化都市圈体制机制创新

与城市群相比,由于空间尺度和主导层级不同,现代化都市圈需要探索一种全新的协同治理模式。2021 年 2 月以来,国家发改委先后批复南京、福州、成都、长株潭、西安、重庆等都市圈发展规划,对现代化都市圈建设作出具有权威性和方向性的制度设计和系统安排。本部分对国家发改委批复规划的 8 个都市圈基本情况进行对比(见表 10.1),并逐一梳理已经由省级人民政府公开发布全文的前 6 个都市圈协同治理的体制机制创新特色(后 2 个都市圈规划全文尚未公开)。

表 10.1　　　　国家发改委批复规划的都市圈情况一览表

都市圈名称	批复时间	都市圈基本情况
南京都市圈	2021.2	由以南京市为中心、联系紧密的周边城市共同组成,主要包括南京市全域,镇江、扬州、淮安、芜湖、马鞍山、滁州、宣城 7 市部分区域,面积 2.7 万平方千米,2019 年年末常住人口约 2000 万;规划范围拓展到 8 市全域及常州金坛和溧阳,总面积 6.6 万平方千米

续表

都市圈名称	批复时间	都市圈基本情况
福州都市圈	2021.5	由以福建省福州市为中心、联系紧密的周边城市共同组成，主要包括福州、莆田两市全域，宁德、南平市部分区域，平潭综合实验区，陆域面积2.6万平方千米，2020年年末常住总人口约1300万人，地区生产总值约1.5万亿元
成都都市圈	2021.11	由以成都市为中心，与联系紧密的德阳市、眉山市、资阳市部分区域共同组成，面积2.64万平方千米，2020年年末常住人口约2761万人；规划范围拓展到4市全域，总面积3.31万平方千米，2020年年末常住人口约2966万人
长株潭都市圈	2022.1	范围包括长沙市全域、株洲市中心城区及醴陵市、湘潭市中心城区及韶山市和湘潭县，面积1.89万平方千米，2021年常住人口1484万人，经济总量1.79万亿元
西安都市圈	2022.2	范围包括西安市全域（含西咸新区），咸阳市、铜川市、渭南市部分区域，杨凌农业高新技术产业示范区，面积2.06万平方千米，2020年年底常住人口1802万人，地区生产总值约1.3万亿元
重庆都市圈	2022.8	范围包括重庆主城都市区中心城区和紧密联系的周边城市，面积3.5万平方千米，2020年年末常住人口约2440万
武汉都市圈	规划全文尚未公开	范围包括武汉市、鄂州市、黄石市市区（含黄石新港）、大冶市、黄冈市黄州区、团风县、孝感市孝南区、孝昌县、云梦县、汉川市、咸宁市咸安区（含咸宁高新技术产业开发区）、嘉鱼县、仙桃市、天门市，面积2.53万平方千米，2020年年末常住人口2194万人
沈阳都市圈	规划全文尚未公开	鞍山、抚顺等六市一区，总面积2.3万平方千米，占全省15.5%；常住人口1516万人，占全省35.8%

南京都市圈：创新都市圈一体化协调机制。一是健全常态化协商机制。切实发挥好决策层、协调层、执行层三级运作机制作用，定期召开都市圈党政领导联席会议、市长联席会议，形成高层常态化沟通机制，促进项目信息定期沟通和交流。实质性推动都市圈各专业委员会工作，推动联合编制有关专项规划、空间规划。二是建立政策协同机制。建立重点领域制度规则和重大政策沟通协调机制，提高政策制定统一性、规则一致性和执行协同性。探索研究制定都市圈有关地方性法规。三是建

立成本共担利益共享机制。探索建立联合招商、共同开发、利税共享的产业合作发展机制，探索建立税收分享机制和征管协调机制。

*福州都市圈：共建区域一体、合作协商的体制机制。*一是加快建立都市圈建设协调机制，充分发挥省级层面协调作用。坚持和加强党对福州都市圈建设工作的领导，充分依托和发挥福建省推进新型城镇化工作联席会议统筹作用，建立中心城市福州市牵头、各市（区）密切合作的都市圈建设协调机制。二是发挥福州市的引领作用，建立多层次多领域合作机制。由福州市政府牵头，成立相应都市圈建设领导小组及办公室，做好规划编制、项目对接、信息沟通、事务协调、调查研究等工作。充分发挥设区市和平潭的主体作用，完善党委和政府主要领导定期协商、分管领导互访交流等工作机制，建立健全对口部门常态化对接机制，广泛动员社会力量，形成"横向协同、上下联动"的良好工作格局。三是健全都市圈政务服务连通互认机制、探索都市圈法治协作和联动监督机制、推动建立都市圈重大安全事件联防联控机制等。

*成都都市圈：探索经济区与行政区适度分离。*在体制机制上，在成都平原经济区联席会议（省长为召集人）制度框架下，充分发挥省推进成德眉资同城化发展领导小组（组长由省委常委成都市委书记担任）及其办公室统筹协调职能，完善"领导小组会议、同城化办公室主任会议、专项合作组协调会议、联络员工作会议"多层次常态化组织协调机制，构建"领导小组决策统筹、同城化办公室组织落实、省直有关部门（单位）对口指导、分管市领导协调调度、专项合作组对接联动、市级部门和县（市、区）主体推进"的工作体系。在领导小组及其办公室框架下组建成德眉资同城化20个专项合作组，由省直有关部门指导，成都市分管市领导牵头协调，其他三市分管市领导参与协调，共同推进重点领域同城化发展工作。

*长株潭都市圈：省主要领导领衔的领导小组推动。*在体制机制上，建立和完善推动长株潭都市圈发展的工作机制，依托长株潭一体化发展领导小组，强化对长株潭都市圈工作的统筹、协调和指导，研究审议重大规划、重大政策、重大项目和重点工作，协调解决重大问题。省有关部门牵头负责同城化专项工作。充分发挥三市联席会议机制作用，完善都市圈共商共建共创共享的合作协调机制。长沙市、株洲市、湘潭市作

为推进长株潭都市圈发展的责任主体，制订具体行动计划和专项推进方案，省各有关部门要按照职责分工，组织编制都市圈专项方案，形成规划统筹、政策配套、项目支撑和体制机制创新的工作体系，形成横向联动、纵向协调的长效机制和强大合力。

西安都市圈：健全常态化工作协商和政策协同发展机制。在体制机制上，支持西安市牵头建立都市圈各市（区）党政联席会议制度和一体化发展办公室，形成常态化沟通协调机制，加快建立交通、产业、创新、市场、资源环境、公共服务等专项合作机制。建立重点领域制度规则和重大政策沟通协调机制，协同建立都市圈标准化联合组织，建立成本共担利益共享机制，建立一体化招商联合引资的体制机制，探索建立都市圈税收分享机制和征管协调机制。强化监测评估机制，完善社会参与机制。

重庆都市圈：健全同城化合作机制。在成渝地区双城经济圈川渝合作机制框架下，建立重庆都市圈联席会议机制，研究推进重庆都市圈重点任务、重大改革、重大项目，重大问题提交重庆四川党政联席会议决策。建立交通、产业、科技、市场、资源环境、公共服务等专项合作机制。建立重点领域制度规则和重大政策沟通协调机制，提高政策制定统一性、规则一致性和执行协同性。探索招商引资、项目审批、市场监管等经济管理权限与行政区范围适度分离，在毗邻区域合作平台试行建设用地指标、土地收储和出让统一管理机制。重庆四川两省市协同向重庆都市圈内区（市、县）政府适度下放省（市）级经济社会管理权限，积极探索研究重庆都市圈有关地方性法规，推动重庆都市圈内跨省市干部人才双向交流，促进各区域板块加强合作。创新成本共担利益共享机制。建立跨区域财政协同投入机制，重点投向跨区域重大基础设施互联互通、生态环境联防共治、创新体系共建、公共服务和信息系统共享、园区合作等领域。探索建立区域互利共赢的税收利益分享机制和征管协调机制，探索经济统计分算方式，完善重大经济指标协调划分的政府内部考核制度，调动政府和市场主体积极性。拓展城市建设资金来源渠道，建立期限匹配、渠道多元、财务可持续的市场化融资机制。

三 城市群与现代化都市圈协同治理机制比较

从城市群到都市圈，实现了区域协同治理单元的战略转换，在区域合作的方式上，则完成了从松散型的区域合作，到半紧密型的城市群合作，再到相对紧密的都市圈合作演化。从城市群与现代化都市圈协同治理的体制机制看，区别主要表现在以下三个方面。

（一）跨区域协同治理的空间尺度不同

城市群是国家视野下跨区域治理的重要单元，是国家实施区域协调发展战略的需要，现代化都市圈是城市群的硬核区域。城市群的空间一般跨越几个省市，地域面积一般都是以10万平方千米为量级。比如，2016年出台的长三角城市群规划，涉及上海、江苏、浙江和安徽三省一市26个城市，国土面积21.17万平方千米。长江中游城市群涉及湖北、湖南和江西省内31个城市，面积超过30万平方千米。而现代化都市圈范围，与中心城市能级与辐射范围密切相关，经历了一个从小都市圈到大都市圈，再到适度都市圈的转变。从目前国家批复规划的南京、福州、成都、长株潭、西安、重庆、武汉、沈阳都市圈看，面积分别为2.7万、2.64万、2.6万、1.89万、2.06万、3.5万、2.53万、2.3万平方千米，除重庆都市圈面积3.5万平方千米外，其他7个都市圈的平均面积为2.39万平方千米（包括重庆在内的平均值为2.53平方千米）。如果都市圈正好是一个圆形，半径为90千米左右；如果都市圈正好是一个正方形，边长不超过160千米，基本上是按照1小时通勤圈的标准来划定的。这体现了国家发改委"在研究确定空间范围时，应实事求是、集约高效，不宜盲目扩大"的思路。

（二）跨区域协同治理的实施主体不同

根据各国中央政府干预程度的不同，发达国家主要城市群协同治理模式可以分为三种：政府主导协同模式、混合协同模式以及自治协同模式。[1] 在我国，一般来说，城市群规划由国家发改委上报、国务院批复、国家发改委印发，实施主体是城市群所在的省级政府和国家发改委、住

---

[1] 蒋敏娟：《城市群协同治理的国际经验比较——以体制机制为视角》，《国外社会科学》2017年第6期。

建部等。现代化都市圈规划，一般由国家发改委批复给省级发改委、省级人民政府印发（跨省的联合印发），实施主体是都市圈成员城市。因此，城市群更多的是国家有关部门和省级政府在推动实施，是需要重点由省级政府实施的"国家工程"，而现代化都市圈，更多的是国家发改委和省级人民政府宏观指导推动，需要重点由中心城市和成员城市、省直有关部门实施的"省级工程"。

（三）跨区域协同治理的频率频度不同

城市群，更多的是规划性治理，协同的重点偏向于宏观领域，推动协调机构一般情况下以年度为单位开展相应的活动，比如，长三角地区城市协调会和主要领导座谈会是每年度召开一次。现代化都市圈，作为联系相对紧密的发展共同体，按照国家发改委的要求，需要建立常态化的沟通协调机制。比如，《沈阳现代化都市圈建设2022年工作要点》，明确建立沈阳现代化都市圈书记市长联席会议、市长（常务副市长）工作推进会议、联席会议办公室主任工作会议制度。其中，书记市长联席会议每半年组织召开一次，研究和商定涉及都市圈合作发展的有关重点规划、重大政策，确定重点项目和重大合作事项，协调解决重大问题；市长工作推进会议每季度召开一次，常务副市长工作推进会议每月召开一次，调度书记市长联席会议决定、决议的落实执行情况，协调跨区域的重大合作事宜；联席会议办公室主任工作会议每半月召开一次，项目化、清单化、工程化推进重点项目和重大合作事项实施。

因此，现代化都市圈，在治理体制机制上要充分借鉴吸收城市群治理过程中的成功经验，但由于治理尺度和治理主体等方面的不同，不能照抄照搬城市群治理的经验。现代化都市圈的治理，既具有相对独立性，也具有一定的从属性，现代化都市圈又从属于一个更大的城市群，需要注重都市圈推进机制与省级区域协调发展机制、城市群一体化发展机制的有序衔接和有效对接。

第二节　现代化都市圈协同治理机制的思路创新

现代化都市圈，是基于现代化建设导向和愿景的都市圈，是经济增长和城市发展达到一定阶段的必然选择，体现了中国特色区域发展理论话语和实践政策的重要创新。现代化都市圈跨区域协同治理机制，是国家治理体系和治理能力现代化的重要组成。

一 推进现代化都市圈协同治理的思路

（一）以战略思维推动现代化都市圈建设

从城市群到都市圈，区域协调尺度的战略调整，旨在打造更加具有实质意义的城市发展共同体，增强区域城市的整体综合竞争力。现代化都市圈并非独立存在的，需要在国家重大区域战略和城市群框架内推进。要充分认识到现代化都市圈对于现代化建设的重大意义：现代化都市圈是实现高质量发展的试验田，是构建新发展格局的先行区，是通往现代化新征程的必由之路。因此，要坚持高质量、一体化和一盘棋思想，坚持自上而下统筹推动与鼓励地方探索相结合，坚持行政式推动与联盟式治理相结合，努力探索区域一体化的多维度多领域推进与多中心、多层级、多节点和网络化、立体化、有机化治理结构。

（二）以系统思维推动现代化都市圈建设

做好都市圈层面与城市群层面和区域一体化方面的衔接。现代化都市圈协同的重点包括重大交通等基础设施和社会公共服务、促进产业发展政策的协同产业链分工、生态环境和社会公益事业发展等方面。现代化都市圈协同推进的多个维度中，有些维度主要是依靠政府推动，比如重大基础设施、跨流域的环境治理、社会公共服务等层面的问题，通过协调解决单个区域难以解决的问题；有些维度更多的是需要市场推动，比如，产业的集聚与产业链的形成，党委政府一个重要的职责就是拆除区域之间的行政藩篱，使生产要素能够更加畅通地流动、更加优化地配置。

（三）以协同思维推动现代化都市圈建设

现代化都市圈的构建，涉及行政权力的强化或弱化问题，政府与市场、社会关系的调适，也是省级政府与设区市政府权力关系的再调整。涉及权力与权利的重新配置，对我国行政管理层级和行政管理体制都会产生一定的影响，特别是中心城市和成员城市管理体制的重构，需要准确把握上一级党委政府的统筹和参与程度，中心城市党委政府的主导程度，成员城市的积极参与程度。如果更多地采取领导小组形式，在一定程度上则带有派出机构的性质。如果都市圈更多地采取联席会议的方式，相当于更多地授权给地方。因此，现代化都市圈的治理，是跨行政区治理、跨域治理、跨界治理，涉及管理幅度与管理层级的调整，行政职能与经济职能的调整，单体效率与整体效率的提升，需要更多地运用协同思维，把实现多方共赢、实现整个都市圈利益最大化作为价值追求。

党的十八大以来，围绕陆续出台的京津冀协同发展、长三角一体化、长江经济带、黄河流域生态保护和高质量发展、粤港澳大湾区建设、海南自由贸易港等国家区域重大战略，国家层面陆续成立相应的领导小组或协调议事机构。党的二十大之后，中央决定把这些重大战略领导小组合并为"中央区域协调发展领导小组"，从更高层面、从战略、从全局上来谋划这些区域重大战略，系统统筹各个战略之间的重大政策。主要职能包括研究重大战略的有关重大部署、重大规划、重要政策、重点项目以及年度工作安排，协调解决重要问题，督促落实重大事项。同时，在领导小组之下，可以根据重大事项、重大工作，成立专责小组或者部际联席会议机制，具体推进某一项工作。

参照中央区域协调发展领导小组的做法，跨省域都市圈需要建立省际协调机制。在同一省域内，有若干个都市圈，其协调机制的建立，在尊重中心城市主体作用的同时，建议建立省级统一的协调机制，不仅协调都市圈内不同城市之间的关系，更要协调都市圈之间的关系，在不同的都市圈之间发挥重要的链接作用，在更大范围、更高层次上推进区域一体化。

（四）以辩证思维推动现代化都市圈建设

现代化都市圈协同治理，一定是多主体参与的现代治理方式，需要上与下的协调、左与右的协调、内与外的协调、量与质的协调、政（府）与市（场）的协调、经（济）与社（会）的协调、官与民的协调等，特别是要处理好政府与市场的关系，充分释放两只手的势能。《关于培育发展现代化都市圈的指导意见》强调"深化改革创新发展，坚决破除各类资源要素自由流动，高效配置的体制机制障碍"。这意味着，在近年来发展进程中，城与乡之间、中心城市与周边城市之间、大中小城市之间，存在很多门槛和障碍，而这些门槛和障碍并不是由经济的自然规律产生的，而是体制机制带来的。当我们在全面建成小康社会之后，要奔向更高质量的城市化进程和更发达的现代化国家的时候,会发现当时合情合理合法的制度,逐渐变成了发展道路上的门槛,需要逐步破除机制和障碍。[①] 行政壁垒是行政区经济造成的,解铃还须系铃人,政府的责任在很大程度上就是加强政府之间合作,用合起来的政府之手解开各政府之间结成的结,用政府间的联手拆除政府间竞争思维形成的政策藩篱,让市场在资源配置中起决定性的作用,通过生产要素的流动性增强发展的可持续性和经济韧性,创造新一轮的经济增长和发展空间。

二 推进现代化都市圈协同治理过程中应避免的误区

现代化都市圈,就像一艘集成各种优势兵力的航空母舰,通过多层级、多主体、多维度治理,实现模块板块区域功能的集成,增强总体发展能力和综合竞争力。在具体推进的过程中,要避免走进四个误区。

(一) 规模上越大越好的误区,盲目拓展现代化都市圈的区域边界

国家发改委批复的规划,对各地之前谋划的都市圈进行了不同程度的"瘦身"。除中心城市,其他城市以县区为单位加入而不是以设区市为单位整体加入,体现了在划定边界范围上的严格和慎重。2016年6月发布的《长三角城市群发展规划》提出构建"一核五圈四带"的网络化空间格局,其中五圈指南京、杭州、合肥、苏锡常和宁波五个都市圈,成员城市均为3个或4个。近年来,三省一市正在合作推进空间尺度更大、覆盖范围更广、整合能力更强的上海、南京、杭州和合肥四大都市圈建设,其中前三个都是跨省都市圈。从近几年各省市实际推进情况看,这四大都市圈,组成单元以设区市为主(包括部分县级单位),覆盖设区市数量分别达到9个、9个、6个和8个,面积均超过5万平方千米。但从国家发改委批复的发展规划看,南京都市圈划定范围只包括南京市和周边7市的部分区域,面积为2.7万平方千米,把此前6.6万平方千米的范围作为规划的拓展区域。在珠三角地区,从此前有关部门公布的范围看,广州都市圈包括广州、佛山、肇庆、清远、云浮、韶关6个城市,土地面积7.16万平方千米;深圳都市圈,包含深圳、东莞、惠州、汕尾和河

---

① 尹稚等:《培育发展现代化都市圈》,《区域经济评论》2019年第4期。

源 5 个城市，土地面积约为 3.63 万平方千米。2023 年 10 月，广东省人民政府发布《广州都市圈规划》《深圳都市圈规划》，广州都市圈包括广州、佛山全域和肇庆、清远部分区、市，约 2.23 万平方千米；深圳都市圈包括深圳、东莞、惠州全域和深汕特别合作区，约 1.63 万平方千米。

（二）数量上越多越好的误区，过分追求现代化都市圈的数量

从"十三五"时期城市群规划开始，国家就在开始布局都市圈建设。随着 2019 年国家发改委相关意见出台和国家层面推进，各地推进都市圈建设的热情更加高涨，一些都市圈的边界范围迅速拓展，部分省份都市圈化泛化趋势比较明显，包括一些西部省份也在大力推进都市圈建设。从国家层面来说，现代化都市圈建设更多的强调质量导向，国家发改委按照成熟一个批复一个的思路在推进，正如国家发展改革委有关负责人就《2022 年新型城镇化和城乡融合发展重点任务》答记者问强调，"我国都市圈发展总体处于初级阶段，各地区应尊重客观规律、立足发展阶段，科学有序推动建设，不具备培育条件或条件尚不成熟的地区不宜相互攀比"。

（三）层级上越高越好的误区，过分注重上级行政力量推动

现代化都市圈的形成，更多的是一个市场充分发挥作用的过程，是在中心城市主导下，中心城市与周边城市突破行政区域，开展互利共赢合作的过程。按照国家发改委的表述，省级要更多地发挥统筹协调作用。在都市圈治理机制形成的过程中，要按照新区域主义的理论，避免过多的行政权力介入、叠床架屋导致运行更加低效，处理好统与分的关系，更多的是建立权力退出机制，建立扁平治理结构，通过强契约弱行政，形成利益分享机制，促进资源的空间流动和发展效率的提升，实现共同发展共赢发展。

（四）中心城市越强越好的误区，过分强调中心城市发展和强省会战略

习近平总书记指出，中西部有条件的省区，要有意识地培育多个中心城市，避免"一市独大"的弊端。[1] 实施区域协调发展战略，要解决区域发展分化和极化的问题，促进区域协同。近年来，中西部省份省会的

---

[1] 习近平：《国家中长期经济社会发展战略若干重大问题》，《求是》2020 年第 21 期。

首位度不断提升，呈现一圈独大、越来越大的趋势，在有些地方，名义上是扩大都市圈共同发展，实际上更多还是实施强省会战略、做强省会城市。部分地方希望通过建设现代化都市圈，将周边的城市或城区纳入，提升中心城市的首位度和城市的量级，借以进入国家重大战略部署，比如在争取国家中心城市等方面处于更加有利的地位。建设现代化都市圈，一个重要的目的就是疏解大城市的功能，就是在不改变行政区域的前提下扩大中心城市的柔性边界和影响力。限制中心城市行政区域规模、带动周边城市共同发展是现代化都市圈建设的应有之义。因此，不能一味要求周边城市为中心城市的发展做贡献，让中心城市强者更强、一家独大，顾此失彼、此升彼降，而要解决经济发展的极化问题，通过中心城市与周边城市更好地互动，让中心城市功能更强，让周边城市发展得更好，各美其美，美美与共。

第三节　现代化都市圈协同治理的路径探索

2022年3月，中共中央、国务院发布《关于加快建设全国统一大市场的意见》，强调"结合区域重大战略、区域协调发展战略实施，鼓励京津冀、长三角、粤港澳大湾区以及成渝地区双城经济圈、长江中游城市群等区域，在维护全国统一大市场前提下，优先开展区域市场一体化建设工作，建立健全区域合作机制"。现代化都市圈形成过程，是空间结构优化和空间动力重塑的过程，也是加快建设全国统一大市场的重要过程。从国家发改委批复、省级人民政府印发的南京、福州、成都、长株潭和西安都市圈规划文本看，都市圈体制机制创新的指向基本明确，在实践推进的过程中，需要进一步增强治理的协同性，创新现代化都市圈协同治理的指标体系、组织管理、内涵领域、改革指向和工具载体等，进一步建立健全省级统筹、中心城市牵头、周边城市协同的都市圈同城化推进机制。

一　创新现代化都市圈协同治理的标准体系

20世纪50年代以来，美国、英国和日本等国家开始建设都市圈，形成了相关的理论和实践成果。在我国，《南京市城市总体规划（1991—

2010）》第一次提出"南京都市圈"概念，2014年，《国家新型城镇化规划（2014—2020年）》正式提出"都市圈"概念，国内学术界形成了一批研究成果。现代化都市圈是我国区域协调发展的重要理论创新，其设立标准、发展模式和体制机制既不同于西方国家的都市圈，也不同于传统意义上的都市圈，与城市群有较强的联系但又有着明显的区别。推进现代化都市圈建设，首先要明确都市圈设立和协同治理的标准体系，确立现代化都市圈建设的逻辑原点和理论基础。

在这一过程中，一方面，要尊重客观规律，科学界定都市圈的边界范围，合理控制都市圈的规模。根据经济发展程度、交通便利条件、产业联系状况和历史文化渊源等，建立现代化都市圈识别的标准体系。要坚持有限边界，把传统的小都市圈的发育成熟，作为拓展构建现代化都市圈的基础和条件。建立现代化都市圈范围的动态调整体系，比如，相邻城市高铁的开通、隔江两岸快速便捷通道的建设，都可以改变现代化都市圈的格局，重构都市圈的边界。另一方面，又要适当注重都市圈内城市的完整性。从目前国家出台规划的几个都市圈看，除中心城市，更多的是以县级县市区作为基本单元，这在某种程度上影响了成员城市参与的积极性，增加了协同治理的难度。与此同时，由于都市圈构成城市的非完整性，从目前有关部门公布的统计数据看，缺少相应的统计口径，给现代化都市圈的精准治理带来一定的难度。因此，为避免都市圈组成单元的碎片化现象，有两个路径可以选择：通过限制进入都市圈设区市成员数量来控制都市圈的范围，一般情况下以设区市为单位整体进入，但由于部分设区市面积太大，发展水平不均衡，很可能大部分区域不具备进入都市圈的通勤条件和人口密度等；更为可行的办法是将现代化都市圈分为都市区和都市圈两个层面，在现代化都市区层面，除中心城市，一般以成员县级市区作为主要构成单位，相当于现在的都市圈区域；在现代化都市圈层面，成员城市也以设区市为单位，把都市圈规划中的拓展区域包括在内，组成现代化都市圈，这样更有利于通过建立城市发展联盟等方式，增强设区市层面的协调，为更好地推进现代化都市区创造良好的外部条件。

二 创新现代化都市圈协同治理的组织管理

现代化都市圈协同治理的模式，主要有省级政府推动型、中心城市带动型和成员城市自我驱动型三大类型。一是省级领导小组+都市圈城市联席会议推进模式。省级层面专门成立都市圈建设领导小组，领导和统筹都市圈发展工作，都市圈城市联席会议更多的职责是落实领导小组决策。二是以中心城市为主的联席会议治理模式。建立由中心城市牵头的联席会议制度，中心城市带动+成员城市协商模式，形成中心城市控股的"股份制"。这类都市圈一般是单核性都市圈，中心城市相对于其他成员城市，优势比较明显。三是成员城市轮流坐庄的联席会议制度。采取这种形式的一般是均质都市圈，即成员城市的体量和规模相差不大，缺少中心城市的引领，比如由珠海、中山、江门、阳江组成的广东珠江口西岸都市圈，由临沂、济宁、菏泽、枣庄四市构成鲁南经济圈等。现代化都市圈，需要外力的推动，更需要内力驱动，形成成员城市积极参与、充分协商和高度协同的都市圈自运行机制。无论单核都市圈与均质都市圈，在都市圈治理的过程中都不能简单地排排坐、会员制或者轮流坐庄，必须充分发挥中心城市的引领作用和重要推动作用。

在具体构建的过程中，首先，强化省级层面的统筹指导作用。省级层面，主要是指导、协调、督导、考核，重点从外部推动。强调省级层面统筹指导，并非每个都市圈都要建立一个更高层级的领导机构或者单独在省级层面成立领导小组，而要将都市圈的协同发展与治理上升到省级党委政府层面，将省级层面区域协调发展的领导机构，作为都市圈建设的指导和协调机构。其次，强化中心城市的参与作用。现代化都市圈，不能一味追求平等，要充分发挥中心城市的引领和主导作用，增强对成员城市的非权力影响力，更多地从共同发展、互利共赢视角来谋划和推动现代化都市圈。中心城市在都市圈发展的过程中，既要思考如何更好地"取"，如何集聚周边城市的资源更好地促进自身的发展，又要考虑如何更好地"给"，如何能够让周边城市在组圈的过程中得到更好的发展。国家发改委有关负责人答记者问时强调，"把中心城市带动周边市县共同发展作为重要内容。注重发挥中心城市辐射带动作用，通过建立健全都市圈协同机制，推动基础设施向周边延伸、要素资源向周边流动、功能产业向周边疏解、公共服务向周边覆盖，带动周边市县共同发展，不能过多强调做大做强中心城市"。最后，强化成员城市的协同作用。现代化都市圈不能培养精致的利己主义者，只考虑如何取不考虑如何予，把"我们""你们"分得很清楚。在发挥中心城市牵头作用的同时，要注重充分发挥成员城市在现代化都市圈治理中的主体能动作用，既要推进成员城市与中心城市互动，也要推进成员城市之间的互动，形成多个维度的一体化、网络化的一体化，形成互利共赢关系，由"你们""他们"心态转化为"我们"心态，实现现代化都市圈的自我驱动和自运行。

三 创新现代化都市圈协同治理的内涵领域

习近平总书记指出，"增强中心城市和城市群等经济发展优势区域的经济和人口承载能力，这是符合客观规律的。同时，城市发展不能只考虑规模经济效益，必须把生态和安全放在更加突出的位置，统筹城市布局的经济需要、生活需要、生态需要、安全需要"。[①] 现代化都市圈的内涵，既包括现代化的交通体系、现代化的产业体系、现代化的生活品质等重要内涵，也包括现代化的治理结构、现代化的治理体制等重要标志。都市圈不仅是经济圈，经济功能是都市圈的重要功能之一，同时还具有社会发展、公共服务和生态保护等方面的功能，人的现代化是现代化都市圈的重要特征。要处理好经济领域协同与社会发展领域协同之间的关系，创新现代化都市圈协同治理的领域。理想的现代化都市圈，应当是交通成网、产业成链、城市成圈，至少形成五个圈：高效率通勤圈、高质量发展圈、高品质生活圈、高黏性文化圈、高效能治理圈。与现代化都市区相比，现代化都市圈要具有更大的包容性、更加明显的互补性，更加强调发展空间和农业空间、生态空间的互补，更加强调城市之间、城乡关系之间的协调，让现代化都市圈中的乡村能够同样或者在某种程度上享受城市生活的便利和品质。

现代化都市圈建设，要坚持有所为有所不为。现代化都市圈具有多样性和包容性，应当注重不同城市之间、不同功能区之间、城乡之间的协调发展，强化生态底色和民生取向。现代化都市圈的标准不可降低，

---

① 习近平：《国家中长期经济社会发展战略若干重大问题》，《求是》2020年第21期。

范围不可以泛化，但在目前尚不具备建立都市圈的地区，可以借鉴都市圈的发展思路，优化中小城市的空间布局，带动其周边的城镇圈建设，增强各个层级发展的协调性。既要注重都市圈内部的协同，还要注重都市圈之间、都市圈与非都市圈城市之间的协同，促进城市群内不同都市圈共同发展，彼此之间相互融合，边界不断地被打破，使省级层面的现代化都市圈战略更好地与国家层面的城市群和区域一体化战略相互衔接、无缝对接。

四　创新现代化都市圈协同治理的改革指向

现代化都市圈的治理，是对传统以行政区为单位管理体制的重大变革。建立以经济区、功能区为主的跨行政区域的治理体制。要注重加强现代化都市圈统筹协调机构、联席会议制度和联席会议的办事机构（秘书机构）建设，处理好新设办事机构与现有推进体制的关系，避免二者之间的冲突，或者因为各类议事协调机构的建立，叠床架屋，反而降低组织合作的效率。要注重都市圈内城市发展空间的软整合，而非行政区划的硬调整。如果说，前几年还为中心城市通过行政区划调整而进行规模扩张留下一定的空间的话，如今的标准则更加严格，比如，国家发改委新型城镇化和城乡融合工作要点，2020年的主要口径是，"完善部分中心城市市辖区规模结构和管辖范围，解决发展空间严重不足问题，有序推进'县改市''县改区''市改区'"，到2022年的主要口径则调整为"慎重从严把握撤县（市）改区，严控省会城市规模扩张，确需调整的要严格程序、充分论证。稳慎优化城市市辖区规模结构"。国家城镇化思路的重大调整，体现了更加强调以人为中心的城镇化，更加强调大中小城市的协调发展，避免大城市的快速膨胀和中小城市的衰微。

在协同治理过程中，一方面，既要建立纵向的传导沟通机制，又要建立横向的协调共进机制；既要根据相关要求控制都市圈的规模，又要通过部分管理权让渡、行政区与经济区适度分离来解决中心城市发展空间不足的问题。国家发改委批复的成都都市圈发展规划，强调"以制度、政策和模式创新为引领，破除利益藩篱和行政壁垒，着力探索经济区与行政区适度分离，建立成本分担和利益共享机制"，"建立跨行政区一体运营的组织管理机制，共同推动市场化开发建设"。在现代化都市圈内毗邻区域，由中心城市主导、与成员城市合作，共同建设同城化示范区、特别合作区，或者双向建设飞地，可在不改变行政区划前提下，在坚持主体功能区规划的基础上，采取经济区与行政区适度分离的方式，使部分区域的所有权与使用权适度分离，采取类似股份合作制的思路共推区域协作、共享发展成果。另一方面，既要注重发挥政府和市长的作用，又要注重发展企业和市场的作用，政府主要负责"拆墙修路"，推动社会事业和公共服务的一体化，市场主要是优化配置生产要素，推动供应链、产业链、创新链、人才链和价值链的优化等。与此同时，要注重发挥社会组织和社会公众的作用，让第三方部门更多地参与公共事务治理，形成现代化都市圈协同治理的强大合力。

五 创新现代化都市圈协同治理的工具载体

一是通过统一规划实现协同治理。2020年8月，习近平总书记对"十四五"规划编制工作作出重要指示强调，编制和实施国民经济和社会发展五年规划，是我们党治国理政的重要方式。鼓励有条件的都市圈建立统一的规划委员会，实现规划统一编制、统一实施，探索推进土地、人口等统一管理。二是通过统一政策实现协同治理。依靠政府契约协议开展协同治理，实现协同发展。根据经济发展的程度不同，成员城市在享有共同权利的基础上，在重大事项决策方面，中心城市和经济发达城市拥有更多的话语权。特别是都市圈城市形成共识之后，要充分发挥中心城市的主导作用，可以使用中心城市公文编号、成员城市联合行文的方式，避免各个成员城市重复走程序降低效率，增强现代化都市圈行动的一致性。三是通过统一立法实现协同治理。2018年11月，长三角三省一市人大常委会会议分别表决通过各自省份的《关于支持和保障长三角地区更高质量一体化发展的决定》，探索协同立法支持和保障长三角区域一体化发展。在南京和成都都市圈规划中，也分别强调探索研究制定都市圈有关地方性法规、探索地方人大立法、执法检查工作协作机制。四是通过文化交融实现协同治理。都市圈的形成，既具有现实需要，更具有历史渊源，很多都市圈在历史上都曾经是一家，都具有相同相近的文化，地域文化是都市圈协同治理的基因，具有催化和黏合作用。在实践和理论层面共同推进，是长三角一体化的重要特征，组织专项课题研究，成立专家咨询委员会，是长三角一体化立体化推进的重要构成。现代化都市圈协同治理，也要坚持实践和理论层面同步推进，加强理论层面的研究，提供理论方面的支撑，构建具有中国特色的区域协同治理理论。五是通过考核评估促进协同治理。加强对现代化都市圈落实情况的跟踪监督评估，加强对都市圈建设整体情况的绩效考核，重点考核中心城市的辐射带动作用和协同周边能力、成员城市参与都市圈建设的积极性和在重大协作事项中的行动一致性，凝聚都市圈相向而行、协同发展、一体化发展的强大合力。

参考文献

经典文献

［1］《邓小平文选》第三卷，人民出版社 1993 年版。

［2］《邓小平年谱（1975—1997）》，中央文献出版社 2004 年版。

［3］《习近平总书记重要讲话文章选编》，党建读物出版社、中央文献出版社 2016 年版。

［4］习近平：《在省部级主要领导干部学习贯彻党的十八届五中全会精神专题研讨班上的讲话》，《人民日报》2016 年 1 月 19 日第 1 版。

著作

［1］［美］Anthony Downs：《美国大都市地区最新增长模式》，布鲁金斯研究所 1994 年版。

［2］崔万田：《东北老工业基地振兴与区域经济创新》，经济管理出版社 2008 年版。

［3］陈雯等：《长江三角洲区域一体化空间：合作、分工与差异》，商务印书馆 2018 年版。

［4］陈宪：《上海都市圈发展报告（第一辑）：空间结构》，格致出版社 2021 年版。

［5］何立峰等：《国家新型城镇化报告》（2019），人民出版社 2020 年版。

［6］赫尔曼·哈肯：《高等协同学》，郭治安译，科学出版社 1989 年版。

［7］华夏幸福产业研究院：《都市圈解构与中国都市圈发展趋势》，清华大学出版社 2019 年版。

［8］黄群慧等：《长三角区域一体化发展战略研究：基于与京津冀地区比

较视角》，社会科学文献出版社2017年版。
[9] 贾宝胜：《城市崛起——新时代都市圈发展观察》，重庆出版社2021年版。
[10] 李连成：《现代化都市圈与市域（郊）铁路》，中国市场出版社2020年版。
[11] 李程骅：《中国城市转型研究》，人民出版社2013年版。
[12] 陆军：《中国都市圈综合发展能力评价/中国都市圈发展研究丛书》，北京大学出版社2021年版。
[13] 廉军伟：《都市圈协同发展理论与实践》，浙江工商大学出版社2016年版。
[14] 陆军等：《中国都市圈协同发展水平测度》，北京大学出版社2020年版。
[15] 桑学成、储东涛：《走向区域协调发展——江苏区域协调发展战略的实施及其演进》，中共党史出版社2015年版。
[16] 王祖强、周梦天：《长三角城市群与都市圈发展的机制与路径研究（改革创新与转型升级研究丛书）》，人民出版社2020年版。
[17] 王祖强等：《长三角城市群与都市圈发展的机制与路径研究》，人民出版社2020年版。
[18] 熊健：《上海大都市圈蓝皮书（2020—2021）》，上海社会科学院出版社2021年版。
[19] 尹稚等：《中国都市圈发展报告2018》，清华大学出版社2019年版。
[20] 尹稚、卢庆强、吕晓荷、王强：《中国都市圈发展报告2021》，清华大学出版社2021年版。
[21] 于迎：《大都市圈的嬗变》，上海人民出版社2021年版。
[22] 周立群等：《京津冀都市圈的崛起与中国经济发展》，经济科学出版社2012年版。
[23] 张明、魏伟、陈骁：《五大增长极双循环格局下的城市群与一体化》，中国人民大学出版社2021年版。

报刊文章

[1] 习近平：《国家中长期经济社会发展战略若干重大问题》，《求是》

2020年第21期。

［2］安虎森、肖欢：《我国区域经济理论形成与演进》，《南京社会科学》2015年第9期。

［3］白永秀、王颂吉：《丝绸之路经济带的纵深背景与地缘战略》，《改革》2014年第3期。

［4］陈雯、孙伟：《"1+3"功能区战略助推区域协调发展》，《新华日报》2017年8月16日第12版。

［5］崔万田、徐艳：《改革开放四十年的区域经济政策创新》，《辽宁大学学报（哲学社会科学版）》2018年第46卷第5期。

［6］杜鹰：《区域协调发展的基本思路与重点任务》，《求是》2012年第4期。

［7］杜黎明：《推进形成主体功能区研究》，四川大学，2007年。

［8］郭钰、郭俊：《主体功能区建设中的利益冲突与区域合作》，《人民论坛》2013年第35期。

［9］胡明远、龚璞、陈怀锦、杨竺松：《"十四五"时期我国城市群高质量发展的关键：培育现代化都市圈》，《行政管理改革》2020年第12期。

［10］蒋清海：《中国区域经济政策模式的转变与重新选择》，《经济科学》1991年第5期。

［11］姜安印：《主体功能区：区域发展理论新境界和实践新格局》，《开发研究》2007年第2期。

［12］姜长云：《培育发展现代化都市圈的若干理论和政策问题》，《区域经济评论》2020年第1期。

［13］蒋敏娟：《城市群协同治理的国际经验比较——以体制机制为视角》，《国外社会科学》2017年第6期。

［14］《江苏省人民政府办公厅关于印发江苏省"十四五"新型城镇化规划的通知苏政办发〔2021〕48号》，《江苏省人民政府公报》2021年第15期。

［15］刘世锦、韩阳、王大伟：《基于投入产出架构的新冠肺炎疫情冲击路径分析与应对政策》，《管理世界》2020年第36卷第5期。

［16］刘德海、刘西忠：《改革开放以来江苏区域发展的历史进程与经验

启示》，《现代经济探讨》2018 年第 12 期。

[17] 娄勤俭：《努力推动江苏在高质量发展上走在全国前列》，《群众》2018 年第 5 期。

[18] 李曦辉、李松花：《十九大后我国区域发展新格局展望》，《区域经济评论》2018 年第 2 期。

[19] 刘西忠：《行政板块、发展轴带与城市群联动研究——兼论江苏区域协调发展格局重塑》，《南京社会科学》2016 年第 9 期。

[20] 罗波阳：《城市群区域城镇协调发展：内涵、特征与路径》，《求索》2014 年第 8 期。

[21] 刘士林：《城市群不是简单的经济群》，《解放日报》2016 年 5 月 24 日。

[22] 刘琪、罗会逸、王蓓：《国外成功经验对我国空间治理体系构建的启示》，《中国国土资源经济》2018 年第 31 卷第 4 期。

[23] 陆铭：《大城市郊区：都市圈建设的焦点》，《中国投资（中英文）》2019 年第 19 期。

[24] 刘西忠：《高质量提升南北沿江协同发展水平》，《群众》2022 年第 5 期。

[25] 李程骅：《打造一体化江苏沿江大都市带》，《新华日报》2016 年 7 月 29 日。

[26] 樊杰：《我国空间治理体系现代化在"十九大"后的新态势》，《中国科学院院刊》2017 年第 32 卷第 4 期。

[27] 强乃社：《习近平国家空间治理思想发微》，《湖南工业大学学报（社会科学版）》2018 年第 23 卷第 1 期。

[28] 权衡：《中国区域经济发展战略理论研究述评》，《中国社会科学》1997 年第 6 期。

[29] 孙久文、宋准：《双循环背景下都市圈建设的理论与实践探索》，《中山大学学报（社会科学版）》2021 年第 61 卷第 3 期。

[30] 孙久文：《论新时代区域协调发展战略的发展与创新》，《国家行政学院学报》2018 年第 4 期。

[31] 孙久文、傅娟：《主体功能区的制度设计与任务匹配》，《重庆社会科学》2013 年第 12 期。

[32] 宋晓梧：《中国区域发展战略：回顾与展望》，中国经济体制改革研究会第十三届中国改革论坛演讲文集，2015年，第16—24页。

[33] 孙久文：《重塑中国经济地理的方向与途径研究》，《南京社会科学》2016年第6期。

[34] 沈正平：《改革开放以来江苏省区域发展战略的实践探索与理论思考》，《中国地理学会》2017年学术年会。

[35] 王云骏：《长三角区域合作中亟待开发的制度资源——非政府组织在"区域一体化"中的作用》，《探索与争鸣》2005年第1期。

[36] 魏晓锋：《江苏"区域共同发展战略"的形成、实施与评价》，《商场现代化》2005年第24期。

[37] 吴建南：《以改革创新方法论引领区域协同治理》，《探索与争鸣》2020年第10期。

[38] 王国平：《协调发展理念"新"在哪里》，《解放日报》2016年5月10日第10版。

[39] 肖金成、马燕坤、张雪领：《都市圈科学界定与现代化都市圈规划研究》，《经济纵横》2019年第11期。

[40] 袁朱：《国外有关主体功能区划分及其分类政策的研究与启示》，《中国发展观察》2007年第2期。

[41] 尹稚等：《培育发展现代化都市圈》，《区域经济评论》2019年第4期。

[42] 尹虹潘：《国家级战略平台布局视野的中国区域发展战略演变》，《改革》2018年第8期。

[43] 杨家文、林雄斌：《"双循环"新发展格局下深圳都市圈建设的思考》，《特区实践与理论》2021年第1期。

[44] 叶必丰：《区域经济一体化的法律治理》，《中国社会科学》2012年第8期。

[45]《中国将再造10个城市群专家建议建立跨区协调机制》，《南方都市报》2013年6月3日。

[46] 张颢瀚：《长江三角洲都市圈经济与行政区经济的矛盾和整合》，《江海学刊》2009年第4期。

[47] 张颢瀚、张鸿雁：《长江三角洲经济协调联动发展的战略选择》，

《管理世界》1999年第4期。

［48］张学良、林永然：《都市圈建设：新时代区域协调发展的战略选择》，《改革》2019年第2期。

［49］张可云、肖金成、高国力等：《双循环新发展格局与区域经济发展》，《区域经济评论》2021年第1期。

［50］邹诗鹏：《"城市际性"概念的效应与限度——关于"城市际性"概念讨论的回应》，《探索与争鸣》2020年第5期。

附

作者近年来发表的相关研究成果

1. 刘西忠,《跨区域城市发展的协调与治理机制》,《南京社会科学》2014年第5期,人大复印报刊资料《区域与城市经济》2014年第9期全文转载。

2. 刘西忠,《协调推进"四个全面"战略布局的江苏路径》,《新华日报》2016年3月29日。

3. 刘西忠,《实施板块、发展轴带与城市群联动战略 构建江苏区域协调发展新格局》,省政府研究室《调查研究报告》2016年第68号。

4. 刘西忠,《行政板块、发展轴带与城市群联动研究——兼论江苏区域协调发展新格局重塑》,《南京社会科学》2016年第9期。

5. 刘西忠,《长江中游城市群与长三角城市群比较研究》,会议论文,应邀参加2016年10月22日在长沙举行的以"长江经济带与区域发展"为主题的湖湘智库论坛(2016),并作为会议嘉宾大会交流发言。发表在《中国国情国力》2017年第6期。

6. 刘西忠,《关于推进"1+3"功能区战略实施的建议》,省委研究室《动态研究与决策建议》2017年第19期。

7. 刘西忠,《聚焦"1+3"功能区战略系列文章(摘编)》,省委宣传部《智库专报》2017年第30期。

8. 李程骅、刘西忠,《扬子江城市群"中部隆起"的战略对策》,省委宣传部《智库专报》2017年第22期。

9. 张颢瀚、刘西忠,《关于推进宁镇扬一体化共建大南京都市区的建议》,省社科联《决策参阅》2017年第47期。

10. 刘西忠,《着力做好功能分区"+"字大文章》,聚焦江苏"1+

3"功能区战略　优化区域发展布局系列文章,《新华日报》2017年8月18日。

11. 刘西忠,《增强扬子江城市群建设的绿色协同》,《群众》2017年第2期。

12. 刘西忠、吴绍山,《宁杭生态经济带建设的江苏作为》,《群众》2017年第8期。

13. 刘西忠,《以生态环境高质量绘就美丽江苏》,《群众大众学堂》2018年第1期。

14. 刘西忠,《省域主体功能区格局塑造与空间治理——以江苏1+3重点功能区战略为例》,《南京社会科学》2018年第5期。

15. 刘德海、刘西忠,《改革开放以来江苏区域发展的历史进程与经验启示》,《现代经济探讨》2018年第12期。

16. 刘西忠,《沪浙皖推动一体化发展的现实启示》,《群众》(思想理论版)2019年第5期。

17. 刘西忠,《以政府管理服务创新推动创新名城建设》,《南京日报》2019年6月26日。

18. 刘西忠,《确保农村同步高水平全面建成小康社会》,《群众》2020年第7期。

19. 刘西忠,《推动高质量发展的系统擘画和伟大实践》,《新华日报》2020年8月19日。

20. 刘西忠,《传统都市圈向现代化都市圈的演化及趋势》,《中国国情国力》2020年第9期。

21. 刘西忠,《以现代化都市圈引领江苏省域一体化》,《新华日报》2020年9月29日。

22. 刘西忠,《以现代化都市圈引领省域一体化——粤浙鲁经验借鉴与江苏创新路径》,省委研究室《动态研究与决策建议》2020年第14期。

23. 刘西忠,《以北沿江协同发展推进省域一体化》,省政府研究室《调查研究报告》2020年第104期。

24. 刘西忠,《构筑"十四五"江苏区域协调发展新布局》,《群众》2020年第20期。

25. 刘西忠,《从城市群到都市圈:跨区域协同治理格局演化与机制创新研究》，《秘书》2022 年第 2 期。

26. 刘西忠，《高质量提升南北沿江协同发展水平》，《群众》2022 年第 5 期。

27. 刘西忠，《协同联动推动长江经济带高质量发展》，《新华日报》2022 年 4 月 11 日。

28. 刘西忠，《深化区域协调发展　增创现代化建设新动能》，《群众》2023 年第 3 期。

29. 刘西忠，《以宏阔视野学深悟透党的二十大精神》，《新华日报》2023 年 2 月 21 日。

30. 刘西忠，《中国式现代化区域协调发展的新路径：世界级生态创新湖区建设》，《江海学刊》2023 年第 2 期。

31. 刘西忠，《中国式现代化区域协同的空间战略红利》，《中国国情国力》2023 年第 5 期。

32. 刘西忠，《牢牢把握高质量发展这个首要任务　坚定不移推进中国式现代化》，《唯实》2023 年第 5 期。

33. 刘西忠，《高品质生活：现代化都市和都市圈的重要标识》，《新华日报》2023 年 6 月 30 日第 18 版。

34. 刘西忠，《江苏统筹推进跨区域生态创新湖区建设的思考与建议》，中共江苏省委党校内刊《研究报告》2023 年第 11 期。

35. 刘西忠，《处理好三对关系是苏州样本研究的关键》，《中国社会科学报》2023 年 8 月 9 日第 8 版。

36. 刘西忠，《江海河湖战略：协同激发江苏现代化新动能》，《群众》2024 年第 5 期。

后　记

与时代同步伐　发时代之先声

　　2016年5月，习近平总书记在哲学社会科学工作座谈会上指出，一切有理想、有抱负的哲学社会科学工作者都应该立时代之潮头、通古今之变化、发思想之先声，积极为党和人民述学立论、建言献策，担负起历史赋予的光荣使命。2019年3月，习近平总书记在参加全国政协十三届二次会议文化艺术界、社会科学界委员联组会时，希望大家坚持与时代同步伐，"文章合为时而著，歌诗合为事而作"，发时代之先声，在时代发展中有所作为。作为一名哲学社会科学工作者，近年来在积极承担参与起草制定《江苏省"十四五"哲学社会科学协同创新规划》、全国首部哲学社会科学领域地方性综合立法《江苏省哲学社会科学促进条例》，尽职尽责、尽心尽力做好决策咨询和学术交流等业务工作，组织全省社科界开展智库研究的同时，积极参与到时代发展浪潮中，一直在围绕区域协调发展、新型智库等研究领域和专业方向，做一些持续深入思考和跟踪研究，努力做到与时代同步伐、发时代之先声。

　　2011年，省社科联成立决策咨询研究基地，并组建研究室负责研究基地具体管理服务工作。研究基地的研究方向和研究领域紧紧围绕江苏发展设立，与区域发展关系比较紧密。十多年来，无论是作为研究室的一名工作人员，还是担任省社科联领导职务后分管相关工作，无论是组织课题研究、成果转化，还是组织学术交流、智库活动，都需要有一定的专业知识作为支撑，都坚持把工作当作学问做，把工作的过程作为一个难得的自我学习和自我提升过程。2012年6月，江苏省区域发展研究会成立，笔者先后担任副秘书长、秘书长和副会长，在参与研究会相关工作的同时，对区域协调发展问题更加关注，对区域协调发展的理解和研究也逐步深入。从 2014 年首篇区域协调方面的论文发表并获人大复印报刊资料全文转载，到今天这部专著的出版，先后在核心期刊和内刊上发表了 30 多篇相关论文和研究报告，区域协调发展研究正好经历十年历程，可以说十年磨一剑。回顾十年来对区域协调发展的研究，主要经历了四个阶段：从区域协调发展的体制机制研究，到主体功能区和江苏 1+3 重点功能区研究，再到现代化都市圈研究，最后则将研究重点聚焦到中国式现代化的区域协同上。

2014 年 3 月，中共中央、国务院印发《国家新型城镇化规划（2014—2020 年）》，强调城镇化是推动区域协调发展的有力支撑，建立城市群发展协调机制，促进各类城市协调发展。2014 年 5 月，笔者在《南京社会科学》发表第一篇研究区域协调发展的论文《跨区域城市发展的协调与治理机制》，人大复印报刊资料《区域与城市经济》2014 年第 9 期全文转载。2016 年，长江三角洲城市群发展规划、长江中游城市群规划相继发布。在这一阶段，研究的重点主要聚焦区域协调发展与城市群上，研究成果主要包括 2016 年 8 月在上海举行的"长江三角洲城市群发展论坛"会议交流论文《突出轴带引领　实施城市群带动加快推进长三角一体化进程》，后发表在省政府研究室《调查研究报告》2016 年第 68 号；10 月在湖南长沙举行的湖湘智库论坛会议论文《长江中游城市群与长三角城市群比较研究》，后发表在《中国国情国力》2017 年第 6 期；《行政板块、发展轴带与城市群联动研究——兼论江苏区域协调发展新格局的构建》发表在《南京社会科学》2016 年第 9 期。

从 2017 年开始，研究的重点主要聚焦江苏 1+3 功能区与省域一体化。2017 年 5 月，江苏省委召开苏北工作座谈会，时任省委书记李强同志提出实施 1+3 重点功能区的战略构想，笔者立刻围绕相关问题开展深入调研，经过 1 个月左右的深入调研和思考，形成研究报告《关于推进"1+3"功能区战略实施的建议》，6 月份发表在省委研究室内刊《动态研究与决策建议》上。此后，陆续撰写或者合作撰写《扬子江城市群"中部隆起"的战略对策》《关于推进宁镇扬一体化共建大南京都市区的建议》等研究报告，分别发表在省委宣传部内刊《智库专报》和省社科联内刊《决策参阅》等；《省域主体功能区格局塑造与空间治理——以江苏 1+3 重点功能区战略为例》《增强扬子江城市群建设的绿色协同》《宁杭生态经济带建设的江苏作为》《着力做好功能分区"＋"字大文章》等研究成果则分别发表在《南京社会科学》《群众》《新华日报》等报刊上。

2018年11月，长三角一体化上升为国家战略，2019年2月，国家发改委印发《关于培育发展现代化都市圈的指导意见》，笔者把研究重点逐步聚焦到长三角一体化和现代化都市圈的研究上。其间承担了长三角三省一市合作设立的省社会科学基金长三角专项"长三角一体化战略下高质量协同发展的动力机制与创新路径研究"（19CSJ002），其主要研究成果奠定了这本专著的基础。其间，在《中国国情国力》发表《传统都市圈向现代化都市圈的演化及趋势》，在省委研究室、省政府研究室内刊上分别发表《以现代化都市圈引领省域一体化——粤浙鲁经验借鉴与江苏创新路径》《以北沿江协同发展推进省域一体化》，在《群众》和《新华日报》分别发表《沪浙皖推动一体化发展的现实启示》《构筑"十四五"江苏区域协调发展新布局》《以现代化都市圈引领江苏省域一体化》等论文或研究报告。

党的二十大后，笔者开始更多地思考中国式现代化背景的区域协同问题，并且开始酝酿以近年来相关学术研究成果为基础，撰写一本区域协同发展方面的专著。其间，学术理论文章《从城市群到都市圈：跨区域协同治理格局演化与机制创新研究》《中国式现代化区域协同的空间战略红利》《中国式现代化区域协调发展的新路径：世界级生态创新湖区建设》分别发表在《秘书》《中国国情国力》《江海学刊》等。《高质量提升南北沿江协同发展水平》《深化区域协调发展增创现代化建设新动能》《高品质生活：现代化都市和都市圈的重要标识》《江海河湖战略协同激发江苏现代化新动能》《江苏统筹推进跨区域生态创新湖区建设的思考与建议》则分别发表在《群众》《新华日报》和江苏省委党校内刊《研究报告》上。

总之，2014年以来，围绕区域协调发展一条主线，呼应国家和省重大战略，不断地思考，努力地探索，逐渐积累，积少成多，经过中国式现代化区域协同和现代化都市圈这条线索的串联和重新布局和扩展，构成了这部书的主要内容。需要说明的是，从不同阶段不同类型的论文，到一本比较系统的专著，既要有结构上的布局设计，又要有内容上的重要调整。本书与此前发表的成果有一定的联系，但绝不是简单的加法和物理嫁接，而是根据全书框架进行逻辑重构。很多内容，都是重新创作，力争形成一个比较系统和完整的体系。有些文章，是先发表，然后整合到本书中，并做适当调整或大幅改写。而更多的则是，在撰写本书的过程中，围绕一些重点问题进行长期思考，形成相关的学术论文或研究报告，成为本书的重要组成部分。对于已经发表的文章或撰写的研究报告，某些特定的时期进行的研究，个别是采取直接作为章或节的方式，原貌式嵌入，在表述口径和数字上采取了保持原貌的方式；更多的则是改造式嵌入，根据整体结构的需要进行拆分或者改写。同时，为增强专著的政策性和系统性，本书对国家层面和全国各地区域协调发展重大战略、规划、政策等方面进行了系统梳理和比较分析，在某种程度上带有一定的区域协调发展战略、规划的参考书性质，供实际工作部门和理论工作者开展相关深入研究时参考。

在书稿即将付梓之际，梳理下区域协调相关研究成果，回忆下书稿形成的过程，是一件有意义的事情。在此，笔者最想说的还是感谢。感谢各位领导专家长期以来给予的关心支持和指导帮助；感谢长三角三省一市联合设立长三角一体化课题研究，使本书的撰写有了前期的基础；感谢《南京社会科学》《江海学刊》和《中国国情国力》《秘书》《群众》《新华日报》等报刊的大力支持；感谢各类研讨会提供的交流平台、各类相关著作论文给予的思考启发；感谢省社科联工作平台，为开展研究提供了一个独特视角；同时更感谢我们伟大的时代，我国和江苏区域协同发展的丰富实践，为本研究提供了丰厚的现实土壤。本书部分内容参考了国内外专家学者的相关研究成果，尽管尽可能在正文、脚注和参考文献中一一标出，但难免有个别遗漏，在此，一并表示真诚的感谢！最后，感谢中国社会科学出版社重大项目出版中心的编辑老师给予的大力支持和付出的辛勤劳动！

现代化都市圈对于现代化建设，具有重要的探索和先行意义，是推进中国式现代化进程中需要研究的重大课题。虽然近年来笔者在相关领域的研究取得了一定进展，形成了比较系统的研究成果，但无论是理论层面还是实践层面的研究，都有待于进一步深化、细化和系统化，后续笔者会对这一领域更加关注并继续跟踪深入研究，以期能够为中国式现代化区域协同提供更加精准的智力支持。由于笔者时间和能力所限，书中缺点错误在所难免，敬请各位大家师友和读者朋友批评指正。

刘西忠

2024 年 5 月于南京